AF617442

LA PASIÓN DE LO VISIBLE

sh

[ENCUADRE] LIBROS

La pasión de lo visible
Félix Guattari y el futuro del cine
Josep M. Català Domènech

www.shangrilaediciones.com
shangrila@shangrilaediciones.com

Imagen portada:
Producida por el dispositivo
de Inteligencia Artificial de Dream Studio (stability.ai)

Octubre, 2024

ISBN: 978-84-128935-3-3
Depósito legal: V-2721-2024

LA PASIÓN DE LO VISIBLE

FÉLIX GUATTARI
Y EL FUTURO DEL CINE

JOSEP M. CATALÀ DOMÈNECH

SUMARIO

La actividad de conectar –pensamiento, creación, movimiento– no debe concebirse como la instauración de un orden. La actividad de conectar no presupone ninguna conexión preexistente, ni debe proponerse como finalidad de una conexión óptima y racional, ni como consenso. En efecto, la actividad de conectar es el deseo, la condición de un itinerario que se reviste de sentido únicamente para quien emprende el viaje.

Franco Berardi (Bifo)

REFLEXIONES INTRODUCTORIAS

La mente filosofante nunca piensa simplemente acerca de un objeto, sino que, mientras piensa acerca de cualquier objeto, siempre piensa también acerca de su propio pensar en torno a ese objeto

R. G. Collingwood (*The Idea of History*)

Consideremos un mundo en el que causa y efecto sean erráticos. En ocasiones la primera precede al segundo, a veces es el segundo el que antecede a la primera. O quizá las causas se encuentran siempre en el pasado y los efectos en el futuro, pero un futuro y un pasado que se entrelazan

Alan Lightman (*Einstein's Dreams*)

Puede parecer una paradoja, pero ver una imagen no es nada fácil. Si se considera que el cuerpo de la imagen es básicamente estético y la estética se circunscribe a lo sensible, la imagen queda automáticamente relegada a un segundo plano. Se puede llegar a pensar que la labor de una imagen, más que dar a ver, sería hacer sentir, provocar afectos, como afirma Deleuze. A la imagen, o bien la ocultan las sensaciones que produce o se oculta tras aquello que se supone que representa. Ocuparía esa estulta posición que denunciaba Confucio al afirmar que, cuando el sabio señala la Luna, el necio mira el dedo. Pero la imagen ha sido siempre ese dedo, metido en el ojo del sabio.

Este libro pretende, en principio, acercarse al cine a través del pensamiento de Félix Guattari, quien colaboró con Deleuze en una serie de estudios trascendentales, pero no elaboró, al contrario que su compañero, ninguna teoría cinematográfica concreta. Sin embargo, hizo algo que no hizo ni pretendió hacer nunca Deleuze: dedicarse al cine. Deleuze tiene una teoría fílmica, mientras que Guattari apunta a una práctica fílmica. Algo parecido sucede con respecto a otros medios, como la pintura, el teatro o la novela: Deleuze se interesó teórica o filosóficamente por ellos, a veces junto con Guattari, pero nunca se planteó cruzar la frontera que separa la teoría de la práctica y dedicarse al teatro, a pintar o a escribir una novela. En cambio, Guattari sí lo hizo. No solo estuvo siempre en contacto directo con creadores de estos medios, sino que, en ocasiones, se aventuró a colaborar directamente con ellos y también a producir sus propias obras, como ocurrió en los casos específicos del teatro, la literatura y el cine, con alguna incursión muy esporádica en la poesía. Si bien en estos campos nunca llegó a producir una obra consistente que permita situarlo de forma destacada en tales contextos, lo cierto es que, como indica Flore Garcin-Marrou, Guattari «se forjó a lo largo de muchos años un estilo poético y surrealista, dando vida a una prosa conectada con su propia corriente de conciencia, en la tradición de los poetas de la Generación Beat» (2012b: 137). En el ámbito de la producción artística, hizo lo que había hecho siempre en todas partes, moverse por la periferia. Tampoco su incursión en el cine fue muy notable, puesto que se limitó al esbozo de una serie de proyectos que nunca llegaron a realizarse, para finalmente completar un guion que no alcanzó a ser producido por mucho que el autor lo intentara en varias ocasiones, incluida una tentativa en Hollywood. Sin embargo, estos tanteos, que el filósofo emprendió con gran entusiasmo, adquieren relevancia cuando se los contempla a la luz de su particular pensamiento, cuya originalidad es indudable. Y sirven además para completar el perfil de su personalidad única.

Considero que, a partir de estos planteamientos, es posible repensar el cine y la imagen de manera que se ponga de manifiesto la existencia de una nueva imagen del pensamiento, hasta ahora solo esbozada en el entorno de las nuevas tecnologías de la imaginación y más actual que la que propuso Deleuze al estudiar en su momento el fenómeno fílmico. Concretamente, pensar el cine a través de Guattari implica la posibilidad de sobrepasar el campo de la filosofía en sí para contemplar las relaciones que, en la actualidad, establece el pensamiento con la imagen, la tecnología y la subjetividad, transitados todos ellos por la función crucial del movimiento. Es decir, todos aquellos elementos que Deleuze evitó pensar directamente, a pesar de que son determinantes para comprender las relaciones de la estética contemporánea con el pensamiento o, de forma más decisiva aún, del pensamiento con la imagen.

Si se trata de relacionar a Guattari con el cine, la referencia a las ideas de Deleuze es inevitable, no solo por la colaboración que ambos mantuvieron, sino porque Deleuze constituye ineludiblemente la puerta de entrada a los estudios fílmicos contemporáneos, si es que se quiere hacer justicia a su complejidad. Por estudios fílmicos debemos entender no solo los relativos al cine, sino también los relacionados con todos aquellos medios que se han derivado, a lo largo del siglo XX, del paradigma cinematográfico, incluyendo un interés por la forma en que este paradigma ha influido en otros ámbitos, sobre todo el artístico. Estos estudios fílmicos, que por su carácter expandido requerirían un apelativo distinto, giran por lo tanto en torno al eje que configuran las relaciones entre imagen, tecnología y pensamiento. Pero, antes que nada, es necesario comprender cuál es el origen de ese peculiar pensamiento cuando se refiere al cine. Si hacemos caso a Deleuze, parece como si en el cine desembocase gran parte de la filosofía occidental, como si él fuera el encargado de recoger, plasmar y corroborar las concepciones más relevantes de esta tradición. Sin embargo, si esto fuera así, habría que tener en cuenta que la tradición filosófica se encuentra en el terreno cinematográfico con una corriente que viene del lado opuesto y que está formada por la combinación de la tecnología con la tradición estética, una estética concretada ya en la noción de imagen. En estas circunstancias, resulta complicado seguir pensando solo "filosóficamente".

La concepción que Deleuze tiene de las imágenes proviene de Bergson, para quien «las sensaciones (...) no son imágenes percibidas por nosotros fuera de nuestro cuerpo, sino más bien afecciones localizadas en nuestro mismo cuerpo» (2006: 66). Está claro que no hablamos del mismo tipo de imagen, lo que explica por qué Deleuze no ve la misma imagen que yo veo, ni siquiera la descubre en el cine cuando se dedica a estudiarlo profusamente. Solo ante la pintura de Bacon se detiene para contemplar la imagen visual, pero de inmediato la convierte en un cúmulo de afectos y perceptos que a partir de las formas pictóricas impactarían directamente en el cuerpo sensible de quien las percibe sin pasar por el cerebro, de manera parecida a cómo lo hace la música. Deleuze no explica qué sucede en el cuerpo del que las produce. O en su mente. Tampoco es muy proclive a averiguar qué sucede en el cuerpo mismo de la imagen, más allá de esa transitoriedad de las formas.

No deja de ser cierto, sin embargo, que ante una imagen sentimos una fuerza afectiva que nos conmueve. Esta fuerza tiende a superponerse a la visión, de modo que captamos su origen visual a través de ella, pero, en el acto, lo visible queda anulado por lo sensible y dejamos de ver para limitarnos a sentir. La obra de arte, afirman Deleuze y Guattari, «es un bloque de sensaciones, es decir un compuesto de perceptos y de afectos» (1997: 164). Desde este punto de vista, según el cual, «la obra de arte es un ser de sensación, y nada más: existe en sí», se anulan los procesos creativos y receptivos, de modo que la obra de arte existe como un elemento autónomo, compuesto por perceptos que no son percepciones y de afectos que no son sentimientos ni emociones, en el sentido estricto de todo ello. La obra de arte existiría así al margen del sujeto e incluso al margen de ella misma, de su materialidad. Sin embargo, no podemos olvidar que cada obra es en realidad un proyecto concreto que se distingue de otros proyectos artísticos y que ha desplegado unas estrategias estéticas o intelectuales determinadas, es decir, lo contrario de una abstracción. En última instancia, lo que se desconoce es que la obra de arte es también una imagen. Una imagen visual concreta que puede mantener relaciones con imágenes mentales o sonoras pero que es distinta de estas, como distinta es de las sensaciones que produce o de aquello que se supone que representa.

La imagen ha sido creada para provocar, efectivamente, percepciones y sensaciones, pero estas se mezclan con ideas, explícita o implícitamente. Considerar que, como obra de arte, es un bloque encerrado en sí mismo puede ser útil para someterla a una mirada científica, ajena a cualquier aleatoriedad. Se olvidan las estrategias concretas que recorren cada acto creativo y todo se reduce —o se eleva— a un plano ontológico al que sin duda el arte pertenece, pero en el que no se agota. De este modo el arte puede circunscribirse al producto de uno de los tres planos que, según Deleuze y Guattari, cortan sistemáticamente el caos: «plano de inmanencia de la filosofía, plano de composición del arte, plano de referencia o de coordinación de la ciencia» (*ibid.*: 218). Podemos admitir sin problemas que el arte es, efectivamente, una *fuerza* de la realidad, un modo de pensarla y de actuar en ella, siempre que esto no nos haga olvidar que, a partir de esta abstracción, se producen acciones concretas capaces de asimilar otras funciones, incluidas las de la filosofía o la ciencia. Es cierto que la reflexión de Deleuze y Guattari se produce en el marco de una pregunta específica, la referida a qué es la filosofía y, por consiguiente, la respuesta es necesariamente filosófica. Pero el alcance de esta respuesta excede lo filosófico, puesto que responde a un determinado estilo de pensamiento, como puede comprobarse en las reflexiones que Deleuze dedica al cine. La clave, en última instancia, se encuentra en el concepto de automatismo como antídoto de la función del sujeto, un aspecto que creo que concierne más al pensamiento de Deleuze que al de Guattari, a pesar de que lo compartan en determinadas circunstancias. Según la teoría de los tres planos ontológicos, el pensamiento sería el producto *automático* de cualquiera de ellos: solo se podría pensar a partir de ellos o acerca de ellos, es decir, haciendo que el pensamiento regrese sobre sí mismo. Pero todo esto, a pesar de su relevancia, no es más que el último esfuerzo para evitar la incómoda presencia del sujeto.

La obra de arte entendida como imagen desbarata el apolíneo andamiaje de este planteamiento. La imagen va más allá del arte, pero al mismo tiempo posee del arte la capacidad de reinventarse constantemente, incluso cuando aparece estandarizada. Como el pensamiento, puede estar sujeta a reglas, pero es altamente capaz de superar estas reglas. El arte, la imagen y el pensamiento forman un conjunto de elementos que son inicialmente diversos, pero que a la vez están interconectados por energías comunes que circulan entre ellos gracias a esa interrelación. Los vincula también el hecho de que, aislados o conjuntamente, los elementos que conforman ese entramado virtual se sitúan al margen tanto de la filosofía como de la ciencia, entendidas estas como formas esencialmente dogmáticas del pensamiento. El arte, la imagen y el pensamiento muestran, cada cual a su manera, o de sus respectivas maneras yuxtapuestas en el fenómeno concreto de la imagen, cómo actúa el pensador privado opuesto al pensador público: «el profesor (pensador público) remite sin cesar a unos conceptos aprendidos (el hombre-animal racional), mientras que el pensador privado forma un concepto con unas fuerzas innatas que todo el mundo posee por derecho por su cuenta (yo pienso)» (Deleuze y Guattari, 1997: 63). Lo que es importante destacar aquí es la relación que el arte y la imagen mantienen con el pensamiento. Para ello lo mejor es considerar al arte como imagen, lo que conlleva que las imágenes pueden ser entendidas también como arte. Con ello se llega a la misma conclusión que plantean Deleuze y Guattari, a saber, que el pensamiento es creación, que «la primera característica de la imagen moderna del pensamiento tal vez sea la de renunciar completamente a esta relación (con la verdad), para considerar que la verdad es únicamente lo que crea el pensamiento» (*ibid.*: 57). En este punto, cabe preguntarse cómo solventar la aparente contradicción que existe en el pensamiento de Deleuze y Guattari, puesto que, por un lado, propugnan la validez de un pensamiento libre y creativo —un pensar en movimiento y del movimiento—, mientras que, por el otro, parecen empeñados en regular la forma en que este tipo de pensamiento es posible.

Cualquier imagen ha sido pensada y, una vez dispuesta plásticamente, ella misma piensa desde lugares que son distintos a aquellos en los que se sitúa el sujeto que la ha pensado al crearla. Lugares como, por ejemplo, el imaginario colectivo que llega a la imagen través del inconsciente del autor; el imaginario tecnológico que vehicula la creación por medio de instrumentos concretos; o el marco ideológico en el que se inserta el medio con el que trabajan los autores o la instancia productora. Todo ello nos indica que la imagen no solo piensa, sino que también puede ser pensada. Puede y debe ser pensada porque su potencial no se agota en la estética, o sea, en su capacidad afectiva. De hecho, la estética ya no es simplemente una teoría de lo sensible como cuando el término empezó a ser empleado en el siglo XVIII por Baumgarten para alcanzar la comprensión de la belleza, sino que el concepto se emplea de forma menos estricta para referirse a una reflexión general sobre del arte. Pero el concepto de imagen está más allá del arte, excede al arte, si bien el arte está formado por imágenes de un tipo determinado. Por lo tanto, la imagen no puede ser acotada por el concepto de estética en ninguna de sus acepciones. La imagen está más allá de la estética, aunque lo estético, en el sentido afectivo, no está ausente de su composición cuando la imagen es esencialmente artística. En cualquier caso, la imagen exige ser vista como tal. No ha de ser contemplada como obra de arte ni sentida como obra de arte. La imagen requiere que se aplique sobre ella una mirada específica. Por consiguiente, no solo debe ser vista, es decir, captada como imagen, sino que debe ser también observada atentamente —mirada—, lo que implica que debe ser pensada. De ello se deriva el hecho de que, más allá de lo estético, y sobre lo sensible, aparece una nueva concepción de la estética que rompe sus vínculos con lo bello, lo bueno o lo verdadero y se convierte en un territorio donde se proponen o se desarrollan ideas visualmente. Esta nueva "estética" pertenece específicamente a la imagen, al margen de la disciplina o medio del que aquella forme parte. Se trata de una imagen en cuyo seno es posible pensar la forma de lo sensible y sensibilizar la forma de lo pensable. En resumen, podemos afirmar, pues, que las imágenes son a la vez fruto del pensamiento e instrumentos para pensar: imágenes que piensan por sí mismas, imágenes que se dejan pensar o que exigen ser pensadas. Todo ello, sin abandonar el régimen de las sensaciones los afectos y las emociones, ya que es en la imagen donde mejor se establece la convergencia de la emoción con el pensamiento, o sea, la posibilidad no solo de un saber de las emociones, sino sobre todo de unas emociones del saber: un pensar a través de lo sensible y lo afectivo que no por ello se aleja ni un ápice de un pensamiento eficaz. Los usos tradicionales de la imagen históricamente determinados son, en principio, ajenos a estas propiedades, aunque evidentemente pueden ser contemplados a través de ellas. No hay que perder nunca de vista la imagen, por mucho que se encuentren en ella cualidades adicionales.

Hablar de imagen al margen de las variaciones que pueda experimentar, no significa promulgar la efectividad de una esencia de la imagen que esté por encima de los cambios históricos. Lo que pretendo es llamar la atención sobre un espacio donde se produce un determinado trabajo visual, irreductible a otras consideraciones que a veces desvían la atención sobre esa presencia. Lo que fundamenta la nueva imagen del pensamiento es precisamente el fenómeno de la imagen, cuyos perfiles tal como nosotros los vemos ahora no fueron detectados en otras épocas, quizá porque en ellas no eran considerados factibles, útiles o interesantes. Sin embargo, ahora estamos facultados para detectarlos al examinar cualquier producto visual, pertenezca al período histórico al que pertenezca. Este anacronismo epistemológico no solo es útil, pues, para comprender aspectos inéditos o impensados de la visualidad del pasado, sino que implica la posibilidad de una comprensión retroactiva que a la vez nos sirve para profundizar en la visualidad del presente.

A pesar de esta complejidad visual, cognitiva, filosófica y afectiva, o quizá precisamente por ella, es difícil detectar adecuadamente las imágenes, percibirlas como tales y no como vehículos de una narración o como ilustraciones o representaciones, es decir, como elementos subsidiarios de otros procesos, algunos de ellos sin una precisa entidad propia. Esto no quiere decir que las imágenes no puedan vehicular una narrativa o ilustrar un tema, tampoco implica que no puedan representar ideas o que rechacen hacerse cargo de la realidad. Gran cantidad de ellas, parece que no hacen otra cosa. De lo que se trata es de que, por encima de todas estas tareas, aparezca el cuerpo de la imagen en sí. No, una inconmensurable esencia de la imagen, sino todo lo contrario: cada imagen en concreto, contemplada en todo su potencial. Ver la imagen significa descubrirla en el magna de otros acontecimientos, liberarla en cierta forma de sí misma, de sus disfraces. Implica no permitir que desaparezca tras otras consideraciones, como acostumbra a suceder, ya que solo situándonos en el territorio de la imagen podremos pensar la imagen y, más importante aún, descubrir cómo la imagen piensa y, de esta forma, poder pensar nosotros con ella.

Es en el ámbito del cine donde este flagrante olvido de la imagen se produce de forma más escandalosa. Las reseñas de las películas que aparecen en los periódicos y revistas, y que son el vehículo que utiliza la mayor parte de la población para informarse sobre el cine, olvidan sistemáticamente la existencia de la imagen cinematográfica, excepto para hacer algún comentario sobre la "fotografía". Tampoco la crítica algo más sofisticada se ocupa de ella. Por su parte, la teoría fílmica, después de haberse dedicado a reflexionar sobre el "lenguaje fílmico", circunvalando por consiguiente la imagen sin apenas detectarla, apeló en su momento a todo tipo de disciplinas, desde el psicoanálisis a la semiótica, pasando por la política, el feminismo y el abigarrado conjunto de estudios culturales, para lo que parecía un intento de apelar por fin a la imagen cinematográfica. Pero casi siempre era para relacionarla con la representación de un tema o como vehículo de alguna ideología. Posteriormente la imagen cinematográfica ha sido objeto de la atención filosófica, ya sea para analizar filosóficamente alguna película o para plantear la posibilidad de un pensamiento filosófico a través de las formas fílmicas. En este sentido, pensar el cine podía significar que, por fin, se empezaban a considerar directamente las funciones de la imagen fílmica, pero tampoco ha sido así, puesto que la atención ha seguido focalizándose en los temas que aquella exponía, al margen de cómo eran visualizados concretamente. Sigue existiendo una resistencia a pensar la imagen, a descubrirla, a pesar de que cada vez son más los teóricos que examinan atentamente las estrategias de puesta en escena o de puesta en cuadro, gracias a los medios audiovisuales que en la actualidad facilitan el análisis atento de los films.

Quien más ha avanzado en el establecimiento de las relaciones entre el cine y el pensamiento ha sido Gilles Deleuze. Nunca nadie antes se había dedicado de forma tan profunda y original a instaurar una relación entre la filosofía y el cine de esta envergadura, ni a proponer la posibilidad de un efectivo pensamiento cinematográfico. Sin embargo, y a pesar de la validez de sus formulaciones, Deleuze apenas si roza en sus estudios el campo de la imagen como territorio de estrategias visuales. Por regla general, sus reflexiones se basan más en las experiencias de los personajes del film que en la forma en que este los plasma desde su puesta en imágenes concreta. En otros casos, la atención del filósofo se centra en los directores —no recuerdo que se mencione a ninguna directora en su obra—, cuyo trabajo analiza a partir de los temas que tratan o también del sentir de los personajes que los encarnan. De ello extrae Deleuze consideraciones formales que, a pesar de su indiscutible potencial, rozan lo metafísico o rondan el anterior campo del lenguaje fílmico, cuyos límites es cierto que supera ampliamente, pero sin una conciencia clara de esta superación y de lo que ella comporta. Conceptos como los de imagen-movimiento e imagen-tiempo son muy efectivos, pero se trata de categorías que, a pesar de que se distribuyan a través de diferentes tipos de imagen como las de imagen-acción, imagen-afección, imagen-percepción, etc., nunca acaban de quedar claras, en esta reflexión, las estrategias visuales concretas por las que las imágenes fílmicas pertenecen a ellas. Las distintas tipologías no parecen estar localizadas en las imágenes del film, no parecen ser un producto de su construcción formal, sino que son particularidades que se refieren a un concepto general que las califica *desde fuera*. No son las imágenes las que construyen acciones, afecciones o percepciones con sus propios medios, sino que aquellas se contemplan como plataformas indiferentes que transmiten esas particularidades al espectador. El caso más flagrante de esta desviación ocurre en el caso de la imagen-tiempo que promueve, según

Deleuze, una imagen directa del tiempo, sin que en ningún momento se preste atención a algo que sería muy interesante de saber, es decir, de qué manera se puede visualizar directamente el tiempo. Está claro que no es esto lo que le interesa a Deleuze, pero, desde el punto de vista de la teoría fílmica y del pensamiento de la imagen, sería muy pertinente estudiar una posibilidad que el filósofo, quiera que no, pone de manifiesto.

Digamos, no obstante, que la distinción entre imagen-movimiento e imagen-tiempo, que parece particularmente intrincada tanto desde el punto de vista filosófico como del fílmico, en realidad resulta muy sencilla si la remitimos a sus raíces, que son más tecnológicas que conceptuales. Deleuze se está refiriendo a la diferencia entre dos épocas, una en la que se utilizaban planos cortos y la otra en la que la duración de los planos se alarga. El motivo de esa diferencia no es primordialmente estilístico, sino que se remite a la capacidad de las cámaras para albergar una cantidad determinada de película virgen, capacidad que aumenta con el desarrollo tecnológico de los dispositivos y que permite, por ejemplo, a Orson Welles confeccionar, a finales de la década de los años cincuenta, el famoso plano-secuencia de diez minutos que abre *Sed de mal* (*Touch of Evil*, 1957). Las variaciones estilísticas surgen, pues, a partir de lo que permiten las innovaciones tecnológicas. En la primera época, la de la imagen-movimiento, los planos son cortos por necesidad, aunque la duración concreta dentro del rango posible la determina el estilo. Esta duración limitada de los planos hace que las acciones no puedan desarrollarse completamente dentro de un único plano y, por lo tanto, se distribuyan entre varios de ellos, estableciendo un encadenamiento *mecánico* de causas y efectos. Cada plano expresa una parte de la acción y, a la vez, una parte del movimiento, de modo que Deleuze puede hablar de una imagen indirecta del tiempo, ya que este no aparece más que indirectamente, y lo mismo sucede con las acciones. En ambos casos, lo que se produce son impresiones o simulacros que asume el espectador, cuya subjetividad se convierte así en un factor imprescindible del proceso. Posteriormente, a medida que las tomas se alargan, las acciones podrán desarrollarse completamente dentro de un mismo plano. Al desaparecer los cortes del montaje, el movimiento ya no reside principalmente en el encadenado de los planos, sino que se produce en el interior del marco de una toma larga o un plano-secuencia. Por ello es posible afirmar, como hace Deleuze, que el movimiento se produce dentro del tiempo, el cual está siendo visualizado por la duración ininterrumpida de la imagen. Lo que el espectador ve —o que, para Deleuze, experimenta— es el transcurrir del tiempo, que ya no está supeditado ni a un encadenamiento de segmentos ni de acciones. Aparece, pues, una imagen directa del tiempo. Esta división tiene, para Deleuze, consecuencias importantes, puesto que le permite eliminar, en la segunda fase, la intervención del sujeto en la experiencia fílmica y así poder proponer el pleno automatismo de la imagen cinematográfica. La estrategia se pone al descubierto si acudimos a los fundamentos fenomenológicos del cine. En el ámbito de la imagen-movimiento, el espectador es clave para completar los procesos de segmentación básicos de la técnica cinematográfica y darles sentido, mientras que en el de la imagen-tiempo, el espectador se limita a ver —de ahí que Deleuze lo califique de visionario— lo que el plano-secuencia le ofrece de forma continuada. El espectador ve las acciones como si sucedieran en la realidad, pero también *ve* el transcurrir directo del tiempo en la propia duración ininterrumpida de la imagen. Su dependencia de André Bazin es aquí es muy obvia.

Al definir el concepto de imagen-cristal, Deleuze avanza un poco más en la dirección de plantear imágenes que visualicen sus conceptos, en lugar de ser meras transmisoras de ellos. Según él, una de las características de este tipo de imagen es su indiscernibilidad entre lo real y lo imaginario. Lo que se pretende poner de manifiesto no es la ambigüedad de algunas imágenes que hace que no se pueda saber a ciencia cierta si son reales o imaginarias, sino el hecho de que, en ellas, lo real y lo imaginario se entrelazan de modo que lo imaginario es real y lo real imaginario en una sucesión infinita de alternativas. En principio, da la impresión de que este fenómeno, tal como se expone, podría producirse en cualquier imagen que muestre personajes cuya relación con la realidad presente una indeterminación de ese tipo. No se examina la imagen o visualidad concreta para ver si esa indecisión existencial del personaje tiene alguna equivalencia en la propia estructura visual de esa imagen. Sin embargo, en alguna ocasión, como por ejemplo al apelar a la secuencia de la sala de los espejos del parque de atracciones en *La dama de Shanghái* (*The Lady from Shanghai*, 1947) de Orson Welles, Deleuze hace referencia a un caso en el que el tema y la forma coinciden claramente al mostrar unos personajes que se persiguen en un laberinto de espejos en el que se alternan las imágenes reales con sus reflejos. Pero no es necesario que las imágenes sean siempre tan expresivas para considerar que se ajustan al tema. Sin tener que recuperar la antigua discusión sobre el fondo y la forma, se entiende que el nexo entre lo que se expone y la forma en que se hace existe siempre, incluso cuando lo que se pone de manifiesto es un desajuste entre esos dos factores. La imagen siempre está presente, dispuesta a ser vista y, por lo tanto, resistiéndose a ser ignorada.

Una de las pocas ocasiones en los que la imagen y una determinada categoría parecen coincidir sin ambages en la reflexión de Deleuze —es decir, un momento en el que su mirada se centra en la imagen— ocurre al referirse este a los primeros planos utilizados como ejemplo de la imagen-afección. Y ello sucede porque, en tales casos, el encuadre está tan estrictamente circunscrito a un rostro que parece no haber lugar para nada más que para las expresiones de este. Rostro e imagen dan la impresión de coincidir, por lo que toda la atención se puede centrar, sin ambigüedades, en la afección que expresa un rostro, situado así en una especie de limbo. Se ignora inadvertidamente que las formas del primer plano de un rostro son tan variadas que no se repitan ni una sola vez a lo largo de toda la historia del cine, incluso en el caso de que muestren una misma expresión. A pesar de que este tipo de imágenes reciben el nombre de imagen-afección, se prescinde del hecho de que son imágenes y no rostros. En líneas generales, la filosofía del cine de Deleuze sigue esta tónica ajena a las formas concretas de las construcciones visuales, lo cual no la invalida en absoluto, pero sí que la aleja de una verdadera capacidad para comprender una relación del cine con el pensamiento, la cual pasa forzosamente por las imágenes. Resulta curioso que cuando la reflexión sobre el cine, arte visual por excelencia, alcanza su madurez, el responsable más destacado de este avance adopte una postura ante las imágenes que nos recuerda la ingenuidad que caracteriza, según el mito, los orígenes de la pintura. Es conocida la rivalidad entre dos excelsos pintores como Zeuxis y Parrasio que competían en un concurso para saber cuál de los dos era el más grande. Zeuxis mostró el cuadro de unas uvas tan perfectamente plasmadas que una bandada de pájaros se lanzó sobre ellas para picotearlas. Luego le pidió a Parrasio que levantara la tela que cubría su pintura para poder verla, a lo que este respondió que esa cortina no era real sino la propia pintura que él presentaba a la competición: si Zeuxis había conseguido engañar a los pájaros, Parrasio lo había confundido a él. Según este planteamiento, que aún sigue vigente, la imagen más perfecta es aquella que mejor puede confundirse con la realidad, es decir, aquella que no se detecta como imagen.

Ello me parece especialmente grave cuando se trabaja en el ámbito de lo que Flusser denominaba imágenes técnicas en las que se superponen diversas capas de teoría, es decir, de pensamiento. Unas imágenes que además son también el producto de sofisticadas tecnologías de la imaginación. Ignorar en estas condiciones la presencia de la imagen, considerando que no es otra cosa que el simple vehículo de una realidad o una ficción expresadas al margen de su concreta construcción visual, no deja de ser preocupante. Lo más curioso es que este flagrante olvido se produce en el marco de un rechazo absoluto a la representación. Aunque, bien mirado, el hecho quizá no sea tan sorprendente, si consideramos que impugnar la representación no implica un movimiento hacia la imagen en sí, sino todo lo contrario. Con la representación, desaparece también la imagen y en su lugar solo queda un juego de fuerzas afectivas y perceptivas, válidas por sí mismas.

Como ya he dicho, hay ocasiones en las que Deleuze parece que detecta la incidencia de las imágenes en el film. Por ejemplo, cuando se pregunta qué es el encuadre o cuál es el contenido de la imagen y responde que «es exactamente la determinación de las cosas en tanto forman y deben formar un sistema artificialmente cerrado (...) ¿Qué es el plano o la imagen? Es la determinación de un movimiento complejo y relativo que capta estas cosas en Uno» (Deleuze, 2009: 86). Según esto, ya tendríamos concretado el espacio de actuación de la imagen, pero Desafortunadamente Deleuze lo va a utilizar muy poco para fundamentar sus reflexiones. Permítanme que sea radical en este sentido, aunque de forma provisional, puesto que el pensamiento de Deleuze es muy rico y siempre se encuentran excepciones en él. Mi pretensión no es otra que procurar que se comprenda con claridad dónde pretendo colocar el foco del pensamiento fílmico. Mi insistencia en la centralidad de la imagen y mi queja en la poca atención que le presta Deleuze, algo sobre lo que seguiré insistiendo, proviene de la convicción de que solo a través de la imagen es posible comprender las relaciones efectivas del cine con el movimiento y el pensamiento. Sin la concurrencia de la imagen, estos fenómenos quedan flotando en el aire. Uno de mis postulados es que esas máquinas abstractas que sustentan la ontología propuesta tanto por

Guattari como por Deleuze se hacen concretas en el cine y sus derivados en el terreno de sus imágenes.

En cualquier caso, la cuestión de la tecnología merece una mención especial en este proyecto porque la tecnología ocupa un lugar muy importante en el imaginario social y cultural desde hace más de un siglo, aparte de la profunda incidencia que tiene en los procesos de subjetivación. Pero contemplar las relaciones de la imagen cinematográfica con la tecnología es algo muy distinto de ocuparse de la técnica cinematográfica en sí. La introducción de la tecnología en el pensamiento fílmico permite comprender mejor lo que significa este pensamiento y su carácter visual, a la vez que facilita el entendimiento de las relaciones que la imagen en general y la imagen fílmica en particular mantiene con la subjetividad. No cabe duda de que las teorías de Guattari son más adecuadas para esta tarea que las de Deleuze, quien descartaba completamente cualquier intromisión del sujeto o la conciencia en los procesos creativos. Guattari parece estar de acuerdo con esta perspectiva cuando colabora con Deleuze, pero no queda tan claro cuando piensa por su cuenta. De no ser así, la teoría esquizoanalítica solo tendría la función filosófica que le adjudican ambos en sus escritos comunes, donde parecen ignorar el desempeño que esa técnica tiene en el ámbito de la práctica analítica, con la que Guattari estaba profundamente conectado. No se trata, sin embargo, de tener que elegir entre una y otra faceta de un pensamiento que, contemplado desde esta perspectiva, se muestra profundamente dividido. El concepto de esquizoanálisis es un ejemplo de las tensiones que lo recorren y que afectan tanto a la obra teórica de Guattari como a la que este confeccionó junto con su colega. Por muy productivo que resulte mantener esta separación para aclarar el panorama, lo ideal no es pensar un aspecto en detrimento del otro. La cuestión no es tener que decidir entre la teoría o la práctica, sino que se trata de sacarlas a las dos de sus casillas. Puesto que, para que ambas continúen siendo efectivas, es necesario desterritorializarlas, pensarlas de nuevo conjuntamente.

Llegados a este punto, creo que es necesario hacer una advertencia metodológica que es importante por varias razones, entre ellas evitarle al lector un posible desconcierto al seguir mi proceso reflexivo. En primer lugar, debo indicar que considero posible utilizar conceptos de otros autores, sin ajustarse exactamente al significado que estos le han dado. A veces, no solo es factible, sino incluso necesario ampliar su alcance, partiendo de las premisas originales. He seguido este sistema en muchos otros de mis escritos, antes de reparar en que se ajusta bastante a la forma de pensar de Deleuze, aunque sus motivos puede que sean algo distintos de los míos. En cualquier caso, es conocido el uso peculiar que Deleuze hace de los conceptos filosóficos ya establecidos. Los extrae de sus ámbitos teóricos originales y los introduce en sus reflexiones para que desempeñen en ellas un rol distinto, ya que, para él, un concepto no es una entidad cerrada, sino que es susceptible de variar al introducirse en nuevos contextos o al establecer conexiones inéditas. Guattari, por su parte, invita a hacer algo parecido, cuando dice que «así como un artista toma de sus predecesores y contemporáneos los rasgos que le convienen, del mismo modo invito a quienes me leen a tomar y rechazar libremente mis conceptos (1996: 24). Me parece adecuado explicitar estas coincidencias, que forman parte de mi advertencia metodológica, entre otras cosas porque me siento arropado por ellas, a pesar de que el ámbito de actuación de mis reflexiones no se limita a la filosofía como en el caso de Deleuze y puede que por ello precise de alguna justificación adicional.

Cuando se crea un concepto, este se introduce en la esfera general del pensamiento, al que ofrece una nueva herramienta reflexiva, alguno de cuyos funcionamientos puede que resulte insospechado o quizá incluso sospechoso para su creador. No es que, con este tipo de operaciones, se pretende hacer un uso metafórico del significado conceptual, sino que se usa el concepto para extraer nuevos parámetros ontológicos en regiones que, en principio, no parecían corresponderle. En el caso específico de Deleuze y Guattari, su pensamiento es tan potente que se abre al porvenir, más allá del control de sus autores. Es necesario aprovechar este impulso para que sea posible contemplar su pensamiento desde el futuro, es decir, desde su futuro que no es otro que nuestro presente. El pensamiento, incluso el filosófico, nunca puede ser estático si quiere conservar su vigencia. El filósofo mira constantemente al pasado como si fuera un inmenso mar, no reparando en las olas que vienen a romper constantemente a sus pies. Es necesario reparar en que la fuerza del pasado se diluye en el presente, mezclándose con él y transformándose con el proceso. Nunca nada puede seguir siendo lo mismo indefinidamente, pero lo distinto que surge de lo mismo debe conservar algo de este para ser en verdad distinto y no simplemente otra cosa independiente. Intuyo que Deleuze plantea algo parecido en *Diferencia y repetición*, pero a mí el fenómeno me interesa al margen de esta correspondencia. Me interesa porque implica la existencia de una temporalidad compleja en la historia del pensamiento, que convierte al presente en una confluencia de tiempos diversos, los cuales suponen un hervidero de pensamientos que, si bien se repiten, lo hacen expresando diferencias.

Para que la operación de asimilar los conceptos del pasado sea realmente productiva, el presente no debe ser pensado como tal, es decir, como la culminación de un proceso desarrollado paulatinamente en una dirección concreta. Por el contrario, debe conservarse en él la tensión temporal, de modo que pueda seguir siendo pensado desde la incertidumbre relativa a ese futuro anterior. De esta manera, ya no estaremos tanto en un presente consolidado, sino en un futuro que viene de lejos y que desemboca en nosotros, desestabilizándonos. Encuentro en un escrito de Zizek un planteamiento similar que me sirve para corroborar la efectividad de una fenomenología que propone en el ámbito neobarroco actual una complejidad del tiempo que en el Barroco clásico parecía reservada solo al espacio. Según Zizek, «el pasado está abierto a la reinterpretación retroactiva, mientras que el futuro está cerrado. Esto no significa que no podamos cambiar el futuro, solo significa que, para hacerlo, primero deberíamos (no comprender, sino) cambiar nuestro pasado, reinterpretándolo de manera que se abra hacia un futuro diferente» (2024:10).

Si es cierto, como consideraba Benjamin, siguiendo a Michelet, que toda sociedad sueña con su futuro, se trata de que, cuando ese futuro se actualiza, siga siendo experimentado como un sueño. En definitiva, hay que mantener el pensar en constante movimiento temporal para impedir que se consoliden ideas definitivas o absolutas, asumiendo, sin embargo, la consistencia de las que se crean, aunque se conozca su provisionalidad. Que sean provisionales no las convierte en relativas, de la misma manera que considerarlas ciertas no hace que sean imperiosas. De lo que se trata es de entenderlas como meta-estables, es decir, como estables o útiles en determinadas circunstancias, sin que esta multiplicidad de significados circunstancialmente ciertos afecte la integridad o efectividad de ninguna de esas ideas. La meta-estabilidad las disemina tanto por el espacio de un imaginario epocal, como por la temporalidad que supone una sucesión de tales espacios. Las ideas o los conceptos son ciertos de forma distinta a como lo fueron en el pasado y a como lo serán en el futuro. El mismo Guattari lo dice claramente: «Según mi opinión, en cierto modo todos los sistemas de modelización son válidos, todos son aceptables, pero solo en la medida en que sus principios de inteligibilidad renuncien a cualquier pretensión universalista y admitan que no tienen otra misión que contribuir a la cartografía de territorios existenciales —que involucran universos sensitivos, cognitivos, emocionales, estéticos, etc.—, y ello en áreas y períodos de tiempo bien definidos» (1987: 4). Aunque parezca una perogrullada, vale la pena subrayar que las ideas sirven para pensar. Es decir, no son solo producto del pensamiento, sino que, además, producen pensamiento y no necesariamente en la dirección que marca su origen.

El cine constituye una perfecta alegoría de estos movimientos, los que plantea Guattari y los míos propios. Pero, en el cine, la *metafísica* se traduce en el juego concreto de sus imágenes. El pensamiento va a desembocar en ellas y también se genera a partir de ellas. Deleuze es muy capaz a la hora de mostrar cómo el pensamiento del pasado va a desembocar en el cine, pero es mucho más ambiguo cuando propone el pensamiento del futuro que puede surgir de él. Aunque hay muchos tipos de imágenes cinematográficas, Deleuze propone básicamente dos, la imagen-movimiento y la imagen-tiempo. Son dos categorías que, según plantea, están separadas por la Segunda Guerra Mundial, un criterio que nos podría parecer arbitrario, si no fuera porque se basa en la famosa distinción que había hecho André Bazin, a mediados de siglo, entre aquellos cineastas que creían en la imagen y los que creían en la realidad. El cine de la gran mayoría de los directores que creían en la realidad se situaba, para el crítico francés, después de esa guerra y estaba relacionado con el Neorrealismo y, concretamente, con la aparición del plano-secuencia. Se trata del mismo período en el que Deleuze situará la aparición de la imagen-tiempo que implica una imagen directa del tiempo, es decir, de un tiempo que no es subsidiario del movimiento, sino que se manifiesta espontáneamente. No cabe duda de que esta apreciación de Deleuze también está íntimamente relacionada con las ideas de Bazin sobre la ontología fílmica, según las cuales la cámara utilizada por los cineastas de la realidad sería capaz de captar las coordenadas espaciotemporales de esta sin interferencias. Con la llegada del nuevo cine, especialmente con la desaparición del montaje clásico en el ámbito del plano-secuencia, Bazin consideraba que los fundamentos de la realidad —espacio y tiempo— llegaban sin mácula al espectador, como si este estuviera contemplándola a través de una ventana. Existe, sin embargo, una diferencia no menor entre ambos autores. Mientras que Bazin se basaba en los apriorismos kantianos y, por lo tanto, equiparaba la mirada de la cámara a la del sujeto que observa la realidad organizada mediante el espacio y el tiempo, Deleuze, por el contrario, le da la vuelta a Kant y propone que el cine es capaz de mostrar la esencia del tiempo ajena al sujeto: un tiempo trascendental. Ambos coincidían, sin embargo, en olvidar la intervención de la tecnología y la incidencia de la imagen como tal en el proceso de reconversión de la realidad en una forma pensada y pensable.

La indudable complejidad de las ideas cinematográficas de Deleuze se inserta en el marco de los planteamientos básicos del que fue fundador de *Cahiers du Cinéma*. Ambas propuestas pueden considerarse idealistas por los olvidos que acabo de mencionar. Pero las de Deleuze sobre el cine lo son de manera distinta a las de Bazin, aunque compartan un sustrato ideológico equivalente. A partir de una voluntad común de acceder a la realidad sin trabas subjetivas o estéticas, Bazin y Deleuze desarrollan sistemas muy distintos. Por ejemplo, con respecto a su respectiva relación con el concepto de imagen, Bazin no se refiere a las imágenes más que para criticar a los que las defienden, que son aquellos cineastas que creen en ellas, mientras que Deleuze no rehúye enfrentarse a la imagen para convertirla en objeto de estudio, pero la noción que tiene de ella es muy distinta de la que se baraja, por regla general, en la cultura visual. Deleuze extrae de Bergson un concepto de imagen que es relativo a la percepción y donde se dan cita la conciencia y la materia. Refiriéndose a la crisis de la psicología que expone Bergson en *Materia y Memoria*, Deleuze comenta que «resultaba ya imposible oponer el movimiento como realidad física en el mundo exterior, a la imagen como realidad psíquica en la conciencia» (1984: 11). En otro momento, añade que la imagen es todo lo que aparece, de modo que «nos encontramos ante la exposición de un mundo donde la imagen = (es igual) a movimiento» (Deleuze, 1983: 90). Estas apreciaciones sobre Bergson son muy explícitas con respecto al alcance de la división que Deleuze efectúa en el cine entre imagen-movimiento e imagen-tiempo, mezclando la ontología de Bazin con la psicología filosófica de Bergson. Se trata de equiparar conciencia y tiempo y dejar que el conjunto, donde el tiempo es envoltorio de la conciencia, aparezca a través del fenómeno cinematográfico directamente, como si esa conjunción tuviera el mismo estatus que la materia.

Por otra parte, no es que Deleuze rehúya referirse a la tecnología en sus estudios sobre el cine, puesto que reconoce la condición tecnológica del medio. Pero, lo hace mediante un gesto parecido al que ejecuta al desplazar la imagen visual hacia una concepción psicometafísica. Lo tecnológico, como lo visual, pierden pronto su condición específica y se diluyen en un magma en el que lo psicológico tiene tintes metafísicos y lo metafísico visos psicológicos, impidiendo establecer así las conexiones específicas con la materialidad y el funcionamiento de los dispositivos técnicos concretos. No pretendo menospreciar la utilidad que sin duda tienen las reflexiones de Deleuze sobre la imagen y la tecnología, sino tan solo indicar que prescinden de otras, que son igualmente necesarias. Sin ánimo de criticarlas, digo que son nociones que permiten conocer efectivamente ciertos aspectos de las imágenes visuales, cuya fenomenología acepta este tipo de incursiones sin que su presencia las desvirtúe. Sin embargo, tales ideas se muestran, por el contrario, impenetrables a las cualidades estéticas y visuales de la imagen. Se detecta así una clara descompensación en la posible alianza entre los dos modos de pensamiento.

Del fondo metafísico de la ontología cinematográfica de Deleuze, destaca principalmente un asunto, la intrínseca relación que mantienen las imágenes con el movimiento, a partir del cinematógrafo. Deleuze, siguiendo a Bergson, considera que el movimiento es una condición previa de la metafísica de las imágenes, pero ignora que el cine crea un nuevo estado del movimiento que, a partir de las relaciones que mantienen entre sí los respectivos movimientos adscritos a la tecnología y al pensamiento, origina un régimen de imágenes inédito.

Bergson, en *La evolución creadora*, afirma que el mecanismo cinematográfico coincide con el mecanismo del pensamiento, puesto que «el mecanismo de nuestro conocimiento ordinario es de tipo cinematográfico» (Marrati, 2003: 19), lo que lleva a Deleuze a considerar que, en nuestra mente, siempre hemos hecho cine sin saberlo: «así, el "mecanismo cinematográfico del pensamiento" no tenía que esperar al nacimiento del cine para ponerse manos a la obra; a lo sumo se encontró en el cine con una denominación adecuada. Concretamente, para resumir a Deleuze, es "como si siempre hubiéramos hecho cine sin darnos cuenta"» (Marrati, *ibid.*). En general, esta reflexión va por buen camino, pero cabe hacerle una objeción: si el cine, como quiere Deleuze, es una imagen del pensamiento distinta de otras imágenes del pensamiento anteriores, la relación entre el cine y el pensamiento solo puede ser histórica. No toda forma o modo de pensamiento es equivalente al cine, sino que solo el pensamiento que coincide con la era cinematográfica es equivalente al pensamiento que permite y fomenta el cine.

Creo que, contemplando el fenómeno cinematográfico a través del pensamiento de Guattari, es posible desactivar estas supuestas contradicciones y los rescoldos de idealismo que se detectan en las propuestas de Deleuze, sin necesidad de abjurar completamente del pensamiento de este. Pero para ello habrá que tomarse algunas libertades con ambas formas de pensamiento y, sobre todo, comprenderlas desde la complejidad, es decir, a través de su contacto con otras disciplinas, contacto que podrá ser efectivo, posible o virtual, según las circunstancias. En una proposición como esta, no estamos solos, es el propio Deleuze el que nos acompaña. Lo expone claramente Jean-Michel Pamart, al indicar el papel que juega el pensamiento de Kant en la génesis de los libros sobre el cine, los cuales «no deben a Kant más que su acta de nacimiento (...) Kant ha forzado poderosamente a Deleuze a pensar, aunque sea contra él mismo» (2012: 83).

Resulta curioso lo poco que las ideas de Deleuze sobre el cine se ponen en contacto con el resto de las teorías cinematográficas cuando son aplicadas por sus exegetas. El mismo Deleuze dialoga escasamente con ellas en sus libros y, cuando lo hace, acostumbra a recurrir a autores que se inscriben en el ámbito de la lingüística o la semiótica como, por ejemplo, Christian Metz. Una de las razones que se acostumbra a esgrimir para explicar esta ausencia es que a Deleuze no le interesaba confeccionar una teoría del cine, sino que utilizaba el cine para sus intereses filosóficos. Aunque dice estar más interesado en lo que el cine puede hacer por la filosofía que en lo que esta puede hacer por el cine, en realidad, se dedica a pensar filosóficamente el cine. De todas formas, esa ausencia tan flagrante de la teoría fílmica en sus escritos no deja de ser curiosa o incluso perturbadora, entre otras cosas porque desmaterializa el fenómeno cinematográfico. Una muestra muy clara del olvido de las teorías específicamente fílmicas en el pensamiento de Deleuze sobre el cine es la exigua presencia que tiene Bazin en sus textos, a pesar de que la base de sus planeamientos generales se encuentra en la ontología elaborada por el teórico francés. Igual que la práctica totalidad de sus comentaristas, Deleuze se sitúa en la historia de la filosofía, entendida esta de forma clásica, a pesar de que con frecuencia recompone drásticamente los conceptos a los que acude, para acomodarlos a sus intereses intelectuales. Ciertos filósofos clásicos —Spinoza, Kant, Leibniz, Nietzsche, Bergson, especialmente— y su aparato conceptual aparecen como entidades aisladas —una suerte de monadas— que, si bien se asientan en el momento histórico correspondiente, apenas si establecen alguna relación con el imaginario en el que se hallan inmersos. Ni tampoco se propone ninguna conexión entre las diferentes ideas, lo cual sería de esperar cuando se utilizan todas ellas en una misma reflexión, donde, por el contrario, se limitan a aparecer de forma sucesiva. Lo cierto es que esta concurrencia obligaría a pensar sobre la interpenetración y contaminación de los conceptos. Pero quizá sea una posibilidad que pertenece a una forma distinta de pensamiento, un pensamiento nuevo cuya incipiente existencia, si bien está en deuda con el pensamiento de Deleuze, se sitúa mucho más claramente en el desarrollo del pensamiento de Guattari.

Relacionar los distintos filósofos con el imaginario al que pertenece cada uno de ellos implica todo lo contrario de anclarlos en su contexto histórico. Frente a la labor positivista de poner cada cosa en su sitio, ayudada por un rescoldo de esa típica vocación escolástica por la clasificación, de lo que se trata es de poner las distintas propuestas filosóficas en circulación por el magma de ideas, técnicas y prácticas sociales en el que están inmersas, a la par que se proyectan hacia otros pensamientos futuros o pasados.

Situar las ideas en su contexto imaginario no es solo una labor convenientemente historiográfica, sino también epistemológica. Es decir, que no solo conviene a la historia tradicional, sino que afecta también a la operación de pensar esas ideas más allá de lo puramente filosófico. Un proceso de territorialización de este tipo, que es lógica pero no siempre ha sido asumida como es debido, no relativiza el alcance de las ideas, ya que no implica fijarlas mecánicamente al entorno que le corresponde, sino que significa, por el contrario, diseminarlas por ese entorno. El origen de las ideas no reside en ellas mismas ni en su herencia filosófica, sino que proviene de un contexto complejo y a la vez convulso. Tampoco su destino se retrotrae forzosamente al marco que ellas han creado, sino que se expande indefinidamente por otros ámbitos, tanto en el espacio como en el tiempo. La operación no supone catalogar el cumulo de circunstancias culturales que rodea al pensamiento —hacer historia cultural—, sino extralimitarlo, ponerlo en marcha más allá de sí mismo para pensarlo desde el afuera, así como para pensar este abigarrado afuera desde su adentro. Se amplía, de esta forma, su vigor. Insertar las ideas en su imaginario es como plantar una semilla que, al germinar, crea raíces subterráneas dispuestas a diseminarse por doquier hasta alcanzar las raíces de otras plantas circundantes, algunas próximas, otras lejanas. Implica crear un rizoma por cuya red va a circular la savia de las ideas, conectándolas con muchos otros ámbitos de la cultura con los que producirán pujantes intercambios. Se verá entonces que el rizoma no se origina en la idea, sino que esta es, a su vez, producto de un rizoma anterior a ella misma, a su indeciso origen: «El rizoma opera en un espacio sin fronteras y desafía categorías establecidas como binarias o como puntos que marcarían y serían utilizados para fijar posiciones en un espacio extenso. Se conecta y reconecta incesantemente a través de fisuras y brechas, desterritorializándose y reterritorializándose a la vez. Trabaja hacia máquinas abstractas y produce líneas de fuga» (Parr, 2005: 234).

Pero, más importante aún: este proceso de desterritorialización de las ideas que se produce por haberlas territorializado previamente permite conectarlas con el futuro. Aunque resulte paradójico, diseminar el contenido de las ideas por el prolijo entramado de redes que forma un contexto prácticamente sin límites, no supone diluir la potencia que poseen de origen, sino que significa, por el contrario, mantenerlas vivas tanto fuera como dentro de ese contexto. Siguen vivas precisamente porque se transforman.

La historia de la filosofía se desarrolla manteniendo las ideas ancladas en su lugar de origen, pero a la vez aisladas en su propio ámbito, de modo que no parece que se extiendan más allá de la esfera del sistema que las enmarca. Pueden ser interpretadas, pero siempre que esta interpretación no se salga del ámbito que ellas mismas han creado. Cuando se critican, la crítica proviene de otra fortaleza filosófica y se dirige prácticamente siempre al interior de los muros de la ciudadela contraria. El pensamiento filosófico casi nunca se despliega a campo abierto, donde los ejércitos se mezclan. Pocas veces, la historia y la propia filosofía desciende al nivel rizomático en el que las ideas se conectan efectivamente con otras ideas, con otra red de ideas, de tecnologías o de producciones artísticas o culturales, de forma que se pueda descubrir la existencia de una viva corriente subterránea que recorre todos los ámbitos posibles, transformándolos.

Esta ontología, que no deja de ser *guattariana* —la corrobora el concepto de esquizoanálisis y se concreta en la función de las máquinas abstractas—, corre el peligro de desactivar su propia complejidad si esas capilaridades rizomáticas se contemplan como factores que van en una sola dirección, es decir, que determinan las ideas, olvidando la posibilidad de que estas sean también determinantes. Se produce un desajuste parecido cuando, por ejemplo, se plantea que el sujeto es una construcción social, implicando con ello que carece de capacidad de agencia o que esta no es relevante porque está siendo sobredeterminada. En tales casos, el funcionamiento queda reducido a la típica relación lineal de causa y efecto, olvidando la posibilidad de que los efectos, una vez producidos, pueden modificar las causas. Zizek: «es la realidad del acontecimiento —el hecho de que tenga lugar— lo que crea retroactivamente su necesidad» (2024: 10).

Proponer algún privilegio de las ideas puede ser considerado un pecado de idealismo, pero la proverbial controversia filosófica entre idealismo y materialismo a la que podría pensarse que conduce este supuesto idealismo ha perdido gran parte de su trascendencia, puesto que la noción de materia se ha diluido tanto en el contexto de las teorías de Deleuze y Guattari que ya es indistinguible del concepto de idea o de pensamiento. En este entorno, ambos factores se entrelazan intensamente para crear la realidad, como puede deducirse de lo que plantea Deleuze a partir de las nociones de diferencia y repetición. El ser es materia en movimiento, un movimiento incesante que genera al pensamiento a través de la diferencia. No se trata de una relación entre lo subjetivo y lo objetivo, ya que estas instancias son previas a la objetividad y a la subjetividad. Paradójicamente, en este caso, lo único que permanece es el movimiento, ese que impulsa y transforma la materia y el pensamiento haciendo que ambos se interpenetren y forjen lo que denominamos realidad. Esta realidad nos afecta de manera intensiva, más allá o más acá de la representación, afecta a esa parte no orgánica del cuerpo que está siendo transitada por intensidades que no pueden localizarse en ningún órgano: de ahí, el concepto de cuerpo sin órganos. A partir de las ideas que Artaud expone en *El teatro y su doble*, Deleuze propone un teatro del porvenir que sería a la vez una imagen de una filosofía nueva: «se trata de producir en la obra un movimiento capaz de conmover al espíritu fuera de toda representación; se trata de hacer del movimiento mismo una obra, sin interpretación; de sustituir representaciones mediatas por signos directos, de inventar vibraciones, rotaciones, giros, gravitaciones, danzas o saltos que lleguen directamente al espíritu» (2017: 32). De esta manera, la realidad nos penetrará directamente, al tiempo que nosotros la penetramos a ella. Se comprende así que Deleuze halle en el cine la posibilidad más efectiva de este tipo de *teatro* que supone a la vez una imagen de la realidad pensada y pensante.

Al margen de estas productivas consideraciones, no caben muchas dudas sobre que la intención —si es que se le puede llamar así— de destacar la función causal de las infraestructuras maquínicas es proseguir con la tarea de desactivar el sujeto cartesiano, ocupación fundamental de la modernidad que encuentra siempre el escollo de que quien la enuncia es un sujeto, a menos que se recurra a los artilugios de la filosofía analítica —y aun así— o se traspase la responsabilidad a un supuesto pensamiento algorítmico. Pero creo que incluso Guattari —no estoy tan seguro en el caso de Deleuze— hubiera retrocedido ante la posibilidad de que las máquinas abstractas pudieran conectarse con las máquinas digitales y sus algoritmos para acabar definitivamente no solo con el sujeto, sino con la propia realidad, si entendemos que esta, considerada estrictamente, solo puede ser en última instancia humana, a pesar de que los partidarios de la Ontología Orientada al Objeto lo nieguen. La filosofía de Deleuze y Guattari parece preparar el camino para la inteligencia artificial (IA), pero al mismo tiempo, contiene los ingredientes necesarios para contrarrestarla, siempre que pongamos en práctica la operación que he mencionado antes, es decir, prolongar las ideas más allá de su contexto histórico, pero acarreando con ellas todo ese contexto transformado y transformante, es decir, llevándolo consigo en su propio interior para que este se halle siempre en constante ebullición. Se trata de una complejidad que no está al alcance de ninguna IA, cuya forma de actuar es precisamente la contraria.

Como ya he dicho, situar las ideas en su contexto histórico e imaginario despliega, a partir de ellas, una serie de ramificaciones que permiten comprenderlas más profundamente, al tiempo que las prolonga y amplía, pero no solo en el espacio temporal que le corresponde, sino también hacia otras temporalidades futuras. En esta operación de viaje en el tiempo, las ideas primeras van experimentando modificaciones que asimilan los cambios que experimenta la realidad y que resultaban en gran medida imprevisibles en su origen. Pero solo si el pensamiento inicial es suficientemente robusto será capaz de transitar por el futuro, aunque no es de esperar que lo haga sin experimentar cambios. Estos cambios no se limitarán a una distinta interpretación, sino que comportarán una ampliación de los parámetros primigenios a tenor de su aplicación a las novedades ontológicas de las nuevas realidades.

El pensamiento solo puede ser completamente asumido por el propio pensamiento, aunque este se despliegue por otras entidades, materiales o no. Hay que recibirlo o recogerlo no solo directamente, sino a través de esa red preñada por él. En este sentido, el pensamiento puede considerarse un arte que tiene mucho de *sonoro* porque es envolvente y se dispersa por todas partes, pero también es musical porque ha de ser constantemente *compuesto*, reconstruido para producir líneas *melódicas*. Detrás del pensamiento está siempre una conciencia, por muy determinada que se encuentre por otros factores. El yo cartesiano, ahora tan denostado, puede que sea efectivamente un fantasma creado por el cerebro o por los entramados maquínicos de una ontología extremadamente compleja, pero el fantasma no puede evitar decir yo —yo pienso, yo soy, yo estoy aquí, aunque sea como un fantasma— y obrar en consecuencia, aunque, desde otra perspectiva, esta actitud se considere un error. Es, en todo caso, un error que, paradójicamente, genera certezas, las cuales fundamentan mundos existenciales efectivos. Es una certeza incompleta pero creadora de mundos posibles que se encargan de completarla.

Estos planteamientos nos hace regresar, una y otra vez, a la figura de ese sujeto desmantelado por la modernidad tardía, un sujeto que no deja de renacer de sus cenizas gracias al propio ejercicio de su desmantelamiento. Esto nos llevan a reconsiderar forzosamente el concepto de biografía y, con él, por supuesto, el de autobiografía. ¿Qué significa, desde esta perspectiva, confeccionar una biografía? ¿Hasta qué punto alguien puede efectuar su autobiografía? ¿Qué forma pueden tener estas operaciones, si su núcleo es tan fantasmagórico? Recordemos que Derrida proponía una "ciencia de los fantasmas", una *hauntología*, dispuesta a ocuparse de aquello que, habiendo sido enterrado o reprimido precipitadamente, regresa en forma de espectro. Como el sujeto.

La actual crisis de las narrativas, convertidas, según Byung-Chul Han (2023), en información, corresponde también a la crisis del sujeto, ambas forman parte del mismo paradigma en descomposición. Desaparece el yo y, con él, se desvanece la posibilidad de narrar, a la vez que se anula también la posibilidad de que el yo sea narrado. No puede serlo, si la narración ha de expresar algo sustantivo, ya que esta sustantividad reside en un ámbito distinto al del yo sin atributos de la modernidad, un lugar alejado de esta desde donde se genera el supuesto fantasma del sujeto y su biografía. ¿Cómo pretender elaborar, pues, una biografía de Félix Guattari sin traicionarlo fundamentalmente, puesto que él parece participar de ese desmantelamiento general del sujeto? En otras palabras: ¿qué forma podría tener una biografía de Guattari, de acuerdo a las propuestas ontológicas de Guattari y Deleuze? Deleuze responde, en parte, a esta pregunta con el monográfico que elaboró sobre Proust. Con él, le da la razón al propio escritor cuando, contra el crítico Sainte Beuve, declaraba que los aspectos biográficos son irrelevantes para conocer la obra de un autor, cuyos secretos se encuentran circunscritos a su proceso de escritura.

De todas formas, mi pregunta era retórica, puesto que no tengo ninguna intención de confeccionar una biografía de Guattari, ni tampoco me interesa efectuar una exposición razonada de su pensamiento, de la que ya existen varias de ellas que son excelentes. Destacan las de Gary Genosko (2002 y 2009), Paul Elliot (2012) y la entrañable perspectiva de su amigo Franco "Bifo" Berardi (2008).

En un ensayo, es difícil decir de antemano lo que se pretende hacer, puesto que su estilo no contempla, como en un manual, comunicar lo ya sabido. De lo que se trata es descubrir y crear el conocimiento, invitando al lector a que participe activamente en esa aventura. Todo lo que se puede anunciar en este caso es que existe la intención de aproximarse al pensamiento de Félix Guattari con un propósito que, a primera vista, puede parecer arrogante pero que en realidad es todo lo contrario. Se trata de utilizar el pensamiento de Guattari para excederlo y transformarlo, a modo de un ejercicio de comprensión. Como no puedo pretender comprenderlo mejor que nadie y, mucho menos, mejor que se comprendía él mismo, me limitaré a asimilarlo a mis intereses, proponiendo el ejercicio un tanto excéntrico de regresar a las ideas de Guattari para examinarlas de nuevo, después de haberlas superado gracias a las bases de su propio pensamiento. Superar no quiere decir corregir o mejorar, sino extender ese pensamiento hacia territorios que exceden los límites de su propia geografía. En última instancia, el propósito, como digo, no es tanto comprender el pensamiento de Guattari —hay muchos otros libros que ofrecen esta posibilidad—, sino comprender el cine, la imagen y el pensamiento a partir de la energía intelectual que generan sus ideas. No es, por tanto, una comprensión objetiva, válida para todo el mundo y con pretensiones de ser definitiva, sino un ejercicio subjetivo, muy característico, por otro lado, del ensayo.

Uno de los interrogantes que se desprende de estas tensiones que transitan por mi proyecto es si resulta posible escribir sobre un pensador con el que no se está completamente de acuerdo, sin recurrir a una actitud esencialmente crítica. ¿Se puede estar a la vez a favor y en contra de las ideas de alguien, de manera que de lo negativo se extraiga lo positivo y viceversa? Confieso que el pensamiento de Guattari, igual que el de Deleuze, me produce esta reacción ciclotímica. ¿Qué tipo de pensamiento sería este cuyo avance adquiere la forma de unos dientes de sierra, al alternar el entusiasmo con la decepción? Sumergirse en las ideas de Guattari implica una sucesión de ascensos y de descensos que alternan lo positivo y lo negativo. No puede decirse que esta forma de pensar implique poner en práctica un proceso de duda sistemática, ya que hay momentos en los que la duda sobre la vigencia de las ideas del pensador francés no existe, sino todo lo contrario. Tampoco se trata de buscar la síntesis de los contrarios, puesto que la entidad de las cumbres y de los valles que se alternan en la lectura no produce una mezcla, sino que las virtudes o los defectos de cada momento se mantienen por separado. Sin embargo, puesto que esas distintas circunstancias no dejan de alimentarse mutuamente, tampoco se puede descartar la aparición de síntesis durante la absorción de las ideas, aunque nunca son síntesis definitivas. El pensamiento surge, en estos casos, de la síntesis en lugar de limitarse a desembocar en ella, y lo hace como forma de resolver conflictos. Al margen de esto, solo queda la posibilidad de la paráfrasis o de la hermenéutica, dos procedimientos que no se contemplan en este caso.

Lo que me interesa fundamentalmente es algo que se halla al margen de la biografía estricta de Guattari o de la revisión de su pensamiento. Quiero averiguar si sus actividades relacionadas con el cine y otros medios nos pueden decir algo nuevo sobre el cine y sobre la imagen en general. Considero que la relación que mantuvo el pensador francés con el cine es relevante, a pesar de que fue una relación fallida, pues se limitó esencialmente a la confección de un guion cinematográfico que nunca llegó realizarse. Dedicar un libro a estudiar un fracaso, no parece ser una tarea altamente productiva, pero hay que tener en cuenta que este fracaso ocurre en el seno de una poderosa imaginación que puede abrirnos las puertas a un nuevo entendimiento del cine y de la imagen, así como las conexiones de ambos con el pensamiento.

En este punto, me siento profundamente identificado con la postura que Jean-Pierre Dupuy manifiesta en el prólogo a la versión inglesa de su libro sobre las ciencias cognitivas: «Más de un lector se ha sorprendido por el carácter aparentemente paradójico de este libro. ¿Cómo, se pregunta, puedo interesarme por algo que considero un fracaso? (...) Para crear la posición más fuerte posible para uno mismo, ¿no debe uno conocer a sus adversarios, desde dentro, y no menos bien que ellos mismos? Tampoco oculto mi fascinación por un movimiento intelectual cuyos objetivos no comparto» (2009: x). No me considero tan adverso a las teorías de Guattari como contrario se manifiesta Dupuy de la cibernética, a la que sitúa en los orígenes de unas ciencias cognitivas sobre las que vierte con razón una crítica lacerante. Lo cierto es que no soy absolutamente crítico con el pensamiento de Guattari, a pesar de que en él aún se detectan los rescoldos de esa tradición cibernética que supuso un vuelco en el pensamiento del siglo XX y que en otro lugar yo también he criticado. Considero que, para avanzar adecuadamente por la senda que nos propone Guattari, estos restos deberían ser desactivados. En todo caso, es posible ignorarlos y dejar que se diluyan en su propia inoperancia.

Cuando Deleuze propuso la idea de que el cine era una imagen del pensamiento, ponía de relieve lo que significaba pensar en una época determinada, precisamente aquella que había inaugurado la imagen en movimiento del cine. Deleuze realizó esta aventura intelectual en solitario, al margen de su colaboración con Guattari, y este, excepto por lo que se refiere a los intentos de llevar alguno de sus proyectos artísticos al cine, entre ellos el mencionado guion, no introdujo en sus investigaciones nada que tuviera qué ver directamente con el cine en sí ni con el cine como imagen del pensamiento. Pero ello no quiere decir que sus ideas no puedan relacionarse con estas cuestiones. En realidad, las ideas de Guattari permiten comprender una parte de la ontología cinematográfica que Deleuze no llegó a detectar a pesar de la complejidad de sus planteamientos. Deleuze convertía el cine en filosofía, mientras que los proposiciones de Guattari permiten incidir más directamente en la propia poética del cine para, a partir de ella, sacar conclusiones sobre la forma en que el cine piensa, así como iluminar una forma de pensar que, sin dejar de ser cinematográfica, se prolonga hacia una nueva imagen del pensamiento de carácter general y correspondiente a la nueva época que ahora está en proceso de formación. Pero ello no puede hacerse si no se fuerza a Guattari a ser más contemporáneo de lo que ya parece ser. Su pensamiento es contemporáneo de forma virtual, ahora hay que actualizar esta virtualidad, dejando atrás los rescoldos indeseados de ideas caducas. Deleuze y Guattari, en su obra conjunta, alumbraban los parámetros de una nueva era que aún estaba por llegar, pero cuando Deleuze se dedicó plenamente al fenómeno cinematográfico dio en cierta manera un paso atrás, proyectó sobre el cine su pensamiento filosófico que pertenecía a las postrimerías de la era anterior. Por el contrario, el pensamiento de Guattari, convenientemente asumido, apunta a lo que podemos denominar el post-cine, es decir, a una nueva imagen del pensamiento plenamente contemporánea.

Se trata, por lo tanto, de poner de manifiesto las características del post-cine actual a través de los conceptos elaborados por Guattari y llegar así a dilucidar qué significa pensar a través de las imágenes en movimiento. Con ello, se puede exponer también la relación que, en general, el pensamiento mantiene con el movimiento, así como con las imágenes de cualquier tipo, poniendo de esta manera las bases para esclarecer cómo funciona el nuevo pensamiento más allá del cine o del post-cine. Se trata de un pensamiento relativo a las tecnologías de la imaginación que inauguraron en su momento la fotografía y el cine y que ahora se prolonga a través de nuevos dispositivos como la realidad virtual, los documentales interactivos, la realidad aumentada, los metaversos y finalmente las imágenes producidas por la IA. El pensamiento de Guattari está mucho mejor equipado para esta tarea que el de Deleuze, sin que ello implique que el de este haya sido estrictamente superado. De lo que se trata es de leer a Deleuze a través de Guattari, invirtiendo la dirección que se ha seguido hasta ahora al relacionarlos. Una relación por la que la sombra de Deleuze se ha proyectado siempre sobre la figura y el pensamiento de su colega, desdibujando en cierta manera su radicalidad que lo proyectaba con ventaja hacia el futuro. Pero para que desde el futuro podamos comprender ese mensaje del pasado es necesario saber interpretarlo. Descubrir, en los conceptos que nos llegan, una cara oculta que ya estaba allí originalmente, detrás de la cara visible, pero que lo estaba de forma virtual, es decir, como algo que, siendo real, esperaba a ser actualizado. Es una tarea que solo es posible desde el futuro que Guattari ayudó a crear. Como dice Elliot, hay que «de-leuzear» a Guattari para comprender la importancia que el pensamiento de este tiene para la cultura del siglo XXI, «especialmente en culturas visuales como la televisión, el cine, el arte y la arquitectura» (2012: 1).

Esta tarea consiste principalmente en saber cómo piensa el cine, de manera que la respuesta a esta pregunta nos permita descubrir las características complejas de la ontología fílmica. La forma estética del cine debe ser entendida como una derivada de la ontología de la imagen en general, así como una puerta abierta a lo que existe más allá del cine propiamente dicho, es decir, el post-cine. El punto de partida de este planteamiento reside en el ensamblaje de dos conceptos fundamentales: el de complejidad y el de movimiento, ambos en relación con la fenomenología de la imagen.

Con este libro, no trato, pues, de ofrecer un estudio sobre lo que Guattari pensó sobre el cine, que fue bien poco, sino de aprovechar su deseo de hacer cine para desplazar la problemática de las relaciones que el cine y la imagen mantienen con el pensamiento hacia el territorio virtual que ese deseo delimita. Con ello, espero poder mostrar el potencial de un cine, una imagen y un pensamiento cuya característica principal es la complejidad.

El libro tiene tantos puntos de acceso como quiera el lector, que no debe dejarse intimidar por un formato, el del libro, que traiciona las intenciones ensayísticas del proyecto. Es necesario que el ensayo contemporáneo encuentre otras formas de expresión que no sean las del libro, formas que hecho ya existen, aunque indetectadas, como espero demostrar en este escrito. Pero como sea que el lector se enfrenta a un libro, creo necesario advertirle que lo puede empezar por donde quiera o incluso abrirlo al azar. Cualquier gesto creará su propio itinerario, dando lugar a una serie de rumbos diversos, pero con unas conclusiones comunes referidas a la imagen, el pensamiento y la complejidad en el seno del imaginario creado por Félix Guattari. Se podría decir que Guattari es la excusa para reflexionar sobre estas cuestiones, pero un pensador tan crucial como él nunca puede ser solo una excusa. Es también la razón que hace que estas reflexiones sean necesarias.

PRIMERA PARTE

Rostro, mi rostro:
¿De quién eres rostro? Para qué cosas
eres tú un rostro
¿Podría ser para ese interior, rostro?[1]

Rilke

Lo normal y lo creativo

Queda dicho que este libro no pretende ser una biografía de Félix Guattari y, por consiguiente, los apuntes biográficos se dejan generalmente al margen, excepto en aquellos casos en que son relevantes para explicar sus procesos creativos o su pensamiento, sobre todo cuando estos procesos están relacionados con el arte, es decir, cuando más conectados se encuentran con la subjetividad por formar parte de una gran máquina abstracta que conecta los dos ámbitos.

Hay un período de la vida de Guattari durante el que depresión y creatividad se mezclan de forma altamente significativa. Afirma, al respecto, François Dosse que «A mediados de los años 1980, el infatigable Guattari, siempre en busca de nuevas ideas, perdió pie. Varios acontecimientos lo envolvieron, aunque en sus conferencias públicas (el número de invitaciones siguió creciendo) se mostró inmutable. Su círculo íntimo sabía que se estaba hundiendo en una profunda depresión y trató en vano de mantenerlo a flote. Ninguna razón desencadenó su declive, pero

1. Traducción de Jaime Ferreiro Alemparte para la edición de Austral de la *Nueva antología poética* (1999).

varias cosas lo afectaron, incluidas muchas debilidades psicológicas que nunca habían sido suficientemente abordadas» (2010: 423).

Además de esas debilidades psicológicas no abordadas de forma adecuada que menciona Dosse, hay otras razones más inmediatas que explican la depresión de Guattari. Una de ellas, que podría considerarse menor pero cuya importancia no debe descartarse, es el hecho, suficientemente conocido, de que, por la razón que fuera, Deleuze era quien se estaba llevando la fama de los libros escritos conjuntamente hasta entonces. Ha habido quienes, como Zizek, incluso han deplorado la influencia de Guattari en el pensamiento de Deleuze. Se pregunta el filósofo esloveno «¿qué atolladero intrínseco llevó a Deleuze a volverse hacia Guattari? ¿No es el *Anti-Edipo*, probablemente su peor libro, el resultado de la huida un atolladero *vía* una solución plana simplificada?» (2006: 38). No es necesario compartir la apreciación tan negativa de Zizek para aceptarla como un ejemplo de la anómala posición que Guattari ocupaba en el contexto de las relaciones con Deleuze, por la que era ignorado o menospreciado. Guattari no podía dejar de ser consciente de que, más allá de la solidez filosófica de Deleuze, las ideas más innovadoras que aparecían en esas colaboraciones eran básicamente suyas, como lo probaban los libros que había publicado en solitario hasta ese momento y que no habían logrado el éxito de los otros. Por mucho que quisiera evitar sentirse herido en su vanidad, es obvio que la situación tenía que ser para él muy decepcionante. Sobre todo teniendo en cuenta que todos los intentos que había efectuado para desarrollar una labor literaria o artística en paralelo a su trabajo teórico tampoco habían obtenido la repercusión que él esperaba.

Aparte de esta peculiaridad, relativa a la situación de Guattari como autor, hay que tener en cuenta que, una vez finalizada la intensa colaboración con Deleuze con la publicación de *Mil mesetas*, el filósofo se había visto obligado a abandonar su habitual lugar de residencia, el espléndido castillo de Dhuizon, situado cerca de *La Borde*, para trasladarse a una casa mucho más modesta, al tiempo que estaba siendo desahuciado del apartamento que tenía en París, en el corazón del barrio Latino (Dosse, *ibid.*: 497). Todo ello coincide además con el dramático acontecimiento que supone la muerte de su madre. Por otra parte, su amigo Bifo (Franco Berardi) introduce, en este contexto, el factor de las relaciones de Guattari con su pareja Josefine, que no explicita y que, al parecer el analista tampoco era muy propicio a exteriorizar: «Esta es la historia de la depresión, y Félix prefirió no contarla. A esta depresión, la llamamos Josefina» (Berardi, 2008: 10). Berardi se lamenta de que nunca se haya elaborado filosóficamente la experiencia de la depresión. Dice que, por el contrario, se ha reprimido y se ha convertido en algo vergonzoso que hay que ocultar (*ibid.*: 9).

Ante una situación tan irregular como esta en la que se halla inmerso un personaje altamente creativo, sumido ahora en una profunda depresión, es necesario detenerse a considerar las relaciones que acostumbran a mantener estos dos estados mentales que aparecen estrechamente relacionados en algunos individuos, a pesar de que, en principio, podrían parecen antitéticos. Para ello, podemos empezar con las consideraciones que hace Deleuze acerca de este tipo de interrelaciones entre lo patológico y lo narrativo, que él centra en el campo de la literatura. Dice el filósofo que «No se escribe con las propias neurosis. La neurosis, la psicosis no son fragmentos de vida, sino estados en los que se cae cuando el proceso está interrumpido, impedido, cerrado. La enfermedad no es proceso, sino detención del proceso, como en el "caso de Nietzsche". Igualmente, el escritor como tal no está enfermo, sino que más bien es médico, médico de sí mismo y del mundo. El mundo es el conjunto de síntomas con los que la enfermedad se confunde con el hombre. La literatura se presenta entonces como una iniciativa de salud» (1996: 8).

La relación, entendida generalmente como proactiva, entre la inestabilidad mental —una noción menos dramática que la de locura— y la creatividad —un concepto menos extremo que el de genio— siempre encuentra un escollo en la figura de Goethe y su enorme fertilidad creativa, surgida en el seno de una existencia proverbialmente placentera. La existencia de Goethe refuta la célebre relación que Aristóteles establece entre el genio y la melancolía: ¿por qué todo ser excepcional es melancólico?, se pregunta el filósofo. Es una idea que confirman en su versión más extrema figuras como la de Hölderlin, capaz de ser creativo desde lo más profundo de la locura. Pero Goethe representa a todos aquellos individuos que, por el contrario, han sido creativos en cualquier campo, sin necesidad de que esta condición esté acompañada de ningún tipo de inestabilidad mental o existencial, sin que se vean sumidos en la melancolía. Según Safranski, quizá el más preclaro de los biógrafos contemporáneos de Goethe, se puede encontrar en el escritor alemán una versión espiritual del metabolismo fisiológico: «el ejemplo de Goethe nos permite aprender lo que es un metabolismo espiritual y psíquico con respecto al mundo. También nos permite aprender que, junto al sistema inmunológico corporal, gozamos además de una inmunología psíquico-espiritual. Hemos de saber a qué dar entrada y a qué no. Goethe lo sabía, y eso forma parte de la prudencia de su vida» (2015: edición electrónica). Pero apenas si empezamos a sospechar ahora que, de la vida de los personajes famosos, lo que perdura nunca son los hechos, sino la leyenda. Es más, los hechos solo pueden son efectivos en el marco de alguna leyenda.

La tranquilizadora visión que se tiene de aquellos que, siendo creativos, poseen una inmunología psíquico-espiritual que les permite conservar el equilibrio psíquico, se basa en una engañosa relación entre lo normal y lo patológico, según la cual la "patología", en lugar de participar de una asumida normalidad entendida como lo "natural", aparece, como si viniera de fuera, para alterar un proverbial equilibrio. Uno de los problemas que tiene esta visión es que el sujeto se muestra como una fortaleza inexpugnable, como un sólido bloque que solo tiene exterior. El conductismo en todas sus facetas puede medrar fácilmente en esta perspectiva, puesto que todas las alteraciones del individuo se contemplan en su caso como accidentes producidos en la superficie de su psique y expresados por su conducta, la cual no puede decirse que exteriorice nada, puesto que ella misma es pura exterioridad. La patología, desde esta perspectiva, no es una manifestación de un desorden interior, sino el deterioro de las murallas de la fortaleza que forma grietas y derrumbes en ella, sin que por esas oquedades se ponga en evidencia algo más que esa decadencia externa.

La relación entre interior y exterior es en sí misma problemática. Si admitimos que el interior no existe, en tal caso tampoco existe el exterior. Lo que sí existe es una diferencia de grado entre consciente e inconsciente. Ambos se producen siempre al unísono, mezclados de tal manera que, solo explicitando y examinando la mezcla es posible comprenderlos a los dos.

Si Goethe se nos ofrece como un ejemplo de creatividad placentera, surgida de la inexpugnable determinación de su obvia fortaleza —a la vez metafórica y literal—, los ejemplos de lo contrario son tan innumerables que no vale la pena focalizarlos en ningún personaje en concreto: ya he dicho que Hölderlin es un caso extremo. Es mucho mejor plantearse si la personalidad de los émulos de Goethe es realmente tan hermética y estable como parece o como se pretende.

La diferencia entre neurosis y psicosis puede ser pertinente para esta tarea, sin necesidad de suponer que existe una separación estricta entre ambos estados, que la hay, aunque quizá no es tan drástica como se supone. La aparente estabilidad mental del neurótico no es más que un simulacro formado mediante un tenso control de las inestabilidades que se producen por debajo de la máscara con la que cubre su rostro. El psicótico, por el contrario, se muestra abiertamente incontrolable, en él máscara y rostro se confunden. Desde la perspectiva de una errónea moral de la espontaneidad o la sinceridad, el psicótico sería más genuino que el neurótico. Pero conviene contemplar la cuestión desde un lado más pragmático que moral. Así, Deleuze y Guattari valoran el potencial disruptivo de la esquizofrenia, puesto que es capaz de romper moldes, incluso los moldes de la propia esquizofrenia generada por el capitalismo. En este sentido, al neurótico se le consideraría un inadaptado menor, una personalidad siempre recuperable por la realidad normalizadora del capitalismo, por su principio de realidad, y no tanto gracias a la cura, sino por el aparente silencio de su psique, un silencio tan estricto como alarmante.

Otra forma de verlo sería la de considerar todo acto verdaderamente creativo —artístico, científico, psicológico, tecnológico, etc.—, como una forma de inestabilidad intrínseca que puede afectar a la propia personalidad del individuo que lo ejecuta. El acto creativo absorbería en su desarrollo una inestabilidad interna del sujeto, permitiendo, en ciertos casos, canalizar la energía disruptiva de esta inestabilidad y facilitando, por lo tanto, una suerte de estabilidad integral. Este podría ser el caso de Goethe. En otras circunstancias, esto no sería posible. No se trataría, pues, de entender la creatividad como el subproducto de una inestabilidad psíquica, sino de contemplarla como la inestabilidad misma, como creadora de inestabilidades a diversos niveles y con diferentes intensidades, dentro y fuera del sujeto creador. Por ello, la creatividad pertenece al paradigma artístico, porque el arte genuino es siempre desestabilizador de los equilibrios a los que conduce la inercia de la realidad institucionalizada. La ciencia y la filosofía solo pueden ser creativas en su propio dominio cuando son *artísticas*. Es patrimonio del arte desequilibrar la realidad instituida para establecer nuevos equilibrios que, a su vez, serán desestabilizados.

Pero conviene no precipitarse. Si la fuerza del acto artístico genuino, es decir, de su creatividad, es esencialmente perturbadora, no puede ser a la vez un sedativo. El acto creativo del arte atraviesa toda la realidad, desde lo social a lo subjetivo, pasado por la propia ontología de lo real. Nada puede quedar en pie cuando su acción es legítima y mucho menos puede resultar inmune a su acción la subjetividad que la impulsa y la sufre. Por lo tanto, a menos que el acto creativo sea una impostura, un placebo, el sujeto ha de quedar trastornado por él, en la medida en que el trastorno, del tipo que sea y con la intensidad que posea, constituye su génesis, el suelo desde el que parte esa energía. La creatividad *artística* va y viene de la psique al mundo y del mundo a la psique, produciendo objetos u obras donde esta dualidad circular se inscribe. No existe, por lo tanto, una relación estricta de causa y efecto entre la alteración interna y externa, sino una circulación constante entre los dos polos que puede adoptar distintos aspectos. En unos, el individuo creador puede parecer sensato, en los otros profundamente insensato, ya que son muchos los factores que intervienen en el proceso, además del par que forman la inestabilidad y la creatividad, así como innumerables filtros que el sujeto puede introducir en la circulación para moldearse a sí mismo o, por lo menos, intentarlo.

Estas circulaciones se explican mucho mejor apelando al esquizoanálisis definido por Guattari que mediante la mayoría de variantes del psicoanálisis. Para comprender las relaciones, tanto potenciales como efectivas, de Guattari con el cine, es necesario situarlas en el ámbito de su pulsión creativa planteada desde una perspectiva necesariamente esquizoanalítica. Entre otras razones, por lo que afirmaba el historiador de la medicina Jackie Pigeaud al comentar las ideas de Aristóteles sobre la melancolía: «En el fondo, el melancólico es, él solo, una multiplicidad de caracteres (...) El melancólico es esencialmente polimorfo» (2007: 15).

El cine como esquizoanálisis

Según Ian Buchanan (2014), el esquizoanálisis pone de relieve que la principal forma de funcionamiento del inconsciente son las conexiones, las cuales deben distinguirse de las asociaciones. Se asocia lo que es análogo, lo que va lógicamente junto, los elementos de un conglomerado cuya unidad ha sido establecida de antemano. Por el contrario, se conecta lo que es dispar, lo que no mantiene, en principio, ningún tipo de contacto. Estas conexiones dispares se denominan ensamblajes o agenciamientos.

Ensamblaje es un concepto estrella en la filosofía de Guattari y Deleuze, a pesar de que, como indica Manuel DeLanda, no llegue a cuajar en una teoría. En francés *agencement* es equivalente a *arrangement* ("acción de disponer —una cosa, sus elementos— en un cierto orden"), término que coincide con el inglés y que es el que propone Buchanan. En castellano, podemos utilizar ensamblaje o agenciamiento. En cualquier caso, se trata de calificar la conexión de diversos elementos heterogéneos: «Hay un número de suboperaciones de ensamblaje que Deleuze y Guattari consideran (la principal de ellas es la de formar o desformar y deformar territorios), pero por ahora basta con decir que ensamblar es lo que hace la mente» (Buchanan, *ibid.*: 15). Manuel DeLanda introduce un par de aspectos más que permiten comprender mejor las propiedades de los ensamblajes o agenciamientos. Afirma primero que «El concepto fundamental en esta teoría (la de los ensamblajes) es lo que podemos llamar relaciones de interioridad: relaciones que constituyen la identidad misma de lo que relacionan» (2021: 16). Y posteriormente, añade que:

> Los componentes de un ensamblaje retienen su identidad no solo dentro del todo, sino también cuando son separados de este e introducidos dentro de otro ensamblaje diferente. Como señala el propio Deleuze, cuando las partes se relacionan en exterioridad, la "relación puede cambiar sin que cambien los términos". La concepción de ensamblaje en Deleuze, sin embargo, tiene que ser complementada con otro concepto para evitar que un todo sea un mero agregado de sus partes. El concepto que se requiere es el de una

> propiedad emergente, definida como una propiedad de un todo que es producida por interacciones causales entre sus partes. La relación causal es externa y no constituye la identidad de las entidades que interactúan, y por esa razón los todos que resultan de esa relación son al mismo tiempo irreducibles y analizables (*ibid.*: 17-18).

Un agenciamiento no califica un conjunto estático, no es un todo en sí, sino que se refiere siempre a un proceso de agenciar o ensamblar: «Los ensamblajes crean territorios. Los territorios son más que simples espacios (...) Los territorios no están fijados para siempre, sino que constantemente se están haciendo y deshaciendo, reterritorializándose y desterritorializándose. Este proceso constante de hacer y deshacer es el mismo que ocurre con los ensamblajes: siempre se están uniendo y separándose» (Stivale, 2005 :78-79). Más adelante, habrá que recordar estas propiedades porque serán útiles para comprender mi concepto de alegorías formales. Pero ahora deberíamos considerar hasta qué punto es posible contemplar el cine desde esta perspectiva. No es una intención baladí, puesto que el cine es básicamente movimiento. Movimiento del todo, la película, y de las partes, que son muy diversas. Es cierto que la película ya está terminada cuando aparece en una pantalla, pero no por ello la película es estática como una pintura o una fotografía, sino que revive con la proyección, durante la cual se producen toda suerte de ensamblajes entre las distintas partes que la componen, como si esas uniones se compusieran por primera vez. En este sentido, el film nunca está terminado, excepto cuando se lo almacena y se convierte en un objeto opaco, como una caja de Pandora que aún no ha sido abierta. Por el contrario, al reactivarlo proyectándolo, el proceso vuelve a empezar y, a los ojos del espectador, se convierte en una sucesión de agenciamientos y de devenires, los cuales no provienen de un todo —la película terminada—, sino que lo crean, una y otra vez: el film, entendido como un todo, es una propiedad emergente de las prolijas relaciones que lo forman. Parafraseando a DeLanda, podemos decir que la película es una virtualidad que se va actualizando mediante una serie de relaciones que «constituyen la identidad misma de lo que relacionan». Y luego está la relación de la película con los espectadores, que nunca es la misma: distinta para cada uno de ellos y distinta a cada proyección. Se reproduce, entonces, a menor escala, la efervescencia que se genera durante el proceso de creación del film, compuesto mediante una sucesión de ensamblajes entre factores heterogéneos —medios, técnicas, imaginarios, etc.— que culmina en esa máquina total que es la película terminada, cuyas partes, cuyos ensamblajes entre ellas, vuelven a activarse durante la proyección.

La relación del cine con el esquizoanálisis, sobre todo con la idea del esquizoanálisis, es amplia. Por un lado, cada film puede considerarse un proceso de esquizoanálisis por las relaciones que mantiene con los espectadores en general y con cada espectador en particular. El cine ha sido, desde hace más de un siglo, una poderosa máquina de subjetivación. Por otro lado, cada film en particular puede analizarse como una máquina esquizoanalítica, compuesta por múltiples relaciones que no cesan de crear territorios inmediatamente desterritorializados por el efecto que sobre ellos tiene el movimiento.

En los inicios del cine se observa claramente cómo se van construyendo estas máquinas estéticas, cuyos componentes serán luego absorbidos por el manto naturalista que los recubrirá gracias a su propia eficacia. Los innumerables films de corta duración que D. W. Griffith produjo a principios de siglo son un ejemplo perfecto de ello. A medida que va narrando sus pequeñas historias melodramáticas, Griffith va descubriendo el nuevo territorio cinematográfico, compuesto básicamente por una combinación de espacio y movimiento, de la que surge una geografía inédita. Poco a poco, el cineasta va detectando las coordenadas de este territorio, poniendo de relieve las diversas propiedades del encuadre que dan lugar al concepto de plano y a la valoración de sus bordes. Se activa también la compleja relación de la cámara con el espacio profílmico, lo que pone de relieve las posibles conexiones entre los distintos tipos de espacio y tiempo creados mediante las operaciones anteriores. A través de esta labor, en principio ingenua, van apareciendo las diferentes piezas de una gran maquinaria fílmica que tiene su concreción en cada una de las películas. Dicho de otro modo, estos procesos de descubrimiento tienen la función de crear la máquina fílmica que es cada película en concreto, pero, al mismo tiempo, ponen las bases para la construcción de la gran maquinaria cinematográfica del futuro. Es precisamente la simplicidad dramática y narrativa de estos proyectos iniciales lo que hace más evidente las estrategias creativas, es decir, la función de cada una de las distintas piezas de la máquina en la que se convierte la película una vez terminada, cuando se activa durante su proyección. Es cierto que cada film es una máquina —grande o pequeña, simple o compleja—, pero también debe ser entendida como la propiedad emergente de unas relaciones que no son la expresión de un todo. Por el contrario, el todo es un factor de cada una de esas partes, se activa internamente en cada una de ellas, sin nunca llegar a cuajar como una totalidad que las englobe desde fuera. La película no es un todo determinante, sino la entidad emergente de un gran número de funcionamientos particulares.

Desde esta perspectiva, se podrían revisar las dos facetas principales de la historia del cine, la producción y la recepción, para descubrir aspectos que han sido comúnmente olvidados por la disciplina y que el concepto de máquina esquizoanalítica obliga a poner de manifiesto al llamar la atención sobre las piezas que la compone y la función específica que cumplen en cada caso. David Bordwell publicó una magnífica historia del estilo fílmico (1997) que puede servir de base para estas operaciones, pero siempre que se entienda que no se trata de una cuestión de estilo, sino de un funcionamiento maquínico más profundo que puede estar mediado, ciertamente, por un estilo —ya sea el de un cineasta en particular o de una época en concreto— como propone Bordwell, pero que excede esta categoría. Las máquinas fílmicas actúan a niveles más profundos que el estilo y es en esas profundidades donde el funcionamiento de sus piezas se acopla al de las piezas que componen las máquinas subjetivas de los espectadores. A medio camino, se encuentra la gran maquinaria que pone en funcionamiento la construcción del film. En ella intervienen diversas máquinas conectadas entre sí, tanto las máquinas subjetivas de quienes participan en los procesos, como las máquinas abstractas pertenecientes a las diferentes artes y disciplinas que concurren en ese trabajo. Una película aparece así como una gran empresa de "ingeniería", en la que concurren flujos de todo tipo. Pero para comprender la envergadura de la obra, es necesario prestar atención al funcionamiento de sus partes, lo que obliga a concentrarse en lo que podrían parecer minucias y que, sin embargo, son los puntos de inflexión que dan significado al conjunto.

En este punto, no estará de más recordar que Deleuze, en su teoría del cine, distingue entre dos formas de unir los planos. Una de ellas, denominada irracional o falso racord, implica la unión de dos planos que estrictamente no tienen nada que ver entre sí. Ese tipo de enlaces fílmicos, que no son racionales, pero establecen una lógica propia, pueden considerarse análogos a los ensamblajes o agenciamientos mentales. También en el cine se puede distinguir en el proceso de montaje entre una forma asociativa, característica del período clásico de la imagen-movimiento, y una forma conectiva. Es por medio de analogías de este tipo que Deleuze fundamenta su hipótesis de que el cine es una nueva imagen del pensamiento. A partir de aquí, es fácil observar cómo se establece una vía de contacto entre el esquizoanálisis y el cine, de la que se deduce, a su vez, una posible conexión entre esos dos ámbitos y el proceso creativo de un determinado sujeto. Todo lo cual permite deducir una vía de acceso al imaginario social, un inconsciente que estaría conectado así con una forma artística y una subjetividad concreta, formando un conglomerado complejo que, por ser altamente inestable, generaría constantes momentos de estabilidad e inestabilidad en todos estos frentes.

Estaríamos, por lo tanto, ante una super máquina abstracta capaz de producir y asimilar otras máquinas abstractas o máquinas deseantes subsidiarias, un complejo entramado que articularía una particular escena psicosocial compuesta por los flujos del arte (el cine, en este caso), el imaginario (inconsciente) y el sujeto. Esto nos faculta para ir desde el cine al sujeto o del sujeto al cine. Según el camino adoptado, el paisaje que se irá descubriendo será distinto: los mismos elementos, observados de forma diferente.

Luz en la oscuridad

En la década de los años ochenta, los llamados años de invierno que siguieron a la efervescencia creativa y política posterior al mayo del 68, Guattari escribió nada menos que unas doce obras de teatro. Vale la pena mencionarlas porque sus títulos son muy significativos de la variada imaginación del escritor. Las más destacables son *L'Affaire du sac de chez Lancel* (*El caso del bolso de Lancel*), *Psyche ville norte* (*Psique ciudad muerta*), *Le Maître de la Lune* (*El amo de la Luna*), *Sócrate* (*Sócrates*), *Visa le noir; tua le blanc* (*Apunta al negro; mata al blanco*), *La Nuit, la fin des moyens* (*La noche, el fin de las posibilidades*) (Garcin-Marrou, 2012a:

171). También elaboró otras piezas menos logradas como *Dialogue théâtral entre Toc, Tric et Mistrac* (*Diálogo teatral entre Toc, Tric y Mistrac*), *Dialogue théâtral entre Élodie, Robinson et Arsinoé* (*Diálogo teatral entre Élodie, Robinson y Arsinoé*), *Dialogue entre Thérèse et Ugo* (*Diálogo entre Thérèse y Ugo*), y otras que, según Garcin-Marrou, son de inspiración beckettiana: *Ding, Les Cubes.* Y finalmente, la reescritura dadaísta de un diálogo filosófico, *Parménide* (*Parménides*) (Garcin-Marrou, 2012b: 137). De todas estas obras, solo *Sócrates* fue convenientemente estrenada, mientras que el resto ni tan solo han sido publicadas. Todo este ingente material se encuentra depositado en los archivos del fondo Félix Guattari de la abadía de Ardenne en el *Institut mémoires de l'édition contemporaine de Caen.*

De entre esas infructuosas producciones, hay que destacar *La noche, el fin de las posibilidades,* escrita en 1990, una obra que Garcin-Marrou califica de objeto teatral no identificado. La obra fue presentada en el Festival de Aviñón en forma de lectura única que pasó completamente desapercibida. Se trata de «un objeto literario desunido y luego reconstruido a partir de una multitud de fragmentos de textos escritos en cuadernos o en periódicos y que resulta ser una reescritura teatral de su novela autobiográfica *Ritournelles*» (Garcin-Marrou, 2012b: 144). Lo que la convierte en relevante es que puede interpretarse como la «experimentación práctica del "método de dramatización", tal como lo concibe Gilles Deleuze, especialmente en *Diferencia y repetición* (Garcin-Marrou, *ibid.*: 146). Y que constituye la perfecta plasmación del estilo teatral desarrollado por Deleuze: «*La Nuit, la fin des moyens,* en particular, se afirma como una obra de teatro de una magnitud y una ambición extraordinarias, a través de la cual Félix Guattari descubre, por medio del juego del montaje, la articulación de palabra e imagen, y mediante la búsqueda de un devenir escénico, una escritura dramática realmente propia» (Garcin-Marrou, *ibid.*: 148).

Otra de sus obras teatrales, *El amo de la Luna,* la escribió para su amigo el director de escena Philippe Adrien, que había participado en la producción de *Los sueños de Kafka,* a partir de una antología preparada por Guattari. La mezcla de teatro, danza y artes plásticas del proyecto es muy reveladora de la manera cómo Guattari concebía el arte en general y el teatro en particular. El espectáculo pretendía ser ambicioso, puesto que se planteaba con un elenco de doce actores y apelaba a la colaboración de creadores de diversas disciplinas artísticas, entre ellas la música y el ballet. Reservaba el diseño del decorado para su amigo, el pintor Gérard Fromanger. Cuando otro amigo suyo, el escritor y dramaturgo Enzo Cormann, recibió el proyecto, le dijo que no debía representarse, pero se negó a justificar su postura, afirmando que los delirios no se critican, algo con lo que seguramente Guattari estaba de acuerdo. La opinión de Cormann se resumía en que el teatro de Guattari era «voluntariamente colegial y tonto... La expresión de un devenir-payaso de la filosofía» (Cormann, 2012: 168). Cormann, que intervino en la producción de *Los sueños de Kafka*, una representación con la que Guattari estuvo relacionado, relata una conversación con Guattari en la que este le hizo una interesante revelación acerca de su idea del teatro: «Sigues pensando que eres tú quien piensa, quién inventa, quién hace... Cuando no somos ni tú ni yo, ¡sino el teatro! Y el teatro sabe cosas de Kafka que ni tú, ni yo, ni Philippe, ni Gilles, sabemos» (*ibid.*: 163). El interés por el teatro se despertó en Guattari a partir de *Los sueños de Kafka*, a cuyos ensayos asistía y durante los cuales se entusiasmaba con algunas de las propuestas de puesta en escena. Este episodio «desencadenó en él un proceso de dramaturgia: a partir de esa fecha no dejó de garabatear, tomar notas, fantasear e imaginar cosas sobre el teatro» (Cormann, *ibid.*: 169). De todas formas, como indica Garcin-Marrou, «el objeto de este teatro ya no es el drama en sí, sino el proceso mismo de escritura». (2012b: 147).

Hay una serie de características en estos experimentos teatrales que apuntan a un estilo, el cual determina, aunque de forma más atemperada, alguno de los rasgos de su proyecto cinematográfico más logrado. En esas obras teatrales, «los diálogos ya no significan nada: las palabras están esparcidas como palimpsestos; atraviesan los cuerpos de los personajes que se convierten así en fuente de pensamientos sociales, políticos y poéticos confusos. La historia que se cuenta ha perdido su lógica por el camino. La heterogeneidad de los elementos dramáticos es la base de una rapsodia cuyos elementos se ensamblan como un mosaico que recuerda el marco *Riemanniano* que Deleuze y Guattari mencionan repetidamente en *Mil mesetas*. Lo que Guattari pone en escena es el teatro "esquizo" que ya fue ideado con Deleuze en el *Anti-Edipo*: ya no es una oportunidad para hacer teatro sino para experimentar con él» (Garcin-Marrou, 2012a: 171). La idea de la experimentación es la que determina de alguna forma todas las incursiones que Guattari realiza en el campo artístico o en el literario. Pero esta experimentación debe entenderse no como enfocada al propio medio, sino que implica la utilización del medio como dispositivo para experimentar con las ideas.

Guattari también se dejó tentar por la poesía, lo cual, en cierta forma, parecía inevitable, dado su estilo de pensamiento. Sus influencias más importantes en este campo fueron los trabajos de Ginsberg y Burroughs:

> Lo que me interesó en el trabajo de estos escritores fue el descubrimiento de algo muy similar a mis propias preocupaciones; sobre todo en el campo de la psicopatología, pero también en el contexto de problemas más políticos. Esto podría parecer un poco paradójico, porque ésas son cosas muy diferentes, pero creo que hay una especie de superposición o convergencia entre ellas. En términos psicopatológicos, es el problema de la reintegración semiótica —esa del gesto, el cuerpo, de las relaciones espaciales y demás. Los *cut-ups* e invenciones semióticas de Burroughs, por ejemplo, crean nuevos universos de significados mutados y mutantes. Entonces, al mismo tiempo, hay esta especie de movimiento, que ya no es un partido o asociación tradicional, un movimiento que está reapropiando y reinventando la poesía —lo cual, considerado en términos ecológicos, es una desaparición de especies. Es por eso que yo sugerí que el problema de la "ecología mental" es muy importante —el problema de desaparecer especies, tal como la poesía. Porque la poesía es tan importante como la vitamina C.[2]

Quizá el mayor fracaso que experimentó Guattari en sus incursiones por el trabajo creativo sea el de su intento de escribir una novela,

2. Entrevista de Nicholas Zurbrugg a Félix Guattari: (https://deleuzefilosofia.blogspot.com/2012/12/felix-y-la-poesia.html).

que coincidió con su período dedicado a la poesía, es decir, la segunda mitad de los años ochenta. El título inicial del proyecto, "33.333", se refería a su fecha de nacimiento: marzo (3) 30 de 1930. La novela nunca fue publicada tal como él la había escrito. El original sufrió una serie de cortes impuestos o aconsejados por todas aquellas amistades a las que se la dio a leer, las cuales no dejaron de considerar que era demasiado larga, farragosa y repetitiva. Su amigo, el pintor Gérard Fromanger, le ofreció colaborar con él para lograr una versión más aceptable, y durante seis meses ambos se dedicaron a pulir el manuscrito hasta obtener una versión final que titularon "Ritornelo" y que fue terminada poco antes de la muerte de Guattari. Esta versión apareció unos años más tarde en dos números sucesivos de la *The New French Review* (Dosse, *ibid.*) y, posteriormente, fue publicada por la editorial Lumen. Al margen de si las diversas recomposiciones del proyecto original, que tenía unas trescientas páginas, luego drásticamente reducidas a menos de cien, eran o no convenientes desde el punto de vista de la publicación de la obra y su posterior aceptación pública, no cabe duda de que ese material tenía un enorme valor biográfico, así como en lo relativo al estilo de pensamiento del autor, ya que, como indica Dosse, «estaba lleno de anotaciones y observaciones muy personales sobre su propia experiencia, su entorno, sus ansiedades frecuentemente morbosas y el triángulo edípico paternal, a pesar de que él y Deleuze habían atacado violentamente la teoría de Edipo» (*ibid.*). Lo que ha permanecido del intento es una especie de monólogo interior estructurado mediante frases cortas que, a modo de fraseos musicales, apelan a diversos episodios de su vida, especialmente aquellos que siempre había recordado con especial intensidad.

Ecce Homo

Algunos sectores críticos han acusado a Deleuze, como antes hicieron con Foucault, de que su pensamiento se ajusta a las formas y necesidades del neoliberalismo. Es posible que Guattari sufriera los mismos ataques, si fuera más conocido o no le cubriera las espaldas la figura de Deleuze, siempre injustamente colocada por delante en sus colaboraciones. No obstante, el hecho de que estos críticos tengan razón no hace que sus críticas sean acertadas.

La sociedad actual nos exige la capacidad de hacer frente a constantes contradicciones. Así cuando Byung-Chul Han denuncia los males de la psicopolítica es necesario asumir su reflexión en varias direcciones a la vez, aunque no sea esta la voluntad del autor. Por ejemplo, cuando distingue metafóricamente entre el topo y la serpiente como tipologías psicosociales, la dirección de su pensamiento parece clara y, sin embargo, contiene la posibilidad de invertirla productivamente. Según él, el topo es un trabajador, mientras que la serpiente es un empresario porque «a diferencia del topo, la serpiente no se mueve en espacios cerrados (...) La serpiente delimita el espacio a partir de su movimiento. La serpiente es un empresario. Es el animal del régimen neoliberal» (Byung-Chul Han, 2014: 18). Si la serpiente es el animal del régimen neoliberal, debe serlo para todos, incluidos los topos, si es que estos no quieren quedarse atrás en un mundo que es neoliberal políticamente, pero cuya ontología es mucho más compleja que la simple ideología que la recubre. La serpiente es el prototipo de una nueva subjetividad que está producida por una época que es neoliberal porque no ha encontrado aún el antídoto a esta tendencia hegemónica del poder. La serpiente no es el prototipo del empresario, sino el modelo de una subjetividad necesaria para sobrevivir en una época que requiere ciertas capacidades que no eran posibles ni necesarias en otro momento. El hecho de que los empresarios hayan sabido sacar provecho de la nueva estructura de lo real, no implica que posean el patrimonio esta. Mark Fisher expone el dilema con una claridad no exenta de pesadumbre, cuando afirma que «la "flexibilidad", el "nomadismo", la "espontaneidad" son los rasgos salientes de la gerencia posfordista típica de la sociedad de control. Y el problema es que toda oposición a la flexibilidad y la descentralización corre el riesgo de autoboicotearse, puesto que un llamado a la rigidez y la centralización no sería muy contagioso que digamos» (2016: 58). No sería contagioso ni productivo desde todos los puntos de vista. Cada época produce a un mismo tiempo la enfermedad y su remedio, o viceversa. Con la intrincada particularidad ahora de que el remedio está en la propia enfermedad. Pero esto es algo que Deleuze y Guattari ya pusieron de manifiesto al analizar las relaciones entre el capitalismo y la esquizofrenia en el *Anti Edipo* y *Mil mesetas*. Y que las corrientes aceleracionistas actuales pretenden impulsar, puede que precipitadamente: «El aceleracionismo es una herejía política: la insistencia en que la única respuesta política radical al capitalismo no es protestar, perturbar o criticar, ni esperar su desaparición a manos de sus propias contradicciones, sino acelerar su tendencia al desarraigo, la alienación, la descodificación, la abstracción» (Mackay y Avanessian, 2014: 4). Así se describe, desde las filas aceleracionistas, el proyecto de Deleuze y Guattari: «Para romper el límite del capital se requiere una mayor desterritorialización y decodificación, más allá de las limitaciones de la familia edípica y de economía capitalista. Esto da lugar a la nueva figura del 'esquizo', que ya no es el guiñapo esquizofrénico encerrado en el manicomio, sino una especie de relevo para toda la incontenible licuefacción y los acelerados flujos de desterritorialización» (Noys, 2014: 13).

Es muy posible, por tanto, que Guattari fuera efectivamente un sujeto del porvenir, un adelantado en su época. Por eso su pensamiento se ajusta con tanta perfección a nuestra realidad compleja. Según la nomenclatura de Byung-Chul Han, sería una "serpiente", pero eso no lo convierte en el prototipo de un empresario. Todo lo contrario: son los clásicos empresarios los que han tenido que modificar su conducta fordista para amoldarse a una época que requería una forma distinta de pensar y actuar en muchos más ámbitos que el de la economía y los negocios. Que los sujetos de posiciones políticas contrarias tengan un mismo perfil mental no es ilógico, puesto que todos viven en una misma realidad que presenta los mismos retos para todo el mundo. Luego cada individuo, o cada sector social, se adapta a su manera y actúa según sus intereses. También hay quien no se adapta nunca y vive en el pasado, sin darse cuenta. Sin ser capaz de comprender el mundo en el que vive. La política aparece a partir de este substrato ontológico. No tiene sentido criticar la ontología, a menos que se trate de interpretarla, lo cual también puede ser político. Pero no se pueden confundir las interpretaciones con el marco que las permite y las encamina en sus distintas facetas. Es cierto que la realidad aparece formada de determinada manera en la cabeza de la gente, y ahí se sitúa el campo de batalla de la política, pero es necesario entender que esas formas imaginarias, por muy variadas o controvertidas que sean, tienen una deuda con las características profundas de la época en la que viven, allí donde no alcanza la política pero sí el pensamiento.

La subjetividad de Guattari, entendida como una tipología psicosocial, se adapta mucho mejor a nuestra época que cualquier empresario moderno porque este solo es capaz, como cualquier sujeto neoliberal, de gestionar una sola dimensión, mientras que alguien que posea una mente como la de Guattari está capacitado para contemplarlas todas. Guattari fue sin duda un intenso activista político, pero cabe preguntarse cómo se plantearía ahora la política. Su amigo Franco Berardi esboza la posibilidad de una transición de este tipo que iría desde el activismo político tradicional de los años setenta a una visión distinta de lo que significa la política para un pensador: «el hecho es que nuestra tarea no es poner a trabajar nuestra voluntad. Nuestra tarea es crear modos de catálisis, traducción y transmisión de un deseo socialmente disperso. Por tanto, no es tan importante que dediques cuatro horas al día a tu actividad de convencer a la gente de esto o aquello. Es más importante que en tu existencia, en tu trabajo, en las acciones que realizas, etc., logres hacer algo, como diría Wu-Ming, de carácter mito-poético, o sea, condensar el deseo social en una forma mito-poética. Lo mito-poético implica producir precisamente una narración compartida» (2008: 185). No se trata de rehuir la actividad política, sino de transformarla. De comprender que, más urgente que salir a la calle, es ayudar a comprender las muchas dimensiones que contiene la realidad contemporánea.

El teatro del pensamiento

Antes de acercarse al cine, Guattari se interesó intensamente por el teatro, como ya hemos visto, y lo hizo con una voluntad claramente experimental, tras la que se escondía un proceso reflexivo que conectaba claramente con el resto de su pensamiento, entendido como acto de creación. Según su amigo, el actor y artista de circo Jean-Baptiste Thierrée, el gran pesar de Guattari siempre fue no haber llegado a ser un hombre de teatro. Ya durante sus tiempos en la clínica psiquiátrica de *La Borde*, fundada por Jean Oury en 1953 y a la que se incorporó dos años más tarde, Guattari organizó y colaboró en diversos experimentos teatrales, junto con muchos de sus amigos a los que invitaba a participar en tales eventos. Estas actividades se insertaban en el particular funcionamiento de la clínica, basado en las ideas de Francesc Tosquelles, psiquiatra catalán exilado que había sido militante del POUM. Sus ideas revolucionaron las prácticas hospitalarias y, posteriormente, fueron una referencia para Oury a la hora de crear *La Borde*: «La noción de club terapéutico fue progresivamente elaborada y puesta en práctica por Tosquelles en Saint Alban y luego por Oury y Guattari en *La Borde*. Herramienta clave de la Psicoterapia Institucional, es un dispositivo paritario (todos participan) que organiza y crea instituciones de la vida cotidiana y facilita las relaciones sociales en el lugar donde se implanta. También permite una relación más transversal entre el "establecimiento", la parte administrativa y burocrática de una clínica u hospital y el resto de los miembros de la comunidad, pacientes y trabajadores» (Patto y Novaes, 2023). Es obvio, pues, que el origen del interés de Guattari por el teatro coincidió con el de sus ideas psicoterapéuticas, las cuales fueron también el arranque de su peculiar filosofía.

El idioma inglés tiene un nombre para un carácter como el de Guattari: *polymath*, aquella persona que se interesa por muy diversas disciplinas. En castellano, se acostumbra a traducir por erudito, pero el sentido actual de esta palabra no es exactamente el mismo. Cuando alguien es calificado de erudito, entendemos que es un individuo que sabe muchas cosas, pero en el sentido de que tiene una amplia cultura, no de que sea capaz de profundizar activamente en diversas materias y producir conexiones entre ellas. Se dice también que alguien tiene una mente renacentista, recordando a esos personajes que antaño eran capaces de dominar diversas ciencias, algo que se acostumbra a considerar imposible en una era de la especialización como la actual. La impresión que tenemos del erudito es la de un individuo con una gran memoria, que tiene amplios conocimientos culturales, pero que estos son simplemente memorísticos y, por lo tanto, estáticos. Por eso se dice también que su saber es enciclopédico, puesto que las enciclopedias han sido siempre recopilaciones de un saber que parecía definitivo. Cuando un concepto era asimilado por una enciclopedia, se producía una consolidación del saber equivalente al cambio que experimentaba la percepción de una obra de arte cuando pasaba a formar parte de un museo. Ambas instituciones, la enciclopedia y el museo, han cambiado profundamente, a pesar de que sigan existiendo en su versión primitiva. Antes de la era de Internet, era complicado para las grandes enciclopedias mantenerse al día. Lo hacían mediante la publicación periódica de anexos que en cierta forma impugnaban la esencia del concepto de enciclopedia, un formato que tiene su origen moderno en la Enciclopedia de

Diderot y D'Alembert. Esta empresa inauguró el formato con su proverbial pretensión de compilar todo el saber de una época. La idea latente en el proyecto era que ese saber era prácticamente definitivo. Si acaso, se iban a ampliar con nuevos descubrimientos, pero no con variaciones de los ya incluidos. Con Internet, las enciclopedias han quedado obsoletas, pero no porque haya desaparecido por completo la sensación de que cualquier conocimiento válido ha de ser duradero, una idea que se halla profundamente instalada en nuestro imaginario y cuyo emblema es precisamente ese saber enciclopédico que distingue a los eruditos. La red y, en general, la digitalización permite que los cambios sean prácticamente imperceptibles, pero no imponen todavía la noción de que, actualmente, el conocimiento ha dejado de ser estático y está en constante proceso de transformación no solo por los cambios que se producen en el núcleo de cada ámbito concreto, sino por los contactos que se establecen con otros sectores. Internet, entendida como normalización del antiguo sistema hipertextual y consolidación tecnológica del concepto de rizoma, es el epítome de la nueva era del conocimiento, tal como lo fue de la era anterior la enciclopedia. El paso de la enciclopedia impresa a la enciclopedia digital —el modelo es Wikipedia— responde a un cambio generalizado sobre el carácter del saber, pero el nuevo formato es aún una reminiscencia del pasado, a pesar de su mayor flexibilidad. La recopilaciones generales del saber son necesarias y, por ello, seguirán existiendo, pero irán perdiendo paulatinamente su carácter fundamental, sobre todo, perderán su capacidad de representar el saber necesario para la época. La relación del saber con el pensamiento es ahora mucho más intensa que antaño, puesto que, si bien antes el saber también era un producto del pensar, ahora ambos están íntimamente relacionados. Entre el saber y el pensar se establecía anteriormente una relación de causa y efecto por la que este se separaba de aquella una vez generado. Por el contrario, en este momento, y debido a la creciente complejidad de lo real, saber y pensamiento van unidos, o deberían ir unidos, si el saber pretende preservar su vigencia en el tiempo. El saber genuinamente válido deber ser constantemente pensado y para ello es necesario inventar nuevos instrumentos de pensamiento, de transmisión y de *preservación* del saber. Aún no se ha llegado a ello, pero esta debería ser la tendencia, una tendencia que la obra de Guattari nos permite comprender en profundidad.

¿Podemos considerar, pues, a Guattari un verdadero *polymath*? Para responder adecuadamente a la pregunta, es necesario hacer antes algunas matizaciones más sobre el concepto. En realidad, este no se encuentra tan alejado del de erudito como yo había dado a entender al inicio de esta reflexión. Una de las varias definiciones de *polymath* que el historiador Peter Burke ofrece en su libro sobre el tema es la de «alguien que está interesado en aprender acerca de muchos temas distintos» (2020: 2). Desde esta perspectiva, el *polymath* inglés sería equivalente al erudito castellano. Pero Burke ofrece otras definiciones por las que se distingue entre quien acumula cultura pasivamente y quien efectúa alguna contribución en diversas disciplinas. Una nueva vuelta de la tuerca le lleva a encontrar otra posibilidad referida a aquellos cuya «contribución distintiva a la historia del conocimiento es descubrir conexiones entre campos que han permanecido separados y notar lo que los especialistas de una disciplina determinada, los iniciados, no han podido ver» (*ibid.*: 5). Descubrir o establecer nuevas conexiones entre disciplinas, que es la forma más notable de la conocida transdisciplinariedad y que pocas veces se logra producir óptimamente, implica descubrir nuevas áreas de conocimiento. En este punto, el *polymath* se aparta definitivamente del erudito y con ello se encamina hacia el conocimiento complejo. Procurando profundizar algo más en esta categoría, Burke efectúa una nueva distinción entre el tipo de *polymath* centrífugo y el centrípeta: «el tipo centrífugo acumula conocimientos sin preocuparse por las conexiones, mientras que el centrípeto tiene una visión de la unidad del conocimiento y trata de unir sus diferentes partes en un gran sistema» (*ibid.*: 6). La referencia hacia un "gran sistema", una especie de retorno a los grandes relatos por una vía inesperada, desvirtúa sensiblemente la capacidad de este tipo de *polymath* para representar una epistemología verdaderamente contemporánea. Esta reflexión hace que Burke recuerde el distingo que Isaiah Berlin, en su estudio sobre Tolstoi, hacía entre dos tipologías de pensadores: la del erizo y la de la zorra. La idea provenía del poeta griego Arquíloco, quien afirmaba que «Muchas cosas sabe la zorra, pero el erizo sabe una sola y grande» (*ibid.*: 6). Creo que merece la pena acudir directamente a la reflexión de Berlin porque resulta muy relevante para mi planteamiento:

> Hay un gran abismo entre, por un lado, quienes lo relacionan todo con una única visión central, con un sistema más o menos congruente o integrado, en función del cual comprenden, piensan y sienten —un principio único universal y organizador que por sí solo da significado a cuanto son y dicen—, y, por otro, quienes persiguen muchos fines distintos, a menudo inconexos y hasta contradictorios (...), sin intervención de ningún principio moral ni estético. Estos últimos llevan vidas, realizan acciones y sostienen ideas centrífugas más que centrípetas; su pensamiento está desperdigado, es difuso, ocupa muchos planos a la vez, aprehende el meollo de una vasta variedad de experiencias y objetos según sus particularidades, sin pretender integrarlos ni no integrarlos, consciente o inconscientemente, en una única visión interna, inmutable y globalizadora (1998: 39).

Berlin no hace juicios de valor, se limita a exponer dos tipos de mentalidad que son, en cierta forma, dos tipos psicológicos. Sin necesidad de valorar uno de los dos caracteres por sobre el otro, no cabe duda de que la complejidad contemporánea requiere más zorras que erizos, y si estos últimos siguen siendo necesarios es para que suministren a las otras materiales para seguir pensando.

La tipología de Berlin nos lleva a recordar forzosamente la mencionada división entre el topo y la serpiente que hace Byung-Chul Han, entre otras cosas, porque este se inspiró en Berlin para efectuarla. De este bestiario, nos quedamos con la bizarra pero efectiva hibridación entre una zorra y una serpiente. Una personalidad capaz de conectarlo todo a la vez que construye su propio sistema a medida que navega por el amplio mar del conocimiento, extendiendo sus límites hacia horizontes que son, en principio, impensables. Se diría que este sujeto es el ensayista, pero no solo por su estilo de escritura, sino por su estilo de pensamiento. En cualquier caso, la división se correspondería con la que hacen Deleuze y Guattari entre el pensador privado y el académico o pensador público.

El hecho de que Guattari se interese por muy distintas disciplinas, entre las que destacan el cine, el teatro, la psicoterapia y la filosofía, podría hacer de él un *polymath* de la vieja escuela, de la variante activa, aquella que distingue a los polivalentes que no solo acumulan conocimientos, sino que contribuyen a crearlos. Pero aparte de estos rasgos que pueden definir su personalidad, quizá lo más relevante es que su pensamiento pone las bases para comprender cómo puede funcionar actualmente una producción del conocimiento que está siendo constantemente sometida al pensamiento. Es decir, Guattari nos ofrece alguna de las herramientas necesarias para pensar la forma de pensar contemporánea.

Aunque la escritura de Guattari es más filosófica que ensayística —una filosofía peculiar, de todos modos—, da la impresión de que en el sustrato de su pensamiento filosófico podemos detectar esa forma ensayística. No está en un primer plano porque lo que vemos es el resultado de ella, convenientemente estructurado. La pulsión filosófica lleva generalmente al sistema, pero este sistema es, en Guattari, lo suficientemente flexible para hacernos pensar que, detrás se halla la labor de una zorra-serpiente y no la de un topo-erizo. Sin embargo, el sistema que construye no nos habla de lo sistemático, sino que propone y facilita la comprensión de todo lo contrario, es decir, de un pensar en constante movimiento que, por decirlo en sus palabras, no es un pensamiento destinado a la territorialización definitiva, sino que se abre a constantes procesos de desterritorialización. No es un pensamiento molar, sino molecular. Guattari describe de la siguiente forma los procesos esquizoanalíticos de subjetivación, donde se observa la intrincada maquinaria que los produce:

> Lo más difícil de resaltar aquí es que estos materiales, a partir de los cuales se pueden desencadenar los procesos de autorreferencia subjetiva, se extraen a su vez de elementos radicalmente heterogéneos, por no decir heteróclitos: ritmos del tiempo vivido, estribillos obsesivos, emblemas identificativos, objetos transicionales, fetiches de todo tipo... Lo que se afirma, durante este cruce de regiones del ser y modos de semiotización, son rasgos de singularización —especie de estampilla existencial— que datan, acontecionalmente, "contingentan" los estados de hecho, sus correlatos referenciales y los Agenciamientos de enunciación

> que les corresponden. Esta doble capacidad de los rasgos intensivos para singularizar y transversalizar la existencia, para conferirles, por un lado, una persistencia local y, por el otro, una consistencia transversalista —una transistencia— no puede ser plenamente captada por los modos racionales de conocimiento discursivo: solo se da a través de una aprehensión del orden del afecto, una comprensión transferencial global. Lo más universal se encuentra allí unido a la facticidad más contingente; lo más desprendido de las amarras ordinarias del significado se encuentra anclado a la finitud del ser-ahí (1989: 12-13).

Si la subjetivación se genera de esta manera, mediante un proceso constante, no cabe duda de la necesidad de elaborar una forma de pensar que, en lugar de esconder la complejidad, en una especie de proceso de sublimación, la ponga de manifiesto. O, dicho de otra forma, que surja un pensamiento que podríamos denominar esquizoanalítico sin pertenecer al análisis, equivalente a la complejidad de este o las verdadera complejidad del sujeto a la que se dirige. Poner, por lo tanto, en la superficie lo que se halla en el subsuelo. Una posibilidad que el mismo Guattari no deja de intuir al elaborar la idea de un inconsciente maquínico: «Una pragmática esquizoanalítica de los agenciamientos colectivos de enunciación oscilará constantemente entre estos dos tipos de micro-políticas semióticas, a partir de la que elaborará una especie de tecnología de la puesta en cuestión de las significaciones dominantes. El discurso significante mismo, en estas condiciones, se podrá transformar en "máquina de guerra", seguramente con el riesgo constante del restablecimiento de un sistema de redundancia de resonancia» (1979: 202). Se trata de la posibilidad de un discurso convertido en máquina de guerra que se alimenta de la irracionalidad del inconsciente maquínico para reconvertirlo en un consciente racional, procurando que esta racionalidad no acabe anquilosando el procedimiento que debe ser necesariamente infinito, aunque se detenga por razones estratégicas o por las propias necesidades discursivas o de comunicación.

En lo que Guattari denomina la era de la información planetaria, «la máquina se apodera de la subjetividad, pero no se trata de una subjetividad humana reterritorializada, sino de una subjetividad maquínica de un nuevo género» (*ibid.*: 21). Dos tipos de máquinas se reúnen en este punto, las máquinas abstractas de la subjetividad y las máquinas tecnológicas que produce la nueva era. El inconsciente humano, entendido maquínicamente, se conecta con un inconsciente tecnológico que configura el sustrato de los nuevos dispositivos, la mayoría de ellos destinados a la imaginación. Los avances de la IA nos muestran el peligro subsidiario de una combinación de este tipo, si no se procura dominar el proceso algorítmico. El sujeto humano quedaría al margen de un funcionamiento absolutamente maquínico, de la misma forma que las tecnologías de la imaginación conectadas directamente con el inconsciente maquínico, con las máquinas abstractas que producen la subjetividad, sin pasar por la conciencia, produciría directamente un robot humano, destinado a servir a las maquinaciones abstractas de la IA. Por ello, es preciso elaborar un modo de pensamiento capaz de penetrar en estas formaciones, de amoldarse a su lógica, sin perder la salvaguarda de la conciencia, pero también sin alejarse temerariamente de la nueva región, dejándola a su aire. Este es el programa que las corrientes poshumanistas deben adoptar y a las que el pensamiento de Guattari puede informar convenientemente, aunque, la primera impresión sea que lo que hace es facilitar el otro camino. El hecho de que Guattari estuviera tan profundamente interesado por la creatividad en diferentes ámbitos artísticos indica que, más allá de las apariencias, su voluntad más profunda, aquella que le dictaba su personalidad, iba en la dirección de lograr que el salto hacia la nueva realidad no acabara en una zambullida en el nihilismo más absoluto.

La relación que el sujeto contemporáneo mantiene con la tecnología parece tender hacia el primer tipo, el de sustituir la conciencia por un intercambio maquínico que hace de la subjetividad una cuestión absolutamente subsidiaria. Pero la solución, en una era como la nuestra en la que la tecnología forma una segunda naturaleza, no puede consistir en la negación del vínculo que mantenemos esencialmente con los dispositivos tecnológicos, censurando sin matices su actividad, con la idea siempre utópica y no poco roussoniana de que existe la posibilidad de regresar a una arcadia que nunca ha existido. Se ignora que la tecnología, generada por la propio dinámica social y no solo por intereses empresariales espurios, ya forma parte intrínseca de los procesos de subjetivación, puesto que en el inconsciente social las máquinas abstractas y las tecnológicas hace tiempo que establecen un continuo y por lo tanto producen efectos incluso en aquellos casos improbables de los individuos que no tienen contacto directo alguno con los dispositivos tecnológicos. Lo que debe hacerse es comprender, como procura hacerlo Guattari, esta ontología y sus consecuencias para evitar que las acciones políticas o psicopedagógicas sean inútiles o incluso contraproducentes. Se trata de contribuir a la elaboración de un nuevo tipo de conciencia y una nueva forma de pensamiento capaces de gestionar la subjetividad contemporánea no para que se amolde a la sociedad, sino para que sea capaz contribuir a su modificación. Como indica Guattari, es cuestión de comprender que las tecnologías «no son más que formas hiperdesarrolladas e hiperconcentradas de ciertos aspectos de la propia subjetividad y, subrayémoslo, no precisamente aspectos que la polarizan en las relaciones de dominación y poder. Habremos tendido un doble puente del hombre a la máquina y de la máquina hacia el hombre, a través de cual se podrán generar mejores augurios para alianzas nuevas y seguras entre ellos» (1989: 10).

Como decía Garcin-Marrou, pocas veces se le presenta a un filósofo la posibilidad de tener un lugar donde poner en práctica sus propios conceptos. No se refería solo a la labor de Guattari en *La Borde* en torno a la psicoterapia institucional, sino también, muy expresamente, a sus actividades teatrales donde tomaban cuerpo y se desarrollaban sus ideas filosóficas. Podemos intuir, por lo tanto, que el flujo establecido en *La Borde* entre la filosofía y el arte o la literatura fue una constante en su vida, de la que lo más visible son los resultados filosóficos plasmados en sus libros, a pesar de la indudable relevancia de los procesos de pensamiento producidos en los otros ámbitos. Por ello, merece la pena indagar en el que fue su proyecto estético más importante, la confección del guion para una película que nunca se llegó a realizar, pero que sirvió de escenario para poner a prueba muchas de sus ideas, especialmente aquellas que relacionan la tecnología con la subjetividad.

SEGUNDA PARTE

Quizás, cuando me muera,
dirá: Era un poeta.
Y el mundo, siempre bello, brillará sin conciencia.

Gabriel Celaya

Amar en tiempos cuánticos

Entre 1980 y 1987, Félix Guattari trabajó en el guion de una película que se iba a titular "Un amor de UIQ". Los dos primeros años colaboró con el director estadounidense Robert Kramer y ambos realizaron dos versiones del proyecto. La definitiva la elaboró Guattari en solitario y la presentó al *Centre National de la Cinématographie* con el fin de recabar fondos para una producción que nunca se llegó a realizar. Esta incursión de Guattari al ámbito cinematográfico, comúnmente considerada como fallida, constituye una especie de *terra incognita* en su obra, una singularidad a la que parece peligroso acercarse porque da la impresión de que no tiene nada qué ver con el resto de ella y parece, por lo tanto, desbaratar su equilibrio. Sin embargo, sucede todo lo contrario. El guion realizado por Guattari, a pesar de su aparente ingenuidad, constituye la puesta en escena de muchos de sus intereses intelectuales, su concreción o materialización vehiculada por una máquina estética puesta en funcionamiento por el autor desde una perspectiva inédita. Se presenta como una especie de drama barroco en el que las ideas se han corporeizado y aparecen en escena convertidas en personajes de una increíble historia, mezcla de thriller policíaco y melodrama activados por un planteamiento de ciencia-ficción. En este sentido, también los géneros tienen una función alegórica y su mezcla compone una suerte de esquizoanálisis, es decir, una confluencia de vectores heterogéneos que forman una particular ecosofía mental, por decirlo acudiendo a los conceptos del propio autor. Pero en el proyecto se barajan tres motivos que es necesario tomar en consideración separadamente. Estos motivos particulares son la ciencia-ficción, la pasión amorosa y, en última instancia, el propio envoltorio de todo el asunto, es decir, la escritura del guion, que debe considerarse como un ingrediente más del drama maquínico porque en esta escritura se proyectaba el autor de manera más intensa y directa que la que se acostumbra en todo proceso de creación. El mismo Guattari deja clara esta posibilidad cuando en *Caosmosis* afirma que «Solo a través de los relatos míticos, religiosos, fantasmáticos, etc., accede al discurso la función existencial. Pero este mismo discurso no es un simple epifenómeno; es la apuesta de estrategias ético-políticas de evitamiento de la enunciación» (1996: 79).

Guattari propone como marco de su proyecto cinematográfico una curiosa paradoja que expone al inicio de la sinopsis que hace del tema. La humanidad siempre se ha planteado si existe vida en otros planetas, es decir, en el espacio de lo infinitamente grande, pero nunca se ha preguntado si esa vida puede provenir de lo infinitamente pequeño. A partir de esta premisa, la historia se inicia, después de una serie de preámbulos que parecen pertenecer más a un thriller que a un relato de ficción científica, cuando Axel, un joven biólogo, comunica a su amiga Janice que ha hecho un extraordinario descubrimiento: los intentos por manifestarse de una entidad que provine de un universo más diminuto que los quarks. El biólogo buscará desesperadamente la posibilidad de comunicarse con esta entidad y, tras una serie de fracasos, lo logrará, pero para darse cuenta de que ese universo tan pequeño posee la enorme e inquietante posibilidad de perturbar todos los sistemas de comunicación del mundo. Cuando finalmente se logra establecer una comunicación verbal con el ser al que han decidido denominar UIQ, acrónimo de Universo Infra-Quark, cesan las interferencias y se inicia un proceso de mutuo aprendizaje entre los dos mundos. Esto se produce fundamentalmente en el seno de una comunidad creada por el biólogo para llevar a cabo su proyecto, un grupo en el que concurren una serie de personajes peculiares, de entre los que destaca Janice, quien establecerá una comunicación más íntima con ese ente desconocido que, más que un individuo, parece ser la personificación de todo un universo. La relación de UIQ con los humanos resultará catastrófica para él, cuando en su trato con Janice experimente un sentimiento desconocido, el amor.

Guattari, como colofón de este resumen del tema, indica que «Contrariamente a los modelos tradicionales de los relatos de ciencia ficción, tratamos aquí con un Universo que, aunque omnipotente, se encuentra totalmente desvalido ante realidades humanas como la belleza, la sensualidad, los celos, el amor... Esto no conduce a crear un nuevo tipo de personaje, entidad de aspecto multiforme, revelador de una puesta en entredicho de la noción de individuo» (2016: 52).

Antes de poder analizar el insólito trabajo de Guattari, habrá que preparar el terreno para que el ejercicio no se pierda por los derroteros tradicionales. Un objeto extraordinario requiere un punto de vista igualmente excéntrico. El interés, indudable, que el acercamiento de Guattari al cine tiene solo puede detectarse fuera de contexto, literalmente. Para ello, se hace imprescindible reconsiderar los citados tres ingredientes principales que forman el entramado del proyecto, con el fin de poner de manifiesto su condición de herramientas para el pensamiento. De esta manera podremos ampliar la visión que se tiene del pensamiento de Guattari, añadiéndole una nueva capa a sus ya originales planteos, una capa desplazada que nos permitirá comprender en profundidad no solo su labor de guionista, sino también su relación con el arte en general y la imagen en particular. Hay que tener en cuenta, por lo que se refiere a una teoría del guion aplicable al trabajo del Guattari en este campo, lo que dice Gabriela Berti al respecto del paradigma estético del autor francés: «una obra de arte no es caosmótica (una proposición ontológica), pero sí podemos hablar de un proceso (modal) de caosmosis compositivo previo» (2022: 35). El guion sería, pues, ese proceso caosmótico compositivo, pero con la particularidad de que podría tener una entidad propia, es decir, no ser en esencia previo a nada.

El guion como arma cargada de futuro

Aparentemente, todo nos lleva a pensar que el guion cinematográfico no es más que la prolongación de una técnica intermedia que tiene cuyos antecedentes se plasman en el libreto operístico, la obra de teatro escrita o incluso la partitura musical. Se trata de formas transicionales que solo en el caso de la obra teatral escrita adquieren entidad propia, al margen de su posterior realización en un escenario. Serían virtualidades que guardan el germen de su actualización en una plataforma posterior, donde el medio se expone en todas sus dimensiones, aquellas que en la forma anterior estarían como plegadas sobre sí mismas.

Dos formas artísticas principalmente han precisado esa construcción previa a su realización pública o han mostrado esta necesidad a lo largo de la historia, el teatro y la música. De esta manera, el acto creativo se escinde en dos mitades, una puramente creativa, casi íntima, la otra pública donde se actualiza lo que se ha aquilatado en el otro ámbito. El autor de teatro y el compositor trabajan a dos niveles a la vez, uno que le concierne directamente y está impulsado por su creatividad; el otro que contempla el espacio en el que desembocará su creación. Estos dos niveles, que son de alguna forma dos modos de pensamiento, no se desarrollan nunca separadamente, pero tampoco pueden confundirse por completo. El compositor escucha en su cabeza la música que resultará de las notas que maneja sobre el pentagrama, de la misma manera que el dramaturgo vislumbra la sombra de sus personajes moviéndose en la escena mientras traza sus perfiles sobre el papel.

No parece que el pintor, el escultor o el escritor necesiten plasmar sus obras previamente a su creación. En estos casos, la plasmación *pública* y la creación privada, íntima, se ejecutan al unísono, aunque siempre quede para más tarde la verdadera publicación de sus realizaciones, ya sea en una exhibición o por medio de una editorial. Pero este desplazamiento no implica un cambio de estado, como sí sucede con el teatro y la música. Esto no quiere decir que algunos escritores no desarrollen esquemas previos a la escritura o que otros artistas no hagan esbozos o pruebas de sus obras antes de iniciar su trabajo creativo. Pero esos prolegómenos no tienen un valor estético en sí mismos, más allá del interés que poseen para los especialistas o la curiosidad que puedan despertar en los espectadores de las obras. En cualquier caso, algo fundamental distingue estos prolegómenos de la escritura teatral o la partitura musical, el hecho de que esas pruebas no son plantillas que sirvan para múltiples ejecuciones posteriores. El acto creativo es único y con él la obra adquiere lo que, para utilizar el concepto que Benjamin desarrolla en su conocido escrito "La obra de arte en la época de la reproductibildad técnica", podríamos denominar aura. Esta aura va a acompañar siempre a la obra, incluso hasta que esta desemboque en el museo, donde la conservará con la idea de original. En el teatro y la música esta originalidad es cuando menos ambigua, si es que puede decirse que exista. La obra teatral escrita pertenece a la literatura y, cuando se actualiza en la escena, su *originalidad* es una cuestión momentánea. Como obra literaria puede considerarse original un manuscrito o una primera edición, pero estas no son cuestiones estéticas, sino que tienen que ver más con el fetichismo coleccionista que con otra cosa.

Con el guion cinematográfico entramos en un terreno distinto. Como la obra de teatro, el guion tiene un interés propio al margen de la película a la que esboza, pero por razones distintas. El guion no se lee por intereses literarios, si es que en algún momento se llega a leer al margen del proceso de producción fílmica. No se accede al guion como una obra terminada, válida en sí misma, como sucede con la obra de teatro, que puede disfrutarse al margen de la producción teatral que la plasma sobre la escena. El guion está en relación directa con la película que resulta de su escritura. La obra de teatro escrita es hasta cierto punto finalista porque, a partir de ella, las puestas en escena que la actualizan pueden ser muy variadas. En cambio, el guion está, en principio, unido muy estrictamente con un el resultado fílmico. Al margen de su interés por cuestiones técnica o de aprendizaje, al guion lo envuelve siempre la película que él articula.

El guion tiene, en este sentido, algo de partitura musical, pero, a diferencia de esta, no se ofrece a múltiples interpretaciones, sino que su función se agota en el proceso de rodaje de una película concreta. Sin embargo, conserva de las artes duales el hecho de que su escritura se desarrolla también a dos niveles, uno el de la creatividad; el otro, el de la potencial plasmación del resultado. Pero la vigencia de los polos está cambiada, la escritura del guion supedita constantemente la creatividad a la producción fílmica, a su carácter maquínico, mientras que en los otros casos los creadores tienen una mayor libertad para forzar las técnicas de realización. No es que el acto creativo o la potencia de la imaginación queden mermados en el guion por las presiones de la práctica, pero en él han cambiado de signo, son intrínsecamente distintas porque se ajustan a nuevos imaginarios técnicos. Estos cambios afectan también al propio guionista, a sus procesos mentales, que son diferentes a los de los creadores del pasado. Aparece así un nuevo tipo de creador que, desde un ámbito significativamente distinto aunque relacionado, subraya las modificaciones que experimentan diversos oficios y técnicas tradicionales en el seno de la producción cinematográfica.

Estos cambios tienen que ver con las nuevas relaciones que se han establecido entre la tecnología, la imaginación y la realidad en el seno de un capitalismo que se ha adentrado en una nueva fase considerada cognitiva y a la que también se denomina semiocapitalismo. Desde esta perspectiva, la escritura del guion adquiere unos visos inesperados que permanecen ocultos si nos limitamos a mantener la tarea dentro de los límites de sus antecedentes en el campo de la creatividad. Claro está que no todos los guionistas, por el hecho de confeccionar guiones se introducen plenamente en el nuevo territorio, ya que muchas veces se mantienen por inercia en las formulaciones anteriores, sin descubrir las nuevas posibilidades. Una guionista se puede limitar a desarrollar una trama, como si escribiera una novela, o a confeccionar diálogos, como en una obra de teatro. Tampoco le asegura un gran avance el hecho de atenerse al formato tradicional de los guiones, con la conocida estructuración a través de escenas y las consabidas indicaciones respecto a la localización y características de estas. Cualquier narrador experimentado sabe que el formato no es más que la fachada de un edificio subterráneo cuya estructura es mucho más compleja. Es en esta región interna, cuya totalidad no siempre es detectada conscientemente, donde se desarrolla el verdadero trabajo narrativo y que en el guion adquiere una especial preponderancia, precisamente porque el formato y otras constricciones operativas hacen que la imaginación tenga que vencer una serie de resistencias antes de producir resultados definitivos. Estas resistencias hacen que la imaginación no sea un simple lugar de paso y la convierten en un entramado que debe ser resuelto antes de actualizarse en la siguiente plataforma. Con ello, pretendo decir que, en la elaboración de un guion cinematográfica, está implícita una dimensión que podría tildarse de inconsciente, a pesar de que no tiene por qué escapar a la conciencia.

Como en tantas otras ocasiones, es Godard quien, desde el propio ámbito cinematográfico, pone de manifiesto de forma muy clara de qué manera se piensa al hacer un guion o, mejor dicho, de qué manera se puede pensar en ese novedoso terreno. En sus conocidos ensayo fílmicos sobre algunas de sus propias películas[3] expone la radiografía de esos films, el entramado intelectual que los sustenta, en un ejercicio de análisis invertido: desvela los fundamentos que sostienen su labor de confección del film, reflexionando a partir del trabajo terminado, entendido como un conjunto de indicios sobre el verdadero contenido. Este contenido se considera verdadero de forma parecida a cómo, en el trabajo onírico según Freud, el contenido latente de un sueño es la verdad del contenido manifiesto: lo que el durmiente recuerda del sueño no es más que la plantilla o el guion del verdadero significado inconsciente del mismo. Pero no por ello se debe suponer que el contenido manifiesto del sueño es intrínsecamente falso.

Lo que Godard pone al descubierto en sus ensayos fílmicos no es tanto el guion de sus films, como el entramado imaginativo que sustentaría a este presunto guion si realmente se hubiese confeccionado. El espacio del guion aparece así como un intermedio entre la labor imaginativa en todas sus dimensiones y la película terminada, es decir, se muestra como un espacio de pensamiento que cabalga, con una entidad propia, entre estas dos polaridades. Godard salta fácilmente del trabajo imaginativo al film para luego regresar y desvelar no el guion en sí, sino aquel conjunto de líneas de fuerza que hubieran impulsado ese guion. De ello, se deduce la posibilidad de un dispositivo —que correspondería a lo que podríamos llamar un guion aumentado— capaz de articular las otras dos dimensiones, la imaginativa y la práctica en un mismo espacio de pensamiento.

3. *Scenario de Sauve qui peut (la vie),* (1980) y *Scénario du film Passion* (Guion del film *Pasión,* 1982).

En este sentido, un guion no precisa ser realizado para ser plenamente efectivo en sí mismo, puesto que permite una articulación propia del pensamiento. Las ideas circulan efectivamente por esta plataforma, donde tienen la posibilidad de ser articuladas de manera específica que no es la de la novela, el teatro, la música, la pintura o cualquier otro medio, artístico o no, pero que tampoco es plenamente cinematográfica. Es el caso del proyecto fílmico de Félix Guattari en el que este hace confluir múltiples intereses propios de manera tanto consciente como inconsciente. Se acostumbra a lamentar que Guattari no consiguiera llevar a cabo su proyecto, es decir, realizar el film proyectado, entendiendo que, por ello, la empresa comporta un cierto fracaso. Sin embargo, aparte del interés que el producto finalizado pudiera comportar, el guion tiene un valor en sí mismo. Y lo tendría incluso en el caso de que la película, de haberse realizado, no hubiera cumplido las expectativas. No se trata de considerar que el guion de "Un amor de UIQ" es una obra maestra, sino de poner de relieve que en él se desarrolla una reflexión específica que posee valor en sí misma y que vale la pena investigar.

Claro está que el guion no tiene ningún privilegio con respecto a las formas de pensar, sino que se une a todas las que existen en los diferentes medios. Lo que pongo de manifiesto es que el pensamiento no es un proceso únicamente mental, una actividad recóndita, efectuada al margen de las plataformas que lo activan y que constituyen extensiones de la mente. La palabra y la escritura son las primeras, pero no las únicas. Digo las primeras porque parecen las más inmediatamente relacionada con el pensamiento, pero posiblemente fue primero la imagen o, incluso, el relacionarse con el mundo mediante la mirada que impulsaba la acción del cuerpo. Pero no es necesario remontarse a los orígenes para admitir que hay muchas formas de pensamiento y que los medios, artísticos o no, forman un conjunto particular que articula algunas de ellas. Esto no quiere decir que cada uno de esos medios actúe por separado, sino que cada uno propone un eje privativo que puede articular un conjunto de ellos, ya sea porque estos intervienen efectivamente —en el caso del cine o de cualquier formación multimediática— o porque su especificidad penetra, más o menos subrepticiamente o de forma voluntaria, en la labor imaginativa.

El personaje y su sombra

En la mayoría de manuales de guion cinematográfico se aconseja no separar los personajes y la trama. Es un error pensar que cada parte puede evolucionar por su cuenta o de forma contrapuesta cuando se trata de decidir cuál de las dos es más importante.

La nómina de personajes que propone Guattari, once en total, si descontamos a UIQ en torno al que giran las peripecias de todos los demás, no cumple con esa premisa clásica, puesto que esos perfiles no forman una unidad con la trama, sino que la puntúan con sus personalidades, que pretenden ser emblemáticas o alegóricas. Quizá las dos cosas: son emblemas de una tradición literaria y fílmica, a la vez que personifican ideas. En última instancia, el drama se desarrolla, sin embargo, como en cualquier historia de amor, entre dos personajes y su entorno, Janice y UIQ, y el mundo.

En realidad, la extensa lista de personajes que pueblan la trama —Axel, Fred, Janice, Manou, Robert, Steve, Eric, Francis y Dominique, Antoine y Michel, Jennifer y Bruno—, tienen dos funciones principales. Una es convertirse en avatares del autor, la otra ejercer de vehículos de sus ideas. Hay una cierta diferencia entre ambas tareas. El avatar asume la representación del cuerpo del autor, que así se desenvuelve a través de él en las situaciones ficticias, mientras que, como vehículo de ideas, el personaje tiene una función parecida pero que, en lugar de estar relacionada con las acciones corporales, se remite a la *gestualidad* intelectual. Ambos cometidos no tienen por qué estar separados en la práctica, pero es conveniente distinguirlos para conocer el alcance de cada actuación. Y ello a pesar de que no son pocos los autores que consideran que también el gesto es pensamiento, de modo que las dos gestualidades quedarían resumidas a una que tendría dos caras.

Parece que estas dos funciones son las que cualquier autor de ficción atribuye, directa o indirectamente, a sus personajes, y así es. Pero con la diferencia de que estas labores acostumbran a estar en un segundo término, por detrás del papel que juegan los personajes en la trama. Exponen verbalmente las ideas del autor e incorporan virtualmente a este en el conjunto de peripecias, pero siempre de manera indirecta porque lo ideal, sobre todo en el teatro naturalista, es que el personaje aparezca en escena antes que nada como una persona.

En el teatro clásico francés, en el de Racine, por ejemplo, los actores y las actrices tendían a actuar cara al público, formando a veces entre ellos una línea o un arco, desde donde recitaban sus parlamentos. Apenas si se integraban en el espacio escénico con sus movimientos, que en todo caso no eran naturalistas, y precisamente por ello el espacio de la escena participaba muy poco en el planteamiento del drama. Si bien del desarrollo del guion de Guattari se desprende que los personajes deambulan por las localizaciones e interactuarán entre ellos, su misión sigue siendo parecida a la de ese teatro neoclásico, es decir, enunciar, mediante los diálogos, su posición en el contexto del drama. Por ello, he indicado antes que sus caracteres son en gran medida alegóricos, puesto que cada uno de ellos tiene como misión principal exponer una idea o un conjunto de ellas. Ideas cuya misión es construir un escenario conceptual en torno a la inesperada presencia de UIQ. La inmovilidad, más que física o corporal es, pues, ideológica, puesto que ninguno de los personajes, exceptuando Janice, ve modificada su personalidad, que mantiene su carácter alegórico, a lo largo del guion. La misión alegórica de los personajes se observa ya en la descripción de estos que se hace en la presentación del proyecto. Estas descripciones van más allá de lo relativo al aspecto físico o a su perfil psicológico, y expresan, por el contrario, lo que podría denominarse una misión. La trama avanza, por ello, de forma más subterránea que evidente. Es decir, es más importante lo que no se dice que lo que se dice o se hace. Lo que se ve y se oye tiene un peso suplementario, como si esos rasgos de la superficie fueran la punta de un iceberg cuya mole avanza silenciosa por las profundidades. La mezcla de thriller y ciencia-ficción que compone la propuesta es como una máscara tras la que se oculta un drama cósmico, "cósmico" en varios sentidos.

Por regla general, los personajes de una narración se despliegan linealmente. Son los eslabones de una cadena a través de cuyos enlaces avanza la trama, al tiempo que se desarrolla también su personalidad al verse envueltos en alguno de los acontecimientos que la componen. Pero en el guion de Guattari, los personajes no cumplen ninguna de estas dos funciones porque el autor no pretende individualizarlos, sino que compone con ellos una formación coral que tiene distintas voces sucesivas. Son piezas de una máquina abstracta compuesta alrededor de la presencia de UIQ. Podríamos decir que son emanaciones de la mente de este, en el sentido de que cobran significado en relación a él. Es la presencia del ser del inframundo lo que los reúne a su alrededor, no tanto como un grupo homogéneo, sino como los distintos factores de la subversiva manifestación, los cuales, con sus distintas reacciones, confeccionan un cuerpo informativo de UIQ. La presencia de este en nuestro mundo no solo se manifiesta, pues, a través de distintos instrumentos, sino también por medio de humanos situados en puestos estratégicos o dotados de funciones alegóricas. El conjunto de personajes involucrados entre sí por la máquina abstracta que los reúnen confiere un rostro al nuevo dios, son su improvisada iglesia a través de la que este se introduce en el mundo y acaba encarnándose en el cuerpo de Janice.

De los varios proyectos teatrales de Guattari, del que solo uno de ellos llegó a ser puesto en escena, se desprende una actitud bastante clara con respecto a los personajes: «Guattari escenifica una crisis del personaje que implica una crisis de diálogo y de la fábula. Las personalidades de los personajes están mal definidas. Y estos se hallan desprovistos de idiosincrasia y propugnan la alianza de la enunciación colectiva, de modo que sus subjetividades son esquizofrénicas y caleidoscópicas» (Garcin-Marrou, 2012: 171).

Mente maquínica versus cerebro orgánico

En este punto, es pertinente referirnos al concepto de exocerebro que propone el antropólogo Roger Bartra, su idea de que el funcionamiento cerebral está conectado con redes simbólicas externas, de manera que el "cerebro" humano estaría situado *dentro* y *fuera* a la vez: se extendería más allá de las redes neuronales a través de esas redes externas, muchas de las cuales son tecnológicas. No es el único que se refiere a este tipo de conexiones del cerebro con instrumentos externos, que tienen su mayor efectividad cuando intervienen los dispositivos tecnológicos, en especial aquellos que están directamente relacionados con la imaginación humana. En un sentido parecido, Félix Guattari expone la función que tiene la tecnología en la formación de la subjetividad:

> Las actuales máquinas de información y comunicación no se limitan a transmitir contenidos, sino que también con-

> tribuyen a la creación de nuevos agenciamientos de Enunciación (individuales y/o colectivos); (...) Todos los sistemas de maquínicos, en cualquiera que sea el dominio al que pertenecen —técnicos, biológicos, semióticos, lógicos, abstractos— son el soporte, en sí mismos, de procesos protosubjetivos (1989: 10).

Nos ceñiremos, de momento, a la concepción de Bartra porque expresa de forma más directa las características de estas de conexiones cerebrales, al tiempo que admite un tipo de crítica más efectiva a la hora de aclarar conceptos. El antropólogo mexicano afirma que es necesario «un tipo de investigación que no acepte la separación tajante entre el espacio neuronal interior y los circuitos culturales externos. Para ello, habría que pensar que los procesos cognitivos son como una botella de Klein, donde el interior es también exterior. Pero esta clase de investigación avanza con grandes dificultades debido a que muchos neurocientíficos suelen ser alérgicos al uso de los descubrimientos de las ciencias de la sociedad y la cultura» (Bartra, 2007: 51). La hegemonía que el pensamiento neurocientífico tiene actualmente en este campo es incluso más incisiva de lo que Bartra supone, ya que afecta al propio pensamiento de antropólogo, lo que le lleva a focalizar en el cerebro esos mecanismos que define, entendido este como un órgano repleto de conexiones de todo tipo, conexiones posiblemente infinitas pero, en cualquier caso, mecánicas. Es importante en este campo distinguir entre la función orgánica y material del cerebro, dominio privativo de las neurociencias, y las derivaciones fluidas no orgánicas de su funcionamiento. Más que del cerebro, deberíamos hablar de un conjunto complejo de procesos que tienen ciertamente su base material en el órgano cerebral pero que sin duda exceden este ámbito. Corresponden más bien a lo que Guattari denomina protosubjetividad, es decir, procesos de agenciamientos maquínicos, sociales y subjetivos (1989: 9), los cuales puede considerarse relacionados con la conciencia. Es cierto que Bartra afirma que el problema de la conciencia, algo que es clave en este campo —constituye una especie de objeto "a" lacaniano: aquello que es necesario y a la vez imposible—, se podría comprender mejor desde la perspectiva de «la conexión entre los circuitos neuronales internos y los procesos culturales externos (que) nos ayuda a tender un puente entre el cerebro y la conciencia» (Bartra, ob. cit.: 50). Pero, a la hora de explorar estas conexiones, Bartra parece más interesado en el efecto que las redes externas pueden tener en la modulación de las redes neuronales, en cómo pueden modificarlas, que en la efectiva prolongación de los procesos mentales —el pensamiento— a través de los distintos medios tecnológicos, culturales, etc. El imaginario neurocientífico obliga a regresar una y otra vez al cerebro como objeto material para evitar caer en la metafísica, pero con ello se impide contemplar de frente el problema de la subjetividad, la conciencia y el pensamiento, un problema que no debe considerarse metafísico, sino extrafísico.

Para Guattari, «los contenidos de la subjetividad dependen cada vez más de una multitud de sistemas maquínicos (... Se establece) un doble puente del hombre hacia la máquina y de la máquina hacia el hombre» (1989: 9). Pero, de la misma forma que los procesos subjetivos no afectan a la materialidad de las máquinas que los vehiculan por un lado, tampoco están determinados directamente por las conexiones neuronales o, como se pretende desde otro ámbito científico, por los cambios bioquímicos que actúan desde el otro. La singularidad de esta fenomenología reside en el puente que se establece entre ambos extremos, no en estos concretamente. Es en este campo intermedio donde debe buscarse la efectividad de los agenciamientos de cuyo dinamismo depende una subjetivación que es el verdadero sustento del puente, ese espacio virtual que conecta la exterioridad de las máquinas con la interioridad del cerebro, pero de tal manera que interioriza las máquinas y exterioriza el cerebro.

Los planteamientos de Guattari permiten situar con más acierto estos fenómenos que los de Bartra, pero lo relevante del concepto de extracerebro del antropólogo mexicano, o sea, de la extensión del funcionamiento cerebral por las redes mediáticas, es que permite comprender más adecuadamente el hecho de que cada medio facilita una nueva forma de pensar, que cada dispositivo mediático ofrece un nuevo territorio para el pensamiento al que este debe amoldarse para actuar distintamente. De esta manera, adoptamos la perspectiva más apropiada, puesto que contemplamos una verdadera expansión del cerebro que, desde la red neuronal, se proyecta hacia la red simbólica o tecnológica, en lugar de concebir el fenómeno a la inversa, es decir, centrándose en cómo las redes externas se proyectan en el *interior* cerebral. En un caso, estamos claramente ante una extensión, mientras que el otro corremos el peligro de quedarnos ante una especie de introyección que tiene su relevancia pero que desvirtúa las dimensiones de la propuesta. Debe entenderse que las redes externas, simbólicas o tecnológicas, así como las emociones, los afectos, los sentimientos y cualquier circunstancia vital afectan ciertamente al funcionamiento de las redes neuronales y a sus intercambios bioquímicos, pero esto es muy distinto —de hecho, es lo contrario— a afirmar que son estas modificaciones las que causan todo lo demás o las que entran en contacto directo con los dispositivos tecnológicos. Nos encontramos ante un circuito complejo: el cerebro es como la escena en la que se representa una obra teatral. Sin esta plataforma, la obra no tendría un lugar donde existir, pero las peculiaridades de esta existencia, el drama que se representa, es ajeno al espacio escénico en sí. Sin embargo, el desarrollo del drama sobre la escena modifica de alguna manera la forma de esta. Si aplicamos la propuesta al cine, el ejemplo es aún más esclarecedor, ya que en el ámbito cinematográfico el espacio escénico acostumbra a ser el producto virtual de la confluencia de una serie de vectores, entre ellos, los planos, que vehiculan el drama a la vez que crean el espacio donde el drama ocurre.

Tiene razón Bartra cuando indica que, en el proceso exocerebral, no existe realmente un interior y un exterior, sino que ambos son interior y exterior a la vez. Pero esto solo puede concebirse adecuadamente si trascendemos la idea de cerebro, si dejamos de centrar todos los procesos en lo que no es otra cosa que una base necesaria pero no suficiente para comprenderlos. La conciencia y el pensamiento son procesos mentales, es decir, que no pertenecen ni al cerebro en sí ni a las redes culturales externas, sino que surgen de su interacción. Se fundamentan en la materialidad de ambos, sin la cual no podrían existir, pero ocurren en otro plano que es necesario estudiar como tal, sin temor a recaer en el dualismo cartesiano o en el concepto de alma porque ambas instancias deben considerarse efectivamente superadas, aunque no por el reduccionismo neurológico. La mente no es "algo", un objeto, como el cerebro, sino el resultado de una serie de procesos incesantes —que Deleuze y Guattari denominan velocidades infinitas en *¿Qué es la filosofía?* (1997)— que se sustentan en arquitecturas maquínicas, algunas de las cuales son momentáneamente invariables o estáticas, mientras que otras varían sin acabar de consolidarse. Se trata de múltiples procesos de agenciamiento generadores de máquinas abstractas cuyo suelo ontológico no es otro que el propio movimiento que las produce: exactamente igual que en la escena cinematográfica. Deleuze y Guattari, en *Mil mesetas*, describen de la siguiente manera el concepto de máquina abstracta:

> En un primer sentido, no existe la máquina abstracta, ni máquinas abstractas que serían como Ideas platónicas, transcendentes y universales, eternas. Las máquinas abstractas actúan en los agenciamientos concretos: se definen por el cuarto aspecto de los agenciamientos, es decir, por los máximos de descodificación y de desterritorialización. Trazan esos máximos; también abren el agenciamiento territorial a otra cosa, a agenciamientos de otro tipo, a lo molecular, a lo cósmico, y constituyen devenires. Así pues, siempre son singulares e inmanentes. Contrariamente a lo que sucede en los estratos, y también en los agenciamientos considerados bajo los demás aspectos, las maquinas abstractas ignoran las formas y las sustancias. En ese sentido son abstractas, pero ese es también el sentido riguroso del concepto de máquina. Las máquinas abstractas exceden toda mecánica. Se oponen a lo abstracto en su sentido ordinario. Las máquinas abstractas se componen de materias no formadas y de funciones no formales. Cada máquina abstracta es un conjunto consolidado de materias-funciones (fílum y diagrama). (1002: 519).

Sorprendentemente, Deleuze es mucho menos sutil cuando se refiere por su cuenta al cerebro en sus clases sobre el cine. Allí basa todos los procesos mentales, no en un noción más o menos abstracta del cerebro como en *¿Qué es la filosofía?*, sino en las funciones estrictamente cerebrales localizadas en la anatomía de este órgano —conexiones neuronales, dendritas, sinapsis, etc., articuladas por procesos eléctricos o químicos—. Parece empeñado en establecer un estricto isomorfismo entre el pensamiento y las modificaciones que se producen en la estructura cerebral, llegando incluso a proponer equivalencias entre esta y las articulaciones propiamente fílmicas. Con el agravante de considerar que esos cambios cerebrales no son la consecuencia de los procesos mentales, sino su causa. Es cierto que pone de relieve una cuestión fundamental cuando dice que «el cerebro no se interpreta en un espacio euclidiano» (Deleuze, 2023: 199), pero cae de nuevo en la ambigüedad al añadir que «el cerebro implica un espacio topológico» (*ibid.*), sin matizar la afirmación. La alternativa al espacio euclidiano no puede ser un espacio topológico, si este debe resumirse a una serie de localizaciones en el espacio euclidiano del cerebro considerado materialmente. En todo caso, la topología debe corresponder a la forma que toma el desarrollo virtual de los procesos mentales básicos.

Deleuze instaba al arte a crear nuevos circuitos, se supone que mentales, aunque añadía que esta tarea no es solo artística, sino también cerebral, puesto que «el cine en su totalidad vale tanto como los circuitos cerebrales que consigue instaurar, precisamente gracias a que la imagen está en movimiento» (Deleuze, 2006: 100). Deleuze delata de esta manera su tendencia a focalizar en el cerebro los fenómenos mentales y sus extensiones simbólicas, es decir, el pensamiento. La movilidad del pensamiento, capaz de crear nuevos circuitos mentales, se equipara a los circuitos cerebrales que se crean en el cerebro. A ello contribuyen también medios externos como el arte y, en concreto, el cine, cuyas imágenes por estar en movimiento se ajustan al movimiento del pensar que, a su vez, se ajusta al movimiento que recorre las sinapsis cerebrales: «El cerebro es un volumen espaciotemporal: corresponde al arte trazar en él nuevas vías de actualización. Puede hablarse de sinapsis, conexiones y desconexiones cerebrales: no hay las mismas conexiones, ni se trata de los mismos circuitos, por ejemplo, en Godard y en Resnais. Pienso que la importancia o el alcance colectivo del cine depende de este tipo de problemas» (*ibid.*: 101). Se podría argüir que el espacio topológico señalado corresponde en última instancia a las estructuras sinápticas del cerebro y seguramente Deleuze estaría de acuerdo, pero no por ello la idea dejaría de ser una forma muy reduccionista de comprender no solo el pensamiento o el propio cerebro, sino también el papel que juega la topología en este contexto. En una entrevista con Toni Negri, Deleuze afirmaba que «subjetivación, acontecimiento o cerebro, creo que se trata más o menos de lo mismo» (*ibid.*: 149). Si aceptamos esta premisa, toda la complejidad de los citados fenómenos corre el peligro de reducirse a la estructura cerebral, entendida como un conjunto de conexiones y circuitos mecánicos que son incapaces de absorberla. De ninguna manera, por ejemplo, un nudo topológico, producido por el pensamiento en la mente, puede estar directamente relacionado con un nudo o circuito sináptico establecido en el cerebro.

En *¿Qué es la filosofía?* este tipo de planteamientos tan extremadamente mecanicistas se atemperan, lo que permite una interpretación más sutil de los procesos mentales:

> ¿No se situará el punto de inflexión en otro lugar, allí donde el cerebro es "sujeto", se vuelve sujeto? El cerebro es el que piensa y no el hombre, siendo el hombre únicamente una cristalización cerebral. Se hablará del cerebro como Cézanne del paisaje: el hombre ausente, pero todo él dentro del cerebro... La filosofía, el arte, la ciencia no son los objetos mentales de un cerebro objetivado, sino los tres aspectos bajo los cuales el cerebro se vuelve sujeto, Pensamiento-cerebro, los tres planos, las balsas con las que se sumerge en el caos y se enfrenta a él. ¿Cuáles son los caracteres de este cerebro que ya no se define por unas conexiones y unas integraciones secundarias? No es un cerebro detrás del cerebro, sino primero un estado de sobrevuelo sin distancia, a ras de suelo, autosobrevuelo al que ninguna sima, ningún pliegue ni hiato se le escapa (Deleuze y Guattari, 1997: 211).

A pesar de afirmar contundentemente que es el cerebro el que piensa y no el sujeto, lo cual se puede aceptar como metáfora pero no literalmente, por lo menos se admite que existe un punto de inflexión en el que el cerebro se vuelve sujeto a través de los planos pertenecientes al arte, la filosofía y la ciencia que lo cruzan. Cabe preguntarse por qué, si aparece esta subjetividad que deja atrás el cerebro como órgano material compuesto de sus propios procesos, no se traslada toda la reflexión a esa subjetividad, que procura un teatro de operaciones mucho más dúctil y asumible para la complejidad de los procesos que se estudian. ¿Por qué, si se afirma que «es el cerebro quien dice Yo, pero Yo es otro» (*ibid.*: 212), no se traslada la reflexión a ese lugar otro y se deja atrás la pura organicidad del cerebro, que, como hemos dicho ya, es condición necesaria pero no suficiente? Es obvio que esto sucede por el típico un prurito cienticista, esa urgencia por ser científico a toda costa, aunque con ello se traicione la operatividad del propio pensamiento.

Deleuze y Guattari, al afirmar que el cerebro piensa, se están oponiendo directamente a la propuesta fenomenológica, según la cual es el "hombre" y no el cerebro el que piensa. Y cuando ellos dicen que el "hombre" es una cristalización cerebral, se adelantan a la opinión de António Damásio quien, años después, se hará famoso con afirmaciones como la de que «el cerebro creó al hombre», título de uno de sus libros más conocidos. Damásio, reputado neurocientífico portugués, se dio a conocer, en un momento en que las neurociencias ya habían colonizado ampliamente el imaginario, con un libro que denunciaba el error supuestamente cometido por Descartes al separar el cuerpo y el alma. En cualquier caso, no deja de ser llamativo que Deleuze y Guattari, para ilustrar su contundente afirmación, apelen a Cézanne y su tratamiento del paisaje, cuando se sabe, por lo menos desde los estudios de Merleau-Ponty, que las obras del pintor están íntimamente relacionadas con los presupuestos de la fenomenología. Deleuze y Guattari se refieren a un comentado enigma de Cézanne que se expresa como «el hombre ausente, pero por completo en el paisaje». Y añaden: «los. personajes solo pueden existir, y el autor solo los puede crear, porque no perciben sino que han entrado en el paisaje y forman ellos mismos parte del compuesto de sensaciones» (1997: 170). Pero si el "hombre" está dentro de los paisajes que pintaba Cézanne no lo está de la misma forma que se interpreta que «el hombre ausente está dentro del cerebro». El "hombre" está dentro de los paisajes porque estos se han humanizado a través de los ojos del pintor (un sujeto), no porque haya desaparecido en el interior de una naturaleza inerte o de un cerebro deshumanizado como se pretende. Merleau-Ponty cita a Valery para indicar que «el pintor aporta su cuerpo» Y añade que, «en efecto, no se ve cómo podría pintar un Espíritu. Es prestando su cuerpo al mundo que el pintor cambia el mundo en pintura» (Merleau-Ponty, 1964: 16). Pero convendría no confundir esa comprensible prevención a suponer que un espíritu pueda empuñar unos pinceles, con la negación de que ese "espíritu" o sujeto pueda pensar sobre lo que pinta o pintar lo que piensa al ver. Todo lo contrario, habría que decir que ni un espíritu puede pintar (un acto material), ni un cerebro pensar (un acto mental y subjetivo). Una vez entendido que efectivamente un espíritu no puede empuñar los pinceles, se convendrá en que los pinceles deben estar guiados por un "espíritu", por una mirada subjetiva, puesto que, de lo contrario, el paisaje no podría contener al "hombre" que lo mira, o sea, al pintor, y se convertiría en una réplica automática de lo real, ausente de humanidad. Según Merleau-Ponty, «todo lo que se dice y se piensa de la visión hace de ella un pensamiento» (*ibid.*: 52). Y más aún: «es suficiente que yo vea una cosa para saber unirme a ella y alcanzarla, aunque no sepa cómo se hace en la máquina nerviosa» (*ibid.*: 16). Sin necesidad de retrotraernos a la típica división cartesiana, parece obvio que tampoco es necesario acudir siempre a la región de la "máquina nerviosa" para comprender lo que sucede en la subjetividad. En todo caso, esta es una tarea que conviene dejar para los neurocientíficos, aunque con el fin de que comprendan los procesos estrictamente cerebrales y no los subjetivos, que, como se ha dicho, suceden en otra región ontológica que es completamente distinta y tiene sus propias reglas. En cualquier caso, como afirma acertadamente François Zourabichvili al referirse a las tesis de Spinoza, «no es posible comprender perfectamente cómo se puede pensar la identidad real del espíritu y el cuerpo, es decir, una relación tal que los términos no sean cosas, sino las diferentes expresiones de una misma cosa» (2002: 9). Esta perspectiva nos ahorra el fastidio de tener que pensar a la vez desde dos enclaves distintos, el cerebro y la mente, y asumir el vacío que supuestamente los separa. O quizá sean tres esos enclaves si nos dejamos llevar por la ingrata tendencia a la especialización: el cerebro, la mente y el cuerpo. En cualquier caso, admitir que todo ello puede resumirse a una sola entidad que se expresa de distinta manera, no quiere decir que la entidad resultante deba circunscribirse a uno de los factores, sea el cuerpo-cerebro o la mente, sino que es necesario vislumbrar la posibilidad de un ente que no es ninguno de ellos en particular y todos ellos a la vez: un cuerpo espiritual o una mente corporal. Algo que, como indicaba Deleuze, ya había previsto Spinoza cuando planteaba su tesis del *paralelismo*, que «no consiste solamente en negar cualquier relación de causalidad real entre el espíritu y el cuerpo, sino que prohíbe toda primacía de uno de ellos sobre el otro. Si Spinoza rechaza cualquier superioridad del alma sobre el cuerpo, no es para instaurar una superioridad del cuerpo sobre el alma, que tampoco sería inteligible» (2004: 28).

Especialmente, en *¿Qué es la filosofía?* se observa claramente el error de perspectiva que recorre todas las por otro lado muy interesantes reflexiones sobre el cerebro y el caos. El error consiste en ignorar la dimensión del significado a la hora de reducir los procesos mentales a los cerebrales. El significado se reduce, sin nombrarlo, al funcionamiento del cerebro. En realidad, ni se menciona, excepto por las referencias a los conceptos entendidos de forma abstracta y, por lo tanto, tratados como cáscaras vacías, sin ninguna significación concreta en su interior. Asumido de esta manera, el pensamiento es fácilmente reducible a los mecanismos cerebrales, mientras que el significado se resiste a ello.

El cerebro, por sí solo, no puede asimilar y gestionar los significados, puesto que estos precisan de una comprensión que no puede ser más que subjetiva. Solo los conceptos y las ideas altamente codificados podrían gestionarse, con el recurso a férreas operaciones semióticas, mediante funcionamientos tan básicamente automáticos como los neuronales. En este caso, el mismo proceso podría efectuarlo una IA gestionada por los algoritmos correspondientes. Quizá por ello Guattari hace tanto hincapié en las semióticas asignificantes, para que pueda haber una conexión con el cerebro que esquive el espinoso terreno del significado. Pero se observa una cierta contradicción en el hecho de señalar la capacidad que tienen las semióticas asignificativas para eludir los códigos semióticos establecidos y el hecho de que, en realidad, en el área del pensamiento solo los códigos con significaciones cerradas pueden considerarse susceptibles de operar a nivel neuronal o algorítmico, suponiendo que esta equivalencia, tan asimilada por el imaginario de las neurociencias, sea verdaderamente válida. En cualquier caso, si las semióticas asignificativas son realmente libres —en cuyo caso, habría que hablar de otra cosa que de semiótica—, también son necesariamente creadoras de significados que, puesto que son originales, no están aún tan formados como para que puedan codificarse automáticamente. Esto es válido tanto para el cerebro como para la IA. Pertenece al área del verdadero pensamiento, aquel que Deleuze y Guattari adjudican al *idiota*, en contraposición al pensador profesional. Refiriéndose Descartes, se preguntan qué hay detrás del cogito cartesiano, es decir, si hay algo más que su método, basado en la imagen del pensamiento que le corresponde. La respuesta es afirmativa y, en cierta manera sorprendente:

> Hay, en efecto, algo más, un poco misterioso, que aparece a veces, o que se trasluce, y que parece tener una existencia vaga, intermedia entre el concepto y el plano preconceptual, yendo de uno a otro. Por el momento, es el Idiota: es él quien dice yo, es él quien lanza el cogito, pero es también él quien sostiene los presupuestos subjetivos o quien traza el plan. El idiota es el pensador privado a diferencia del profesor público (el escolástico): el profesor se refiere constantemente a conceptos enseñados (...), mientras que el pensador privado forma un concepto con fuerzas innatas que todo el mundo posee por derecho por su cuenta (yo pienso). Nos encontramos aquí con un tipo de personaje muy extraño, que quiere pensar y que piensa por sí mismo, por la "luz natural" (1997: 63).

Este pensamiento espontáneo no tiene por qué surgir simplemente de la "luz natural", puesto que todo pensamientos se desarrolla en el seno de una cultura. Pero ello no quiere decir que funcione por un encadenamiento de códigos cerrados. Los significados se crean, en él, sin codificar o con una codificación débil que es transformada por el propio acto de pensar. Los significados son el dominio de la conciencia y, cuando esta se reduce al cerebro, se pierde por el camino la significación y solo queda un funcionamiento vacío de significado. Resulta obvio que, por este camino, se esquiva todo un territorio que no puede explicarse desde el trabajo neuronal. Cuando Deleuze y Guattari hablan, por ejemplo, de los diferentes planos que, según ellos, intersecan en el cerebro, la región del cerebro es, en este caso, una presencia meramente retórica: «Los tres planos son irreductibles con sus elementos: plano de inmanencia de la filosofía, plano de composición del arte, plano de referencia o de coordinación de la ciencia; forma del concepto, fuerza de la sensación, función del conocimiento; conceptos y personajes conceptuales, sensaciones y figuras estéticas, funciones y observadores parciales» (1997: 218). Para cualquier neurocientífico, esta descripción es inservible, mientras que resulta muy útil a la hora de comprender el funcionamiento mental. Se trata de planos antropológicamente válidos, que constituyen el sustrato sobre el que funciona el pensamiento, cuyas complejidades tienden a alejarse de esas plataformas *esenciales*, sin nunca abandonarlas por completo. Podemos decir que estos planos forman parte de un imaginario sociocultural materializado por multitud de dispositivos y procedimientos de todo tipo. Pero, llegados a este punto, aparece el problema: ¿dónde están situadas, todas estas formaciones? Responder que en la memoria personal no es más que posponer las incógnitas. ¿Dónde está situada la memoria? La respuesta se da fácilmente; con excesiva facilidad, de hecho: en el cerebro. Pero, en tal caso, se responde sin pensar en la dificultad de comprender cómo algo tan complejo, tan sutil y tan variable puede estar almacenado en espacios materiales o puede desarrollarse con éxito a través de conexiones que, por muy flexibles que sean, equivalen en última instancia a movimientos mecánicos. Para solventar esta perplejidad, se regresa rápidamente a la metáfora del ordenador con el fin de recordar la cantidad de información que puede almacenarse en un disco duro, cuya capacidad, se arguye, es mucho menor que la del cerebro. Efectivamente, pero con la particularidad de que un disco duro no piensa, ni procesa la información por sí mismo. Admitamos, pues, que no sabemos dónde residen los recuerdos ni las estructuras mentales a través de las que se desarrolla el pensamiento y que, por lo tanto, tan arriesgado es situarlas en un territorio sólido como el cerebro que pensarlas en un lugar tan etéreo como la mente. Con la diferencia de que, en el primer caso, el horizonte se reduce ostensiblemente, mientras que en el segundo se amplía.

A pesar del error de su enfoque, las reflexiones de Deleuze y Guattari al respecto siguen siendo muy fructíferas para comprender los procesos de subjetivación, así como la ontología de la realidad contemporánea, al margen de que estén transitadas por un radical antihumanismo que es el de la gran mayoría del pensamiento filosófico del siglo XX y al que conviene dejar atrás en el siglo XXI, a la vista sobre todo de los últimos avances tecnológicos, sobre todo los referidos a la IA. Aunque parezca paradójico, el pensamiento de Deleuze y Guattari es un buen antídoto para hacer frente a los embates de la tecnociencia, puesto que permite comprender adecuadamente unas regiones de la realidad que aquella pretende trascender de manera un tanto desquiciada. En este sentido, su pensamiento es político, aunque para utilizarlo correctamente haya que efectuar antes una adecuada cartografía de la política contemporánea que, como tantas otras cosas, ha dejado de ser estrictamente binaria. La política está sujeta al cambio histórico, como no podía ser de otra manera. Lo que era progresista hace más de medio siglo —por ejemplo, la reducción de lo real a un materialismo sin matices— puede que ahora sea reaccionario, y que lo que era reaccionario entonces —planteamientos más complejos que abogasen por un "más allá de la materia"— es muy posible que se haya convertido ahora en un valor no solo epistemológico, sino también políticamente progresista. Sin embargo, los cambios de eje no se producen en una fecha determinada, digamos cada cincuenta años, sino que son el resultado de corrientes subterráneas que, como un Guadiana, afloran de tanto en tanto para luego volver a ocultarse. A cada momento, la ética de lo progresista y lo reaccionario puede representarse como un perro que trata de morderse la cola y no para de dar vueltas sobre sí mismo. A cada momento, es preciso desactivar la histeria del can y hacer que avance, aunque sea momentáneamente, en la dirección adecuada, es decir, hacia allí donde apunta su cabeza y no en dirección a donde está la cola. La diferencia entre el progreso y la reacción, aunque no necesariamente entre la derecha y la izquierda, radicaría en la dirección a la que se quiere que apunten los obsesivos giros del animal, el cual avanza más por la inercia de su embestida que porque se dirija realmente hacia algún lugar. Antes de emitir juicios sobre la moral de este símil, desde la perspectiva del antiguo progresismo y el aún más viejo conservadurismo, pensemos en lo que decía Mark Fisher acerca de la superación del capitalismo, entendido como un poscapitalismo: «Si hablamos de poscapitalismo implica que hay algo *más allá* del capitalismo. También implica una dirección, ¿no? Si hablamos de poscapitalismo hablamos de una victoria y de una victoria que llegará a través del capitalismo. No es lo simplemente opuesto al capitalismo: es lo que *sucederá* cuando el capitalismo haya terminado. Su punto de partida es la situación en la que estamos. No es un espacio totalmente separado» (2021: 67).

Una primera operación para comprender ahora ese círculo infernal consiste en transferir a las máquinas abstractas toda la operatividad que los Deleuze y Guattari —en especial Deleuze— se empeñan en focalizar en el cerebro. No se acaba de entender por qué, teniendo este fructífero concepto a mano, se han visto compelidos a buscar en el cerebro la raíz de operaciones que en este son imposibles de comprender. ¿No se detecta una cierta obstinación en su pensamiento cuando tras un primer paso en la dirección adecuada, se dan la vuelta para ir en sentido contrario? Cabe decir, sin embargo, que, al final del recorrido, terminan con una nota enigmática pero esperanzadora: «Parece entonces difícil tratar la filosofía, el arte e incluso la ciencia como "objetos mentales", meros ensamblajes de neuronas en el cerebro objetivado, puesto que el modelo irrisorio de la recognición los acantona en la doxa. Si los objetos mentales de la filosofía, del arte y de la ciencia (es decir las ideas vitales) tuvieran un lugar, este estaría en lo más profundo de las hendiduras sinápticas, en los hiatos, los intervalos y los entretiempos de un cerebro inobjetivable, allí donde penetrar para buscarlos sería crear los sentidos» (1997: 210). Concluyamos diciendo que el entramado neuronal, esos ensamblajes de neuronas, no puede pensar, como tampoco puede hacerlo la placa madre de un ordenador —si es que queremos continuar con la analogía entre la mente y el ordenador, errónea en muchos sentidos—, a pesar de que, en ambos casos, esos elementos constituyen el fundamento material de lo que en realidad ocurre en otro ámbito. Hay entre uno y otro nivel del ordenador un abismo ontológico que corresponde al que existe entre el cerebro y la mente. Por el contrario, el concepto de máquina abstracta es mucho más asumible para explicar unas operaciones que no son materiales, sino extramateriales, es decir, que se asientan sobre estructuras virtuales profundamente operativas.

Las máquinas abstractas a las que se refieren Deleuze y Guattari equivalen a procesos inconscientes, pero la práctica del esquizoanálisis que este último plantea más insistentemente implica un trabajo que pone de manifiesto la existencia de procesos que conforman la conciencia y las subjetividades. Guattari, cuando trabaja en solitario, no habla del cerebro, no cae en la trampa del reduccionismo ingenuamente materialista de las neurociencias, sino que focaliza los procesos maquínicos en la subjetividad y la subjetividad en los procesos maquínicos. Es la subjetividad y no el cerebro en sí la que está conformada por las máquinas abstractas que, a su vez, pueden considerarse relacionadas con las máquinas concretas de carácter tecnológico. De esta manera, la hipótesis de Bartra se enriquece con los planteamientos de Guattari, a la vez que estos ven ampliada su potencial heurístico al incluir la posibilidad de un factor consciente en su funcionamiento.

Guattari ofrece la siguiente definición provisional de esquizoanálisis: «el análisis del impacto del ensamblaje de Enunciaciones en producciones semióticas y subjetivas en un contexto problemático» (1989:

28). Insiste en la idea de un ensamblaje de *Enunciaciones* para evitar referirse al inconsciente y reducir la subjetividad a «pulsiones, afectos, instancias intra-subjetivas y relaciones inter-subjetivas» (*ibid.*). Sin embargo, es difícil esquivar el inconsciente al describir procesos que no son conscientes. No conviene renunciar a un concepto tan rico como el de inconsciente, basta con entenderlo como referido a aquellos procesos que tienen efectividad más allá de la conciencia, pero no solo para explicar los automatismos corporales como quieren algunos estudios sobre la conciencia, sino para dar cuenta de los fundamentos inadvertidos de nuestra forma de pensar. Se pone así de manifiesto la posibilidad de convertir en consciente lo inconsciente. Algo que Guattari propone hacer mediante el esquizoanálisis, pero que implica también el reverso del fenómeno del exocerebro, es decir, la posibilidad, que Bartra también contempla aunque indirectamente, de unos procesos de pensamiento vehiculados por las redes simbólicas y no simbólicas o por los distintos medios tecnológicos que el "cerebro" tiene a su disposición. Sería el arte el que pondría de manifiesto el potencial de lo que podría considerarse una inversión positiva de los ensamblajes enunciativos, así como de las conexiones que la mente mantiene con las redes culturales externas. Este planteamiento no anula el hecho de que tanto las redes externas como las maquinas abstractas sociales influyan y dominen, de forma por tanto inconsciente, la subjetividad. En este sentido, se podría considerar el arte como una forma de esquizoanálisis. Un camino que nos lleva a la conclusión de que el inconsciente puede ser también un instrumento político.

Esta es la perspectiva que es necesario plantearse a la hora de efectuar una aproximación al trabajo que Guattari realiza cuando elabora el guion de "Un amor de UIQ", ya que no podemos suponer que este se desarrolla en el interior de un paréntesis que deja su pensamiento en suspenso momentáneamente. No es posible pensar que los temas que le son tan caros se desvanecen en el momento en que emprende su labor cinematográfica. Es precisamente esta aparente ausencia la que incita a considerar sus intereses cinematográficos o artísticos en general como un territorio ignoto dispuesto a ser explorado. La paradoja que debe ser resuelta no es tanto por qué no está lo que debe estar, sino cómo está presente lo que da la impresión de no estarlo. De qué manera se transmuta el pensamiento de Guattari al adentrarse a un ámbito como el del arte, distinto del del psicoanálisis y la filosofía.

En este sentido, la anterior discusión sobre el cerebro se justifica por una cuestión que, siendo aparentemente muy simple, lo cierto es que esconde una gran complejidad. Se trata de que UIQ, el personaje del inframundo, no posee un cerebro y, sin embargo, piensa. No posee un cerebro, entre otras razones, porque el carácter infinitamente pequeño de ese inframundo del que surge no ofrece ningún espacio capaz de albergar el ingente conglomerado de conexiones neuronales, con todas sus especificidades, que constituye el órgano cerebral. El cerebro en ese nivel de la realidad se ha convertido en el equivalente de un cuerpo sin órganos. Es un pensamiento sin cerebro porque el cerebro es, a su vez, un cerebro sin órganos, es decir, puro funcionamiento sin una plataforma material específica. Por consiguiente, UIQ es, con claridad, una mente que piensa. No es que esta sea la postura de Guattari, una idea que él hubiera estado dispuesto a defender. Sin embargo, es lo que se desprende de su propuesta y lo que nos incita a explorar un territorio conceptual que, lejos de contradecir sus postulados filosóficos o esquizoanalíticos, los refuerza por caminos inesperados. Si Deleuze defendía con firmeza la idea de hacer hijos indeseados a los autores a los que amaba intelectualmente, ni él ni Guattari pueden rechazar la posibilidad de que se les infrinja a ellos este tipo de paternidad espuria.

Dicho esto, hay que tener en cuenta dónde se desarrolla la aparente paradoja del pensamiento sin cerebro de UIQ. En qué ámbito se hace patente esta posibilidad. La respuesta es que esto sucede en el terreno de la ciencia-ficción. No porque este marco sea el refugio de absurdidades —como la de una mente sin cerebro, tan insensata como un cerebro sin mente—, sino porque en él se puede poner a prueba cualquier tipo de idea y concluir que no es tan absurda como parece.

El pensamiento de la ciencia-ficción

¿Qué puede significar un pensamiento de la ciencia-ficción? Desde luego, no solo un pensamiento desarrollado por las propias obras de ciencia-ficción o por sus autores.

La propuesta tampoco se refiere a las lecturas filosóficas que se acostumbran a hacer últimamente de films como la serie *The Matrix* (Hermanas Wachowski, 1999-2021) o de las novelas de Philip K. Dick. En ningún caso, un pensamiento de la ciencia-ficción se refiere a la utilización de las obras de este género para ilustrar conceptos filosóficos, por muy fructíferas que puedan resultar tales aproximaciones.

Ciencia-ficción es un término engañoso que proviene de una época en la que algunos escritores creyeron encontrar en la ciencia el alimento para su imaginación, estimulados por la idea de que la ciencia era la dueña del futuro. Pero, aunque pretendían especular sobre la ciencia sin abandonar las perspectivas de esta, muchas veces su entusiasta imaginación les alejaba tanto de los parámetros estrictamente científicos que pronto se consideró más adecuado hablar de ficción especulativa, si bien este concepto se utiliza también a veces para incluir otros géneros como aquellos relatos que están más próximos a la fantasía. Philip K. Dick, la temática de cuya obra se apartó en su momento de la que tradición dominante, creando un tipo de *ciencia-ficción* completamente nuevo, consideraba que el género nada tenía que ver con las aventuras espaciales, ni siquiera creía que el futuro tuviera que ser lo más relevante de este tipo de literatura:

> Entonces, si separamos la ciencia ficción del futuro y también de la tecnología ultra avanzada, ¿qué tenemos que pueda llamarse ciencia ficción? Tenemos un mundo ficticio; ese es el primer paso: es una sociedad que en realidad no existe, pero que se basa en nuestra sociedad conocida; es decir, nuestra sociedad conocida actúa como punto de partida para ella; la sociedad avanza a partir de la nuestra de alguna manera, quizás de manera ortogonal, como ocurre con las historias o novelas de mundos alternativos. Es nuestro mundo dislocado por algún tipo de esfuerzo mental por parte del autor, nuestro mundo transformado en lo que no

> es o aún no es. Este mundo debe diferir del dado al menos en una forma, y esa única manera debe ser suficiente para dar lugar a acontecimientos que no podrían ocurrir en nuestra sociedad, ni en ninguna sociedad conocida, presente o pasada (Sutin, 1995: edición electrónica).

Se entiende que Dick no considerara relevante situar las novelas de ciencia-ficción en el futuro porque se había dado cuenta de que el futuro era una excusa, pero también porque, tal como era utilizado el concepto en el género, el futuro se convertía en un escenario donde situar tramas narrativas basadas fundamentalmente en la acción, historias arropadas por un realismo superficial cuyos sujetos no parecían experimentar ningún cambio por muy alejados que estuvieran del presente. Pero el escritor tuvo también una intuición trascendental: se dio cuenta de que las raíces del futuro estaban arraigadas en el presente de manera que este podía interpretarse fructíferamente haciéndolo pasar por el tamiz de un futuro hipotético. De este modo, el futuro se convertía en un espejo que devolvía ampliada la imagen del presente. En manos de Dick, la antigua ciencia-ficción se transformaba en algo parecido a lo que Whitehead denominaba filosofía o pensamiento especulativo, basado en «el juego de una imaginación libre, controlada por las exigencias de la coherencia y la lógica» (1978: 5). En las novelas de Philip K. Dick, la imaginación sienta las bases de un universo que es coherente y lógico, pero a la vez puramente especulativo. Convertida en un dispositivo para pensar a través de la imaginación, la literatura especulativa del escritor californiano, se ajustaba a ese panorama epistemológico que delimitaban las ideas de Withehead, es decir, el hecho de que «reconocer que el pensamiento humano no puede alcanzar ningún conocimiento cierto abre la posibilidad de pensar libremente y creativamente a propósito de un vasto dominio de cuestiones que con frecuencia han sido declaradas tabús cuando se suponía que el pensamiento debía limitarse a zonas donde la certeza es posible» (Cobb Jr, 1994: 37).

El rumbo que tomó la ficción de Dick era completamente opuesto a la corriente clásica de la ciencia-ficción. Ante un género que, en la mayoría de sus producciones, pretendía conquistar el futuro como si este fuera un territorio dispuesto a ser colonizado por un presente al que impulsaban una tecnología y una ciencia triunfantes, el escritor californiano se dispuso a explorar mundos interiores y subjetividades alteradas por un futuro siempre imperfecto. Esta visión decadente no era fruto del pesimismo, sino de la clarividencia, puesto que sus novelas no proponían la visión de un futuro posible, sino que hacían un diagnóstico sobre un presente en el que residía el germen de todas las imperfecciones posibles, un presente carcomido ya por su destino. Desde esta perspectiva, no se puede descartar que el concepto de futuro sea un elemento fundamental de la ciencia-ficción, si bien se trata de un futuro distinto del que frecuenta su tradición clásica. Es este el que Dick desestimaba para plantear una temporalidad compuesta: un presente-futuro y un futuro-presente combinándose a cada momento de la narración.

El concepto de futuro es, pues, relevante, muy relevante, en la también denominada anticipación científica, pero, a partir de Dick, ya no puede contemplarse como la prolongación diáfana del presente, como una celebración de la marcha triunfal del progreso, sino que aparece como un espejo en el que el presente contempla los resultados de sus propias deformaciones. Es cierto que, después de Dick, la ciencia-ficción adquiere un tono profundamente pesimista que da lugar a una literatura distópica, pero el futuro no debe entenderse, en este campo, como el porvenir, lo venidero, sino como un espacio de reflexión, un territorio mental, especulativo, donde el pensamiento encuentra nuevas herramientas y la posibilidad de gestualidades distintas. En este caso, que el futuro sea temporal o conceptual carece de importancia. En realidad, el concepto y el tiempo se funden para retroalimentarse. Es decir, que se establece una relación muy productiva entre tiempo y pensamiento, puesto que, al reflexionar sobre el futuro, se está reflexionando sobre el presente, pero un presente que está a su vez transitado y esclarecido por su futuro. Un presente, por tanto, inestable, cambiante, sujeto a variaciones constantes por estar a merced del viento del futuro que lo zarandea sin cesar.

Un posible pensamiento de la ciencia-ficción, de la ficción especulativa o de la anticipación, como queramos llamar a este género, no es, pues, ni el de sus creadores, ni el de los que lo contemplan desde la filosofía. Pero nos acercaríamos bastante a su comprensión si dijéramos que se trata de un pensamiento que surge de las propias creaciones, al margen de la intención de los autores, sus críticos y sus glosadores. Aunque esto es cierto, es necesario añadir por lo menos otro factor a esta perspectiva para acotarla, si no definitivamente, por lo menos de manera más acertada. Este añadido se refiere a la posibilidad de que, además de este pensamiento destilado por las obras irreflexivamente, valga la paradoja, pueda existir un pensamiento plenamente reflexivo, cuyos fundamentos se encuentren en el ámbito de la definitivamente mal llamada ciencia-ficción. Sería un proceder equivalente al de la ficción especulativa, pero sin el recurso estricto a la ficción: por tanto, un pensamiento especulativo desarrollado en un futuro tratado como presente o, a veces, un presente tratado como futuro, ya sea como hipótesis o como constatación.

La idea de que cada época sueña con su futuro fue planteada en primer lugar por el historiador francés Jules Michelet, pero la conocemos más directamente por el uso que de ella hizo Benjamin en su estudio sobre la construcción del París moderno durante la segunda mitad del siglo XIX. Michelet la plasmó en una larga entrada de su diario del 4 de abril de 1842, relativa en gran parte a la agonía de su esposa enferma. Se inicia de la siguiente manera «*Velle videmur* (queremos ver)... Cada época sueña con la siguiente, la crea soñándola? Porvenir? Porvenir?» (Michelet, 1959: 390). El alcance de estas meditaciones sobrepasa los límites de la intimidad en cuyo seno es expresa, como lo prueba el hecho de que, casi un siglo más tarde, Benjamin pudiera leer en ellas un signo de la modernidad. Por ello, podemos considerar fundamental la pregunta que se hace el historiador sobre si las nuevas eras se crean soñándolas. Esta mezcla de historia y sueño es altamente premonitoria. Michelet añade: «Cada época probablemente sueña así con las épocas siguientes, pero no habla de ellas, no pudiendo siquiera nombrar los objetos desconocidos, indecisos, que se le aparecen» (*ibid.*: 391). Si las palabras no alcanzan para reconocer las formas que toma el futuro, quizá haya que recurrir a la imagen para que lo imagine y, en tal caso, lo hará en forma de sueño. Según Benjamin, «A la forma del nuevo modo de producción, dominada primero por el viejo (Marx), corresponden en la conciencia colectiva unas imágenes en las que lo nuevo viene entremezclado con lo antiguo. Tales imágenes son las del deseo, con las cuales intenta el colectivo superar y transfigurar lo inacabado e incompleto del producto social» (Benjamin, 2013: 55). En otro ámbito, insiste: «A la forma del nuevo medio de producción, que al principio está dominado por el antiguo (Marx), corresponde en la superestructura una conciencia onírica en la que lo nuevo se representa bajo una figura fantástica (...). Sin esta fantástica prefiguración en la conciencia onírica no surge nada nuevo. Sus manifestaciones, sin embargo, no se encuentran solo en el arte. Resulta decisivo para el siglo XIX que las fantasías de todo tipo desborden los límites del arte» (Mate: 2006: 311).

Fue en esa época, la de finales del siglo XIX, cuando se empezó a hacer necesaria la interpretación literal de la metáfora de Michelet porque en ese momento se empezaba a soñar ciertamente con el futuro. La corriente del progreso no llegaba solo a las orillas del presente, sino que se proyectaba hacia el futuro, un futuro que, sin dejar de ser imaginario, se consideraba real. Era real en sueños, lo cual quiere decir que la realidad se empezaba a mezclar con el sueño como principal representante de la imaginación. Pero lo que en un principio podía contemplarse como un proceso alienante —así lo interpretó Marx y lo siguió interpretando el marxismo— también podía considerarse como el germen de un posible pensamiento de la anticipación, vehiculado a través de formas oníricas. Según Laura Llevadot, Benjamin recompone el concepto de fantasmagoría para otorgarle un valor más asumible que el que obtiene en relación al fetichismo de la mercancía, de manera que «La fantasmagoría no es únicamente el producto ideológico de las condiciones materiales de explotación sino también un arma para el pensamiento crítico a punto de liberarse de su configuración metafísica que pretendía poder distinguir entre realidad e ideología bajo la estructura categorial de la inversión y el reflejo» (2018: 110). Esta capacidad emancipadora alcanza también a los dispositivos tecnológicos: «Es el concepto de fantasmagoría acuñado por Benjamin en toda su ambigüedad el que, al desplazar y otorgar espesor a la idea del fetichismo de la mercancía, va a originar usos emancipatorios de aquellos aparatos que, concebidos quizás para adormecer, contribuyen empero mediante su ensamblaje a un cierto despertar no exento de ensoñación» (*ibid.*: 113). Berardi, en otro orden de cosas, apunta al hecho de que en los planteamientos apocalípticos, de fin del mundo que pertenecen, en resumidas cuentas, al fin de una época, se detecta «una perspectiva escatológica, como la del apocalipsis cristiano, que es simultáneamente revelación, juicio y salvación» (2011: 154). El pensamiento de Benjamin, a pesar de sus raíces judaicas, se despliega a través de estas mismas fases, que corresponden a la necesidad de supervivencia en un momento en que aumenta la complejidad y la incertidumbre. Es necesario que el pensamiento ponga de relieve los acontecimientos, los juzgue o critique para finalmente desentrañar en ellos ese factor siempre presente que los convierte en un antídoto y promueve la salvación. El bien y el mal no son nunca absolutos, sino que se combinan dialécticamente. No se trata de que ambos sean equivalentes, de manera que a la postre sean indistinguibles, lo que es el fundamento de una razón cínica, sino de que el mal puede ser desactivado desde el interior del propio mal, de la misma manera que el bien, como sucede tantas veces, puede ser el germen de múltiples maldades. ¿Cómo entender, si no, que el mal pertenezca al drama de la libertad humana, que sea el precio de esta libertad? (Safranski, 2020: 13). La libertad, fuente de posibles maldades, no solo se redime usándola para hacer el bien, sino empleándola para desactivar la maldad del mal sin aniquilar el germen de libertad que este contiene. De lo contrario, la libertad se estaría aniquilando a sí misma. Es una dialéctica de este tipo la que permite a Deleuze y Guattari promover una intensificación particular de la esquizofrenia para combatir la pulsión esquizo de la sociedad capitalista.

Como indica Benjamin, no solo el arte era capaz de pensar en ese período finisecular a través de formaciones oníricas, sino que era toda la realidad la que estaba cambiando, siguiendo el impulso del fenómeno que Marx había detectado en la transformación fetichista de la mercancía. El halo imaginario que envolvía las mercancías y las hacía deseables más allá de su valor de uso, de su utilidad intrínseca, empezaba a impregnar también al resto de la realidad y la seguiría impregnando de ahí en adelante.

La ciencia-ficción, que nacía entonces como género literario moderno dispuesto a asimilar la imaginación utópica para reconvertirla, se acogía a esta idea de sueño del futuro, reuniendo, por lo tanto, en su ontología la idea de anticipación —en el sentido de una pre-visión del futuro que se convertiría más tarde en un futuro que llega antes de tiempo— y la forma del sueño como proyecto de la imaginación. Se trataba de soñar, aunque científicamente, con el futuro. Pero, de esta manera, se inauguraba una nueva vía para la especulación que Benjamin asimiló para poder interpretar precisamente la era en la que esas transformaciones habían germinado.

Ya había anunciado Marx que la reconversión imaginaria de las mercancías implica la creación de fantasmagorías. Estas debemos entenderlas no tanto como sueños hechos realidad, sino como realidades hechas sueño. El cine debe concebirse, pues, entre otras muchas cosas, como una fantasmagoría que asimilaba lo fantasmagórico de la fotografía y lo ponía en movimiento, lo revivía oníricamente. Al cine se llega recorriendo un camino plagado de dispositivos que apelan directamente a lo fantasmagórico como espectáculo. Laura Llevadot nos recuerda que «La protohistoria del cine (los panoramas, dioramas, fantoscopios, cineoramas, y hasta los mismísimos pasajes en los que los parisinos se paseaban ante los escaparates como si de un acuario se tratara) es conceptualizada por Benjamin en esta última obra como fantasmagoría» (*ibid.*: 107). Según Susan Buck-Morss, Benjamín había sabido detectar una transformación trascendental de la realidad que Marx solo había intuido y que el marxismo ignoró claramente, a saber que «bajo las condiciones del capitalismo, la industrialización había producido un re-encantamiento del mundo social» (1995: 279).

Si el cine creaba nuevas fantasmagorías al tiempo que reproducía las existentes, la ciencia-ficción las proyectaba hacia el futuro, soñando efectivamente, por lo tanto, con ese futuro. Pero a la vez inauguraba una nueva forma de pensamiento que tenía con el cine muchas correspondencias. En ambos casos, se detectaba el primado de la imaginación en la concepción de lo real, el hecho de que, el capitalismo estaba invirtiendo los ejes que relacionaban lo real y lo imaginario.

Divinas invasiones

El personaje-idea que constituye el eje de la obra: UIQ, una entidad del Universo Infra-Quark, mantiene sin duda muchas analogías con VALIS o *Vast Active Living Intelligence System* (Vasto Sistema de Inteligencia Viva Activa), la entidad que aparece en la novela de Philip K. Dick del mismo título. En ambos casos, la ciencia y la metafísica se mezclan catastróficamente. Digo catastróficamente en el sentido que le da al concepto el matemático René Thom: «el punto crítico en donde aparece la bifurcación de un sistema en forma de discontinuidad».[4] La descripción que hace Guattari de su creación y la que efectúa Dick de la suya son complementarias. Para el autor francés, UIQ es «Una subjetividad maquínica, híperinteligente y sin embargo irremediablemente infantil, regresiva, que se encarna en una entidad bautizada UIQ (Universo Infra-Quark) sin delimitación fija ni afectación personológica constante, ni opción sexual determinada. La intrusión de esta dimensión inconsciente "maquínica" en la subjetividad ordinaria traerá considerables alteraciones» (Guattari, 2016: 56). Por su parte el escritor californiano describe así su ente: «Perturbación del campo de la realidad por el que se forma un vórtice negentrópico autocontrolado y espontáneo que tiende progresivamente a subsumir e incorporar su propio ambiente como estructuras de información. Se caracteriza por contar con una cuasiconciencia, finalidad, inteligencia, desarrollo y coherencia armilar» (Dick, 2020: 7).

Dick, al calificar de armilar al ser extraterrestre, que en su novela adquiere un carácter divino, de una divinidad cósmica, hace referencia a la esfera armilar, un modelo reducido del cosmos desde la perspectiva terrestre muy utilizado en la antigüedad para representar las posiciones de los planetas con respecto a la Tierra. Se trata de una esfera formada por diversas armillas o piezas circulares móviles que se articulan entre sí. Es un cosmos cosificado y mecanizado a partir de la perspectiva terrestre, es decir, en base a una subjetividad humana total. Puede parecer que

4. Miquel Lacasta, "Teoría de las catástrofes", axonométrica, 17 de febrero de 2014 (https://axonometrica.blog/2014/02/17/teoria-de-las-catastrofes/).

es una visión precopernicana, pero en realidad se sitúa más allá del ciclo de humillaciones al narcisismo humano iniciado por Copérnico, continuado por Darwin y culminado por Freud, según planteaba el mismo Freud en las páginas de *Una dificultad del psicoanálisis*. El proceso que se había iniciado en el cosmos y continuado en la biología acababa en la psicología, es decir, en el propio individuo, en cuyo interior se resumían todas las fases del acontecimiento. El ser humano, al dejar de ser el centro del universo, no había hecho más que internalizar ese universo. El momento de máxima objetividad se transformaba en un momento de extrema subjetividad. A partir de este punto, el pensamiento humano en todas sus facetas se esfuerza por comprender el funcionamiento de esta ontología que es a la vez interna y externa, objetiva y subjetiva. La física cuántica es quizá el ejemplo más claro de este proceso de *introyección* puesto que, cuando examina el mundo material, está observando también el mundo subjetivo. Según la interpretación que, a partir de las ideas de Niels Bohr, efectúa Karen Barad de lo que denomina enfoque realista agencial de las prácticas tecnocientíficas, «el "conocedor" no se encuentra en una posición de externalidad absoluta respecto del mundo natural que está conociendo —no existe tal punto exterior de observación. La exterioridad absoluta no sería por tanto la condición de posibilidad de la objetividad, sino la separabilidad agencial; la exterioridad en el interior de los fenómenos (...). La epistemología debe tomar en cuenta el hecho de que somos una parte de aquella naturaleza que intentamos comprender» (Barad, 2023: 102). Habría que añadir que somos parte de una naturaleza que, a su vez, forma parte de nosotros. Barad hace una interpretación de lo cuántico cuando el proceso de reconfiguración ontológica de lo que podríamos denominar el *ser* está ya muy avanzado, es decir, en un momento en que las ideas de Guattari están sido socialmente asumidas, precisamente porque el imaginario social está ahora preparado para ello. Hemos escarbado tanto en el subsuelo de nuestra realidad psico-natural que no es de extrañar que algunos autores hayan ideado, desde la ficción, la posibilidad de encontrar una pseudo-conciencia en los infinitamente pequeño o lo infinitamente grande, sobre todo teniendo en cuenta que, a nivel atómico, estas distinciones espaciales son tan irrelevantes como las temporales en el inconsciente.

Al referirse a una coherencia armilar, Dick parece estar indicando que VALIS está formado por un conjunto de elementos que se coordinan entre sí y en cuyo interior se encuentra la Tierra, un centro que es a la vez causa y efecto de la divinidad maquínica que lo envuelve. Es causa porque la coherencia del conjunto depende de ese punto de vista terrestre, y es efecto porque su existencia depende del juego de coordenadas que surgen de los constantes movimientos que articulan el ente armilar. Podría pensarse, pues, que son estos movimientos cósmicos cuya entidad solo tiene sentido contemplados desde el centro terráqueo los que provocan la citada perturbación del campo de la realidad. Según la tradición hermética, recogida después por numerosos filósofos, «Dios es una esfera inteligible, cuyo centro está en todas partes y la circunferencia en ninguna», de lo que se deduce que la divinidad puede manifestarse en cualquier punto, puesto que ese punto depende de la ignota circunferencia, es el centro actual de una inmensidad virtual. En consonancia con esta idea está el Aleph, esa creación de Borges, un punto situado en cualquier parte desde el que se puede contemplar todo el universo. El escritor argentino Michel Nieva, analizando lo que según él es una de las características más importantes de la literatura argentina con el que está conectado Borges, a saber, «el de la tecnología como frontera, punto de fricción y cruce», describe así la creación borgiana: «el Aleph es un aparatito que desvela que la reunión del todo, sueño de la civilizada Ilustración, solo puede hacerse en un punto de caos, que a su vez se incluye a sí mismo en una interminable regresión al infinito» (Nieva, 2024: 25).

Si Guattari hubiera decidido esbozar una explicación teórica sobre la esencia de UIQ —una teoría-ficción o una teoría especulativa— hubiera podido apoyarse perfectamente en la descripción que Dick hace de VALIS. De todas formas, no es descabellado pensar que Guattari halló en la obra de Dick la inspiración para su drama cósmico, teniendo en cuenta que si había un país del mundo donde la obra del escritor californiano era conocida cuando apareció su novela a principios de los años ochenta, este país era Francia. Durante la década anterior, Dick se había convertido allí, y prácticamente solo allí, en un escritor de culto. En cualquier caso, sabemos que Guattari no solo conocía *Blade Runner* (1982), la adaptación que hizo Ridley Scott de la novela de Dick, *Do Androids Dream of Electric Ships* (*Sueñan los androides con ovejas eléctricas?* 1968), sino que la había visto innumerables veces. En una entrevista para *Cahier du Cinéma*, afirmó que le daba la impresión de que el film tenía que ver con la psicosis, lo relacionaba directamente con *Eraserhead*

(1977) de David Lynch *y Las manos en los bolsillos* (*I pugni in tasca*, 1965) de Marco Bellocchio, a los que consideraba las películas más importantes que se habían realizado sobre la psicosis (Thompson and Maglioni, *op. cit.*: 78).

Si uno se introduce con cierta intención en la vida y la obra de Philip K. Dick, se descubre en ellas una serie de circunstancias que, debidamente interpretadas, plantean un panorama ontológico muy similar a aquel del que surge no solo el proyecto fílmico de Guattari, sino también el resto de su obra. Entre uno y otro mundo se produce una cierta resonancia, más que nada porque en ambos se plantea una cierta disolución de la solidez de lo real.

Durante veinte años, la producción literaria de Philip K. Dick fue apabullante. Hasta treinta novelas y varias decenas de cuentos publicó entre 1957 y 1977. Y luego, de pronto, el silencio. Cuatro años tuvieron que pasar para que apareciera un nuevo libro del escritor. Este fue VALIS, publicado en 1981, un año antes de su muerte y justo a las puertas de una merecida fama mundial a tenor de la primera adaptación de una de sus tantas novelas al cine, la mencionada *Blade Runner*. Recordemos las fechas porque son significativas. Hasta entonces, Philip K. Dick había tratado la realidad como si fuera el inconsciente materializado, y sus personajes parecían dotados de la extraordinaria capacidad de adaptarse a ese paisaje sin mayores problemas. En VALIS se iniciaba, por el contrario, la crónica de una revelación, de una toma de consciencia que no se había considerado necesaria hasta entonces. Lo curioso, y significativo, es que mientras los personajes del resto de novelas de Dick no hacían sino vivir normalmente en una realidad enloquecida, los de esta última estaban realmente locos. He aquí que a la desalienación, al verdadero iluminismo, al nuevo siglo de las luces, se accedía a través de la locura. Una locura literaria, y ahí está lo trascendental, que se engarzaba dialécticamente con la biografía del propio escritor para trazar los rasgos de un drama que era de carácter universal y absoluto.

Cuenta Philip K. Dick que, a lo largo de la década de los años sesenta y hasta entrados en los setenta, recibió diversas visitas de agentes del FBI interesados especialmente por las actividades políticas de la mujer con la que estaba casado o, posteriormente, por su propia conducta. En cierta ocasión, incluso alguien entró en su casa y desordenó sus pertenencias en busca de quién sabe qué documentos. Dick atribuyó esta visita a los agentes gubernamentales. Si hasta mediados de los años setenta eran las fuerzas ocultas del sistema político las que efectuaban intempestivas visitas a Philip K. Dick, en 1981 fue una inteligencia universal (VALIS, *Vast Active Intelligence System*) la que se puso en contacto con su contrapartida literaria, Horselover Fat, personaje principal de su novela. Pero esto no hubiera pasado de ser una de las tantas elucubraciones fantásticas de un escritor volcado en las fantasías, si no fuera porque las peripecias novelísticas de Horselove Fat, así como las revelaciones cósmicas que se reseñan en la misma, corresponden, prácticamente al pie de la letra, a lo experimentado por el propio Dick a partir de 1974, un suceso que le llevó a escribir más de ocho mil desordenados folios, englobados bajo el título general de *Exegesis* y que permanecieron inéditos durante varios años.

Cierto de día de febrero de 1974, cuando el escritor abrió la puerta de su casa para recibir unos analgésicos que había solicitado a una farmacia, se encontró frente a una muchacha que llevaba un collar del que pendía la figura de un pez dorado:

> En aquel instante, mientras contemplaba fijamente el deslumbrador signo del pez y oía su voz, experimenté de repente lo que más tarde supe que se denominaba anamnesis –un palabra griega que significa literalmente "pérdida del olvido". Recordé quién era y dónde estaba. En un instante, en el tiempo que dura un parpadeo, todo regresó a mi mente. Y no solo pude recordarlo, sino que pude verlo. La chica era un miembro de la antigua secta de los cristianos como yo. Vivíamos con el miedo de ser descubiertos por los romanos. Teníamos que comunicarnos mediante mensajes crípticos. Ella acababa de decirme todo esto y era verdad.

En su momento, la realidad de la Guerra Fría había penetrado, pues, en la narrativa de Dick y en ella se mezclaba con una interpretación ficticia, y en gran medida desquiciada, de la realidad personal. Las posteriores revelaciones y los comentarios críticos sobre las mismas, que pueden considerarse análogas, salvando las distancias, a las confesiones que Strindberg efectuó un siglo antes en diversos libros, llenaron los ocho mil folios citados y alimentaron la ficción de VALIS. Lo curioso es que

VALIS no es una extensión literaria de la paranoia real de Dick, sino que la novela es una reflexión de este sobre su propia locura y la locura del mundo. Lo que la novela expresa es la extraordinaria comunión que se produce entre el imaginario de su país y el del escritor, una construcción filtrada por una novela que actúa como una máquina psicoterapéutica. Esta máquina produce extraordinarias filigranas y así el escritor figura bajo su mismo nombre en el mundo ficticio de la novela y se permite hacer comentarios sobre su alter ego literario, Horselover Fat:

> El término "diario" es mío, no de Fat. Su denominación era "exégesis" , un término teológico que significa un fragmento de texto que explica o interpreta una porción de las escrituras. Fat creía que la información que le estaba siendo disparada y que se introducía progresivamente en su cabeza en olas sucesivas tenía un origen sagrado y por lo tanto tenía que ser contemplada como un tipo de escrituras.

Dick era capaz de contemplarse a sí mismo como un loco, pero tenía que hacerlo a través de la ficción, puesto que en la realidad él estaba tan convencido de la verdad de los acontecimientos como lo estaba Horselover Fat en la novela, o por lo menos tan desconcertado como este por ellos. En todo caso, el desconcierto no inmoviliza a ninguno de los dos, ni a la persona real ni al personaje ficticio, sino que se convierte en el motor de una indagación.

En una novela escrita con anterioridad a VALIS pero publicada más tarde, Dick intensifica su planteamiento esquizo. *Radio Free Albemuth* (1986), titulada previamente "VALISystem A", es una novela en parte autobiográfica, pero en ella la biografía se mezcla con la ficción, ya que se plantea en unos Estados Unidos distópicos que están gobernados por un presidente corrupto, mezcla del senador Joseph McCarthy y Richard Nixon, y que, desde nuestra perspectiva, podría considerarse un antecedente de Donald Trump. En la narración, el autor (Philip K. Dick) se escinde en dos personalidades: el narrador de los acontecimientos, que se muestra como personaje del libro y otro personaje (Nicholas), cuyas peripecias expone el narrador, con la particularidad de que estos sucesos corresponden, la gran mayoría de ellos, a la biografía real del autor (Dick). A esta barroca configuración, se le puede añadir otra escisión latente y menos llamativa pero no menos cierta. Se trata del hecho de que el narrador, siendo claramente personaje de la novela, está siendo a su vez narrado por una instancia autorial neutra, capaz de contemplar y gestionar, desde fuera de la diegesis, la otra escisión.

R. D. Laing hablaba en su momento, finales de los años cincuenta, un momento no poco significativo, del fenómeno conocido como *the unbodied self* (el yo descorporeizado): «el cuerpo es experimentado más como un objeto entre otros objetos del mundo que como el núcleo de la propia individualidad» (1990. 69). En el caso particular de doble personalidad que expresaba Dick en sus narrativas, la disociación no es del todo completa, puesto que, como indica Laing, «el yo descorporeizado, como observador externo de todo lo que el cuerpo hace no se relacionada con nada directamente. Sus funciones provienen de la observación, el control y la crítica bis a bis de lo que el cuerpo experimenta y hace, así como de aquellas operaciones de las que usualmente se habla como puramente "mentales"» (*ibid.*: 69). Puede que Philip K. Dick estuviera en una situación tan claramente paranoica como esta, pero la recreación literaria de los acontecimientos, la capacidad para controlar su personalidad dividida, hasta el punto de ser consciente y efectuar la crítica de su propia condición alucinada, lo convertían en un flamante emblema del porvenir. Su propio diagnóstico es muy esclarecedor: «(experimenté) la invasión de mi mente por una inteligencia trascendentalmente racional, como si hubiera estado loco toda mi vida y hubiera sanado de repente»

No era solamente él quien experimentaba en esos momentos una tal inversión del binomio locura-sanidad, sino que de hecho toda la sociedad occidental, con los Estados Unidos a la cabeza, se ponía en este sentido patas arriba. Por ejemplo, cuando Dick escribía su novela, Margaret Thatcher llevaba ya casi una década como primera ministra y Ronald Reagan ganaría sus primeras elección poco después. El mundo cambiaba de signo y no solo porque triunfaba la economía neoliberal, y los políticos conservadores empezaban a denominarse a sí mismos revolucionarios y se lo creían, sino también porque todo ello se traducía en cambios ontológicos de enorme calado.

Dick, en una de sus novelas más famosas, *Ubik* (1969), no hizo otra cosa que vaticinar ese universo futuro en que el tiempo lineal dejaría de regir los acontecimientos. Una sociedad donde el progreso podía constituir una regresión y viceversa. Según sus propias palabras, construyó un mundo o universo al que le faltaba la fuerza impulsora del tiempo. Y lo cierto es que, en nuestro propio universo, el tiempo progresó aparentemente imparable hasta finales de los setenta y, a partir de ese momento, empezó a regresar. Como en las propias novelas de Dick, en que los objetos experimentan su propia genealogía al revés y, por ejemplo, los modernos aviones acaban convertidos en avionetas de hélice y las monedas cambian de imagen y valor en un claro proceso de deshistorización. Nuestra realidad está regida, pues, por una inversión del tiempo que nada tiene que ver con una lectura ideológica de la historia que podría fácilmente invertirse si cambiáramos de perspectiva política. Nadie, ni los nuevos protagonistas de la historia, pueden negar que la agenda de los últimos decenios ha estado presidida por el desmantelamiento del edificio social construido anteriormente: el neoliberalismo desmantela el estado del bienestar y, con ello, recompone todo el edificio ético. Gran parte de la verborrea conservadora contemporánea se basa en conceptos arrebatados al progresismo de los años sesenta para vaciarlos de contenido y hacerlos significar en la dirección contraria a la que estaban destinados. ¿No estamos acostumbrados ya a que a cualquier acto de regresión social se lo califique, a diestro y siniestro, de modernización?

He mencionado antes a Strindberg, cuya biografía es también una mezcla de locura y racionalidad, quizá el signo más destacable de la paranoia. Strindberg experimentó también dramáticas transformaciones personales en tiempos finiseculares como Dick, aunque este no llegó a traspasar la frontera de un nuevo siglo. No es que los cambios de siglo, ligados a la convencionalidad del calendario, tengan por sí mismos la fuerza para cambiar acontecimientos personales o sociales. Pero no hay que descartar el hecho de que ciertas efemérides consideradas trascendentales, aunque surjan de la convención de los calendarios, acaben acumulando un potencial simbólico tan intenso que sea capaz de alterar las mentes y las conductas. Surgen entonces personajes que actúan como sismógrafos capaces de captar la ondas de estas alteraciones que empiezan por ser subterráneas y acaban saliendo a la superficie en parte por medio de las producciones de esos individuos especialmente sensibles. ¿Era Guattari uno de esos especímenes?

Strindberg experimentó en su propio ser la disolución del positivismo. Según Jaspers, su carácter puede considerarse histérico, pero esta histeria de base, no completamente patológica, no permite predecir su enfermedad futura (1977: 12). Admite que, si bien algunos psiquiatras consideraban que la personalidad del dramaturgo era esencialmente esquizofrénica de nacimiento, para él esta patología no se detecta hasta el posterior desarrollo de su psicosis (*ibid.*: nota al pie). Otras consideraciones aparte, lo que observamos en Strindberg es la puesta en escena de una transición social entre la histeria positivista y la esquizofrenia modernista. Pero si examinamos atentamente la biografía del dramaturgo, observaremos que de adelanta ostensiblemente a su tiempo, ya que su carácter último anuncia lo que será en el futuro una paranoia posmodernista.[5] El mismo Jaspers intuye en su estudio sobre las personalidades esquizofrénicas de Strindberg y Van Gogh que existen formas históricas de las enfermedades mentales, puesto que, como él dice en un apartado titulado "Esquizofrenia y civilización moderna", «es un hecho evidente que un gran número de personas contemporáneas intelectualmente relevantes que se han convertido en esquizofrénicas nos han impresionado con las obras producidas durante su enfermedad» (*ibid.*: 200). Admite que siempre ha habido esquizofrénicos, aunque quizá no han sido detectados en un número tan elevado y desde luego tan selecto como en el momento en que escribe el libro en 1922, es decir, en pleno desarrollo de la era moderna. Cinco décadas más tarde, Guattari establecerá junto con Deleuze una estrecha relación entre el capitalismo y la esquizofrenia en el *Anti Edipo*, corroborando así esa tendencia que, en ese momento, se halla, de todas formas, en sus postrimerías como ultimada está siendo la modernidad.

Existe una diferencia caracterológica entre Guattari y Deleuze que puede explicar de alguna manera las características de la colaboración intelectual entre ambos. Así como Deleuze demostraba tener un carácter flemático, Guattari manifestaba la efervescencia de un esquizofrénico, lo cual no quiere decir que haya padecido necesariamente esta patología. Guattari era el descubridor de nuevas categorías y nuevas formas de la realidad, mientras que Deleuze se encargaba de sistematizarlas en el contexto de una filosofía que, si en el seno de su colaboración, no era

5. Para la relación entre psicopatologías y formas sociales, ver Josep M. Catala, *La gran espiral. Capitalismo y paranoia* (2016). Victoria-Gazteiz: Sans Soleil ediciones.

más académica, se debía a la influencia inquieta de Guattari. No sabemos si las depresiones que atormentaron a este estaban provocadas por una tendencia esquizofrénica, como había ocurrido en el caso de otras personalidades creativas, tal como indica Jaspers. Pero en cualquier caso esa extrema sensibilidad lo convertía en un perfecto sismógrafo para detectar en su propio cuerpo el tránsito de las corrientes sociales profundas, que, si en la época de Strindberg y Van Gogh, transcurrían de la histeria a la esquizofrenia, en la frontera entre la modernidad y la posmodernidad en la que estaba instalado Guattari, iban de la esquizofrenia a la paranoia. En este sentido, el caso de Philip K. Dick es altamente paradigmático, puesto que tanto él como su obra mostraban una potente hibridación de estas dos patologías.

Debemos distinguir, como hacía tentativamente Jaspers, entre aquellos individuos sumidos en la enfermedad y aquellos otros en los que la enfermedad, sea o no grave, les sirve de plataforma para su creatividad. En este sentido, estos individuos son capaces de situarse por encima de la patología, no necesariamente para superarla, pero sí para comprenderla. Esto hace que estas personalidades, que habitualmente presentan una tendencia a la melancolía, sean especialmente sensibles a los cambios de época, cuando su vida se halla situadas en los umbrales del cambio. Tenemos un contraejemplo en el caso del compositor francés Jacques Besse, que estuvo internado en *La Borde* y fue paciente de Guattari, quien le animó a publicar sus experiencias. Según escribe Marco Roth en un artículo aparecido en el New York Times, con motivo de la publicación del libro de Besse al inglés, fueron las experiencias del compositor las que inspiraron el *Anti Edipo*.[6] La conducta de Besse podía calificarse como una *deriva* situacionista a través de las calles de París:

> A media mañana del lunes de Pascua de 1960, el compositor francés Jacques Besse, de treinta y nueve años, recientemente sin hogar y en gran medida sin un céntimo, se

6. Marco Roth, "The Hallucinatory Walk Through Paris that Inspired Deleuze and Guattari", New York Times, 16 de febrero de 2023 (https://www.newyorker.com/books/page-turner/the-hallucinatory-walk-through-paris-that-inspired-deleuze-and-guattari).

> sumerge el tráfico de la concurrida intersección conocida como Carrefour de l'Odéon, enclavada en el VI Distrito de París. Lejos de intentar suicidarse, Besse, según afirma él mismo, responde simplemente a la "incipiente musicalidad" de todos los motores unidos a las pisadas de los peatones (...). Transportado, tanto en sentido figurado como literal, Besse se desliza entre el tráfico que se aproxima. El mundo se convierte en una danza armoniosa.[7]

No es del todo desdeñable la posibilidad de que la percepción musical del bullicio de una gran ciudad experimentada y luego narrada por Besse en su libro fuera una de las influencias que recibió directamente Guattari y que luego trasladaría a la colaboración con Deleuze para escribir el *Anti Edipo,* donde se celebra efectivamente esa narración: «En un libro maravilloso de Jacques Besse encontramos el doble paseo del esquizo, el viaje exterior geográfico siguiendo distancias indescomponibles, el viaje histórico interior siguiendo intensidades envolventes» (1985: 93). Pero lo que en este punto nos parece más destacable es algo que indica el citado articulista al describir las experiencias del compositor: «A veces, Besse puede tener los pies en la tierra, ser paranoico, grandioso, interdimensionalmente lírico, divertido y aparentemente irónico en el espacio de un solo encuentro».[8] Como gran parte de los esquizofrénicos, Besse actúa la enfermedad con su cuerpo, en una exteriorización de sus tensiones *internas* en forma de alucinaciones y conductas alucinatorias. Pero no es capaz de asumir su estado y dominarlo productivamente, como lo hicieron Strindberg, Van Gogh, Dick o el mismo Guattari, entre otros. Más que transcurrir por el cuerpo de Besse, las tensiones de la época arrastran su cuerpo y lo sumergen en la sinfonía de fuerzas que él mismo detecta en una realidad que lo envuelve con una atmósfera de formas musicales o rítmicas. Y entonces se convierte en una parte integrante de ese flujo. Su cuerpo detecta, como el de los demás, las vibraciones de la historia, pero no las reconvierte en alimento para la imaginación. No se muestra capaz de imaginar un mundo post-alucina-

7. *Ibid.*
8. *Ibid.*

torio que responda a la entidad de las corrientes subterráneas que detecta inconscientemente. El libro de Besse *La Grande Pâque* (La gran Pascua) es, por supuesto, un acto creativo, pero no está separado de la creatividad que supone su desquiciado deambular por la ciudad. Se limita a estar loco, pero su locura se muestra simplemente como una estética que puede ser narrada sin salirse de sus límites.

Es cierto, como afirman Deleuze y Guattari con una frase que figura también en la portada de la edición inglesa del libro de Besse, que «el paseo del esquizofrénico es un modelo mejor que el neurótico acostado en el diván» (1985: 11). Pero no todo termina en un posible deambular sin rumbo fijo. A ellos les debemos una profunda subversión de las relaciones entre normalidad y patología, según la cual lo patológico puede acabar siendo normal en cierto sentido. Porque la normalidad tiene sentidos diversos que van de lo más particular a lo más general. Pero, para comprender la envergadura de esta transformación, la normalidad no puede considerarse como un punto estático con respecto al cual el sujeto puede encontrarse más cerca o más lejos. La normalidad es dinámica, entre otras razones, porque está transitada por las patologías a las que en parte normaliza. Es por ello que podemos pensar que las diferentes épocas pueden estar representadas o alegorizadas por una determinada patología. Esto sucede por dos razones, principalmente. Porque las prácticas sociales, su funcionamiento estructural o maquínico, se adecúa más a las características de una patología que a otras, las cuales siguen estando socialmente presentes pero no tienen esa capacidad para ensamblarse tan directamente con los flujos de que caracterizan la realidad que las contiene. Y también porque la subjetividad de la época está principalmente vehiculada por estructuras y prácticas sociales cuya forma es equivalente a la de esa patología que mejor las representa. Sociedad y sujeto se reúnen pues en un núcleo patológico envuelto por una aparente normalidad. De todo ello se deriva una importante consecuencia que tiene que ver con esa diversa relación entre lo normal y lo patológico que Deleuze y Guattari ponen de manifiesto. Se trata del hecho de que, tanto a nivel social como a nivel del sujeto, una patología puede ser alienante o fuente de emancipación. Pero no a la vez, sino circunstancialmente. En el *Anti Edipo*, los citados autores proponen que, en un sociedad capitalista eminentemente esquizofrénica, la solución se encuentra en un incremento de la pulsión esquizofrénica, de la misma forma que, actualmente, en un capitalismo paranoico como el actual, el antídoto se encontraría en el propio potencial de la paranoia.[9] Pero el esquizoanálisis nos informa de que, puesto que el sujeto está formado por máquinas deseantes capaces de territorializar y desterritorializar los flujos del capital, existe la posibilidad de tomar el mando de esta maquinaria y reconducir los flujos en otras direcciones de las establecidas por los códigos del capital. Si como indican Deleuze y Guattari, «lo que precisamente define a las máquinas deseantes es su poder de conexión hasta el infinito, en todos los sentidos y en todas las direcciones» (1985: 399), entonces las posibilidades de reconversión positiva, siguiendo las líneas de fuga del deseo, de una determinada catexia patológica son también infinitas. Y, puesto que las máquinas deseantes van en todas direcciones, tanto pueden arrastrar al sujeto hacia el interior de la maquinaria capitalista y dejar que reproduzca como una marioneta su desquiciado funcionamiento a todos los niveles, el normal y el patológico. O bien, servir de impulso para una iluminación que le permita hacer suyas las máquinas deseantes que el propio capitalismo pone a su disposición.

Capitalismo y conciencia

Ninguna era anterior de ninguna de las civilizaciones y culturas que forman la historia de la humanidad había sido tan consciente de sí misma como la actual era del capitalismo. Ninguna había producido una cantidad tan ingente de reflexiones sobre sí misma ni había sido capaz de criticarse con tanto empeño. En realidad, se puede decir que ninguna de ellas había tenido una verdadera conciencia de su propio existir. Es una particularidad de la era capitalista, más allá de cómo la expresen sus distintas fases culturales, esta percepción del presente como historia per-

9. Deleuze y Guattari tienen una concepción distinta de la paranoia. Para ellos, la paranoia pertenece a un régimen despótico, anterior al capitalismo. Pero, desde nuestra perspectiva actual, parece obvio que la forma dominante en el capitalismo es la paranoia, lo cual nos obliga a recomponer las propuestas del *Anti Edipo*, aunque sin alterar los presupuestos básicos.

fectamente delimitada por un espacio material y conceptual concreto. Solo el capitalismo ha sido capaz de ser autoconsciente.

Cuando Heidegger señaló la aparición de la época de la imagen del mundo se refería a un aspecto de este fenómeno de autoconsciencia histórica: «"Imagen" no significa aquí un calco, sino (...) "estar al tanto de algo". Esto quiere decir que la propia cosa se aparece ante nosotros precisamente tal como está ella respecto a nosotros. Hacerse con una imagen de algo significa situar a lo ente mismo ante sí para ver qué ocurre con él y mantenerlo siempre ante sí en esa posición» (Heidegger, 1995:88). Desde la perspectiva de Heidegger y su filosofía este advenimiento era considerado negativamente, pero no se puede obviar su trascendencia ni su alcance, que repercuten incluso en el propio pensamiento del filósofo alemán, quien al ofrecer una alternativa incluye a esta en el propio ámbito al que pretendidamente se contrapone. La disyuntiva queda clara tal como la expone William J. Richardson en su estudio sobre el pensamiento del filósofo alemán: «Un ser no es, pues, un ser en la medida en que el hombre lo percibe, es decir, tiene una presentación de ello en el sentido de una *perceptio* (Descartes). En ese caso, el hombre tendría la iniciativa. La iniciativa pertenece a los seres (las cosas) (...). Por eso es más exacto decir que el hombre es percibido por los seres (las cosas)» (2003: 419). No cabe dudar de la repercusión que este planteamiento ha tenido en los actuales seguidores de la corriente filosófica de la Ontología Orientada al Objeto, para quienes el mundo entendido como una totalidad de objetos posee una entidad propia, al margen de la percepción humana. Ello es el resultado último de tomar conciencia de la época, de entenderla como imagen total cuyos elementos existen por sí mismos.

Posicionarse en el mundo siendo tan conscientes de él que incluso se contempla la posibilidad de modificarlo implica el nacimiento de una mentalidad nueva. Se piensa en modificarlo o *repararlo* tanto en el sentido que le daba Marx a la acción cuando decía que la filosofía debía dejar de interpretar el mundo para pasar a transformarlo, como también con la idea de recomponer su comprensión, algo que va más allá del simple acto de interpretar. Mientras que la interpretación pretende comprender el significado sin modificar el origen de este, de lo que se trata es de transformar el mundo a través de la modificación constante de la idea que se tiene de él como antesala de una posible modificación de sus estructuras fundamentales. Pero, al margen de esta hibridación del pensamiento y la política que promociona la conciencia histórica del presente, me interesa destacar principalmente la mentalidad que acoge la operación.

Las mentalidades no son estáticas, sino fluidas. Las crean los flujos que circulan a través de circuitos formados por las relaciones que mantienen la subjetividad y el imaginario de la época, ambas entidades compuestas también por la conjunción de flujos particulares. Para Castoriadis, el imaginario «es creación incesante y esencialmente *indeterminada* (histórica-social y psíquica) de figuras/formas/imágenes, a partir de las cuales solo puede tratarse de "alguna cosa". Lo que llamamos "realidad" y "racionalidad" son obras de ello» (2013: 12).

Conforme la era capitalista se examina a sí misma, tanto positiva como negativamente, la materialidad de la época se hace cada vez más tenue, puesto que se va convirtiendo en imagen. Pero no en representación, sino en forma imaginaria de sí misma. La conciencia posthistórica, que comporta la conversión del presente en historia, implica una sensación de fin de la historia, una conversión del tiempo en espacio por la que en el tiempo, en lugar de modificar el espacio, se ve modificado por este. Es por ello que todo lo sólido se licúa —algo equivalente a su desvanecimiento en el aire que anunciaban Marx y Engels—, ya que el tiempo, incrustado en el espacio del que está prisionero, descompone la solidez de este. No de otra manera debe entenderse la idea de Deleuze de que el cine de la modernidad producía una imagen directa del tiempo en contraposición a su imagen indirecta correspondiente al período anterior correspondiente a la imagen-movimiento. El cine de la imagen-movimiento pretendía plasmar el avance del tiempo histórico a través de distintas fases del espacio, lo que producía una visión mecanicista del proceso. La imagen directa del tiempo, la imagen-tiempo, por el contrario, implica la visión de un tiempo espacializado, algo que el cine posclásico y posmoderno plasma perfectamente. Deleuze lo interpreta de otra manera porque, sin quererlo, se proyecta sobre sus ideas la alargada sombra del pensamiento de Heidegger. Pero, si nos distanciamos lo suficiente de esta repercusión, nos damos cuenta de que, en realidad, la imagen directa del tiempo es la del tiempo espacializado que, desde un siglo antes, está diluyendo la solidez de la materia y, con ella, la de todo positivismo.

No en vano se refiere Didi-Huberman al tiempo de los fantasmas en el título de su impresionante estudio sobre Aby Warburg. ¿Cuándo se inicia este tiempo de los fantasmas que se prolongará lo suficiente como para que Derrida hable en su momento de una posible ciencia de los espectros, de una *hauntología* que le permitiría luego a Mark Fisher referirse a los fantasma de su vida en un libro que trata sobre depresión, *hauntología* y futuros perdidos? (Fisher, 2018). Si es necesario precisar un comienzo, algo siempre problemático, este se inscribiría en el momento en que, en el seno del capitalismo, se genera el fetichismo de la mercancía, cuando esta empieza a convertirse en una fantasmagoría por la que su valor de uso y su valor de cambio se ven desplazados para que ocupe su lugar una configuración imaginaria. Esta descomposición de la solidez de los productos industriales —en todos los sentidos— que produce entidades fantasmagóricas no solo es un fenómeno en sí, sino que constituye también un síntoma de un proceso generalizado que caracteriza el advenimiento de una nueva fase del capitalismo. El correlato más inmediato del fenómeno que Marx pone de manifiesto en el célebre capítulo de *El capital* sobre la mercancía es el hecho de que, en el mercado, las marcas empiezan a sustituir a los productos, lo que pronto dará lugar a la concreción de aquellas a través del logo y el diseño en el que se plasmará visualmente la esencia de la fantasmagoría que envuelve a cada producto, es decir, su conversión en algo imaginario. La intensidad de estas transformaciones que también son sintomáticas de procesos más generalizados y profundos no dejará de ir en aumento, acelerándose a partir de la segunda mitad del siglo XX y llegando a su paroxismo en la actualidad.

Primero la fotografía y luego sobre todo el cine serán las primeras expresiones directas de este tiempo de los fantasmas, de la disolución de la solidez de la realidad. Son medios que expresan formalmente la nueva textura de la realidad. Pero le precede la aparición en la sociedad de una serie de productos de consumo que no vienen a cubrir necesidades específicas, sino que están destinados a vehicular el deseo de los consumidores: «Tales productos, como las máquinas de coser, cámaras fotográficas, gramófonos, automóviles, electrodomésticos, aparatos de radio y luego de televisión (...) necesitaban definitoriamente la marca» (Caro: 123). La marca es el emblema de la significación imaginaria que envuelve al producto y sitúa por tanto al producto en el seno del nuevo onirismo social que se está creando. El imaginario social, intensamente transitado por lo inconsciente y estructurado como un sueño, empieza a moldear la realidad, a partir de la segunda mitad del siglo XIX. Esos artefactos que comienzan a inundar el paisaje social son los principales catalizadores de las nuevas funciones del capital que, según Guattari, «es un operador semiótico que "capta a los individuos desde el interior"» (Genosko, 2012: 149). Al interior de los individuos, el capitalismo no llega directamente, sino a través de elementos que tienen una parte en la realidad objetiva y otra en la imaginaria. Esta característica que adquieren primero los objetos de consumo acaba proyectándose sobre toda la realidad.

Se empieza a gestar, en el seno de la realidad social íntimamente relacionada con la realidad mental, una escisión entre lo imaginario real y lo real imaginario que fundamentará el carácter esencialmente esquizo de las sociedades modernas. En este punto, la mente occidental recompone sus relaciones entre lo imaginario y lo real. No se trata de afirmar absurdamente que antes no existieran las demarcaciones relativas a la imaginación o a lo inconsciente, por un lado, y a la realidad por el otro, ni que ambas no se afectaran mutuamente. Durante la Edad Media y en muchos ámbitos culturales de la Antigüedad, lo imaginario y lo real se habían amalgamado ya de manera parecida a cómo lo hacían en los albores de la modernidad contemporánea. Pero, generalmente, a partir de la Edad Moderna —el Renacimiento, para ser más concretos—, la imaginación se manifestaba en la esfera de lo real a través del arte y la literatura. Don Quijote puede confundir los molinos con gigantes, pero el autor del libro, no. El caso es que, a partir de finales del siglo XIX, la imaginación empieza a moldear los trazos de la propia realidad, aparecen los perfiles de una realidad imaginaria convertidos en sustento de lo real. Son los inicios de lo que Lipovetsky y Serroy denominan la estetización del mundo, pertenecientes a un peculiar capitalismo artista, pero con la importante diferencia de que el acontecimiento que trato de definir no se refiere solo a una cuestión estética, sino que incumbe sobre todo a la imaginación en general, por lo que no afecta únicamente al aspecto o la piel de la realidad, a la que añadiría un nuevo ropaje, sino que advierte sobre transformaciones mucho más profundas que afectan por un igual a la mente y a la realidad, a sus estructuras fundamentales de las que la estetización actual sería una de sus últimas consecuencias. Según los citados autores, «por todas partes, lo real se construye como una imagen, integrando una dimensión estético-emocional que resulta básica para la competencia que se establece entre las marcas» (2013: 12). Dos cuestiones destacan como esenciales en este proceso, tal y como lo describen Lipovetsky y Serroy: la de la imagen y la de las marcas. Estas últimas se sitúan en el origen del proceso, mientras que la primera es una de sus consecuencias. La aparición de las marcas, que algunos autores señalan como el inicio del semiocapitalismo (Caro, *ibid.*) implica la paulatina invasión de lo imaginario en lo real, preparando a la realidad para ser percibida como una imagen y disponiéndola, por lo tanto, para ser gestionada por las tecnologías de la imaginación, de las cuales la fotografía y el cine serán las primeras manifestaciones.

La teoría tradicional se refiere a la aparición de un capitalismo cognitivo o de un semiocapitalismo. En cualquier caso, se trata de la aparición de una nueva época dentro del propio capitalismo, como un nuevo pliegue en su desarrollo, un pliegue que descubre nuevas dimensiones de lo real.

Si los pliegues son una característica del Barroco, tanto de su filosofía como de su estética, y nuestra época es en gran medida barroca, parece lógico que la fase actual del capitalismo se distinga por sus sucesivos plegamientos o fases. Un pliegue es distinto de un corte, puesto que si este separa drásticamente, si interrumpe una secuencia, aquel distingue por medio de la variación de una trayectoria sin realmente iniciar una nueva vía, sino más bien superponiendo las variaciones y, por lo tanto, obligándolas a reconsiderarse conjuntamente. Es por ello que las distintas fases del capitalismo, entendido como una época, deben concebirse como una serie de plegamientos, puesto que ninguna de esas fases desaparece cuando adviene una nueva, sino que se superpone a las otras, añadiendo complejidad al conjunto. Pero los pliegues del capitalismo no se refieren solo a sus distintas fases, sino también a sus diferentes facetas, puesto que el capitalismo no se resume actualmente a la economía o los modos de producción, sino que tiene que referirse forzosamente a cualquiera de las realidades que conviven su seno en forma de plegamientos.

Antes he hablado de un corte o una escisión que determina el inicio de una nueva fase de la realidad capitalista. Con ello trataba de subrayar la importancia de lo que Stiegler podría denominar la disrupción, el cambio profundo de fase con todo lo que ello comporta, sobre todo en los momentos de transición. Pero no se trata de que la realidad y la imaginación se separen, sino de todo lo contrario. Lo que hacen es confundirse, pero de una manera muy peculiar, puesto que forman un pliegue por medio del que se alteran sus respectivas prevalencias. Si hasta entonces, finales del siglo XIX y durante los anteriores quinientos años, lo real y lo imaginario había permanecido claramente separado a efectos prácticos, lo que empezaba a suceder al borde del tercer milenio, era una alteración del orden por el que hasta entonces se regían los dos ámbitos, un orden según el cual el fundamento se encontraba en la realidad, siendo la imaginación una circunstancia subalterna que no la alteraba de manera esencial. Pero, a finales de siglo XIX, lo imaginario empieza a penetrar en la realidad y la modifica drásticamente, de manera que lo fundamental, en general inadvertido, es lo imaginario, mientras que lo real se convierte en un aspecto subordinado. Es lo insospechado de la situación que hace que permanezca una ilusión de realidad objetiva e independiente, al margen de la invasión imaginaria. Por ello, podemos hablar de una escisión en la mente de esa naciente modernidad, de la condición esquizo de esta, puesto que la sociedad vivirá sumergida en una realidad imaginaria, creyendo que lo hace en una realidad objetiva que no es más que una ilusión, y por lo tanto conservando los hábitos de esta.

La alteración de las polaridades se produce materialmente por la aparición y la agencia de las primeras tecnologías de la imaginación —básicamente, la fotografía y el cine, pero no solo ellas—, así como la incidencia que los nuevos tipos de mercancías, sobre todo aquellos objetos y aparatos que aparecen provistos de un halo imaginario, ejercen sobre el imaginario social. Estos nuevos productos, ya sean objetos o máquinas, tienen la particularidad de ser a la vez agentes y síntomas del cambio. Todo aquello que ha fabricado el ser humano en sociedad ha tenido esta doble capacidad, pero con alguna de las partes amortiguada. Sin embargo, los nuevos procesos industriales no se limitan a insertarse en el tejido social, donde modifican los usos y costumbres para acabar generando otras percepciones de la realidad, sino que inciden también de forma directa en el mente de las personas y en el imaginario social porque apelan a la imaginación, ya sea para su consumo o para sus uso. Una parte de esos artefactos está plantada en lo real, mientras que la otra se inserta en la imaginación, con la importante salvedad de que esas dos partes, en la situación que está naciendo, tienden a invertir sus posiciones, como ya he indicado. Pero el entramado que se forma mediante las relaciones entre el imaginario, lo real y los instrumentos y los objetos, los cuales ocupan el lugar de la simbolización sin anularla completamente, es especialmente enrevesado porque los factores no son estáticos, sino que se hallan en constante movimiento y por lo tanto generan nuevas relaciones que se superpone o se unen a las ya existentes. Lo que distingue, precisamente, al instrumento fotográfico del cinematográfico, y que demuestra un sustantivo *avance* entre uno y otro, es que el primero apela a una imaginación estática, mientras que el otro se acomoda claramente a la nueva ontología en movimiento. En ambos casos se apela a una nueva forma de pensar la realidad, pero es el cinematógrafo el que además suministra un instrumento que se amolda directamente al nuevo pensamiento y, no solo lo acompaña, sino que lo impulsa. Nuevo, pensamiento, nuevo sujeto, nueva realidad: «La subjetivación, en opinión de Guattari, es un concepto político que tiene un carácter maquínico definido por las relaciones involucionadas entre los usuarios y las tecnologías de la información (estas últimas emergiendo en gran variedad y con profunda influencia del filo maquínico que entrelaza cada vez más a humanos y ecologías no humanas) (Genosko, *ibid.*).

La primera manifestación del capitalismo, ocurrida en los siglos XVI y XVII, fue mercantil y se basaba en los procesos de acumulación generados por el comercio y la incipiente actividad financiera. Le siguió la fase del capitalismo industrial «que se basó en la acumulación de capital físico y el papel impulsor que las grandes factorías al estilo de las de Manchester tenían en la producción masiva de productos estandarizados» (Moulier, 2011: 50). Esta segunda fase, cuya actividad en sus inicios está enraizada en la materialidad del mundo real, un siglo más tarde empieza a desplazarse hacia la imaginación, hasta acabar generando un vuelco inédito en las relaciones entre ambas esferas que pone las bases para el siguiente paso que se puede calificar de capitalismo financiero o semiocapitalismo, según se contemplen o no sus aspectos más radicales. Así, Moulier entiende que el capitalismo cognitivo, «se basa en la acumulación del capital inmaterial, la difusión del conocimiento y el papel impulsor de la economía del conocimiento» (*ibid.*). Pero esta perspectiva, no ha abandonado aún el antiguo territorio que configuraban las anteriores fases del capital. La transformación posterior ya no puede calibrarse a partir de esos parámetros, puesto que ocurre en una realidad completamente distinta que ella misma contribuye a formar. Así, Franco Berardi considera que «el semio-capital es capital-flujo que se coagula en artefactos semióticos sin materializarse» (Berardi, 2007: 76). Berardi añade significativamente que «La actividad cognitiva siempre ha estado en la base de la producción humana, incluida la producción de una variedad más mecánica. No hay proceso de trabajo humano que no implique el ejercicio de la inteligencia. Pero ahora la capacidad cognitiva se está convirtiendo en el recurso productivo esencial. En el ámbito del trabajo industrial, la mente se puso a trabajar como un automatismo repetitivo, como soporte fisiológico del movimiento muscular. Hoy la mente actúa como innovación, como lenguaje y como relación comunicativa. La subsunción de la mente bajo el proceso de valorización capitalista conduce a una genuina mutación» (*ibid.*).

Lo onírico, en estas circunstancias, es inevitable como lo es también la proliferación de fantasmas y fantasmagorías que no son más que los residuos de la disolución de las materialidades o la manera en que aparecen las nuevas formas. Es difícil diferenciar así aquello que viene del pasado, lo que pervive fantasmagóricamente de él, de lo que emerge del presente con el rostro indescifrable del futuro. Pero, como es natural, lo cotidiano, por extraño que sea, tiende a naturalizarse, si se repite con insistencia. De esta manera, el paisaje onírico, como forma de la actuación imaginaria sobre lo real, acaba dejando de ser excepcional y se confunde con una realidad sólida y estable que ya no existe, una realidad zombi que simula una vida que ya no tiene.

No es nada casual que *La interpretación de los sueños* de Freud aparezca en el cambio de siglo, ni que cinco años más tarde, 1905, se publique en el *New York Herald* —precisamente un medio masivo— el cómic de Winsor McCay *Little Nemo in Slumberland* ("El pequeño Nemo en el país de los sueños"). Es decir, aparece un producto de la alta cultura, relacionada con la nueva ciencia de la mente que era el psicoanálisis, junto con un producto de la llamada baja cultura o cultura popular que observa desde otra perspectiva, esta plenamente visual, una región onírica que la otra vertiente examinaba desde la lengua. Ambas manifestaciones exploraban, cada cual a su manera pero con muchas coincidencias, el mundo fantasmagórico de los sueños. Y todo ello mientras el cine, estaba abriendo en canal la cultura con un ímpetu no menos onírico. Más de un siglo después, debemos contemplar esas eclosiones como las primeras manifestaciones de un nuevo territorio, que es el que ahora habitamos y cuya exploración no solo no hemos agotado, sino que apenas si empezamos a plantear. Es justo ahora, o prácticamente ahora, que hemos empezado a interesarnos por lo espectral y la fantasmagoría, por una posible ciencia de los fantasmas, o hauntología (o fantología), cuyas bases sentó Derrida en *Los espectros de Marx* y que no dudó en plantear directamente esta posibilidad en el documental *Ghost Dance* de K. McMullen (1983): «El cine es un arte de la fantomaquia... es un arte de dejar que los fantasmas regresen». Luego en una entrevista con Bernard Stiegler matizó esta afirmación, pero no para desmentirla, sino para ampliar su significado:

> De modo que improvisé esta frase: "psicoanálisis más cine igual a ... ciencia de los fantasmas". Evidentemente, no sé si conservaría la palabra ciencia en una reflexión que fuera más allá de la improvisación; puesto que al mismo tiempo, desde el momento en que tenemos que vérnosla con el fantasma, es algo que desborda, si no la cientificidad en general, sí al menos lo que durante mucho tiempo la ajustó a lo real, lo objetivo, lo que no es o no debería ser, precisamente fantasmagórico. Es en nombre de la cientificidad de la ciencia que se conjuran los fantasmas o se condena el oscurantismo, el espiritismo, en suma, todo lo que se refiere a la obsesión y los espectros. Habría mucho que decir sobre este tema (Derrida y Stiegler, 1996: 133).

Lo que regresa ahora como espectro es la realidad que empezó a esfumarse a finales del siglo XIX y principios del XX. Habiendo confundido la imaginación con la realidad, no era posible comprender ninguna de las dos potencia que de esa forma se anulaban mutuamente. La realidad que regresa ahora como espectro nos hace conscientes de la inversión operada entonces, lo que nos permite operar adecuadamente con la nueva realidad mediante una imaginación que ya no ocupa su lugar, sino que se ocupa de ella. Se modifican casi subrepticiamente las polaridades, pero no para regresar a una situación anterior —anterior a la transformación fetichista de la mercancía—, sino para avanzar por la región imaginaria pertrechada con la potencia de la realidad espectral.

El siglo de Guattari

Los orígenes del presente no se encuentran en Grecia como suponen los filósofos y algunos políticos. No existe un único inicio de la historia, de la misma forma que no existe una única historia, una ancho rio por el que, desde una única fuente mítica pero tomada por cierta, va desplazando su caudal en una misma dirección. Los orígenes de las mentalidades que gestionan nuestro inicio de siglo y que se fueron consolidando a lo largo del siglo XX están situadas a finales de la anterior centuria, cuando los procesos industriales y tecnológicos penetraron profundamente en el tejido material e imaginario de la sociedad. Es cierto que hay aspectos de estas mentalidades que obedecen a otros ciclos temporales, anteriores o posteriores a esa magna transformación decimonónica, de la misma manera que existen ahora ámbitos sociales que no están completamente sujetos a ellas y, por consiguiente, tiene un tiempo y una historia propios, pero en gran medida nos movemos por el magma imaginario que se creó entonces, aunque drásticamente consolidado y a la vez transformado.

Cuando Deleuze y Guattari empezaron a colaborar en la escritura del *Anti Edipo*, a finales de los años sesenta del pasado siglo, combinando la tradición más académica pero no por ello menos radical de Deleuze con el incisivo pensamiento psico-social de Guattari, se estaba produciendo un nuevo cambio de época que, lejos de contradecir la precedente, incidía en sus aspectos más fundamentales, aunque los conducía por derroteros que habían sido impensados e impensables. La combinación de esos dos tipos de pensamiento, cada uno de ellos intensamente rupturistas con sus respectivas tradiciones, era un indicio del cambio, a la vez que ponía de manifiesto la textura de la nueva ontología. Proponía también herramientas para pensarla.

A finales del siglo XX, las fantasmagorías del siglo anterior se habían naturalizado hasta tal punto que ya no parecían fantasmagóricas. No por ello había desaparecido lo espectral, como lo atestiguaría una corriente de pensamiento impulsada indirectamente por Derrida, pero esa espectralidad ya no estaba relacionado con el presente, sino que era la manifestación extraña, siniestra, del pasado en ese presente al que sacaba de quicio. Es decir, que en cierta forma lo espectral venía a alterar lo fantasmagórico. Si el cine había sido relacionado en sus inicios con la fantasmagoría, Derrida, un siglo más tarde, lo consideraba espectral. Ya no era eminentemente productor de fantasmas en un momento en que el mundo se poblaba de diversas manifestaciones de ellos, sino que ahora se convertía, para Derrida, en un vehículo del espectro, de lo que regresa de la muerte o de la represión. Se produce un retorno de lo reprimido, cuyo sujeto principal es la propia realidad, una realidad que, en el tiempo de los fantasmas, había sido suplantada por las formas imaginarias. Regresa pero no como había sido antes, sino como espectro. Por ello, no puede ser tratada de la misma forma, mecanicista o ingenuamente empirista, que había servido para analizar la realidad de antes de la transformación imaginaria del XIX, una realidad considerada entonces positiva y transparente y por lo tanto asequible a una mirada sin atributos y a un pensamiento ajeno a la complejidad.

Dice Berardi que en el momento en que Deleuze y Guattari publican el *Anti Edipo*, «los movimientos sociales escaparon a la reducción económica e integraron la dimensión inconsciente en todos los procesos de subjetivación social» (Ob. cit.: 187). No es seguro que los movimientos sociales posteriores hayan seguido integrando esa dimensión inconsciente en sus análisis ni que hayan escapado de la reducción economicista que sigue rigiendo la política y gran parte del pensamiento social contemporáneo. Solo la academia se muestra interesada en el pensamiento de Deleuze y Guattari y, por lo tanto, en tener en cuenta la dimensión inconsciente de lo real. Por dimensión inconsciente no debe entenderse un ámbito recóndito que guarda con lo real una relación de segundo orden, sino todo lo contrario. El inconsciente equivale a lo real en su más pura manifestación, de manera que lo que acontece no puede comprenderse, a menos que se tenga en cuenta aquello que inconscientemente lo constituye. Las formas visibles de lo real no son una manifestación del inconsciente escondido sino la forma propia del inconsciente, de manera que, si no se interpretan de esta manera, lo aparente no se entiende. No se trata de un juego entre las apariencias y la realidad, sino de una inversión operada inconscientemente por la que aquello que es real se interpreta, desde su propia visualidad pero también conceptualmente, de forma errónea. Podemos encontrar una ilustración de este fenómeno en la célebre configuración gestáltica plasmada en una figura que, según como se mire, es un pato o un conejo, de manera que tanto el pato como el conejo forman parte de la figura, sin que ninguno de ellos prevalezca sobre el otro. El poder está interesado en mostrarnos solo una de estas configuraciones y fuerza nuestra mirada y nuestro pensamiento en esa dirección, ocultando la otra, pero sobre todo ocultando el hecho de que la imagen las contiene a ambas. El inconsciente de la imagen no tiene forma de pato ni de conejo, sino que reside en el hecho de que aquella está formada por ambos. Solo que, en la configuración de lo real, no entran en juego solo dos facetas, sino una multitud de ellas que circulan por diversas dimensiones que solo son inconscientes porque no se toma conciencia de ellas.

Esta alegoría gestáltica incluso posee una dimensión histórica y se manifiesta, como es ya bien sabido, en la manera en que se discrimina entre los nombres de Deleuze y Guattari a la hora de referirse a sus colaboraciones. El mismo Guattari, en una entrevista, exponía con claridad el fenómeno por el que nombre de Deleuze tiende a desplazar el de Guattari:

> No puedo darte una respuesta sencilla porque creo que detrás de este pequeño fenómeno, hay algunos elementos contradictorios. Hay un aspecto bastante negativo y es que algunas personas han considerado que la colaboración de Deleuze conmigo deforma su pensamiento filosófico y lo lleva hacia caminos analíticos y políticos en los que de alguna manera se extravió. Así, algunas personas han tratado de presentar esta colaboración, a menudo de manera desagradable, como un episodio desafortunado en la vida de Gilles Deleuze y, por lo tanto, han mostrado hacia mí la actitud infantil de simplemente negar mi existencia. A veces incluso se ven referencias a *L'Anti-Oedipe* o *Mille plateaux* en las que mi nombre simplemente se omite, en las que ya no existo en absoluto. Entonces, digamos simplemente que esta es una dimensión de la malicia de naturaleza política. También se podría mirar esta dimensión desde otra perspectiva: se podría decir: "Bueno, a la larga, "Deleuze" se ha convertido en un nombre común, o en todo caso, en un nombre común no solo para él y para mí, sino para un número determinado de personas que participan en el "pensamiento Deleuze" como hace años habríamos dicho el

> "pensamiento Mao". El "pensamiento Deleuze" existe; Michel Foucault insistió en ello hasta cierto punto, de una manera bastante humorística, diciendo que este siglo sería deleuziano, y eso espero. Eso no significa que el siglo estará conectado con el pensamiento de Gilles Deleuze, sino que comprenderá un cierto reensamblaje de la actividad teórica frente a las instituciones universitarias y las instituciones de poder de todo tipo. (Genosko, 2002: 45).

Parafraseando la afirmación, irónica o no, de Foucault acerca de que el próximo siglo —el actual— sería deleuziano, quizá se puede decir que, habiendo empezado con Deleuze, nuestro siglo cada vez se decanta más hacia Guattari, es cada vez más guattariano. Guattari apunta de pasada que hay una dimensión política en el hecho de ignorar su nombre y su participación en las obras en las que colabora con Deleuze. Sin negar la existencia de esta malicia política, la postergación de Guattari es también de índole epistemológica. La tradición de la que proviene el pensamiento de Deleuze, a pesar de su radicalismo, era más asumible para la cultura que la ruptura que supone el pensamiento de Guattari, para el que no hay prácticamente antecedentes. Si a la colaboración Deleuze llega después de haber transitado por el pensamiento de una lista de filósofos reconocidos, Guattari da la impresión de aparecer de la nada. De manera que, cuando se mezcla con el pensamiento de Deleuze, se prefiere suponer que es este el que introduce las novedades en el seno de un ámbito reconocible, como si, de esta manera, la sacudida que infringe en la comprensión de la realidad pudiera ser más controlable. Incluso cuando este control es complicado en obras como *Mil mesetas*, se tiende a considerar el resultado como una aberración de la que es culpable la mala influencia de Guattari. Estas pantomimas no hacen sino poner de relieve la incapacidad de una tradición intelectual —de una cultura dominante— para hacerse cargo de la revolución no solo epistemológica, sino también política, que el pensamiento de Guattari introduce en la escena.

Por eso es relevante poner el foco en aquellas actividades en las que Guattari se aleja del camino trazado por Deleuze antes y después de su colaboración. El cine es una de estas actividades. Se dirá que Deleuze también se interesó, e intensamente, por cierto, por el fenómeno cinematográfico hasta el punto de detectar en él una nueva imagen del pensamiento. Es cierto, pero precisamente porque Guattari no tiene relación con esa intensa labor y se plantea la actividad cinematográfica más como una cuestión práctica que teórica, se puede usar esta faceta para detectar en ella un aspecto casi ignoto de su pensamiento. Igual interés tienen sus múltiples relaciones con el arte que prácticamente nunca han sido estudiadas de forma sistemática, puesto que Guattari nunca se dedicó a ellas asiduamente ni pretendió relacionarlas de forma directa con sus teorías sobre la subjetividad y la fábrica de lo real. Pero quizá a partir de esta vertiente subalterna se pueden iluminar aspectos de su pensamiento más sistemático —si es que se puede calificar así el pensamiento de Guattari— que de otra forma no salen fácilmente a la luz.

De todas formas, tengamos en cuenta que no existe una sola manera de encarar este aspecto de las actividades de Guattari, especialmente por lo que se refiere a su actividad cinematográfica que apenas si alcanza más allá de la confección de un guion que se quedó en proyecto, puesto que nunca fue realizado. Pero puede que la mejor manera de iniciar esta pesquisa, antes de examinar el guion en sí, sea ver de qué manera los elementos esenciales del pensamiento de Guattari puede interpretarse como una forma de pensamiento proto-cinematográfica. Cabe entonces sistematizar los conceptos utilizados por él como susceptibles de configurar un modo de pensamiento en el que, de alguna forma, se puede insertar luego su interés por el cine y por el arte en general, focalizándolo en el citado guion, entendido más como un dispositivo que cataliza algunas de sus ideas menos expresadas directamente.

Modos de pensamiento

Al acercarnos a la obra de Guattari, debemos plantearnos antes que nada hasta qué punto el filósofo francés desarrolla su pensamiento según una nueva forma de pensar. Por forma de pensar o modo de pensamiento quiero decir algo más que una corriente de pensamiento —por ejemplo, el estructuralismo— o un estilo de pensamiento —relativo a una episteme—. Pero tampoco se trata de apelar a la indudable originalidad de los temas que surgen en su seno. Me refiero, por el contrario, a la aparición de uno o varios vectores que determinan, consciente o inconscientemente —quizá ambos—, una posibilidad de pensamiento.

Estos vectores implican a la vez una ampliación ontológica y epistemológica. El concepto de esquizoanálisis presenta, por ejemplo, estas características. Pero, en general, podríamos decir que un modo de pensamiento es el producto de una época determinada, o de un sector esencial de ella, a la que ayuda a consolidarse y comprenderse a sí misma, no tanto por lo que dice concretamente, sino por la manera en que estructura el conocimiento. Aparece en la actualidad un modo de pensamiento relacionado con una era tecnológica que introduce en la esfera socio-imaginaria *máquinas* polivalentes que actúan tanto en lo social como en el imaginario y despliegan por consiguiente actividades polivalentes, algunas de ellas relacionadas con la cognición y, en consecuencia, con la subjetividad.

Cuando nos planteamos alguna pregunta sobre el pensar, Heidegger es la referencia más inmediata, puesto que fue él quien indagó de forma directa sobre qué significa pensar en uno de sus cursos. Su primera respuesta, contundente y en gran medida asumible, indica que «nos adentramos en lo que es pensar cuando pensamos nosotros mismos» (2005: 15). Pero quizá la respuesta no es tan aceptable como parece a primera vista, ya que, si bien es cierto que solo empezamos a pensar realmente cuando nos aventuramos a pensar por nosotros mismos, es imposible lograr una completa desconexión con el mundo que nos permita hacerlo realmente. Siempre pensamos inmersos en uno o varios sistemas de pensamiento, por ello una nueva forma de pensar es también constancia de que existen nuevos sistemas o que estos son posibles. Ante la improbable y angélica tarea de escapar de cualquier sistema para poder pensar por nosotros mismos, existe la posibilidad de pensar sobre el sistema, de manera que no seamos solo sus esclavos, sino también sus amos: amos y esclavos a la vez. «Para ser capaces de pensamiento hemos de aprenderlo. ¿Qué es aprender? El hombre aprende en cuanto pone su hacer y omitir en correspondencia con lo que de esencial se le adjudica en cada caso. Aprendemos el pensamiento en la medida en que atendemos a lo que da que pensar», afirma Heidegger (*ibid.*), para añadir que todavía no pensamos. Al margen de lo que para él significa este no pensar aún, podemos intuir que, efectivamente, no pensamos todavía porque no somos capaces de pensar aquello que nos hace pensar, el sistema o modo de pensamiento en el que estamos inmersos y que para Foucault sería un episteme, aunque el modo de pensamiento es a la vez más y menos que un episteme. Es más porque conecta con multitud de condicionantes que recomponen constantemente los factores del episteme, sin abandonarlo. Un episteme no es estático, por lo que no podemos referirnos a unos límites precisos que lo concreten, sino a un conjunto de movimientos que lo ensanchan y encogen constantemente. Y un modo de pensamiento es menos que un episteme precisamente por la imposibilidad de concretar sus límites, aunque los tiene: pero son elásticos. Foucault es, en gran medida, un pensador estructuralista cuando elabora la idea de episteme. Esta se presenta como una gran máquina "mecánica" que actúa sin ella moverse de allí donde está anclada: la actuación de sus piezas es, como en toda máquina de ese tipo, interno. Un "aparato" muy distinto de las móviles y fluidas máquinas abstractas de Deleuze y Guattari, que no permanecen en ningún lugar, sino que se desplazan por el espacio que ellas mismas crean. Las máquinas abstractas actúan externamente y son capaces de generar otras máquinas.

Está claro que estamos barajando diversas nociones de pensamiento. Desde un pensar esencialmente humano de Heidegger a un pensar maquínico de Deleuze y Guattari, pasando por el pensar estructuralizado de Foucault. ¿No será que la realidad es tan compleja que permite todos estos tipos de pensamiento de forma simultánea o sucesiva? La realidad es como un prisma que refracta la luz del pensar y la convierte en diversas gamas de color que no se refieren tanto a conceptos como a formas o modos de pensar. Por eso no empezaremos a pensar realmente, humanamente, hasta que seamos capaces de pensar por nosotros mismos, pero no para librarnos de esas determinaciones, sino para aprovechar su impulso. Para pensar a pesar de ellas, aunque inevitablemente lo haremos con ellas. Estos impulsos del pensamiento que pueden ser automáticos en su inicio nos deben conducir hasta nosotros mismos, a nuestra conciencia, para sobreponernos a ese automatismo. Es un error que viene de lejos y se distribuye por distintos sistemas filosóficos contraponer la vida al pensamiento. Aunque la idea es de Nietzsche, podría ser de Rousseau. Deleuze apela a Nietzsche, quien no dejó nunca de pensar incluso desde la locura, una locura muy humana, y que consideraba que «es el hombre (sic) aquello que debe ser superado, a fin de mejor poder realizar las pujanzas de la vida» (Pamart, 2012: 127). Si para Nietzsche poner la vida por encima del hombre implica la posibilidad de un superhombre, para Deleuze parece concluir en un infrahombre dominado por toda clase de automatismos, los automatismos de los que también hablaban Spinoza y Bergson, dos de las más importantes referencias del pensamiento de Deleuze. Hay mucha confusión en todo esto, si lo metemos dentro del mismo saco indiscriminadamente, como si se tratase de influencias aisladas, cada cual actuando en su momento con independencia de las demás. Pero si lo ponemos en común a conciencia, con intención, la cosa cambia. Este poner en común lo dispar y trabajar con las consecuencias es una de las formas del nuevo modo de pensamiento, al que Deleuze contribuye en gran medida, a pesar de que, a veces, este nuevo pensar le lleva a conclusiones que no son del todo asumibles. Pero, al fin, como siempre sucede con Deleuze, aparece la luz al final del túnel. Y así llega a afirmar, según Pamart, que «el pensar es crear, no hay otra forma de creación, pero crear significa de entrada engendrar "pensar" dentro del pensamiento» (*ibid.*). No se haría justicia a Deleuze, si no se insistiera, antes de ponerle objeciones, en la complejidad de su pensamiento. En consecuencia, interpretarlo reduciéndolo a una de las diversas posibilidades que contiene cualquiera de sus manifestaciones significa traicionarlo. Quiero dejar constancia, por lo tanto, de que mi crítica no va dirigida a todas sus ideas, ni por supuesto a todas las interpretaciones virtuales que contienen. Me dirijo al trasfondo de su pensamiento, a ese punto donde imaginario individual e imaginario social coinciden. En un punto en el que el pensamiento aún no se ha sistematizado y donde predomina básicamente el deseo. Más *arriba*, cuando las ideas adquieren firmeza, se produce una extraña dicotomía por la que los argumentos se escinden entre lo literal y lo posible. Por un lado está lo que Deleuze quiere decir concretamente, pero esta concreción se abre, no tanto a otras interpretaciones, sino a otros desarrollos argumentales de los que quizá el pensador, cuando adopta el rol de filósofo, no se hace cargo. En este sentido, se puede decir que Deleuze se está constantemente traicionando a sí mismo, a la complejidad de su pensamiento, una complejidad que no se agota en su obvia complicación. La complejidad no es necesariamente complicada, ni tampoco la complicación es siempre compleja. Pero, en el caso de Deleuze, sus arduos argumentos son el germen de desarrollos posibles, muchos de ellos proyectados al futuro. No tenerlo en cuenta, ciñéndose a lo obvio es, por tanto, una traición, la que él se hace a sí mismo antes de que nosotros lo traicionemos a él haciéndole justicia.

Para Deleuze, la vida implica creación, de manera que es la propia dinámica de la vida la que crea espontáneamente el pensamiento, la posibilidad de pensar, a partir de la sensibilidad como vínculo genuino con aquella. Por ello, el pensar es creación, puesto que está generado e impulsado por la creatividad vital. Una creación se conecta con otra, sin intermediaciones subjetivas, a través de la sensibilidad, lo que lleva a considerar el pensamiento subjetivo, e incluso el pensamiento filosófico, como un producto de la sensibilidad y, en consecuencia, un subproducto último del flujo vital. Pero esa sensibilidad no incide sobre un sujeto plenamente formado que la incorpora a su propio razonamiento, sino que la sensibilidad se genera en la propia sensibilidad. Es del magma de lo sensible, entrelazado con el flujo vital, que surge la otra sensibilidad activa que, más allá de embargar al sujeto, contribuye a su formación.

Por ello, y para ello, sitúa Deleuze los procesos mentales directamente en el cerebro, desde donde pasan a una conciencia que es un producto subsidiario. El pensamiento es neuronal, está más acá de la conciencia y, por lo tanto, más cerca de la pulsión de la vida que circula por la materia. En consecuencia, Deleuze, cuando reflexiona sobre el cine entiende que la pantalla es en sí la membrana cerebral: es de esta forma que el cine piensa: automática y vitalmente como, según él, lo hace el cerebro (Deleuze, 1986: 170).

Apelando a Simondon, Deleuze manifiesta que «el cerebro no tiene interpretación euclidiana. El cerebro no se interpreta en un espacio euclidiano (...). El cerebro implica un espacio topológico (2023: 199). Se trata, sin duda, de un progreso, pero Deleuze no profundiza en ello, más allá de citar someramente al propio Simondon. Sin embargo, es desde esta perspectiva que mejor pueden interpretarse las relaciones del cerebro con el pensamiento, dejando atrás los reduccionismos mecanicistas.

Para comprender las características de ese espacio no euclidiano que se sitúa entre el cerebro y el pensamiento, es decir, en la mente, se podría apelar a la perspectiva cuántica. La revolución que supuso la física cuántica no quedó encerrada en el ámbito de la física, sino que inauguró un nuevo modo de pensar. Mejor dicho, lo que hizo la física cuántica fue plasmar una forma de pensamiento que ya se estaba desarrollando en otras esferas, como las del arte, la literatura y, en última instancia, también a través del fenómeno cinematográfico, de una forma, en este caso, que aún está por desentrañar. La física cuántica dio el impulso definitivo a este desarrollo mental, mostrando con sus planteamientos el alcance de esa nueva forma del pensamiento que se desarrolla en un espacio no euclidiano y que se articula topológicamente. Partiendo de este propuesta, quizá podamos dilucidar varias cuestiones que nos interesan particularmente: qué significa pensar, según Guattari; cómo piensa Guattari y, finalmente, de qué manera puede el pensamiento de Guattari, sus ideas, ayudarnos a entender lo que Deleuze no profundiza acerca del cerebro no euclidiano. Todo ello nos puede ayudar a comprender también de qué manera el cinematógrafo se amolda a la nueva forma de pensar que encuentra su ejemplificación última, o por lo menos una de las más importantes, en la física cuántica.

Máquinas de pensar

Para responder adecuadamente a las preguntas sobre el pensar de Guattari, es necesario esclarecer de antemano, aunque sea de forma muy somera, qué significa pensar, más allá de lo ya dicho, para luego aclarar si este modo de pensamiento puede estar relacionado, y con qué intensidad, con elementos externos de carácter tecnológicos, partiendo de la noción de una tecnología pluriactiva.

Pensar el mundo es pensar con el mundo. Pensar es siempre pensar algo y, a la vez, pensar con algo. Por ello es tan importante entender, precisamente en la era contemporánea, el papel que juega la tecnología en los procesos mentales, especialmente los relacionados con el pensamiento. Pero, ante de llegar a este punto, es necesario entender que el propio pensamiento desarrolla herramientas para pensar, más allá de las que proponen los sistema filosóficos y más allá también de las que instauran los dispositivos tecnológicos. Es este territorio intermedio, que es a la vez interior y exterior al propio pensamiento, el que determina lo que podemos denominar un modo de pensar.

El modo de pensar esencial de Guattari participa de un modo de pensamiento generalizado que, de todas formas, tiene en él uno de sus más claros exponentes, junto con Deleuze pero no necesariamente en colaboración con él. Este modo posee como característica más destacada el hecho de que se inserta en un ámbito activado por dos elementos que actúan transversalmente, el movimiento y la imagen, juntos y por separado. El pensamiento, comúnmente basado en un desarrollo temporal, el del lenguaje, se decanta hacia una disposición espacializada en la que la temporalidad anterior se transforma y a la vez transforma el espacio enunciativo. En este ámbito, el tiempo se convierte en movimiento, en fuerza transformadora y generadora de líneas de fuga, devenires y ensamblajes diversos, que son a la vez aspectos ontológicos y herramientas conceptuales. Desde este paradigma, se acaban generando nuevos conceptos de tiempo.

El aspecto lineal de la figura 1 no debe llevar a confundir el fenómeno con un proceso lineal de carácter estrictamente teleológico. Obviamente, desde el punto de vista histórico existe una evolución en este sentido, pero debemos entender que, puesto que este modo de pensamiento no es estático, el proceso se repite constantemente en cualquier de sus fases. En cada momento, el pensamiento del tiempo-espacio, o espacio desarrollado a través de la linealidad temporal, se desliza o es susceptible de deslizarse hacia una espacialización transitada por el

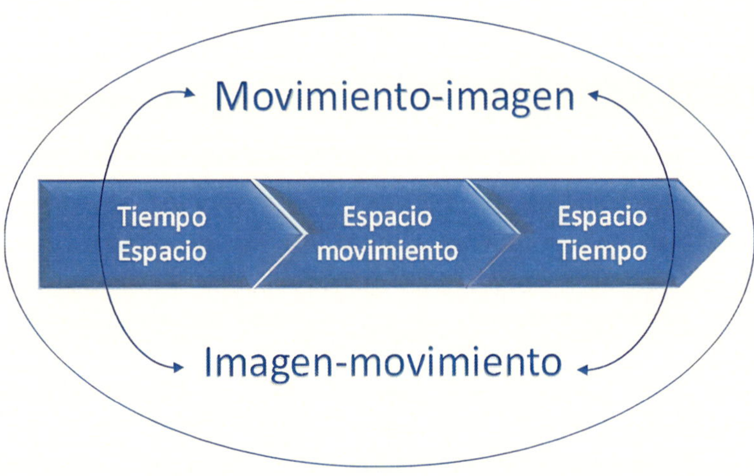

Figura 1

movimiento que desemboca en una forma de tiempo espacializado, el cual es también una nueva forma de tiempo presionada por el espacio. En este sentido, el modo específico utilizado —partiendo del espacio o partiendo del tiempo— es producto de una elección, aunque está asimismo afectado por pulsiones inconscientes.

Un modo de pensamiento entendido como una máquina de pensar siempre está siendo conducida a la vez que conduce. Aquí el concepto de máquina es metafórico solo parcialmente, puesto que puede convertirse en literal en el momento en que una máquina o dispositivo tecnológico se acopla al modo de pensamiento. Es lo que ocurre cuando consideramos el cine como una forma o imagen del pensamiento. El cine es, según Deleuze, una imagen del pensamiento, es decir, la muestra de lo que el pensamiento actual entiende como modo de pensar. Pero a la vez el cine piensa de esta manera y ofrece herramientas para para pensar o acompañar al pensamiento. El dispositivo cinematográfico constituye la materialización de la imagen del pensamiento y, por lo tanto, implica la toma de conciencia de esta imagen, un paso que, de acuerdo con lo dicho por Deleuze, estaría fuera del alcance de otras imágenes del pensamiento. Este salto hacia la forma cinematográfica de pensamiento se produce cuando el pensamiento ha espacializado el tiempo para dar paso a una dialéctica entre movimiento-imagen —movimiento que se visualiza— e imagen-movimiento —imagen que se transforma o se conecta.

Los elementos o herramientas esenciales de esta modalidad de pensamiento son los diagramas, los vectores, las capas y el movimiento. Se trata de formas de gestionar el pensamiento en el espacio. Son, por consiguiente, formas de pensar. No son las únicas, puesto que constantemente se pueden estar creando nuevas herramientas a medida que se piensa y que se descubren renovadas alianzas entre el espacio y el movimiento, así como distintas formas de espacio (nuevas dimensiones, nuevos plegamientos, topologías inéditas) o diferentes formas de movimiento, o sea, nuevas maneras de construirlo o exponerlo. Proponer la posibilidad de diferentes formas de movimiento nos lleva al terreno de la música, donde este tipo de formas se están creando constantemente. En la música podemos descubrir fórmulas productivas de enlazar y exponer los movimientos. De la misma manera, la búsqueda de expresiones espaciales nos conduce a la arquitectura y a su pensamiento del espacio. También nos acerca a las formas topológicas, capaces de explicitar tanto las formas del movimiento como las del espacio y, en consecuencia, también las del pensamiento.

Una vez expuestas las posibilidades de lo que puede considerarse un diseño del pensamiento o de lo que el pensamiento pueda aprovechar del diseño para desarrollarse, debemos añadir que las diferentes tecnologías tienen la posibilidad de acoplarse a un proceso de pensamiento y continuarlo en su propia dimensión, proporcionando por lo tanto nuevas herramientas o, en el caso por ejemplo de la IA, renovadas alianzas. De la misma manera, una tecnología puede absorber un determinado proceso desarrollado a través de un diseño concreto y prolongarlo en su territorio.

Hablar del pensamiento como un diseño, no implica necesariamente el proceso de diseñar el pensamiento, sino que se trata de acudir a un modo de pensar que aprovecha técnicas y factores pertenecientes al diseño. Se entiende el concepto de diseño como un procedimiento general que puede encontrar su actualización en el dibujo, la pintura, la arquitectura o en formas concretas de diseño industrial, publicitario, etc. En el ámbito del diseño, la línea aparece como un desarrollo lineal del deseo[10] que expresa pulsiones deseantes de distinto tipo, desde conceptuales a emocionales. Esta visualización del pensamiento no debe confundirse con el apartado de las imágenes propiamente dichas, si bien los dos territorios, el de la imagen y el del diseño, comparten la misma capacidad de plasmar ideas visualmente. La imagen, entendida como concepto ya formado, merece una consideración aparte. Pero vale la pena añadir que estas maquinaciones expositivas que se descubren a partir del concepto de diseño se pueden emplear para descomponer la sólida estructura de las imágenes, para descubrir en ellas itinerarios inéditos, es decir, para pensarlas.

10. Franco Berardi plantea una interesante confrontación entre la idea de deseo y la de placer, favoreciendo este último con el argumento de que «el deseo pertenece a la imaginación, mientras que el placer pertenece a lo real» (2022: 188). El semiocapitalismo movilizaría frenéticamente el deseo, mientras prohibiría el placer. Pero puede que este intento de desmovilizar el valor del deseo y la imaginación sea precipitado.

Una vez plasmado en el espacio, el pensamiento descubre atractores que pasarían inadvertidos sin esta maniobra. Se hacen evidentes líneas de fuga no detectadas o inexistentes en otro ámbito. Al situarlo en el espacio, solo por el hecho de hacerlo, el pensamiento se pone en movimiento, aun cuando los elementos que lo plasman aún están inmóviles. Se puede decir que a ese espacio se desplaza el movimiento-tiempo del pensamiento tradicional lingüístico que, al entrar en el espacio, se descompone. Deja de ser un soporte lineal y unidireccional y expresa virtualmente una gran variedad de direcciones posibles, más allá incluso de las dos dimensiones de una superficie, si se imaginan otras dimensiones o si el proceso se desplaza a una tecnología digital, donde todas las dimensiones se hacen visualmente efectivas. En el momento de acoplar una tecnología a un proceso de pensamiento, el movimiento deja de ser virtual o conceptual —relativo al propio proceso de pensar mentalmente— y se actualiza, arrastrando consigo al proceso de reflexión.

En el seno de este modo de pensamiento relativo al movimiento y al espacio-imagen, el pensamiento crea nuevos conceptos como los de territorialización, desterritorialización, agenciamiento, ensamblaje e individuación, entre otros. La creación de estos conceptos tiene una doble valencia, por un lado implica el descubrimiento de nuevas formas ontológicas, nuevos aspectos de la realidad —se puede decir que los descubre a la vez que lo crea—, al tiempo que se dota de instrumentos para pensar. Este paso no es automático, sino que debe ser pensado a su vez, en el sentido de que es el propio pensamiento el que se bifurca en una acción doble por la que se descubre una realidad que sirve para pensar otra. Lo mismo ocurre con otros conceptos relativos a la filosofía de Deleuze y Guattari como el de máquinas abstractas y máquinas de guerra o aquellos que competen a los estudios de Deleuze sobre el cine, concretamente los de imagen-movimiento e imagen-tiempo. Aún está por teorizar a fondo esta doble virtud de los conceptos, su paso de la ontología a la epistemología y viceversa, una transformación que implica una nueva manera de comprender las relaciones entre la teoría y la práctica en el seno de la reflexión: la teoría se convierte en práctica y esta en teoría, mediante un proceso de retroalimentación constante que, una vez en marcha, puede exceder el plano de lo puramente reflexivo y alimentar la comprensión y la acción en otros terrenos, como el de la política, por ejemplo.

Se hace necesario insistir en que estos concepto son el resultado de una forma de pensar, aparecen, gracias a ella, como factores ontológico, y se convierten a la vez en herramientas para seguir pensando, pero no lo hacen automáticamente, sino que deben ser pensados para comprender su doble articulación, así como para hacerla plenamente efectiva. Pero recordemos que, en este ámbito, el pensamiento no es, o no tiene por qué ser, puramente abstracto, sino que es un pensamiento visualizado y que, por ello, se dota de esas herramientas de "diseño" que le permiten componer ideas o conceptos. Se puede aliar también con determinadas tecnologías o diversos medios para pensar a través de ellos: pensamiento mediante el cine, la imagen, la interfaz, el ensayo audiovisual, las webdocs, las instalaciones, etc., lugares donde se pueden aplicar también los mencionados "diseños". Hay que señalar que, cuando el pensamiento se prolonga en las tecnologías o en los medios, sucede lo que ya se ha señalado, a saber, que aparece la posibilidad de una acción doble por la que se piensa con el instrumento a la vez que se piensa el instrumento. La verdadera efectividad de esta forma doble del pensar, que implica un paso constante de lo virtual a lo actual y de este a lo virtual, se produce cuando el pensamiento adquiere conciencia de la doble articulación, no cuando esta se origina como simple cualidad intrínseca del proceso. Se puede decir, por lo tanto, aun a riesgo incurrir en una tautología o quizá en una perogrullada, que el pensamiento solo piensa cuando piensa. Es decir, solo se piensa verdaderamente cuando hay conciencia del pensar y, por tanto, el pensamiento es una acción voluntaria. En este sentido, podemos entender la célebre afirmación de Heidegger —«Lo que más merece pensarse es que nosotros todavía no pensamos» (2005: 16)— o bien como una contradicción o como una advertencia. En cualquier caso, ese pensar que, al ser consciente que piensa, hace efectivo el pensamiento, es decir, lo activa, no debe confundirse con el temor que expresa Heidegger cuando se pregunta si « «cuando intentamos aprender lo que llamamos "pensar", ¿no nos perdemos en el pensamiento que piensa sobre el pensamiento?» (*ibid.*: 34). El pensar nunca se pierde por ser consciente de sí mismo, ya que esto no implica encerrarse en un bucle, sino todo lo contrario: avanzar impulsado por las propias fuerzas que le suministra el supuesto bucle.

Estas distintas articulaciones, que van desde herramientas formales de pensamiento a conceptos filosóficos susceptibles de convertirse a su vez en formas de pensar, todas ellas coaligadas con tecnologías del pensamiento y de la imaginación, se distribuyen por capas que componen un movimiento *geológico* a través del que circulan las distintas energías, distribuyendo adecuadamente sus diferentes efectos (figura 2).

En principio, estamos hablando de un pensamiento individualizado, pero, en el momento en que se crean conceptos duales, el pensamiento se expande hacia una posibilidad grupal que se hacer especialmente efectiva cuando interviene la tecnología.

Diagramas del pensamiento

Desde que, a finales del siglo XVIII, William Playfair tomó conciencia de que la creciente complejidad de las relaciones comerciales

Modos de exposición

-Diagramas y vectores
-Copias y pliegues
-Movimiento como factor

Conceptos ontológicos

-Territorialización, desterritorialización, devenir
-Agenciamiento, ensamblaje, individuación
-Imagen-movimiento, imagen-tiempo

Herramientas conceptuales

-Todos los elementos de la segunda capa (Conceptos ontológicos) expresados mediante los de la primera (modos de exposición)
-Todos los elementos de la primera capa pensados por los desarrollos conceptuales de la segunda

Tecnologías del pensar

-Movimiento-cine
-Imagen
-Interfaz, ensayo, web documental, instalaciones, etc.

Figura 2

obligaba a expresar gráficamente la ingente cantidad de datos estadísticos que se estaban recopilando, la expresión gráfica de la información y el conocimiento no ha dejado de evolucionar, incrementando su sofisticación. Una parte de las estrategias de la información gráfica se destina a la visualización de los datos, a modo de metáfora de su significado, la otra a la representación de las relaciones que se producen entre ellos. Hay una importante diferencia entre ambos procedimientos, ya que el primero se limita a informar o a explicar, sin afectar al núcleo de la información, mientras que el segundo lo que pone de manifiesto o propone es la existencia de una realidad ontológica, referida tanto a las relaciones como a los procesos, es decir, a las modificaciones que experimentan los datos dentro de unos sistemas que no son estáticos. Los diagramas son dispositivos visuales que pertenecen a este segundo aspecto de los modos de expresión gráfica del conocimiento.

Existen diferentes tipos de diagrama. Están los diagramas filosóficos que pretenden exponer formulaciones lógicas, las cuales funcionan como una especie de matemáticas del razonamiento, equivalentes en intención a los métodos de la filosofía analítica. Según Martin Gardner, «un diagrama lógico es una figura geométrica bidimensional con relaciones espaciales que son isomórficas con la estructura de un enunciado lógico» (1958: 28). Queda claro, pues que lo que este tipo de diagramas pretende —en línea con las proposiciones de Wittgenstein sobre la relación isomórfica que existe entre la estructura de los enunciados y la de la realidad—, que se trata de exponer visualmente formas, pretendidamente ciertas, del razonamiento. Tenemos después los diagramas científicos, de entre los cuales destacan los elaborados por Richard Feynman para representar partículas en fase de colisión y facilitar así los cálculos correspondientes. En este caso, no se trata de exponer visualmente un andamiaje lógico que se ajusta al que sostiene un razonamiento, sino de confeccionar un instrumento visual de cálculo que guarda con la realidad la misma relación que la estructura de una fórmula matemática o química tiene con el proceso al que se refiere, o sea simbólica.

Finalmente, aunque no se agotan aquí las posibilidades diagramáticas, estaría un concepto de diagrama mucho más ambiguo. Se trata del que Deleuze expone en su curso sobre la pintura y también en su monografía sobre Bacon. El concepto de diagrama según Deleuze es muy distinto al de los otros dos. Delimita una fase de la creación pictórica en la que el pintor trata de eliminar el cliché que siempre se halla presente de forma virtual en la tela donde el pintor pretende actuar. En este sentido, el diagrama equivale a la forma mental de la imagen que se quiere colocar en el lugar de ese cliché. Es decir, que sería como la forma del pensamiento pictórico. Pero, como ya sabemos, los conceptos de Deleuze son siempre más complejos de lo que parecen. En este caso, suponer que el diagrama es la forma del pensamiento estético aquilatado mentalmente antes de ser trasladado a la tela, supone traicionar la idea que Deleuze tiene del diagrama, puesto que se olvida de una cuestión básica, la del movimiento creativo. El diagrama no corresponde a la arquitectura de una idea estética ya elaborada mentalmente, sino que se produce a medida que el pintor actúa sobre la tela para ir eliminando el cliché —la representación tópica— que está instalado en ella. Es posible que exista previamente como intuición, pero no adquiere entidad formal hasta que se actualiza a partir de un proceso de eliminación de las resistencias que el cliché ofrece al pintor. Si en las dos primeras variedades de diagrama, existía una dependencia de este con respecto a una realidad externa, la que propone Deleuze es todo lo contrario: un proceso de pensamiento visualizado, en este caso pictórico. Una forma que no se ajusta a la forma establecida de la realidad, sino que la crea al enfrentarse con ella. El concepto de diagrama de Guattari está mucho más cerca del de Deleuze, aunque conserva algunos rasgos de los anteriores.

Deleuze decía de Guattari que sus ideas eran dibujos, o incluso diagramas. Efectivamente, Guattari utilizaba los diagramas para exponer sus ideas, un método que, al no ser inusual, resulta fácilmente comprensible. Pero una cosa es utilizar diagramas para expresar ideas y la otra que las ideas ya aparezcan en forma de diagramas o incluso de dibujos. Ello nos lleva a suponer que Guattari pensaba mediante configuraciones espaciales, es decir, mediante imágenes, al margen de si luego plasmaba esas ideas visualizadas en alguna superficie. Como digo, es habitual que alguien convierta sus ideas en un dibujo o un diagrama, pero no lo es tanto que alguien piense ya mediante configuraciones de este tipo, es decir, desarrollando su pensamiento no de forma lineal, la forma lineal del lenguaje, sino de forma espacial, la de la imagen. En este sentido, el concepto de diagrama de Guattari difiere ligeramente del de Deleuze, ya que supone la construcción del diagrama en el pensamiento previamente a su plasmación visual. Pero no debemos olvidar que

Deleuze se refería directamente a una actividad estética en la que la creatividad es esencial, mientras que Guattari está desplazando el acto creativo al pensamiento. Pero no podemos perder de vista que la originalidad de Guattari reside en situar el proceso diagramático justo en el punto medio donde se encuentran el desarrollo mental y su plasmación visual. De modo que el diagrama es a la vez creación y plasmación de una idea.

Deleuze se sentía atraído por la capacidad que tenía su amigo de producir nuevas ideas a través de diagramas, es decir, una forma de pensamiento que le parecía extrañamente distinta al pensamiento conceptual que él practicaba. Pero quizá de ahí venía precisamente una atracción que le hacía suponer que, combinando los esquemas y los conceptos, la reflexión podía dejar atrás los sistemas tradicionales de pensamiento.

En una entrevista con Jacques Pain sobre la práctica institucional y la política, Guattari dejaba bien claro lo que entendía por formas diagramáticas del pensamiento: «¿Es que solo hay que orientar y aplicar un conocimiento científico, o es que, por el contrario, hay que refutar cualquier calificación científica de ese conocimiento, que en realidad solo es eficaz en los procedimientos singulares de la cartografía analítica? Y, repito, el mapa analítico ya no puede distinguirse del territorio existencial que engendra. El objeto de conocimiento y el sujeto de enunciación coinciden en este tipo de agenciamiento.» (Genosko, 1996: 134). En consonancia con lo expresado anteriormente, esta actividad de construir mapas también tiene como característica principal que «no se contenta con meramente ilustrar, sino que también crea y produce» (Watson, 2009: 10). Por su parte, Mullarkey, cuando se propone analizar el proceso de pensar mediante diagramas en el seno de la filosofía poscontinental, afirma que «pone de relieve la equivalencia de este tipo de procesos con el pensamiento: no hay una Verdad en los diagramas, pero puede haber el diagrama de una verdad en algunos de ellos» (Mullarkey, 2006: 157). El diagrama no pretende presentar verdades, pero eso no quiere decir que algunos diagramas no puedan ser verdaderos, en el sentido de que sean capaces de esclarecer algo que aparece gracias al diagrama y que, una vez aparecido, se convierte en necesario: «El diagrama filosófico es lo prefilosófico, lo metafilosófico y lo antefilosófico, todo en uno: el momento entre estar exclusivamente fuera o dentro de la filosofía: no es el sujeto abandonando la filosofía, sino temas imprevisibles que se vuelven filosóficos. Y funciona como un dibujo, un proceso, un procedimiento, un momento temporal entre medio; no la forma de una cosa sino el contorno de un proceso (de pensamiento). Por lo tanto, los diagramas siempre deben verse como formas en movimiento, sean o no estáticos» (*ibid.*). Watson señala que Guattari nunca dijo que los dibujos que hay en sus libros fueran específicamente "diagramas", tal como él los entiende, pero no cabe duda de que ocupan un lugar importante en sus escritos analíticos. Es de suponer, por lo tanto, que funcionan como diagramas por lo que se refiere a los procesos de pensamiento: «no representan el pensamiento, sino que generan el pensamiento (...) Sus dibujos funcionan como diagramas en el sentido de que por momentos parecen generar ideas, como si funcionaran por sí solos, como pequeñas máquinas. Cada término que añade a una de sus tablas o esquemas evoca otro; cada movimiento desencadena otro. Es muy fácil perder de vista para qué servía el dibujo original. En mi opinión, los dibujos encarnan y representan sus conceptos de metamodelado, mapeo y diagramatismo» (Watson, *ibid.*: 13).

Más adelante recogeré el concepto de diagrama para exponer mis hipótesis acerca de la conveniencia de proceder a la desconstrucción de las imágenes con el fin de poner de manifiesto las relaciones internas que se establecen entre los elementos que las componen. En este sentido, el diagrama actuaría a la inversa de como lo hace tradicionalmente: no tanto para plasmar relaciones, sino para descomponer aquellas ya establecidas y también para crear nuevos nexos posibles. El proceso puede considerarse equivalente a la descomposición de los clichés que pretende el pintor, según Deleuze, así como a la creación de relaciones inéditas que propone Guattari. Pero en realidad el procedimiento es distinto y está más directamente relacionado con la estética que el de los pensadores franceses. El nexo con la estética, es decir, con la imagen, es mucho más directo que el de los sistemas que formulan estos porque propone un tipo de pensamiento elaborado a partir de configuraciones visuales ya establecidas y no un pensamiento que recurre a la visualización para expresarse o que se vehicula a través de ella. Sin embargo no debe suponerse que son procedimientos absolutamente antitéticos. Al contraponerlos, solo pretendo mostrar sus respectivas especificidades, pero todos ellos tienen en común que desarrollan algún tipo de pensamiento visual, emprendido desde diferentes perspectivas.

Al margen de los diagramas tradicionales y de aquellos más particulares que proponen tanto Guattari como Deleuze, aparece, pues, la posibilidad de procedimientos diagramáticos de carácter estético o artístico que sirven para exponer la arquitectura interna de un planteamiento visual, una imagen, o para expresar estéticamente la arquitectura de la propia realidad en sus vertientes social, política, económica, histórica, etc. En el primer caso se trata de pensar la imagen, en el segundo de pensar la realidad convertida en imagen. Lo que prima en ambos es la creación visual de ideas.

Los ejemplos de la segunda opción, o sea, los relativos a la expresión estética de la arquitectura relacional de la realidad, son numerosos. Me referiré solo a dos de ellos, que considero los más relevantes. En primer lugar, es interesante el concepto de *Loose Associations* (asociaciones libres) que utiliza el artista conceptual y multimediático Ryan Gander para poner de manifiesto aspectos del arte, el diseño y el lenguaje que a menudo pasan desapercibidos. En realidad, *Loose Associations* es el título de una serie de conferencias del artista, cuyo desarrollo puede ser representado metafóricamente por la trayectoria imprevisible de una pelota de ping-pong durante el desarrollo de un peculiar juego en el que participa un solo jugador:

> Algunos de los vínculos arbitrarios que se establecen por medio de asociaciones libres pueden ser contemplados según la idea común de que los pensamientos siguen una trayectoria. Pero ¿qué pasa si una cadena de pensamientos traza las trayectorias de un juego de ping-pong en solitario? (...) El partido lo juega una sola persona en media mesa frente a una pared, y el jugador no es un profesional, por lo que la pelota rebota tanto sobre la mesa como fuera de ella. Esto ayuda a imaginar cómo esta pelota dibuja en el espacio una figura con una geometría compleja, una figura formada por una serie irregular de trayectorias que se desvía con cada golpe. El impacto es una unión y un factor de derivación que hace que el desarrollo de la figura sea impredecible y su patrón aleatorio. Ryan Gander llama a este principio constructivo basado en la adición de elementos divergentes "asociación libre", y lo aplica a un método de es-

> critura basado en el encadenamiento de ideas. En principio, esta construcción geométrica es infinita (Gander, 2007: 13)

Este procedimiento se puede relacionar con el concepto de deriva de Guy Debord o con el flujo de conciencia literario, contando con que en él se escuchan también los ecos de algunas práctica surrealistas. Pero lo más relevante en el contexto actual es que se puede establecer un nexo entre esta asociación libre que propone Gander y la idea de ensamblaje de Guattari y Deleuze. En la propuesta del artista británico, la trayectoria que siguen los vínculos se convierte en un diagrama en el momento en que se visualizan los trayectos y los puntos de contacto de los elementos que participan en el ensamblaje. Lo que resulta del proceso es una máquina abstracta que viene a ser como una radiografía de una de las formas posibles de la realidad: «la máquina abstracta se relaciona con el conjunto del agenciamiento: se define como el diagrama de ese agenciamiento» (Deleuze y Guattari; 2002: 95). Recordemos que existe una diferencia entre una máquina abstracta y una máquina lógica. Según indica Martin Gardner en su libro *Logic Machines and Diagrams*, «Una máquina lógica es un dispositivo, eléctrico o mecánico, diseñado específicamente para resolver problemas de lógica formal. Un diagrama lógico es un método geométrico para hacer lo mismo» (1958: vii). Las máquinas abstractas no son máquinas lógicas ni diagramas lógicos, tampoco están diseñadas para resolver problemas. Exponen, en todo caso, ciertos problemas o estado de cosas más allá de sus relaciones lógicas. De todas maneras, es necesario hacer constar que el concepto de máquina abstracta que proponen Deleuze y Guattari no contempla la posibilidad de que el diagrama de sus agenciamientos sea visualizado y sirva como instrumento para pensar: «Nosotros definimos la máquina abstracta por el aspecto, el momento en el que ya no hay más que funciones y materias. En efecto, un diagrama no tiene sustancia ni forma, ni contenido ni expresión» (Deleuze y Guattari, *ibid.*: 144). Si formalizamos la arquitectura de una máquina abstracta mediante el correspondiente diagrama, obviado el hecho de que la estructura se halla siempre en movimiento, le otorgamos al diagrama un potencial que no parece tener en las concepciones de los pensadores franceses. Nos hemos trasladado, es cierto, desde el ámbito de la filosofía al ámbito del arte y es en este dónde los diagramas adquieren toda su potencia visual.

En el marco de estos planteamientos, resulta conveniente citar la obra del artista mexicano Erick Beltrán, cuya obra se basa en la construcción de distintos tipos de diagrama. Beltrán «reflexiona sobre los mecanismos estructurales de los sistemas de pensamiento, específicamente la relación de poder que existe entre el proceso de edición y las construcciones del discurso. A partir de diagramas, recopilación de información, archivos, inserciones en los medios, aborda la forma en que se definen, valoran, ordenan, clasifican, seleccionan, reproducen y distribuyen las imágenes para crear discursos políticos, económicos y culturales en la sociedad contemporánea».[11] Estas investigaciones del artista mexicano dan lugar a diagramas que formalizan los procesos de ensamblaje entre distintos factores que se generan en el marco de un acontecimiento determinado. La figura 3 muestra un diagrama de su obra *Multiplicidad del mundo* (2010): «Con *Multiplicidad del mundo*, Beltrán

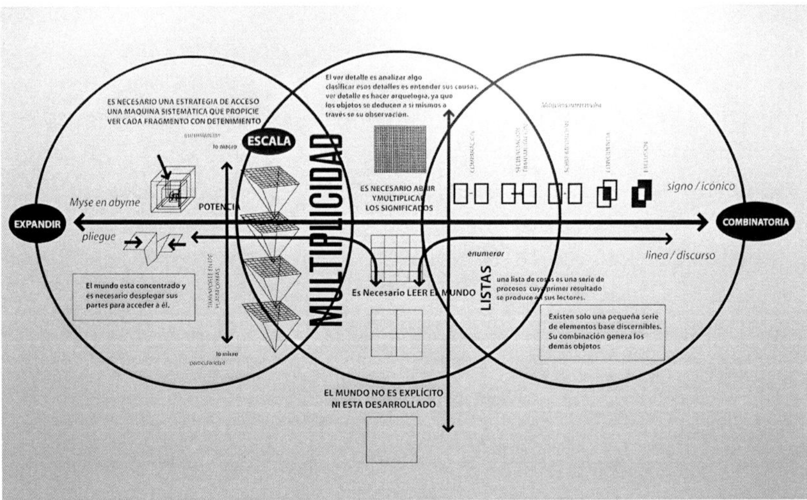

Figura 3

11. Labor: https://labor.org.mx/en/artists/erick-beltran

produce un dispositivo autorreflexivo que utiliza el vocabulario de la visualización de datos para explicar cómo funciona realmente este procedimiento. La ubicación y la dimensión de esta estructura gráfica exigen también una reflexión sobre su calidad puramente estética, factor que rara vez se tiene en cuenta a la hora de descifrar un mapa, un cuadro o un gráfico en un documento impreso».[12] Me parece muy relevante el hecho de que se introduzca el papel que juega el factor estético en este tipo de estructuras. La estética sirve para atraer y consolidar la mirada de manera que esta se halle dispuesta a seguir el razonamiento que el diagrama propone.

Me interesa señalar, para el posterior desarrollo de mi reflexión, que Beltrán trabaja tanto con figuras diagramáticas bidimensionales como la de la figura 3 y también con disposiciones espaciales de sus ideas, es decir, con instalaciones. En la figura 4, se muestra uno de los espacios correspondiente a su instalación *Declaración de guerra contra el mundo: Postulados fundamentales* (2011). En ella, «Beltrán intenta mapear el territorio que abarcan las divergencias que un individuo tiene con el mundo, así como las consecuencias de las contradicciones al tomar ciertas posturas. La pieza presenta simultáneamente algunos de los postulados básicos del artista como propuestas de acción (...) Presentar esta subjetividad con sus consecuencias últimas es acercarnos al problema de lo social, pues el buscar el entendimiento sobre las fuerzas que controlan lo público, es entender que somos ellas».[13] Este tipo de construcciones diagramáticas de Erick Beltrán en dos y tres dimensiones culmina en lo que constituye claramente la plasmación volumétrica de una máquina abstracta. En la figura 5, se puede ver el denominado "Atlas Eidolon", una pieza inscrita en el ámbito de una instalación gráfica. Beltrán califica esta escultura dinámica de máquina de lectura, la cual mediante la combinación de imágenes que ocasiona el momento de sus partes habla de la psique mexicana colectiva. Este artefacto combinatorio, compuesto por anillos giratorios donde se insertan imágenes referentes a la

12. Centro Botín: https://www.centrobotin.org/en/obra/multiplicidad-del-mundo/
13. Labor: https://labor.org.mx/exhibitions/declaracion-de-guerra-contra-el-mundo-postulados-fundamentales

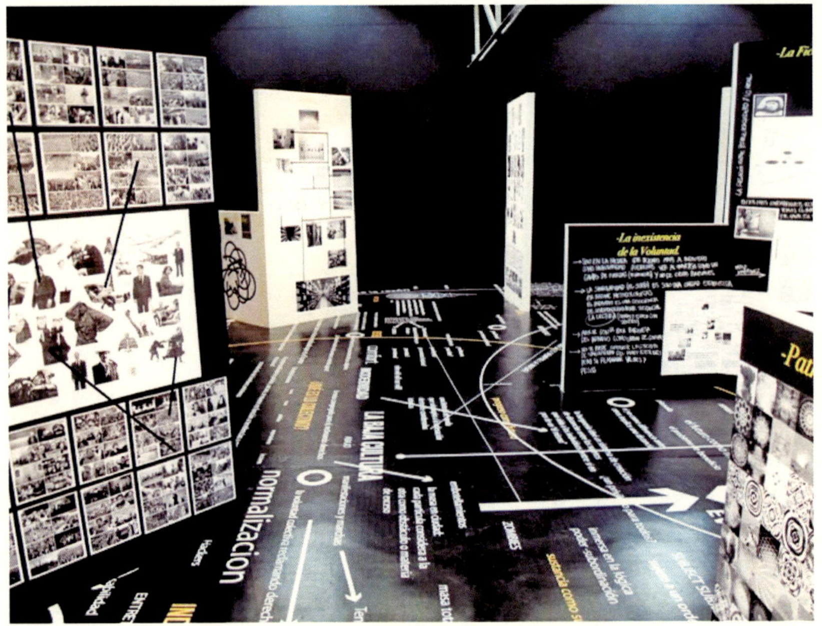

Figura 4

Figura 5

historia y la cultura de México, está situado, como digo, en el seno de una instalación en la que se muestran también distintos documentos gráficos y diagramas relacionados entre sí de una forma que puede considerarse diagramática. Tiene antecedentes ilustres, como los sistemas del arte de la memoria de Ramón Llull o Giordano Bruno, así como el Atlas Mnemosyne de Aby Warburg.[14] De Warburg extrae también el concepto de pathosformel (fórmula emotiva) «para explicar la transmisión de las emociones por medio de símbolos que viajan en la psique (los engramas), y es así que crea un dispositivo para la visualización de la memoria social».[15] La idea central del proyecto estético-epistemológico de Beltrán es muy adecuada para comprender el alcance de los procedimientos diagramáticos de carácter estético: «De acuerdo con el artista, el mundo puede explicarse de dos maneras: 1) los hechos y las cosas no tienen un orden intrínseco, por lo tanto, hay que crear uno; o 2) sí existe un orden, pero hay que aprender a leerlo. El Atlas Eidolon se adhiere a esta última forma de concebir el mundo».[16] Quizá sea excesivamente arriesgado pretenden que la escultura dinámica de Beltrán sea realmente una máquina de lectura de un orden del mundo ya existente. Sería más adecuado decir que en ella coinciden ambas posibilidades, la de crear un orden que no existe intrínsecamente porque hay muchas maneras posibles de ordenar el mundo y la de poder leer estas distintas ordenaciones. La función de los diagramas, en todas sus formas, es precisamente esta: poner de manifiesto uno de los órdenes posibles del mundo, ofreciendo al mismo tiempo los instrumentos para comprenderlo.

14. MUAC: https://muac.unam.mx/objeto/atlas-eidolon
15. Museo Tamayo:
https://www.museotamayo.org/exposiciones/atlas-eidolon
16. Museo Tamayo: *Ibid.*

Metamodelos mentales

El metamodelado es una poderosa herramienta de pensamiento que Guattari pone en práctica con la intención de superar las limitaciones que él detectaba en el psicoanálisis. Propone, como alternativa, su idea de esquizoanálisis, entendido como un modelo de modelos que combina los relativos a lo social, lo psíquico y lo científico para reconfigurarlos mediante un trabajo conjunto. También encuentra que este sistema crítico puede aplicarse al estructuralismo de autores como Lacan, Althusser o Levi-Strauss, cuyas reflexiones considera que están excesivamente ajustadas a las ciencias duras y que privilegian demasiado las funciones del lenguaje, en detrimento de otras formas de expresión.

El concepto de metamodelización implica el sometimiento de cualquier modelo a una acción equivalente a la de pensar el pensamiento antes mencionada. El resultado es semejante: hacer consciente aquello que tiende a mantenerse en la inconsciencia, en este caso, el alcance de un modelo y su efectividad. Sobre esta base, se entiende que «la metamodelización de Guattari es un intento de hacer proliferar los modelos y también de combinar modelos, o partes de ellos, que de otro modo podrían considerarse incompatibles» (Sullyvan, 2010: 270). Esta voluntad polifónica, que implica no solo una proliferación de voces, sino también una incursión por el interior de esas voces para engarzar una parte conveniente de su contenido a una arquitectura compleja, se asemeja a la voluntad que muestra de Deleuze de utilizar determinados autores a contrapelo, para desarrollar, a partir de ellos, ideas que no son estrictamente las suyas, pero que sin embargo han salido de sus entrañas. Frente a la actitud, tan característica, de aplicar el mismo modelo «una y otra vez a diferentes situaciones, la metamodelización confecciona una nueva para cada análisis» (Young, Genosko y Watson, 2013: 191). Un modelo equivale a un método, de modo que, lejos de conjugar el anarquismo metodológico que Paul Feyerabend propone en *Contra el método*, Guattari reconoce que cada método alumbra una parte de la compleja fábrica de lo real, que resulta anodina a menos que se conecte y combine con las otras partes. Un metamodelo no es, por lo tanto, un modelo superior, sino allí donde los modelos ven diluida su rigidez, una vez que han alumbrado uno de los muchos caminos posibles. Dice Guattari:

> ¡Nada más lejos de mi intención que proponer un modelo psicosocial con la pretensión de ofrecerlo como una alternativa global a los métodos existentes de análisis del inconsciente! Desde entonces mi reflexión ha tenido como eje problemas de lo que llamo metamodelización. Es decir, se ha preocupado de algo que no se constituye en una sobrecodificación de las modelizaciones existentes, sino más bien en un procedimiento de "automodelización", que se apropia total o parcialmente de los modelos existentes para construir sus propias cartografías, sus propios puntos de referencia y, por tanto, su propio enfoque analítico, su propia metodología analítica (Genosko, 1996: 122)

Esta forma de pensar, que tan cerca se encuentra del modo ensayo, no tiene solo un potencial epistemológico, sino que se propone como una vía de autoconocimiento que no surge directamente de la introspección propiamente dicha, sino de un proceso de autoconstrucción: «En definitiva es un llamado a participar en la autoproducción de nuestras propias subjetividades, eso en sí mismo implica una autorrelación de nosotros mismos (el plegado). Esto significará extraer nuestros propios diagramas de la relación infinito/finito y trazar nuestro propio terreno de sus operaciones» (Sullyvan, ob. cit.: 268). Se trata, en última instancia, de proponer la subjetividad como el producto de un ensayo, de una incesante operación de ensamblaje de elementos diversos que procuren acomodarse a los no menos fenéticos cambios ontológicos: «En el contexto de una modernidad reduccionista, nos toca volver a descubrir que a cada promoción de una encrucijada maquínica le corresponde una constelación específica de Universos de valor a partir de la cual se instituye una enunciación parcial no humana» (Guattari, 1996: 63). Los inconvenientes de la modernidad no han hecho más que aumentar, incrementando la contradicción entre una creciente complejidad y un reduccionismo también acrecentado.

Por una mayoría de edad del cine menor

Félix Guattari, al contrario que Gilles Deleuze, no desarrolló nunca una teoría del cine, a pesar del interés que indudablemente sentía por este medio. Lo más cerca que estuvo de proponer una teoría de este tipo es un capítulo de "La revolución molecular" que trata del llamado cine menor. Pero en él, aparte de unos comentarios sobre *Badlands*, la película de Terrence Malick (*Malas tierras*, 1973), expresados a lo largo de una entrevista, no se entra a considerar el cine en sí, sino que se plantea la función que esté adquiere en la sociedad capitalista. Es llamativo que, para alguien que propugna el uso de lo que denomina semióticas asignificantes, la visión del citado film se centre exclusivamente en el argumento y la psicología de los personajes, sin preocuparse por cómo estos elementos han sido plasmados mediante formaciones asignificantes. Guattari afirma, no obstante, en el mencionado escrito que «Cuando el cine es explotado por los poderes capitalistas y socialistas para moldear el imaginario colectivo, se inclina del lado de los componentes significativos. Sin embargo, su propia eficacia sigue dependiendo de los elementos simbólicos presignificantes y de los elementos asignificantes: encadenamientos, movimientos internos de figuras visuales, colores, sonidos, ritmos, muecas faciales, canciones, etc.» (Guattari, 2017: 405). Pero no es necesario descender a esa capa de pulsiones estéticas básicas para encontrar un territorio en el que imágenes y sonidos articulados formalmente potencien un significado propio por el que transitan los argumentos. En este sentido, el escrito de Guattari se divide claramente en una parte práctica, los comentarios sobre un film concreto, y otra teórica, donde establece una serie de criterios sobre la forma cinematográfica, lo cuales no parecen haber sido aplicados, sin embargo, al análisis de la película de Malik. Digamos de pasada que esta desconexión ha sido bastante habitual en la historia de la crítica cinematográfica. La primacía del lenguaje, el esencial logocentrismo de la cultura occidental, que, por otro lado, Guattari denuncia adecuadamente, impone una ceguera que impide ver las imágenes, las cuales son para esta visión truncada como un cristal que la mirada atraviesa para alcanzar la realidad que aguarda al otro lado, tan pura como la Inmaculada Concepción.

«Solo la expresión nos da el procedimiento» , afirmaban Deleuze y Guattari en su estudio sobre Kafka (1990: 28), donde especifican que «una literatura menor no es la de un idioma menor, sino más bien aquella que una minoría hace dentro una lengua mayor» (*ibid.*). Se entiende, por lo tanto, que Guattari, en su escrito sobre el cine menor, no apela a un cine disminuido, un cine pobre de recursos, sino a lo que las minorías pueden hacer utilizando los recursos que ofrece un medio en tanto que arte mayor, desarrollado y potente. Pero la cuestión no está tan clara como parece, ya que, cuando el entrevistador, hablando de *Badlands*, le pregunta a Deleuze si considera que el cine es un arte menor, Guattari le responde que sí, «si consideramos que un arte menor es un arte que puede ser puesto al servicio de los miembros de una minoría, lo que no es en absoluto algo peyorativo. Un arte mayor es un arte al servicio del poder» (2017: 384). La crítica absoluta a un arte mayor que se destila en la respuesta de Guattari, desvirtúa la claridad de lo manifestado junto con Deleuze en el estudio de ambos sobre Kafka, donde manifestaban que la lengua mayor, lejos de estar al servicio de nadie por ser mayor, ponía su potencial al servicio de las minorías. Sin aclarar este matiz, que ha creado no poca confusión en el cine político y en la política del cine, no se entendería que Guattari pretendiera, en su momento, que "Un amor de UIQ" fuera producido por Hollywood. Resumiendo, como se indica en un estudio sobre la fotografía menor: «Mayor o menor como tales no califican dos lenguas diferentes (por ejemplo lengua oficial versus dialectos), sino dos usos diferentes de la misma lengua, dos tratamientos distintos de la variación continua que es virtual en cada lengua» (Bleyen, 2012:10).

Para comprender el potencial de la imagen cinematográfica es necesario atender a la tan adecuada crítica que Guattari efectúa de la hegemonía lingüística, la cual se plasma fielmente en la famosa afirmación de Lacan de que «el inconsciente está estructurado como un lenguaje». En realidad, la idea no es del todo errónea. No puede serlo en una época en la que el lenguaje es aún dominante. La cuestión es si el inconsciente solo está estructurado como un lenguaje y si el hecho de que el lenguaje se combine con otros elementos no distorsiona o difumina su hegemonía. Afirma Guattari que «tenemos la idea errónea de que el orden natural y el de los agenciamientos sociales, como, por ejemplo, las estructuras de parentesco, estarían estructurados "igual que el lenguaje". Por lo tanto, confundimos las formas de codificación que yo llamaría asemióticas, como la música, la pintura, las matemáticas, etc., con las de la palabra y la escritura» (2017: 404). Esta confusión alcanza al cine cuando en él se posterga no solo lo visual, sino la potente conjunción de lo visual con lo sonoro. Guattari se remite, quizá innecesariamente, a las sociedades primitivas para fundamentar su idea: «En las sociedades primitivas las palabras son tan importantes para expresar cosas como las danzas, los ritos o los signos grabados en el cuerpo. En las sociedades industriales, toda esta riqueza expresiva se debilita, ya que cualquier enunciado debe poder traducirse al código lingüístico de las significaciones dominantes» (*ibid.*). Este planteamiento ya lo había efectuado Artaud en su crítica al teatro tradicional en su famoso escrito *El teatro y su doble*:

> ¿Cómo es posible que en el teatro, al menos tal como lo conocemos en Europa, o mejor en Occidente, todo lo que es específicamente teatral, es decir todo lo que no obedece a la expresión mediante la palabra, con las palabras, o si se quiere todo lo que no esté contenido en el diálogo (y el diálogo en sí considerado según sus posibilidades de sonorización sobre la escena, y de las exigencias de esta sonorización) quede en un segundo plano? (...) ¿Cómo es posible que el teatro occidental no vea el teatro en ningún otro aspecto que el del teatro de diálogo? El diálogo –algo escrito y hablado– no pertenece específicamente al escenario, pertenece al libro (1964: 29).

El teatro contemporáneo ya ha salvado este escollo como lo prueban ejercicios de puesta en escena de dramaturgos como Robert Wilson, o la tendencia general del llamado teatro posdramático, pero el cine no ha dado todavía este paso, que debe ser un paso en la dirección que a él le conviene, no la que le convenía al teatro. La certera reclamación de Artaud debe ser entendida en el contexto cinematográfico. Así cuando afirma que «la escena es un lugar físico y concreto que requiere que la llenemos y le hagamos hablar su lenguaje concreto» y cuando añade que «este lenguaje concreto, destinado a los sentidos e independiente del habla, debe primero satisfacer a los sentidos, que hay una poesía para los sentidos como la hay para el lenguaje» (*ibid.*), no podemos suponer que el espacio de la escena teatral y el de la escena cinematográfica son iguales. Ni que esa poesía de los sentidos tiene que ser la misma o funcionar de la misma manera en ambos medios. Lo que el cine nos enseña, y enseña también a ese teatro que Artaud calificaba de *teatro de diálogo* y contra el que clamaba, es que no es necesario renunciar a los diálogos para que la imagen obtenga toda su pujanza expresiva, que basta con comprender que todo lo que se diga en cualquiera de las dos escenas, la teatral y la cinematográfica, tiene, antes que nada, una presencia visual y que, por lo tanto, no se trata de situaciones reales representadas, sino de situaciones imaginarias reales, es decir, que se produce *por vez primera* en el espacio escénico teatral o cinematográfico. Cada cual, por supuesto, a su manera, ya que la presencia visual muestra en ambos medios una factura diferente. Vale la pena considerar las reclamaciones que efectúa Bleyen respecto de la incomprensión de la fotografía por parte de Deleuze y Guattari porque pone el foco en un problema que incumbe también al cine, a pesar del profundo interés que Deleuze demostró por él: «para empezar, conectar lo *menor* con la fotografía implica necesariamente leer a Deleuze a contrapelo y, por tanto, ya supone hacer un "primer viaje".[17] De hecho, Deleuze y Guattari no parecen haberse sentido atraídos en absoluto por la fotografía, y esto tiene mucho que ver con la forma en que equipararon el medio con la lógica del "cliché" —las cualidades documentales y representativas de la fotografía— y con la memoria o la ilustración narrativa» (*ibid.*: 11).

La mayoría de las veces no son los cineastas lo que ignoran la potencia visual de su medio, sino los críticos, los teóricos y, finalmente, el público. Por lo tanto, una de las funciones del cine menor sería la de poner de manifiesto este déficit en lugar de abundar todavía más en la insensibilidad estética, proponiendo, como sucede muchas veces, un cine estéticamente pobre, con la idea errónea de que la estética es un lujo de la industria y del capital. La estética del poder no se combate con una estética deficiente o nula, sino con una estética más poderosa, más expresiva que la dominante. Un estética que sea, sobre todo, más pensante y más pensable. Ello es aún más crucial cuando, en la actualidad, se está produciendo una significativa aproximación entre el teatro y la filosofía

17. Bleyen hace referencia aquí a la noción de "conceptos viajeros" acuñada por Mieke Bal para exponer los cambios que experimentan los conceptos cuando viajan de una disciplina a otra (Bal, 2009).

en el sentido de que «los filósofos ven en "el drama" un vector de renovación de la práctica conceptual» (Wiame, 2015: 293). Se hace necesario prestar atención a esta tendencia, que no es contraria a las propuestas de Artaud, aunque lo parezca, sino que debe ser entendida a través de ellas. Recordemos que Artaud no planteaba un drama sin ideas, sino que reclamaba que las ideas fueran expresadas antes que nada por medio de conglomerados sensoriales. Una vez entendido esto, no debe haber inconveniente en que, ya sea en el teatro o en el cine, la palabra fluya entrelazada con el entramado estético, formando un conjunto expresivo en la línea de una obra de arte total que, por otra parte, parece estar promocionando ya la actual constelación de medios y sus confluencias. Pero, en cualquier caso, la enunciación fílmica debe ser primordialmente estética, si no se quiere traicionar al medio, esto es, si no se quiere hurtar al espectador un determinado régimen de experiencia, o sea, precisamente lo que Guattari denomina «creatividad potencial de las máquina semióticas asignificantes» (2017: 405).

El cine forma parte de la esfera de lo que Guattari califica de riqueza expresiva, algo que en las sociedades industriales se debilita, «ya que cualquier enunciado debe poder traducirse al código lingüístico de las significaciones dominantes» (*ibid.*.: 404). Las máquinas semióticas asignificantes se forman mediante una codificación asemiótica que da paso a semióticas asignificantes las cuales permiten «escapar a las semiologías del significado y participar de los agenciamientos colectivos del deseo» (*ibid.*). Ello le permite afirmar a Guattari que «El cine es político independientemente del tema que esté tratando; cada vez que se representa a un hombre, a una mujer, a un niño o a un animal, está tomando partido en las microluchas de clase que afectan a la reproducción de los modelos de deseo (...) En última instancia, lo decisivo en el plano político y estético no son las palabras o las ideas que expresan. Lo esencial son los mensajes asignificantes que escapan a las semiologías dominantes » (*ibid.*: 410).

Con estos ingredientes se forma un magma a partir del que podría levantarse una teoría de la estética cinematográfica en cuyo núcleo se encontraría la comprensión de los procesos inconscientes que desencadena el cine y que, según Guattari, el psicoanálisis no puede comprender, a pesar de que, desde esta disciplina, se han señalado repetidamente las analogías que existen entre el sueño y las películas (*ibid.*: 411). Pero esta comprensión ante la que el psicoanálisis fracasa no puede emprenderse a partir de un análisis de los significados expresados directamente por el cine. No porque este, siendo un conglomerado de sueños, presente un contenido manifiesto del que debe extraerse el correspondiente contenido latente, sino porque lo que el cine propone, a través de su estética entendida como una función compleja, es la forma visual del inconsciente social, es decir, plantea una visualización de un imaginario que se construye a medida que se muestra en cada operación fílmica.

Para comprender esta fenómeno es necesario considerar el nuevo régimen de las relaciones entre la imaginación y la realidad que empieza a instaurarse a finales del siglo XIX, como ya se ha reseñado. La ontología fantasmagórica se impone entonces por el hecho de que el mundo material empieza a ser recubierto o transitado por un envoltorio imaginario que le da una nueva presencia, tal y como se desprende de las reconversiones que experimentan en ese momento las mercancías, representantes de todo lo material y positivo que ha estado fundamentado la sociedad y la cultura. Pero también es relevante el hecho de que, en paralelo al fetichismo de la mercancía y como manifestación directa del mismo, se crea la moderna publicidad y el marketing, que son la verdadera fábrica de sueños a la que el cine debe enfrentarse, si no quiere quedar prisionero en sus dominios. Es decir, si pretende ser el antídoto para «esa gigantesca máquina de modelaje de la libido social» (*ibid.*: 411), en la que se dice que él se ha convertido, pero que en realidad es un fenómeno que pertenece a una operación más generalizada. Es cierto, sin embargo, que esta ha sido la misión, voluntaria o involuntaria, de un cierto tipo de cine, pero también es verdad que el cine constituye el mejor revulsivo contra esa tendencia a la que representa más fidedignamente no tanto la publicidad en sí, como lo que podríamos denominar la función publicitaria que se desprende de una sociedad que está siendo imaginada por la acción de innumerables procesos: tecnológicos, económicos, psicológicos, psicológicos, etc.

En el cine, el inconsciente, más que manifestarse como una representación, codificada o no, lo que hace es prolongarse más allá de sus propios dominios. El cine es una prolongación inconsciente del imaginario o una extensión imaginaria del inconsciente, dependiendo del tipo de cine del que se trate. En esta función, le acompañan especialmente la publicidad y la televisión. Son estos dos medios, los vehículos principales del inconsciente expandido y los que más contribuyen a domesticarlo en el sentido que dicta el poder. El cine, por el contrario, está mejor preparado que ellos para provocar una iluminación que puede entenderse como un despertar, en el sentido que le daba Benjamin, o como una asimilación de los elementos imaginarios que conforman la nueva realidad, en una toma de conciencia de las fuerzas inconscientes, para poder existir humanamente en un mundo que, para bien o para mal, no puede dejar de ser imaginario.

El inconsciente que aflora en el cine es sumamente impuro, aparece mezclado con múltiples elementos imaginarios, recogidos de muy distintas partes y mezclados con los argumentos fílmicos —ficticios o reales—, que son lo inmediatamente identificable del conjunto. Se puede considerar maquínico, ese inconsciente, en el sentido que le da Guattari al concepto, ya que está siempre activo gracias a la presencia que le insufla el movimiento. Afirma «que todos los sistemas mecánicos, en cualquier dominio al que pertenezcan —técnico, biológico, semiótico, lógicos, abstractos— son el soporte, en sí mismos, de procesos protosubjetivos, que describiré como subjetividad modular» (Guattari, 1989: 10). El inconsciente que construye el film —que no se debe confundir con el inconsciente fílmico— es un inconsciente a la vez social, estético, político y tecnológico que se acopla al inconsciente individual, a su permeable subjetividad, es decir, que activa esta subjetividad más allá de lo que el sujeto es capaz de ser consciente. Se trata también de un inconsciente fantasmagórico porque está en constante proceso de transformación y, por tanto, se forma y deforma sin cesar, difuminando sus perfiles, a pesar de que el film que contempla el espectador es un producto terminado. Está terminado pero no cerrado, puesto que los procesos vuelven a activarse a cada proyección y en la mente de cada uno de los espectadores. Es por ello que

> el psicoanálisis estructuralista no puede enseñarnos mucho más en cuanto a la organización sintagmática de los mecanismos inconscientes que activa el cine de lo que haya podido enseñarnos el psicoanálisis ortodoxo respecto de sus contenidos semánticos. Sin embargo, el cine podría ayudarnos a comprender mejor la pragmática de las catexias

> inconscientes en el campo social. Porque en el cine, el inconsciente no se manifiesta de la misma forma que sobre el diván; en las salas de cine, el inconsciente escapa parcialmente a la dictadura del significante, ya no se encuentra reducido a un hecho lingüístico, ni respeta la clásica dicotomía emisor-receptor propia de la comunicación significante que se mantenía aún en la transferencia psicoanalítica (*ibid.*: 417).

Esta extensión del inconsciente que se forma en el film no es algo oculto, dispuesto a ser desentrañado o interpretado, algo que hay que buscar *debajo* de la propuesta manifiesta o por detrás de los temas y argumentos desarrollados por la película, sino que está presente en la pantalla en todo momento, visualizado junto con el resto de motivos obvios que aparecen ella. Para detectarlo basta con desactivar el sistema realista que los reúne y descubrir otros nexos y otras confrontaciones que son asintagmáticas en la pantalla pero que se activan significativamente en el sujeto, no porque este los interprete conscientemente, sino porque se acoplan a su imaginario y absorben significados instalados en él. En el cine, como en el sueño, se producen fantasmagorías en las que el sujeto es a un mismo tiempo contenedor y contenido. Igual que, en el sueño, el sujeto sueña y es soñado, es a un mismo tiempo creador y criatura del sueño. Los espectadores asimilan la película a la vez que esta les asimila a ellos. Contemplan en la pantalla un sueño que parece ajeno pero que les es propio porque los incluye y en parte está siendo generado por ellos mismos. Guattari, que consideraba al cine comercial, el cual le fascinaba, como el «diván del pobre», sabía que «el efecto alucinógeno de este cine dependía de semióticas múltiples pre-significantes que dejaban trazas reales en el inconsciente del espectador» (Maglioni y Thompson, 2012: 36). Ya que «su acción inconsciente es profunda; quizás más que la de cualquier otro medio de expresión (...). Porque, de hecho, el modelado que resulta de este vértigo barato no cesa de dejar huellas: el inconsciente se encuentra poblado de indios, vaqueros, policías, gánsteres, belmondos, marilyn monroes...» (Guattari, 1975: 101-102)

Pasolini decía que, así como el escritor tiene a su disposición un diccionario de palabras prestas a ser utilizadas, «no existe un diccionario de las imágenes. No existe ninguna imagen encasillada y pronta para el uso. Si por azar quisiéramos imaginar un diccionario de las imágenes deberíamos imaginar un diccionario infinito, como infinito sigue siendo el diccionario de las palabras posibles. El autor cinematográfico no posee un diccionario sino una posibilidad infinita: no toma sus signos (im-signos) de la caja, del cofre, del bagaje, sino del caos, donde todo cuanto existe son meras posibilidades o sombras de comunicación mecánica y onírica» (1970: 11). Por tanto, todo cuando existe se manifiesta en el film de manera organizada y desorganizada a un mismo tiempo, puesto que el espectador lo experimenta a la vez como una revelación de lo real y como un sueño, un sueño que está organizado a su vez como un film. Según Pasolini, «cada sueño es una serie de im–signos, que tiene todas las características de las secuencias cinematográficas: encuadres en primer plano, planos generales, insertos, etc.» (*ibid.*: 10). Joaquín Jordá, traductor al español del escrito de Pasolini, en una nota al pie, aclara el significado de im-signo, recurriendo a lo manifestado por el intelectual italiano en una entrevista. Afirmaba este que «mientras que todos los restantes lenguajes se expresan a través de sistemas de signos "simbólicos", los signos del cine no lo son; son "iconográficos" (o icónicos), son signos de "vida", por decirlo de alguna manera; dicho de otra forma, mientras que los restantes modos de comunicación expresan la realidad a través de lo "simbólico", el cine expresa la realidad a través de la realidad» (*ibid.*: Nota 4).

Vale la pena detenerse un momento en esta afirmación acerca de que el cine expresa la realidad a través de la realidad y, para ello, es necesario desviarse un momento del curso principal de la argumentación. Karen Barad, desde la filosofía de le ciencia, se une al rechazo de la hegemonía del lenguaje. Adopta la misma perspectiva que la corriente de la Ontología Orientada al Objeto (OOO), cuando esta critica el constructivismo y el representacionalismo. A este respecto, Barad se hace una serie de preguntas que son a la vez pertinentes y problemáticas: «¿Qué nos obliga a creer que tenemos un acceso directo a las representaciones culturales y sus contenidos, en menoscabo de las cosas mismas así representadas? ¿Cómo es que el lenguaje pasó a ser más confiable que la materia? (2023: 56). Son cuestiones problemáticas porque establecen una equiparación epistemológica entre la cultura y las cosas que no es del todo asumible. Se puede argumentar que tenemos un acceso directo a la cultura y sus contenidos, compuestos por cosas, porque la cultura la hemos compuesto nosotros y las cosas, en principio, no, si entendemos por cosa algo ajeno al humano, lo que Barad denomina, generalizando mucho, materia. Y la hemos formado, esa cultura, precisamente para comprender las cosas, es decir, la realidad. Para comprenderlas, pero también para pasar a la acción con la materia, tomando al pie de la letra lo que dice Heidegger al responder a la pregunta de qué es una cosa: «en un sentido *estrecho*, cosa significa lo que es asible, lo que es visible, etc., aquello que es ofrecido a la mano» (1962: 17). Si, en lugar de cosa, hablamos de objeto, tenemos algo, una cosa, que ha sido ya, de alguna manera, utilizada. Y, en cuanto que ha sido utilizada, aunque solo sea para darle un valor de uso, más aún, si es un valor de cambio, ya ha traspasado la línea que separa la *materia* de nosotros. O, dicho de otro modo, lo que distingue la materia —lo que Kant denominaba la cosa en sí— de lo asimilado y transformado socialmente.

Dicho esto, la crítica de la hegemonía del lenguaje es acertada. Desde esta perspectiva, es genuino, por lo tanto, preguntarse, como hace Barad, por qué confiamos más en el lenguaje que en la materia. Pero ello nos lleva a preguntarnos qué es la materia y, a la hora de responder, recurrimos al lenguaje, a menos que, como los habitantes de la isla de Laputa de la sátira de Swift, nos limitemos a mostrarnos las cosas unos a otros. Por otro lado, es necesario argüir que la mayoría de *cosas* que forman nuestra realidad son artificiales, es decir, son *materiales*, no entelequias, pero han sido elaboradas y condicionadas artificialmente, y por consiguiente no accedemos a una esencia material de ellas, sino a su envoltorio imaginario, que debe ser expresado por el lenguaje si queremos comunicarlo racionalmente. Sin embargo, ni Barad ni los partidarios de la OOO se refieren a la comunicación, como debería ser, puesto que todas sus teorías están expresadas mediante el lenguaje, sino que apelan a lo que la materia, las cosas, los objetos puedan decir, al margen de lo que digamos nosotros, los humanos, sobre ellos. Como afirma Jane Bennett, «los cuerpos orgánicos e inorgánicos, los objetos naturales y culturales (estas distinciones no son particularmente significativas aquí) son todos afectivos. Aquí me apoyo en una noción espinosista del afecto, que refiere en líneas generales a la capacidad de acción y reacción que cualquier cuerpo tiene» (2022: 17). Y Laura Tripaldi abunda en esta misma dirección, cuando afirma que «descubrir la inteligencia de los materiales no es solo un ejercicio conceptual, destinado a ampliar la noción de inteligencia al campo de la materia no (estrictamente) viviente. Al contrario, investigar estas mentes materiales significa, sobre todo, intentar encontrar las raíces comunes de todas las inteligencias en la vitalidad intrínseca de la materia de la que están hechas» (2023: 16).

Asumiendo la pertinencia de esta perspectiva, se puede pensar en la expresión de cosas o de imágenes de cosas que equivaldría a expresar la realidad a través de la realidad, como indica Pasolini, pero siempre que entendamos que la realidad está ya mediatizada culturalmente, tecnológicamente y, en última instancia, subjetivamente. Según Pasolini, «Tanto la mímica y la realidad bruta como los sueños y los mecanismos de la memoria, son hechos casi pre-humanos, o que se hallan en las fronteras de lo humano: en cualquier caso, pre-gramaticales y fundamentalmente pre-morfológicos (los sueños aparecen al nivel del inconsciente, y también los mecanismos mnemónicos; la mímica es un signo de extrema elementalidad civil, etc.). El instrumento lingüístico sobre el cual se implanta el cine es por tanto de tipo irracional: y esto explica la profunda calidad onírica del cine, y también su absoluta e imprescindible concreción, digamos, objetual» (1970: 10). Es decir, que tenemos acceso a la realidad a través de una realidad soñada por las imágenes, introduciéndonos, a través del cine, en el sueño de la realidad, o lo que es lo mismo, en una realidad profundamente imaginada. Si nos limitamos a expresar este acceso lingüísticamente, desvirtuamos la relación. Solo después de haber experimentado asintagmáticamente lo real —la materia, los objetos, etc.— podemos relatar la experiencia lingüísticamente, ya que en tal caso no estaremos hablando de representaciones, sino de acciones, de lo que Barad y otros denominan performatividad de lo real. Una performatividad que, no lo olvidemos, acostumbra a estar mediatizada, como en el cine, por alguna tecnología.

Todos los rostros posibles

Los personajes de ficción establecen zonas estéticas donde lo que Guattari denomina la rostridad capitalista —concepto a cuyo significado contribuirá luego Deleuze— se enfrenta a un posible desenmascaramiento o contrapeso. Los personajes de ficción, que ponen rostro a una idea, es decir, que son máquinas de rostrizar por excelencia, albergan la posibilidad de desactivar los rostros normativos del capitalismo. Afirma Guattari que «siempre hay un momento, en la ordenación del espacio social, en que la dimensión del semblante se interpone para delimitar lo que es lícito y lo que no lo es» (1979: 79). Todo personaje de ficción está construido a partir de lo que es lícito, para, en algunos casos —los más significativos—, deslizarse hacia lo que no lo es.

El concepto de rostridad, tal como lo plantean Deleuze y Guattari, es sumamente complejo y polifacético. Aparece primero en el libro *El inconsciente maquínico* de Guattari como «rostridad significante y rostridad diagramática» (*ibid.*) y es ampliado después, por el mismo Guattari junto con Deleuze, en *Mil mesetas*, relacionándolo con el significante: «El significante siempre está rostrificado. La rostridad reina materialmente sobre todo ese conjunto de significancias y de interpretaciones» (2002: 121). Cuando aparece en cada uno de estos dos libros, Deleuze y Guattari aún están tratando de escapar, juntos y por separado, del orden del lenguaje. Pretenden desmantelar especialmente la semiótica y su régimen de signos, dejando atrás al mismo tiempo las arquitecturas estáticas del estructuralismo. En este contexto, el rostro y la rostricidad corresponden a un «contrasignificante» (2002: 123) o a un «postsignificante» (*ibid.*: 124), es decir, a aquel "significado" asemiótico que el significante destila cuando se libera del significado propiamente dicho y produce efectos o afectos aparte de él. Se trata de un "significado" que ya no está oculto *detrás* del significante, expresando desde allí su verdadera esencia, que sería comunicativa; un significado esencial que solo se alcanzaría dejando atrás al significante, atravesándolo, eliminando o invisibilizándolo, como pretende la semiótica. El significado de la semiótica solo aparecería una vez eliminado el significante, como si este fuera igual que la cortina que pintó Parrasio y a la que habría que descorrer para ver el cuadro. Se propone, por el contrario, la existencia de un "significado" que podríamos decir que se halla *delante* del significante y no *detrás.* En el momento en que este ya no depende de un significado, ya no es su lacayo, adquiere la libertad de poderse expresar a sí mismo. El significante se convierte en su propio significado, no hay separación entre ambos niveles y, por ello, es posible afirmar que el significante ya no significa, que es asemiótico o asignificante. El significante se convierte en un rostro, no porque los rostros no signifiquen. Lo hacen, pero en sus propios términos: un rostro, por ejemplo, no comunica una tristeza que viene de otra parte, sino que es la imagen de la tristeza que se genera en la propia superficie del rostro: «todavía querríamos hablar muy especialmente de un cuarto régimen de signos, régimen postsignificante, que se opone a la significancia con nuevas características, y que se define por un proceso original, de "subjetivación» (Deleuze y Guattari, 2002, *ibid.*).

Ahora, cuando ni la lingüística ni la semiótica mantienen ya el poder hegemónico de antaño, es necesario indicar que cuando Guattari y Deleuze dicen "significante" habría que decir simplemente imagen, puesto que las imágenes son, en esencia, puro significante, poseen por antonomasia un rostro expresivo más allá de un posible significado que las suplante. La imagen instaura un régimen de significación, o de postsignificacion, situado más allá de la semiótica, que la reduce al lenguaje para dominarla mejor, pero que de esta manera la desactiva. El rostro es, en el ámbito de la imagen, el antídoto de la representación, aquello que expone la imagen en sí misma y por sí misma y que convierte a la imagen en una máquina expresiva que reterritorializa numerosas líneas de fuga. En este sentido, tanto da que la imagen sea figurativa o abstracta. Por ello, se puede decir que «La forma del significante tiene una sustancia, o el significante tiene un cuerpo que es Rostro (principio de los rasgos de rostridad, que constituye una reterritorialización)» (*ibid.*: 122). Cuando el significante o la imagen pasan a convertirse en una máquina abstracta que los proyecta fuera de sí mismos, decimos que se rostroizan, que se convierten en rostro. Y, como afirman, Jean-Jacques Courtine y Claudine Haroche en su magnífica *Historia del rostro*, «El rostro seduce con más seguridad, con más sutileza aún que las palabras» (1988: 13). La cuestión es qué significa esa seducción que promueve el rostro, tanto para el rostro en particular, como para la imagen en general, e incluso para esa transformación alquímica que implica la rostridad. Un error bastante común, del que no están exentos ni Deleuze ni Guattari, consiste en establecer una estricta dicotomía entre lo emotivo y lo racional, de forma que la emoción sería lo contrario absoluto de la razón. Seducir sería, en este caso, algo parecido a hipnotizar, a afectar al cuerpo o al sistema nervioso sin pasar por el cerebro, para decirlo en palabras de Deleuze cuando este se refiere al efecto que produce la pintura de Bacon. Pero la seducción es un mecanismo complejo que contiene muchos registros, algunos de los cuales son emotivos, pero otros generan respuestas o producen acciones que, sin abandonar o anular la emotividad, invocan el pensamiento. Citando un tratado de retórica del siglo XVII, Courtine y Haroche indican que «hay en el rostro una suerte de elocuencia silenciosa que, sin siquiera actuar, sin embargo actúa» (*ibid.*). La elocuencia del rostro y de la imagen es ciertamente silenciosa, pero se trata de un silencio *lleno*. No implica la ausencia de algo, sino la presencia desbordante de aquello que la palabra negaría, la potencia de la visualidad.

La relación que el rostro mantiene con la subjetividad es también ambigua. Es cierto que, como dicen Deleuze y Guattari, «Más que poseer un rostro, nos introducimos en él» (2002: 182), en el sentido de que los rostros están básicamente conformados históricamente por fuerzas ajenas a ellos. Pero también hay que considerar que en este punto se acumula un magma común que luego cada individuo moldea según las circunstancias. En última instancia, no cabe duda de que « El rostro labra el agujero que necesita la subjetivación para manifestarse; constituye el agujero negro de la subjetividad como conciencia o pasión» (Deleuze y Guattari, *ibid.* 174). Como decía Diderot, «En un individuo, cada instante tiene su fisionomía, su expresión (...). En la sociedad, cada orden de ciudadanos tiene su carácter y expresión; el artesano, el noble, el plebeyo, el literato, el eclesiástico, el magistrado, el soldado» (1955: 63 y 66). Los rasgos individuales y los rasgos sociales se mezclan con lo político: «En efecto, la cuestión fundamental sigue siendo: ¿cuándo aparece la máquina abstracta de rostridad? ¿Cuándo se desencadena? (...) Lo que cuenta no es la individualidad del rostro, sino la eficacia del cifrado que permite realizar, y en qué casos. No es una cuestión de ideología, sino de economía y de organización de poder. Por supuesto, nosotros no decimos que el rostro, la potencia del rostro, engendre el poder y lo explique. Por el contrario, ciertos agenciamientos de poder tienen necesidad de producir rostro, otros no» (Deleuze y Guattari, 2002: 180 y 181). Poco a poco, se van desplegando las capas que contiene el rostro y que a la vez lo contienen a él. Y a un mismo tiempo, desentrañamos el secreto de su poder de seducción que es también el de la imagen, de lo visual. Formas a través de las que el sujeto se expresa y es expresado, formas por tanto de la subjetivación y de la subjetividad, así como espacio dúctil sobre el que el poder despliega sus funciones: «el poder que se ejerce sobre el cuerpo, los gestos, los comportamientos, pretende penetrar las almas y desnudar la interioridad de cada cual» (Courtine y Haroche, ob. cit.: 15). El significante, el rostro y la imagen comparten, por consiguiente, un mismo espacio conceptual a cuya complejidad nada puede serle ajeno, a pesar de que sus dinamismos aparezcan como contradictorios. Pero no son más que los distintos aspectos de un significante liberado de su atadura lingüística. Cuando Lacan afirmaba que «el significante no puede significarse a sí mismo. No hay universo del discurso» (2023: edición electrónica) seguía encerrado en el lenguaje. No hay universo del discurso porque no forma un universo global que pueda accederse desde fuera. Quizá el significante no pueda hablar de sí mismo, pero puede hacer otra cosa que hablar, puede elaborar otro tipo de discurso que expresaremos finalmente a través del lenguaje, pero sabiendo que esa expresión es secundaria con respecto al significante, de la misma forma que este, en el universo del lenguaje, se considera secundario con respecto al significado. No contemplamos el universo del discurso desde fuera, tratando de elaborar un metalenguaje que nos permita comprenderlo como algo ajeno al lenguaje, sino que accedemos a una forma significante que conforma un universo distinto, el de la primacía del significante en sus diversas variantes. En este territorio movedizo y heterogéneo convergen y divergen distintas líneas de fuga que extraen del choque de sus contradicciones, que son aparentes y ciertas a un mismo tiempo, la energía necesaria para seguir funcionando como máquina abstracta.

El personaje y su doble

Los personajes son esencialmente imágenes —de forma especial, en el cine y sus derivados—, cuyo objetivo no es tanto poner rostro a una persona —ideal o actual—, sino convertir en rostro una idea a través de una persona que puede ser real —el actor o la actriz— o ideal —un prototipo en el sentido de lo que Eisenstein denominaba "tipaje" o búsqueda de la forma socialmente ideal de un personaje. La imagen del personaje puede considerarse una derivación de las antiguas máscaras del teatro griego, que ocultaban y mostraban a la vez. Los procesos de "casting" cinematográfico son actividades por las que el rostro se cierra sobre sí mismo, puesto que constituye más una represión de la rostridad que una expresión de su necesaria condición espontánea: con los "castings" se busca que la persona y el personaje coincidan en un rostro que es tópico. Bertolt Brecht decía, refiriéndose al cine de su tiempo, que «las empresas eligen a actores que corresponden a tipos más o menos corrientes, actores que se representan a sí mismos, que se exponen sin disfraz, máscara ni caracterización y se colocan en situaciones en las que el propio público desearía estar... por lo menos en su imaginación» (1973: 167). Siempre es posible, sin embargo, que luego una actriz o un actor especialmente dotados permitan que, por sobre esa formación compuesta por persona y personaje consolidados alrededor de un rostro tópico, aparezca otro rostro libremente expresivo. O que esa floración se produzca de todas formas por diversas circunstancias contextuales, relativas a lo que Guattari y Deleuze, denominan paisaje o rostridad del paisaje: «No hay rostro que no englobe un paisaje desconocido, inexplorado; no hay paisaje que no se pueble con un rostro amado o soñado, que no desarrolle un rostro futuro o ya pasado. ¿Qué rostro no ha convocado los paisajes que amalgamaba, el mar y la montaña, qué paisaje no ha evocado el rostro que lo habría completado, qué le habría proporcionado el complemento inesperado de sus líneas y de sus rasgos?» (*ibid.*: 178).

Los requisitos que Bertolt Brecht imponía a la interpretación o a la construcción de los personajes imponían un proceso que combinaba los movimientos de centramiento y descentramiento. La interpretación debía ser tan realista como fuera posible, pero, a la vez, los actores y las actrices debía ser capaces de añadir a su actividad una crítica a este realismo, incorporar en él la otra cara del realismo que implica mostrar que se trata de un realismo construido. Sobre un rostro se incorporaba, pues, otro rostro que desenmascaraba al anterior sin negarlo completamente. Frente al rígido naturalismo de Stanislavsky, Brecht proponía un juego de espejos en el que se sumergía el espectador para pasar constantemente de la realidad a la ficción, de lo virtual a lo actual, sin que hubiera un lugar estable desde el que fuera posible discernir entre uno y otro. El personaje y su rostro se convertían así en una imagen cristal, en el sentido que Deleuze le daba a este concepto en sus estudios sobre cine. Pero este proceso no se da solo en el cine, sino también en el teatro, así como en todo medio en que la imagen esté impulsada o transitada por el movimiento. En otros medios estáticos, como el de la pintura o la fotografía, los procesos de rostridad son distintos, puesto que en ellos personaje y paisaje establecen una unidad formalmente mucho más estricta que aquellos otros en los que la imagen está en movimiento. En estos, la actividad política que trata de oponerse o desmantelar la rostridad socialmente establecida, aquella que podemos calificar de capitalista en un sentido amplio, constituye un proceso constante, incluso en los medios que, como el cine, gestan formaciones cuya temporalidad ha sido ya clausurada en el momento de su presentación pública, contrariamente a lo que sucede en los espectáculos teatrales, en los que la temporalidad se renueva en cada representación. En cualquiera de los dos casos, sin embargo, se producen devenires que solo en apariencia disfrutan de distinto grados de indeterminación. Lo importante es este devenir del que carecen los medio estáticos en los que es el espectador el que debe desentrañar el verdadero rostro que la imagen le ofrece, por encima de los clichés en los que esta parece asentarse.

El rostro humano es quizá lo más proteico y complejo que existe. Expresa a la vez espacio, tiempo, emoción, subjetividad e historia y, por ello, es político como afirman Guattari y Deleuze, quienes lo relacionan directamente con el desarrollo del capitalismo. Para ello, la ontología del rostro está cercana a la del cuerpo sin órganos, puesto que del mismo modo que los dos filósofos «cuestionan la visión orgánica del cuerpo centrado en sus órganos e insisten en cambio en devenires virtuales, inorgánicos e informales» (Sauvagnargues, 2016: 226), se entiende de sus manifestaciones que el rostro es también un conjunto de devenires virtuales que son tanto inorgánicos como informales. Por ello, el retrato, tanto pictórico como fotográfico, traiciona la proverbial vibración del rostro, que está hecho básicamente de movimiento. Esta movilidad, para Deleuze y Guattari, no se limita al hecho de que la forma del rostro se encuentra en un estado de constante variación, sino también a que el rostro está relacionado con la historia del sujeto. Es el resultado de un ensamblaje histórico que esos autores denominan una máquina abstracta: «de acuerdo con este primer principio de la producción maquínica, el rostro no es una estructura humana, sino más bien una máquina producida en un ensamblaje específico» (*ibid.*: 222). Para Deleuze y Guattari, el rostro es un signo, pero un signo de unas características especiales que, de hecho, trascienden el concepto de signo, llevándolo hasta una situación conceptual inédita: «está claro que los signos no forman un sistema cerrado y homogéneo, conforme a los planteamientos del estructuralismo, sino que componen regímenes diferentes, abiertos, conectados y dispares» (*ibid.*: 221). La semiótica que puede explicar este tipo de signo es rizomática: «En un rizoma, el rasgo semiótico no está "necesariamente vinculado a un rasgo lingüístico", sino que "cadenas semióticas de toda naturaleza" están "conectadas a modos muy diversos de codificación (biológicos, políticos, económicos, etc.) que ponen en juego no solo diferentes regímenes de signos sino también estados de cosas de diferente estatus"» (*ibid.*). Podemos decir, por lo tanto, que el rostro compone una imagen básicamente inestable, formalmente cambiante, cuya ontología es comparable a la cinematográfica. Podemos entender una película como un rostro que expresa un estado ánimo a lo largo de un determinado período de tiempo. Pero el cine no es solo el medio más adecuado para explicar visualmente la ontología del rostro, sino que también contiene innumerables rostros que, desde el interior del rostro general que compone un film, exponen sus particulares estados de ánimo.

No se puede decir que el cine represente rostridades ya existentes, al contrario de lo que en principio pretenden la pintura y la fotografía. En el cine, como en la realidad, los rostros son un flujo, componen una sucesión de devenires. Pero, en el cine, el rostro se convierte en imagen y se desdobla. O, mejor dicho, los rostros que aparecen en un plano surgen de la superposición del rostro natural y del rostro estético. Esta imagen no proviene directamente de la realidad, sino que ha sido construida por procedimientos tecnoestéticos para moldear un doble movimiento, el de los rasgos del rostro y el de los rasgos de la imagen. En la realidad, solo existe el primer movimiento, y en los medios representativos como la pintura o la fotografía, ninguno de los dos. En el cine, además, la imagen del rostro aparece incrustada en un campo visual donde confluyen, atravesándolo, distintas líneas de fuerza, las cuales también afectan a los rostros presentes en ese campo y hacen que las formas del rostro y las del campo en el que está situado se interpenetren y compongan una sola rostridad, lo que podríamos denominar un rostro extendido: en concreto, una imagen-rostro. El primer plano de una cara sería el mejor ejemplo de esta particularidad, que, de todas formas, no se circunscribe a este tipo de plano, sino que afecta a cualquier imagen fílmica en la que los rostros sean determinantes u ocupen un lugar privilegiado. Aunque los devenires que conforman el rostro en la realidad y en el cine son distintos, en ambos casos, se pone de manifiesto tanto la esencial fluidez de la realidad como la de las imágenes, así como el hecho de que esta fluidez es expresiva. Pero es el cine el que deja primordialmente constancia, con su doble movimiento, de que los ensamblajes que componen un rostro y sus distintas fases expresivas producen, a cada momento, nuevas realidades o nuevas fases de la realidad. En este sentido, sí que puede decirse que existe una equivalencia entre la fisionomía cambiante de un rostro real y el flujo que muestra un rostro imaginado, puesto que ambos se refieren a un mismo fenómeno, el de la fluidez que determina ambas realidades. El rostro, además de su propia y compleja ontología, compone, por lo tanto, una alegoría perfecta de la forma de lo real. Es por ello que podemos hablar de una manera que es tanto metafórica como posmetafórica, del rostro de una gran variedad de cosas. De esta forma, no solo nos referimos a su expresión externa, sino también a una plasticidad esencial que las sitúa en el tiempo y, por tanto, señala su constante transformación. Quizá sea la comparación que podemos hacer actualmente entre el rostro, que combina de forma fluida mente y materia, y la imagen en movimiento lo que nos señala la existencia de una corriente profunda de nuestra cultura que la orientaliza. Como indican Jordi Vallverdú y Yosuke Nakano, en un peculiar escrito sobre las arquitecturas del pensamiento, «La diferencia más radical entre los filósofos occidentales y los asiáticos es la creencia de los primeros en una realidad estable (el noúmeno, *Ding-an-sich*, la cosa en sí misma), mientras que los segundos consideran que la realidad experimenta un cambio continuo» (2022: 255). También Flusser señalaba una importante diferencia entre el arte oriental y el occidental, concretada en el diseño. Afirmaba que el diseño oriental proviene de la mano, del gesto. No da forma a un material que carece de ella, como el occidental, sino que crea una forma del mundo. No hay que precipitarse a sacar conclusiones antropológicas o culturales sobre este trasvase, de momento basta con indicar que son indicios de un cambio de paradigma, un momento en el que es lógico que se combinen distintos imaginarios que tienen su origen en culturas diferentes, pero que son posibilidades y virtualidades que anidan en cualquiera de ellas. De todas formas, el proceso de trasvase se concreta ahora, con el pensamiento que se deriva de la imagen en movimiento y de las tecnologías de la imaginación, pero es la culminación de una deriva iniciada en el pasado. Así son conocidas las relaciones que la filosofía de Leibniz estableció con la de Confucio, especialmente a través de los aportes que efectuaron los misioneros jesuitas que viajaron a China. Y fue Deleuze quien, más tarde, se encargó de establecer una estrecha relación entre el pensamiento de Leibniz y Whitehead, especialmente por lo que se refiere al acontecimiento o la creación de lo nuevo que, como hemos visto, es uno de los rasgos distintivos de la cultura oriental. Según Deleuze, «es con Leibniz con quien surge en filosofía el problema que nunca dejará de perseguir a Whitehead y Bergson: no cómo alcanzar lo eterno, sino bajo qué condiciones el mundo objetivo permite una producción subjetiva de la novedad, es decir una creación» (1988: 107). La recuperación del pensamiento de Whitehead que se ha producido en los últimos años sería, por lo tanto, un claro indicio de la citada orientalización de nuestra cultura. Y si el problema de lo nuevo surge con Leibniz en la filosofía occidental, es porque este lo recoge de una tradición mucho más antigua en la que el cambio formaba parte de su núcleo fundamental. Hablar de lo nuevo o de la creación es hacerlo del cambio y, por lo tanto, del movimiento. Y ello nos lleva de regreso al rostro como analogía de las fluidez de las imágenes.

Si bien es cierto que, el rostro no forma parte del cuerpo, sino que *le ocurre* al cuerpo (o sucede en el cuerpo), «cuando el cuerpo es sometido a una marcación social» (Sauvagnargues, 2016: 228), no por ello deja de ser posible hablar de un *rostro del cuerpo*, de un proceso de rostridad en cuerpos que se encuentran en proceso de formación, es decir, que devienen algo en determinadas circunstancias. Y de la misma manera, nos podemos referir al rostro de los objetos o de los paisajes, cuando estos últimos se convierten, por ejemplo, en *territorios*. Respecto a estos, se dice que «el territorio no debe confundirse con un segmento determinado del espacio ni entenderse como preexistente al conjunto. Es más bien un acto producido de acuerdo con el ritmo vital de territorializaciones individualizadoras y desterritorializaciones intensivas. El territorio consiste en una dinámica de territorialización, una apropiación vital que coordina rítmicamente fuerzas heterogéneas, al gunas tendiendo hacia la estratificación de formas organizadas, otras hacia el devenir informal de fuerzas» (*ibid.*: 223). De modo, pues, que un rostro puede considerarse un territorio, de la misma forma que un territorio propiamente dicho, un paisaje, espacio o imagen pueden considerarse rostros sometidos a procesos cambiantes, ya sea históricamente o por la percepción subjetiva que tenemos de ellos. Es aquí donde el cine entra de nuevo para mostrarnos la rostridad, el cambio efectivo, de esos elementos, puesto que en el cine, donde, como en el rostro, todo es movimiento, cualquier cosa resulta cambiante, por estática que sea en la realidad. Objetos, personas, arquitecturas, espacios, paisajes, incluso imágenes incluidas dentro de la propia imagen que es el cine, están sometidas al movimiento cinematográfico y, por lo tanto, pueden considerarse *rostros* de esa manera *postmetafórica* que implica un proceso por el que lo metafórico se mezcla con lo real, lo virtual y lo actual. Por ello, se puede decir que los personajes de un film tienen un rostro doble. Por un lado, está el rostro que ocurre en su cuerpo, el que corresponde a sus procesos de individuación o de devenir; por el otro, el rostro compuesto por la alianza del rostro personal con el de la imagen que lo contiene.

Dicen Deleuze y Guattari que «el rostro es una superficie: rasgos, líneas, arrugas, rostro alargado, cuadrado, triangular, el rostro es un mapa, incluso si se aplica y se enrolla sobre un volumen, incluso si rodea y bordea cavidades que ya solo existen como agujeros. Incluso humana, la cabeza no es forzosamente un rostro» (2002: 176). Pero, precisamente porque la cabeza no es un rostro, podemos afirmar que el cuerpo puede ser un *rostro* por cuanto es cambiante: «Precisamente porque el rostro depende de una máquina abstracta no se contentará con ocultar la cabeza, sino que afectará a las demás partes del cuerpo, e incluso, si fuera necesario, a otros objetos completamente distintos. Así pues, la cuestión es saber en qué circunstancias se desencadena esa máquina, que produce rostro y rostrificación» (*ibid.*). Más concretamente todavía:

> Esa pura redundancia formal del significante ni siquiera podría ser pensada sin una sustancia de expresión particular para la que hay que encontrar un nombre: la rostridad (*visageité*). No solo el lenguaje va siempre unido a rasgos de rostridad, sino que el rostro cristaliza el conjunto de las redundancias, emite y recibe, sueña y vuelve a captar los signos significantes. El rostro ya es de por sí todo un cuerpo: es como el cuerpo del centro de significancia, al que se aferran todos los signos desterritorializados, y señala el límite de su desterritorialización. La voz sale del rostro; por eso, cualquiera que sea la importancia fundamental de una máquina de escritura en la burocracia imperial, lo escrito conserva un carácter oral, no libresco. El rostro es el Icono

> característico del régimen significante, la desterritorialización intrínseca al sistema. El significante se reterritorializa en el rostro (*ibid.*: 120).

Que los personajes tengan *rostro* significa, por tanto, que expresan más de lo que dicen, que se sitúan no solo más allá del lenguaje, sino también más allá de ellos mismos en tanto que personajes. Son, entre otras cosas, formas de pensamiento. Es decir, no tanto ideas como formas de pensar o herramientas para pensar en el ámbito del guion o del film. Maglioni y Thompson, en su estudio sobre el guion de "Un amor de UIQ, se refieren a un film de Leos Carax (*L'Amour à mort*, 1984) para destacar en él momentos de una plasticidad que se aproxima a la danza, a la pintura o a la performance. Y añaden que «muchas escenas de "El amor de UIQ" imaginan una experimentación similar en los gestos y las actitudes corporales de los actores, en sus expresiones: la materialización de sensaciones difusas, pre-personales, interpersonales o transversales. No es sorprendente que una de las cuestiones más importantes del pensamiento de guattariano —¿cómo restituir a la oralidad sus componentes expresivos semióticos múltiples no jerarquizados?— encuentra su lugar en su cine (Maglioni y Thompson, 2012: 47). No es, desde luego, sorprendente, puesto que el cine es el medio más adecuado para conseguirlo, es decir, para pensar mediante formas móviles, a través de imágenes en movimiento.

Del cine-bacteria al cine metástasis

Todos los proyectos cinematográficos de Guattari, anteriores a "Un amor de UIQ", así como este mismo, se insertan en un tipo de cine político de carácter ética y estéticamente guerrillero, característico de la década de los años sesenta y setenta del pasado siglo. Así siguen siendo interpretados estos propósitos, incluso ahora, cuando el panorama estético y político ha cambiado drásticamente. Si se sigue interpretando desde esta perspectiva, no se hace más que enclaustrar la imaginación de Guattari en un tiempo caducado, como si su efectividad solo fuera posible en esas circunstancias. Sin embargo, sucede todo lo contrario:

es ahora que esa imaginación, expandida hacia ámbitos más dinámicos, adquiere toda su eficacia.

Guattari, al pensar el fenómeno de las radios libres que florecieron en esa época, las incluía en una era posmediática que se caracterizaba por «una reapropiación colectiva de los medios tecnológicos e informáticos, así como los medios de producción de formas de vida y prácticas sociales innovadoras» (Maglioni y Thompson, *ibid.*: 21). La necesidad de apropiarse de los medios tecnológicos e informáticos sigue en pie, pero ya no puede plantearse de la forma en que parecía posible en el pasado. Del mismo modo, los proyectos cinematográficos de Guattari deben leerse a la luz de las nuevas circunstancias, si es que han de servir para algo más que para una referencia de carácter biográfico. Si pensamos que el pensamiento de Guattari está más vivo que nunca en nuestra era compleja y tecnológicamente sofisticada, era de máquinas abstractas y máquinas concretas, sus proyectos artísticos, especialmente los cinematográficos, deben ser actualizados para que renueven su vigencia. Mientras que la teoría, si es poderosa, se actualiza sola, se acomoda a los tiempos futuros porque ayuda a comprenderlos, la práctica, especialmente cuando no ha sido culminada de manera fructífera, necesita ser transformada constantemente para que mantenga su vivacidad, puesto que al estar directamente ligada a un estado concreto de los medios de producción, así como de las formas tecnológicas y estéticas, se hace necesario reinterpretarla en el seno de las nuevas situaciones. Ahora, la reapropiación de los medios y las tecnologías o, más concretamente, de una imaginación secuestrada por ellos, requiere una mayor sofisticación de la que suponía en el pasado, cuando la práctica política pasaba por todo lo contrario: por una espontaneidad poco refinada. Planteando la posibilidad de un proyecto de radios libres contemporáneo, Berardi la situaba en el siguiente panorama: «un medio es un instrumento capaz de potenciar una facultad humana, capaz de funcionar como una extensión del cuerpo y su pujanza. Sin embargo, los medios de comunicación modernos han potenciado la inteligencia humana para obtener el efecto paradójico de una desposesión de la inteligencia, han potenciado la imaginación para secar la imaginación concreta. Sometieron el potencial al poder, y la expropiación del poder mental por el poder se manifiesta hoy en la demencia masiva, en la psicopatología difusa, en la depresión, en el pánico» (2005, en línea). Por lo tanto, a un mayor poder de los medios, a una mayor capacidad de incidencia de ellos en el imaginario social, se debe responder con una mayor ambición estética y tecnológica. La solución, para Berardi, pasa por comprender que «el activismo mediático no propone un uso alternativo de los medios en el sentido de su contenido: se trata más bien de cortocircuitar el medio en su estructura, en su sistema operativo lingüístico y tecnológico, de atacar sus disposiciones, sus interfaces, de reagenciar y refinalizar el dispositivo, y no solo el contenido que produce. Pero este desafío solo tiene sentido si el medio (sea lo que sea, no solo la radio) se considera como un dispositivo. Es imposible, en cambio, si creemos que el medio es un automatismo, una secuencia necesaria en sus implicaciones técnicas, estructurales, lingüísticas y funcionales» (*ibid.*). Para liberar la imaginación y sus tecnologías, es necesario trabajar al mismo nivel con el que el poder trabaja con ellas, para superarlo desde su interior. Solo así es posible recuperar las audiencias. Se pregunta Berardi «¿Cómo podemos modificar el funcionamiento de un medio, romper el dominio sobre la comunicación y crear acuerdos autónomos?» (*ibid.*). Y él mismo ofrece la respuesta: «no se trata de reaccionar a la fuerza del poder oponiéndole, con igual fuerza, contenidos contra contenidos. Por el contrario, se trata de introducir en los intersticios de la comunicación social factores de desviación, de ironía, de descompartimentalización, se trata de encontrar líneas de fuga capaces de hacer "delirante" el flujo dominante y de hacer emerger lo obsceno, lo que queda fuera de escena» (*ibid.*). Pero sobre todo no se trata de buscar *alternativas* que, por sus características y falta de ambición estética, se sitúan automáticamente mucho más al margen de lo que suponían sus promotores al considerar que lo marginal era político por naturaleza. Lo decía ya Jacques Copeau hace casi un siglo al plantear las carencias de una cierta imaginación teatral. Según él, «Los que no ven que el mundo está cambiando, siguen proponiéndonos modelos que ya no podemos contemplar y tardan en considerar problemas que ni siquiera se plantean. Los que se creen osados proponen las creaciones de una excentricidad sin fundamentos a las creaciones sin vida de la rutina. Continúan siendo esclavos de la rutina en la medida en que insisten en contrariarla. No saben lo que es la libertad de creación» (2002: 159). Es muy posible que Guattari intuyera el problema que suponen estas derivas propias de la modernidad y que en el ámbito cinematográfico se han mostrado de manera más obvia a lo largo del siglo XX, al establecerse una drástica separación estética y política entre el cine comercial y las distintas facciones de lo que puede llamarse cine alternativo, algo que pudo tener su efectividad en un momento concreto pero que ya había perdido vigencia en la década de los ochenta, cuando el guion de "Un amor de UIQ" empezó a tomar forma. Ello explicaría, de alguna manera, las pequeñas discrepancias que hubo entre los planteamientos de Guattari y los de Robert Kramer durante el desarrollo de la primera fase del proyecto fílmico, discrepancias no siempre formuladas abiertamente, pero que ahora parecen bastante obvias: «en lugar del relato clásico que había esbozado Guattari, Kramer pretendía evocar solamente la memoria de lo que había sucedido antes, sometida a un proceso de fragmentación desprovisto de la coherencia de un punto de vista unificado» (Maglioni y Thompson, *ibid.*: 32). No es que las ideas de Kramer fueran descabelladas y que lo adecuado fuera el aparente clasicismo de Guattari, el cual podía estar justificado si había que llevar el proyecto a Hollywood. El problema, desde un punto de vista más general, residía en que ese desarrollo reproducía las dos mentalidades contrapuestas que seguían afectando al cine del momento, cuando lo que se precisaba era una fusión de ambas, si se quería que el resultado fuera realmente efectivo en todos los sentidos, tanto estética como políticamente. Es decir, si se quería plantear un estética verdaderamente política y no simplemente marginal. El hecho de que Guattari tuviera la pretensión de que su proyecto fuera aceptado por Hollywood, o sea, al ámbito del cine comercial por excelencia, ponía de manifiesto que su imaginación, alimentada tanto por Tarkovski y Straub-Huillet, como por Lynch y Cassavetes e incluso por Disney y los videoclips, se adecuaba mejor a las necesidades de la época incipiente, en gran medida conservadora, que no la prolongación de una resistencia atrincherada en sus deficiencias y cuyos productos, además, ignoraba la mayoría de la población. No se trataba de que hubiera que promover un cine acomodaticio, amoldado al gusto de las audiencias como iba a hacer pronto la televisión, sino de dotarse con las mismas armas que el enemigo y librar la batalla con el mismo nivel de exigencia, sin renunciar a nada por los requisitos de una austeridad estética malentendida. Es cierto que una época conservadora tiende a promover manifestaciones artísticas igualmente conservadoras, pero la alternativa, precisamente en un tiempo de estas características, no reside en el aislamiento para producir estéticas minoritarias, sino en transformar lo minoritario en mayoritario —lo cual requiere un trabajo estético muy específico— e introducirse con los resultados dentro del sistema para transformarlo. Se trataría de una revolución equivalente a convertir toda la estética vanguardista en un lenguaje mayoritario, a la vez que se procedería a convertir las formas relacionadas con el gusto mayoritario en perfiles de una nueva *vanguardia*. El encuentro de las dos tendencia en un justo medio transformaría radicalmente la sensibilidad contemporánea y haría que el arte alcanzase a tener el potencial que idealmente se le concede.

Guattari, sin realmente proponérselo, solo por utilizar un medio como el cine, tan cercano a su imaginación, se decantaba por una práctica ajena al habitual cine político o militante, sin renunciar, por ello, a una postura crítica. Se trataba, por el contrario, en encontrar un nuevo lenguaje político en el seno de un imaginario social colonizado por los mecanismos tecnológicos y estéticos del capitalismo. En resumen, se trataba de hacer algo insólito, un film realizado por un psicoanalista que consideraba que «la vida del inconsciente es inseparable de los medios de lectura que nos dan acceso a él. Y esos medios son ellos mismos evolutivos y, en particular, susceptibles de verse diversificados y enriquecidos por el aporte de nuevas tecnologías informáticas y comunicacionales» (Guattari, 2016: 53). En estas circunstancias, resulta relevante saber que el punto de partida de Guattari era revolucionario no solo por sus ideas, sino también «por su poder, casi a pesar suyo, de escapar a la narrativa dominante y de contener, a veces, defectos capaces de reencontrar nuevos "coeficientes de libertad" en la imagen» (Maglioni y Thompson, *ibid.*: 35).

Ningún psicoanalista, pero sobre todo ningún esquizoanalista, propondrá nunca a sus pacientes un simple cambio conductual como solución a sus problemas psíquicos. No les ofrecerá una alternativa *prêt-à-porter* como si se tratase de un cambio de vestido. Tratará, por el contrario, de asimilar sus esquemas mentales y en especial la cartografía de su inconsciente para penetrar en él y promover el cambio de su estructura diagramática: «como los grandes cineastas, Guattari comprende que la imagen no puede ser disciplinada completamente, ya que la industria del cine, productora de la subjetividad dominante, tiene necesidad de esas pulsiones pre-significantes para dar cuerpo a las normas de la ideología estructuradora. Pero ¿cómo desembarazarse de las cadenas significantes que hay en el film? ¿Cómo hacer que deliren de otra forma?» (Maglioni y Thompson, *ibid.*: 47).

¿En qué sentido puede decirse que el cine es un delirio? Si lo es, y todo parece indicar que sí lo es, se trata de un delirio construido, un delirio perfectamente estructurado, es decir, un delirio con conciencia. Precisamente por ello es posible pretender que el cine pueda delirar de una forma distinta a como lo hace. Hay diversas formas de delirio. La televisión comercial, por ejemplo, delira *hacia abajo*, creando un foso cada vez más hondo hacia el que atrae a los espectadores para que se pierdan en su oscuridad multicolor. Es una forma de existencia, puesto que la televisión, tal como se ha comprobado —el caso de Rossellini y su utopía televisiva—, no puede existir de otra manera. No puede existir como el cine, que delira *hacia arriba*. Es decir, promoviendo, incluso en sus peores momentos, que los espectadores se proyecten fuera de sí para ampliar sus experiencias. La televisión propone una subjetividad menguante, mientras que el cine la promueve creciente. Si la televisión consigue hacer otra cosa, promover una experiencia distinta, es que hace cine —se convierte en una simple plataforma de distribución—, de la misma manera que el cine puede fracasar en su empeño esencial, y en tal caso es que está haciendo televisión. De todas formas, no es necesario demonizar la televisión como medio, aunque hasta ahora la forma televisiva no ha hecho más que retroceder con respecto a sus verdaderas posibilidades. Se diría que la televisión aún no ha sido capaz de descubrir qué es exactamente la televisión. Desde el cine, Peter Watkins representó algunas de las posibilidades de una forma televisiva compleja, con realizaciones como *La Comuna (Paris, 1871)* (*La Commune*, 2001) o *El juego de la guerra* (*The War Game*, 1965), entre otras. Pero quizá este ejemplo es engañoso porque nos muestra más el resultado de trasladar la forma televisiva al cine que no la verdadera autonomía de una televisión compleja que, a estas alturas, sería difícil de implementar sin tener cuenta la incidencia de las redes sociales, que no son, ni mucho menos, la solución, entre otras cosas, porque estas ya no pertenecen al ámbito de la experiencia cinematográfica, a la que la televisión, en principio, aún estaba relacionada.

Todos estos trasvases de la experiencia no tienen que ver solo con una cuestión de los espacios o los ambientes donde son asimilados, aunque ello también es importante. El cine se proyecta en la oscuridad, mientras que la televisión aparece en medio de la luz. No deja de ser paradójico que, de la oscuridad, se genere una luz (la de la pantalla, cuyo mayor atributo es estar rodeada de oscuridad), o que la luz conduzca a la oscuridad, la de una imagen desleída y confusa. Pero la paradoja se resuelve cuando advertimos que esa oscuridad de la sala de cine, implica una alternativa a la luz cegadora de una realidad sin atributos, de lo que Zizek llama el desierto de lo real: «El problema con la "pasión por lo Real" del siglo XX no fue que fuera una pasión por lo Real, sino que fue una pasión falsa cuya búsqueda despiada por lo real que se esconde tras las apariencias era la última estratagema para *impedir un enfrentamiento con lo Real*» (Zizek, 2005: 24). De modo que el cine, al surgir como un sueño en medio de la oscuridad, lo que propone es una salida fuera de ella, una escapatoria hacia un más allá de la realidad alienada por su básica redundancia, incluso cuando los films son en sí mismos alienantes. Por el contrario, la televisión aparece en la sala de estar como una prolongación de ese *estar*, promoviendo un bien-estar sin alternativas, incluso cuando las noticias que sirven los telediarios sean catastróficas o directamente apocalípticas. En este caso, es necesario distinguir, por lo tanto, entre contenedor y contenido, poniendo el énfasis adecuado en los espacio de recepción. El espacio de recepción cinematográfica, la sala de cine, es un espacio proclive a la imaginación, mientras que la televisión se recibe en un espacio que lo que promueve es un realismo falto de imaginación, una dictadura de la certeza sin alternativas. Si el espacio cinematográfico es el del sueño o el delirio, el de la televisión deviene el de la alucinación. En la sala de estar, como sala del bien-estar, la televisión aparece con la forma de una alucinación que contamina el entorno y cierra todas las posibles salidas.

¿Qué diferencia hay entre el sueño y el delirio? El sueño es un delirio necesario, mientras que el delirio innecesario es una alucinación. Pero deberíamos ir con cuidado con las palabras, ya que, como indica Mieke Bal, los conceptos viajan y, en cada parada, acarrean nuevos significados: «los conceptos son, o mejor dicho *hacen*, mucho más. Si pensamos lo suficiente sobre ellos, nos ofrecen teorías en miniatura y, de esta guisa, facilitan el análisis de objetos, de situaciones, de estados y de otras teorías» (Bal, ob. cit.: 35). El delirio tiene un aspecto en la psicopatología y otro distinto en la esfera mediática, sin que por ello el concepto pierda nada en el trasvase: todo lo contrario, acumula significados y posibilidades performativas, ese *hacer* del que habla Bal. Por ello, el delirio puede ser, a un mismo tiempo, patológico y terapéutico. La psiquiatría más clásica ha identificado siempre el delirio con la locura, afirmando que no hay locura sin delirio, pero de ello no se deriva que lo contrario sea cierto, es decir que no sea posible un delirio sin locura. Existe este tipo de delirio, porque es un delirio necesario. Como dice Fernando Colina en *El saber delirante*, «La sinrazón, no debemos olvidarlo, forma parte de nuestro razonamiento, es un ingrediente necesario de su dieta. Privados de su presencia, cuando en un exceso racionalista detraemos la dosis que nos corresponde, el pensamiento no fluye con agilidad y se oxidan los goznes del deseo que necesitan también, por su cuenta, del lubricante de la irracionalidad. Sin ambición, ilusiones, sueños y cegueras no hay circulación posible de las ideas». (2001: edición electrónica).

Recordando lo que decía Freud en *La interpretación de los sueños* acerca de que los contenidos de estos son imaginarios, pero la emoción que provocan en el dormido es real, Guattari afirma que «el contenido de un mensaje onírico puede transformarse, maquillarse, mutilarse, pero no su dimensión afectiva, su componente tímico. El afecto se adhiere a la subjetividad» (1989: 251). Si trasladamos lo que Guattari denomina un mensaje onírico al cine, que es onírico y delirante a la vez, podemos abrirnos camino hacia una teoría guattariana del cine que estaría basada primordialmente en el juego de los afectos, un cine que sería en última instancia esquizoanalítico. Según Guattari, los afectos se fijan «igualmente a la subjetividad del que es enunciador que a la de aquel que es el destinatario y, al hacerlo, descalifica la dicotomía enunciativa: hablante-oyente» (*ibid.*). Y recuerda que Spinoza ya había identificado perfectamente este carácter transitivista del afecto cuando afirmaba que «nos es imposible representar a un semejante que experimenta una cierta afección, sin que sintamos nosotros mismos esta afección» (*ibid.*). Pero, si bien es cierto que el hablante y el oyente se hallan siempre inmersos en un mismo universo afectivo, no podemos olvidar que, en el campo del arte, un mismo afecto tiene dos caras, una racional y la otra irracional, dos aspectos que, si bien nunca están del todo diferenciados, presentan potenciales distintos. En el sueño, emisor y receptor son un mismo sujeto, pero la dicotomía subsiste y viene a representar lo que ocurre en la creación artística, en la que el creador, si es genuino, experimenta los mismos afectos que pretende provocar, pero lo hace de forma distinta a como son recibidos. Podríamos decir que los creadores deliran, mientras que los receptores sueñan. Por lo que la estética cinematográfica se formaría mediante el desarrollo de un conglomerado de sueño-delirio en el que estarían sumergidos tanto el enunciador como el receptor, aunque siguiendo trayectorias distintas, si bien concomitantes. El psicoanálisis plantea la necesidad de analizar el contenido manifiesto de un sueño para alcanzar el contenido latente donde reside su significado, pero el delirio-sueño del cine no contempla una divergencia tan clara como esta, puesto que el contenido latente y el manifiesto se producen al unísono, aunque en planos variables de carácter alternativo.

Si entendemos cualquier momento de un film —un plano, una escena, una secuencia, un movimiento de cámara, etc.— como el resultado de un agenciamiento que es centrífugo en el delirio del autor y centrípeto en el del espectador, veremos que el esquizoanálisis está mejor preparado para comprender el funcionamiento estético-subjetivo del cine que el psicoanálisis. Entre otras cosas, porque el psicoanálisis se plantea el análisis desde fuera, proponiendo categorías conceptuales ajenas al propio funcionamiento fílmico, mientras que el esquizoanálisis está predispuesto a hacer lo contrario, a participar del contenido del ensamblaje, a contemplarlo desde dentro a través de la asunción de la propia textura fílmica. Mientras que el psicoanálisis nos dirá que tal cosa —un plano, un gesto, etc.— representa otra: un elemento estético o narrativo representa un contenido psíquico, el esquizoanálisis afirmará que lo que el film expone, su visualidad afectiva, es ya contenido psíquico, elemento externalizado de dos subjetividades entrelazadas.

Desde esta perspectiva, el cine es un conjunto de visualidades afectivas, divisible en unidades más o menos estrictas, pero esto solo es válido para comprender que cada una de estas unidades es el resultado de un agenciamiento particular que participa de una serie de agenciamiento más generales, pertenecientes todos ellos al agenciamiento global que es el film. Hay que evitar, sin embargo, contemplar esta serie de ensamblajes mecánicamente, como un conjunto de piezas rígidas que se ensamblan, literalmente, pero sin modificarse unas a otras. Estos conjuntos compuestos por múltiples capas son fluidos y, en realidad, solo pueden experimentarse genuinamente sumiéndose en el sueño o en el delirio, fuera de los cuales pierden su potencia y se convierten en objetos inertes que dan la impresión de ser comprendidos, sin verdaderamente serlo. El problema del análisis fílmico clásico es que se ve obligado a actuar, como el vivisector, sobre cuerpos sin vida.

El poder del poder

Una vez entendida la entidad de estas formaciones simples y la relación que mantienen con ellas tanto los creadores como los espectadores, podemos contemplar adecuadamente la otra cara de la moneda, sin exclusiones absolutas. Es cierto que el poder instrumentaliza los medios, ya que el poder está en todas partes. Una de las características fundamentales del capitalismo, una condición cuya intensidad se acrecienta a medida que aumenta su complejidad, es que el poder capitalista pasa a formar parte integrante de la realidad, de manera que no existe una separación entre la realidad y el poder, como si fueran dos entidades separadas, una de las cuales afecta a la otra. No existe una realidad ideal que se ve distorsionada por las acciones de un poder externo. Las formas del capitalismo crean una realidad específica, cuyos parámetros afectan incluso a lo que llamamos poder, una facultad diseminada por todas partes y que presenta diversas gradaciones. El factor que denominamos poder no es consustancial a las instituciones o a los individuos que poseen una mayor capacidad de actuación en la sociedad de manera que pueden transformarla y conducirla, a ella y a los individuos que la forman, hacia aquellos derroteros que más les favorecen. Es indudable que existen acciones de este tipo que actúan a muy distintos niveles, siendo el político el más obvio pero no el más determinante. Sin embargo, el poder es, en la realidad capitalista, algo mucho más sofisticado. Foucault decía que el poder no se tiene, sino que se ejerce. Pero lo cierto es que se tiene y se ejerce, aunque no necesariamente a la vez y como consecuencia de potencias estáticas. El poder reviste muchas formas porque es un ingrediente fundamental de la realidad capitalista. Se ha manifestado de distintas maneras a lo largo de la historia del desarrollo del capitalismo, pero su esencia se extiende mucho más allá de los concretos ejercicios de poder o de la capacidad para ejercerlo. En un prólogo a la edición española de escritos y conversaciones de Foucault, nos invitaba Miguel Morey a prestar atención a la advertencia que hacía aquel sobre el error de considerar el poder como algo exclusivamente referido al estado: «El Estado no es el lugar privilegiado del poder; su poder es un efecto de conjunto. Hay que atender a la microfísica del poder, ya que el espejismo del Estado vehicula, por lo menos, dos grandes errores: Plantear la toma del poder como toma del Estado (y) plantear un contra-Estado como forma óptima de ejercicio del poder» (Foucault, 2000: v). Es obvio que, de esta forma, no se identifica la verdadera entidad del poder, su microfísica a la que apuntaba el filósofo francés, sino que se sigue en la lógica del poder, entendido como antagonismo entre dos o más facciones. En última instancia, no se trata de tomar el poder, de que este cambie de manos, sino de desactivar la pulsión del poder que vehicula la realidad capitalista y su subjetividad.

Conviene ver lo que dice Guattari sobre la manera cómo funciona el poder en los medios de comunicación. Afirma lo siguiente al respecto:

> El cine, la televisión y la prensa se han vuelto fundamentales instrumentos para formar e imponer una realidad dominante y significados dominantes. Más allá de ser un medio de comunicación, de transmitir información, son instrumentos de poder. Ellos no solo gestionan mensajes, sino, sobre todo, energía libidinal. Los temas del cine —sus modelos, sus géneros, sus castas profesionales, sus mandarines, sus estrellas— están, lo quieran o no, al servicio del poder. Y no solo en la medida en que dependen directamente de la máquina del poder financiero, pero ante todo, porque participan en la elaboración y transmisión de modelos subjetivos (2009: 238).

La cuestión es cómo lo hacen, a través de qué mecanismos gestionan la energía libidinal, cómo articulan las máquinas abstractas de la estética cinematográfica para intervenir en sus agenciamientos. En primer lugar, habría que parafrasear a Marx y decir que no lo saben, pero lo hacen. Ahora bien, ¿qué es lo que no saben mientras lo hacen? La respuesta no es que no saben que están ejerciendo un tipo de poder, aunque efectivamente muchos de los que intervienen en la operación no saben lo que están haciendo. Digamos que, en general, muchos agentes del poder no saben qué tipo de poder están ejerciendo, más allá de imponer los mensajes que más les interesan para sus negocios. Existe un poder superficial, mecánico y efectivo, que oculta las características de una ontología de la realidad formada básicamente por una arquitectura organizada en torno a las pulsiones del poder, arquitectura indetectada más allá de su capacidad performativa. Si, como dice Foucault, el poder no se tiene, sino que se ejecuta, es a través de este ejercicio solapado que se estructura tanto la realidad social como la formación de las subjetividades. En principio, todo el mundo puede ejercer su propio poder porque el poder, como un sortilegio, no solo lo envuelve, sino que lo atraviesa, haciendo pensar al individuo que es exclusivamente suyo. Por ello, la toma del poder no cambia la realidad, sino solo sus circunstancias. En este sentido, resulta crucial lo que afirma Judith Butler acerca de la denominada "sujeción", que implica a la vez una subordinación al poder y al proceso de devenir sujeto, en el sentido de que «el poder que en un principio aparece como externo, presionado sobre el sujeto, presionando al sujeto a la subordinación, asume una forma psíquica que constituye la identidad del sujeto» (2001: 13). Curiosamente, como sigue puntualizando Butler, este proceso de sometimiento conlleva la paradoja de tener que referirse a algo que aún no existe, puesto que ese algo, el sujeto, lo promueva el mismo movimiento por el que el sujeto está siendo sometido: «la forma que asume el poder está inexorablemente marcada por la figura de darse la vuelta, una vuelta sobre uno/a mismo/a o incluso contra uno/a mismo/a. Esta figura forma parte de la explicación de cómo se produce el sujeto, por lo cual, en sentido estricto, no existe un sujeto que se dé la vuelta. Por el contrario, la vuelta parece funcionar como inauguración tropológica del sujeto, como momento fundacional cuyo estatuto ontológico será siempre incierto» (*ibid.*). La complejidad que implica esta figura del sujeto no supone un circuito cerrado en que la subjetividad se encuentra sometida irremisiblemente al poder y a su propia constitución, sino que, una vez conocidas las características de esta precaria ontología, es posible desarticularla a partir de algún instrumento de exteriorización, como, por ejemplo, el que suministra el arte.

El arte de la imagen

Actuamos y pensamos según nos faculta la realidad en la que vivimos, cuyo horizonte solo unos pocos son capaces de traspasar aun a riesgo de extraviarse. El arte es, en este sentido, un instrumento de extravío, aunque no siempre funcione de esta manera. Los artistas no siempre son capaces de superar los límites de la realidad en la que están inmersos, a pesar de que tengan en sus manos un instrumento que les permitiría ir más lejos, si fueran capaces de utilizarlo sobre ellos mismos, sobre su propia subjetividad. No es necesario suponer que la función del arte es siempre traspasar el horizonte de lo real, una misión adjudicada durante el siglo XX a las vanguardias, a un espíritu vanguardista no siempre exitoso en este sentido. Un arte efectivamente *realista* no solo está justificado, sino que es necesario. Pero, ahora que la ciencia se ha convertido en gran medida en una tecnociencia que se limita a gestionar la realidad como si efectivamente se hubiese decretado el final de la historia, es el arte en general —literatura y poesía incluidas— el instrumento más efectivo para intuir y proponer nuevas realidades. El arte como instrumento de la imaginación. Como dice Guattari, «Salta a la luz que el arte no tiene el monopolio de la creación, pero lleva a su punto extremo una capacidad mutante de invención de coordenadas, de engendramiento de cualidades del ser inauditas, jamás vistas, jamás pensadas» (1996: 130). Y, en este sentido, el cine ocupa un lugar privilegiado por su capacidad de reconfigurar la realidad, al situarse muy cerca de ella por su condición foto-gráfica, pero yendo siempre más lejos, hasta colocarse al otro lado de aquella. Si la fotografía aún contemplaba la realidad desde su propio lado, el cine, gracias al movimiento que le es consustancial, se sitúa en el reverso de la realidad. Tiene la capacidad de traspasar la "imagen de lo real", su membrana óptica y trazar mapas de la realidad desde el otro lado de esa superficie. Si hasta la invención de la fotografía, el arte visual de los anteriores quinientos años fue esencialmente "realista", es decir, organizado a través de una estructura racional de la visión que se adhería a una realidad construida de la misma forma, o sea, articulada en torno a la perspectiva, entendida como técnica de la representación y como forma simbólica, el arte posfotográfico quiebra esta alianza, básicamente de dos maneras: rompiendo drásticamente con la figuración o transformado de forma igualmente radical esta figuración.

Estas dos novedades corresponden, por un lado, a la revolución del arte moderno y a la aparición de cinematógrafo, por el otro. La primera corresponde a lo que Martin Jay calificaba de denigración de la visión, una tendencia que el autor circunscribía al pensamiento francés del siglo XX (2007), pero que en realidad constituía un fenómeno generalizado. Ello implicaba una disolución de la importancia de la mirada en la relación con el mundo que iba a afectar de forma creciente a toda la cultura, para dar paso a una prevalencia del lenguaje, entendido cada vez más, no tanto como un instrumento relacional o creativo, sino como un fundamento ontológico de la realidad y, por lo tanto, también como un dispositivo epistemológico, equivalente de forma general a la función de las matemáticas en la ciencia. La otra transformación, menos evidente en ese momento —es ahora que detectamos sus consecuencias—, corresponde a la aparición de un nuevo tipo de figuración en el seno, básicamente, de las formaciones cinematográficas, aunque aparezcan signos de la misma en otros ámbitos como, por ejemplo, en la pintura futurista de Goncharova, Boccioni, Balla y Duchamp o en la fotografía de los hermanos Bassaglia, unas manifestaciones estéticas que, por su aparente desfiguración que pretende expresar los dinamismos de la vida moderna, tienden a confundirse con el modernismo pictórico. En cualquier caso, tenemos dos movimientos contrapuestos: uno de ellos claramente anti humanista, representado por la revolución pictórica, y el otro que propone la posibilidad de un humanismo actualizado por la tecnología, lo que a la vez supone la posibilidad, esencial para el futuro, de una tecnología humanizada. El eje en torno al que se articulan estas mutaciones divergentes es, por lo tanto, la figura, que en un caso se niega y en el otro se transforma. Pero también se deriva de ellas un cambio relativo a la posición epistemológica con respecto a la realidad. El cine se dispone a contemplarla desde su reverso, mostrando, al principio tentativamente, su interioridad, mientras que el arte moderno se niega a verla, proponiendo como contrapartida una disolución formal de lo visible. En principio, sin embargo, ambas tendencias no están tan alejadas la una de la otra y ya se han señalado con frecuencia las relaciones que existen, por ejemplo, entre el cubismo y el cine. A pesar de ello, sigue siendo necesario comprender hasta qué punto estas posibles convergencias formales parten de posiciones diametralmente opuestas por lo que respecta a las relaciones que cada una de ellas establece entre el arte y la realidad.

En el imaginario modernista, cualquier resistencia a la desfiguración se considera reaccionaria, confundiendo muchas veces el régimen de la representación con el de la imagen. Mientras que la naciente cultura de la imagen propone, más allá de sus potenciales perjuicios denunciados con reiteración a lo largo del siglo XX, la posibilidad de investigar la realidad, las nuevas formas del arte pictórico, al margen del indudable valor estético de muchas de ellas, inauguran una vía que se pone de espaldas a la realidad para formular una estética cuyo formalismo solo se remite a sí mismo. Por poco valor estético que tenga una imagen, siempre es una puerta abierta a una realidad humana, mientras que tras el formidable potencial estético de la revolución formal modernista solo hay un vacío. Es necesario tener en cuenta, para evitar malentendidos, que no estoy hablando solamente de estética, sino de transformación de las mentalidades y de la subjetividad a través de la estética, concretamente por medio de la imagen, una categoría que, en ese contexto, debe considerarse nueva. Sería un error pensar, por lo tanto, que la revolución de la imagen que implica la aparición del cine supone una drástica ruptura con la figuración como la que ejecutó el arte moderno y que fue seguida, un tanto ciegamente, por el cine experimental. Ese momento ya pasó y lo que entonces era un gesto genuino, ahora constituye un error catastrófico. Muchas veces el cine político o militante ha creído que para desmantelar la fábrica de un cine ligado al poder, había que romper con sus estructuras enunciativas para acercarse peligrosamente a una abstracción que promocionaría, según cineastas como Stan Brakhage, una nueva forma de ver, cuando lo que realmente se suscita es una forma de no ver, un quebranto de la mirada. La contrapartida no es, por supuesto, un realismo a ultranza, una figuración mimética o representativa, sino una recomposición de las formas de la realidad establecida, a partir de esas mismas formas. Promover una visión distinta de lo mismo para alcanzar a concebir las formas de lo diferente que no se encuentran necesariamente en otro régimen de visión, sino que ya están virtualmente insertadas en el que conocemos. Solo alterando subrepticiamente —delicadamente, podríamos decir— las formas de la realidad conocida, se alcanza a comunicar las potencias de otra realidad posible. No cabe duda de que Picasso mostró una nueva forma de ver el mundo, precisamente porque no rehuía la figura, sino que la transformaba, pero, en muchos otros casos, solo se exponía una nueva forma de ver la pintura o el arte. De todas maneras, no deja de haber una posible subversión del camino sin salida que propone el arte moderno, una vía para alcanzar otra visión del mundo que es factible siempre que se trascienda el simple formalismo, conduciéndolo hacia la fenomenología de la imagen, aquella que el cine representa de manera más genuina.

Para comprender lo que significa el concepto de imagen con respecto a las formas de visualidad anteriores, regidas principalmente por la pintura, podemos recurrir a lo que dice Jay al respecto de los fundamentos de un "enfriamiento" renacentista de la visión, que, de todas formas, nunca fue completo: «El progresivo, aunque en absoluto uniformemente aceptado, desenmarañamiento de lo figurativo respecto de su tarea textual —la desnarrativización de lo ocular, podríamos llamarlo— fue un elemento importante de esa transformación generalizada por la que se pasó de leer el mundo como un texto inteligible (el "libro de la naturaleza") a mirarlo como un objeto observable pero carente de significado, que Foucault y otros han considerado el emblema del orden epistemológico moderno. Solo con esta transformación epocal pudo darse la "mecanización de la imagen del mundo", tan esencial para la ciencia moderna» (Ob. cit.: 46). El concepto de imagen surge como alternativa a una representación del mundo sin significado. Se opone, a la vez, a la anterior mecanización de la imagen del mundo y a su desintegración posterior que impone no un regreso a una narrativización o simbolización previa, sino la conversión de la lengua en un factor ontológico, algo que en última instancia es equivalente, en el ámbito de la lengua, a la mecanización de la imagen del mundo. Está claro que el concepto posmoderno de imagen se enfrenta a una deshumanización generalizada del pensamiento que se desarrolla a lo largo del siglo XX en muy distintos ámbitos, desde el artístico al filosófico, pasando por el tecnológico y el científico. De lo que se trata no es de desmantelar los fundamentos de esta tendencia, sino de aprovechar su impulso en otro sentido. En este panorama, es altamente significativo que Félix Guattari, un psicoanalista heterodoxo, que propone nuevas formas de subjetividad y subjetivación, proyecte un escenario ficticio en el que se combina la ciencia con el melodrama.

Imagen y concepto

Desde la perspectiva de las relaciones entre la imagen y el pensamiento, resulta razonable considerar que una imagen es un concepto. Pero sería un error asumir esta equivalencia de forma absoluta, como lo fue en su momento proponer que una imagen podía equivaler a una palabra o a una frase. La imagen puede ser entendida como un concepto solo si consideramos que el hecho de que lo sea en un marco determinado no implica que lo ha de ser en cualquier otro. Es decir, que la imagen nunca es solo un concepto. Dicho esto, hay que añadir que una imagen puede ser un concepto en sí misma y también puede visualizar un concepto. La diferencia reside en que, en el primer caso, la propia imagen crea el concepto, al ser formada con otra finalidad no necesariamente conceptual; mientras que, en el otro, visualiza un concepto que ha sido planteado en otro ámbito. Si nos ceñimos a los conceptos fílmicos que propone Deleuze, por ejemplo, veremos que, en principio, no tienen una correspondencia visual directa, es decir, no se nos dice que estén compuestos visualmente. Parece como si la imagen solo sirviera para mostrarlos, como si fuera su escaparate. Tal como él las describe, las imágenes fílmicas ni componen un concepto en sí mismas, ni ilustran un concepto. Lo que hacen en la mayoría de los casos es plantear un problema conceptual en su espacio específico: ponen en escena el concepto de la misma manera que los personajes de una obra teatral personifican ideas en un escenario. El hecho de que Deleuze no contemple directamente la construcción visual de un concepto puede que se deba simplemente a un defecto de su razonamiento. Pero no está de más indicar que, si esta visualización estricta de sus conceptos se diera en el cine que analiza, aunque él la ignorara, sería difícil dilucidar si se trata de conceptos elaborados mediante las estrategias de visualización de una imagen o si esta se limita a visualizar conceptos pertenecientes a otra disciplina. La diferencia entre ambas posibilidades se puede comprender mejor si la situamos en el ámbito general de los diagramas. En la mayoría de los casos —luego ya volveré sobre ello—, un diagrama visualiza una idea o un proceso de pensamiento, pero para Guattari, en cambio, un diagrama crea la idea. Y en cuanto al proceso de pensamiento, no puede decirse que lo represente, sino que el diagrama es en sí el proceso de pensamiento, el cual se desarrolla a través del despliegue formal de aquel.

Según Deleuze, el cine pensaría por sí mismo, automáticamente, no por medio de una verdadera reflexión consciente de quienes lo gestionan las imágenes. Sin embargo, la sensación que se extrae de sus consideraciones es que lo que hacen las imágenes fílmicas es mostrar pensamientos gestados en otra parte, un lugar distinto al de las imágenes en sí, aunque aparezcan portados por los personajes o las situaciones que se muestran en ellas. Con esta contradicción que se detecta en el seno de las reflexiones de Deleuze sobre el cine, se ponen al descubierto dos grandes formas de entender la relación de las imágenes y los conceptos. Por un lado, tenemos los conceptos construidos visualmente de forma expresa (Guattari); por el otro, los que se forman automáticamente en las imágenes, al de manera inconsciente por parte de quien las gestione (Deleuze). Pero, en este segundo ámbito, habría que distinguir entre dos automatismos. Primero, aquel que se desprende del hecho de que las imágenes cinematográficas se desarrollan de forma autónoma o mecánica, de lo que Deleuze deduce, creo que erróneamente, que todo lo que muestran las imágenes y las ideas que acarrean equivale a un pensamiento, automático, del cine. Y, luego, el hecho de que cualquier imagen, por ser una construcción visual, compuesta de distintos elementos estructurados de una forma determinada, equivale a un concepto, sin que a este nivel sea relevante el que su formación sea produzca inconscientemente —en otro contexto, sí lo puede ser. Se trata, por lo tanto, de dos tipos de automatismo, uno, el de Deleuze, relacionado con el movimiento de las imágenes cinematográficas y el otro que implica un remanente que existe en cualquier producción visual, incluso en aquellas que, como los diagramas-pensamiento de Guattari, son en sí mismas pensamientos. Es necesario dejar constancia, para que quede clara la discusión, de que Deleuze no habla de formación de conceptos en el cine, ya que, tanto para él como para Guattari, la creación de conceptos es una tarea primordial de la filosofía, y la idea de una filosofía automática no deja de ser un absurdo.

En resumen, regresamos a la afirmación inicial de que toda imagen es un concepto o, dicho de otro modo, que toda imagen puede ser analizada o comprendida como un concepto. Que una imagen sea un concepto quiere decir que el pensamiento se introduce en la imagen a través de esta configuración conceptual. La posibilidad de que se pueda pensar por medio de imágenes pasa principalmente por el hecho de que estas se entiendan como conceptos, es decir, que lo sean por activa o por pasiva. Aquí se inserta la idea de automatismo tan importante para la teoría fílmica de Deleuze, sobre la que volveremos más tarde. Baste indicar ahora que el hecho de que una imagen sea un concepto, sin que en su creación haya intervenido un acto volitivo de conceptualizarla, no quiere decir, como pretende Deleuze, que en la imagen fílmica los pensamientos se produzcan automáticamente, ya que, en cualquier imagen, su aspecto conceptual solo se activa en el momento en que se hace consciente para el creador o el perceptor. La conceptualizad latente o automática no produce más que un flujo intelectual muy tenue que no es capaz de activar en el espectador procesos mentales susceptibles de ser considerados genuinos pensamientos.

Deleuze y Guattari afirman que «ningún concepto es simple. Todo concepto tiene unos componentes y se define a partir de ellos» (1997: 21). A lo que podríamos añadir que tampoco ninguna imagen es simple, ni siquiera aquellas que muestran un solo elemento o alguna parte de él, como puede hacerlo un plano cinematográfico. Según ellos, todo concepto es «una multiplicidad, si bien toda multiplicidad no es un concepto» (*ibid.*). Tengamos en cuenta que no es lo mismo un concepto filosófico que un concepto visual, aunque ambos estén relacionados con el pensamiento. En el terreno de la imagen, todo multiplicidad conforma, directa o indirectamente, un concepto, incluso si la imagen solo tiene un componente, puesto que la imagen es primero imagen antes que concepto y, por lo tanto, un componente supuestamente único está en relación con otros elementos de la imagen, ya sea el fondo, el encuadre o marco, etc., mientras que el concepto filosófico no está rodeado por este campo de visualización. Puede que sea la incomprensión de esta diferencia lo que lleve a Deleuze a confundirse a la hora de examinar el pensamiento de las imágenes fílmicas.

La imagen se convierte en concepto como resultado de un particular ensamblaje de elementos y de relaciones entre ellos. Toda imagen ejecuta un corte sobre la realidad, aunque se trate de una realidad imaginaria. Lo hace el cineasta mediante el encuadre, aparentemente efectuado de manera directa sobre la realidad, pero también lo hace un pintor sobre la realidad tal como la imagina, incluso aunque reproduzca lo que tiene ante los ojos. En última instancia, el corte en sí es ya un acto imaginario que se ejecuta de forma distinta según el medio. Añaden los citados filósofos que «tampoco hay ningún concepto que tenga todos los componentes, ya que sería un caos puro y simple» (*ibid.*.). Ciertamente, puesto que un concepto que incluyera todo lo posible, no podría ser un concepto, el cual implica una necesidad de recorte y reagrupación de las ideas, de la misma manera que una imagen que lo incluyera todo sería un absurdo. La imagen, como el concepto, es fruto de una elección. Y de una ordenación de esta elección. Más adelante ya tendremos oportunidad de comprobar hasta qué punto puede ser útil contemplar una imagen como un concepto.

El cine y su doble

Es posible que haya llegado el momento de formular de nuevo la pregunta que se hacía André Bazin hace casi tres cuartos de siglo: «¿Qué es el cine?». En ese momento, el fenómeno cinematográfico tenía poco más de sesenta años y recorría prácticamente en solitario la nueva senda del audiovisual, mientras que hoy convive con una constelación de medios análogos, como la omnipotente televisión, que entonces aún era una novedad, la realidad virtual, los metaversos, Internet o las redes sociales. Forzosamente, la respuesta a la pregunta de Bazin tiene que ser ahora distinta. Pero que sea distinta no quiere decir que haya de ser del todo ajena a la mirada del que fue director de *Cahiers du Cinéma*, ya que, a pesar del conglomerado audiovisual en el que está inmerso, el cine sigue conservando ciertas prerrogativas. Supuso en su momento un corte radical con respecto a la tradición artística y a la cultura visual, el nacimiento de un nuevo paradigma que afectaba a muchos otros ámbitos: sociales, culturales, mentales, etc. O, dicho con mayor exactitud: constituía la plasmación más concreta de las transformaciones que se estaban produciendo en el seno de la cultura, la sociedad y la subjetividad. Actualmente este paradigma se está transformado, pero el cine o, más concretamente, la cinematografía sigue manteniendo su condición de referencia de la cultura audiovisual y sus capacidades. Pero quizá lo que habría que hacer ahora es variar ligeramente el enunciado y, en lugar de ¿qué es el cine?, habría que preguntar ¿qué es la imagen cinematográfica? En realidad, se trata de una pregunta doble, puesto que por un lado se interesa por lo que distingue la imagen cinematográfica de otro tipos de imagen anteriores, como la pintura o la fotografía, y por el otro, inquiere sobre aquello que de cinematográfico mantiene el conjunto de imágenes producidas por las más recientes tecnologías de la imaginación.

En este sentido, hay que señalar que la realidad virtual posee la virtud de poner de relieve algunas de las contradicciones que alberga el imaginario cinematográfico. Si por un lado parece culminar, con su capacidad inmersiva, el ideal realista del cine, por el otro señala el verdadero alcance de la imagen cinematográfica, su condición trans-realista. Desde esta perspectiva, el cine aparece como el bifronte dios Jano, con una de sus caras mirando al pasado y recibiendo de él una tradición mimética de carácter representativo que se remontaría al mito de la caverna de Platón, mientras que la otra cara contempla el futuro, ese futuro en el que aparece la realidad virtual. Pero no hay una estricta continuidad entre las dos miradas, sino que las separa una transformación. Por ello, la realidad virtual se puede considerar una forma simbólica, como forma simbólica era la perspectiva pictórica, según Panofsky. Se trata de una forma simbólica que solo se materializa completamente al final de un camino que inició el cine al establecer una nueva relación estético-tecnológica con la realidad. En esta nueva forma simbólica se incluye el cine, pero el verdadero eje se sitúa en la realidad virtual, es decir, en lo que parece que es el culmen del realismo, pero donde ese realismo se ha deslizado ya completamente hacia otro ámbito estético y epistemológico que supone la prolongación de una tendencia que el cine ya había estado anunciando, sin culminarla.

Alguien dijo, para referirse al carácter simbólico de la imagen, que la imagen de un perro no ladra. A esta afirmación se podría añadir, penetrando un poco más en el absurdo, que la palabra perro tampoco ladra. Pero en este caso nos estaríamos internando en el confuso territorio que establece Magritte cuando a la imagen de una pipa le añade un rótulo por el que se afirma que eso que vemos y que tiene todas las características visuales de una pipa, en realidad no es una pipa. Por supuesto que no es una pipa, sino la imagen de una pipa. Es obvio que la palabra "pipa" no echa humo, pero es que además tampoco tiene la forma visual de una pipa. El propio Magritte es contundente, en este sentido, y en uno de sus escritos afirma que «¿Quién podría fumar la pipa de uno de mis cuadros? Nadie. Por consiguiente NO ES UN PIPA». Sin embargo, la imagen de una pipa posee el aspecto de una pipa, tiene su forma visual y además se le podría añadir al dibujo unas volutas de humo que partiesen de su cazoleta, como índice de su función. Todo ello coloca al enunciado en un terreno ambiguo: esa imagen no es una pipa porque no se puede hacer con ella lo que se hace con una pipa, pero en cambio supone la actualización icónica de la forma visual de una pipa en un terreno distinto a aquel en el que podemos encontrar una pipa "verdadera" y donde se puede actuar con ella de manera más directa. Diremos que la pipa material y su imagen se hallan situada en dos modos distintos de existencia que permiten diferentes formas de relación y actuación.

Existen varias versiones de la paradoja visual de Magritte referente a la pipa. Si pasamos por alto el célebre análisis de Foucault, más interesado en las relaciones entre la imagen y el lenguaje que no en las singularidades estrictamente visuales, nos enfrentaremos con el problema de las reciprocidades entre la imagen y la realidad, que la semiótica pensó erróneamente haber resuelto para siempre. Detrás, aparece otro vínculo aún más intrigante, el que se establece entre imágenes, cuyo catálogo es bastante extenso y que el cine desarrolla con su teoría del montaje.

Según expone Guido Almansi en su prólogo a la edición española del libro que Foucault dedica al cuadro de Magritte, este, «por suerte suya y también nuestra, no siempre sabe lo que hace, rara vez entiende lo que pinta; y ahí reside su fuerza» (1997: 16). Es una forma de decir que Magritte no es didáctico. De haberlo sido, su pintura hubiera sido insustancial. Sus ejercicios en torno a la paradoja de la pipa contienen, sin embargo, no un proceso de pensamiento, sino varios de ellos, todos posibles y a la vez plenamente efectivos. Almansi reconoce que, si bien quizá es cierto que Magritte no sepa exactamente lo que pinta —no controla obviamente todas las ideas que se gestan en sus cuadros—, no por ello deja de ser consciente de que sus imágenes piensan: «Magritte odia la contemplación ("El cuadro perfecto no permite la contemplación, sentimiento trivial y desprovisto de interés...") y pide una participación intelectual en sus cuadros, que son instrumentos para pensar; metamorfosis de ideas en imágenes; modos inusuales de hacer vivir el pensamiento; intentos de inducción de conocimiento metafísico» (*ibid.*: 15). Estas consideraciones explican por qué Deleuze nunca se interesó por Magritte en sus reflexiones sobre la pintura, a pesar de que, a través del cine, proponía una estrecha relación entre la imagen y el pensamiento. La pintura de Magritte, al contrario que la de Bacon, no va dirigida directamente al sistema nervioso del espectador, sin pasar por el cerebro, requisito imprescindible de la pintura, según el pensador francés. Apela, por el contrario, a la mente. Se coloca, por lo tanto, en las antípodas de la ontología pictórica que aprecia Deleuze, pero no lo hace recurriendo a una catastrófica ilustración de ideas o a un no menos banal didacticismo, sino recurriendo a los instrumentos básicos por medio de los que la imagen —y un cuadro es una imagen— piensa. Una imagen, pictórica o no, es captación de fuerza, pero también planteamiento de ideas. Los dos vectores actúan combinados. No es necesario que haya un proceso de desfiguración en una imagen para que determinado conjunto de fuerzas la transiten, sino que la figura, o el conjunto de figuras, siempre está tensionado por fuerzas que pueden ser más o menos visibles, pero que, en todo caso, son también el andamiaje de las reflexiones que propone la imagen. En la pintura de Bacon es más evidente la acción de las fuerzas que la del andamiaje subyacente a ellas, aunque este se encuentra presente en la configuración visual. En la de Magritte, por el contrario, lo más evidente es el andamiaje, la arquitectura que se sobrepone a la fuerza que la mueve.

En una de sus versiones de la imagen de la pipa, la más conocida, Magritte la presenta solitaria sobre un fondo neutro, un espacio indeterminado en el que flota también la frase que pretende desmentir lo que muestra la imagen. Pero, en otra de ellas, el pintor complica el planteamiento y nos ofrece dos imágenes de una pipa. Una de ellas es equivalente a la del otro cuadro, pero en la misma superficie donde se halla aparece otra pipa, situada en un espacio que es más concreto puesto que está delimitado por un marco y colocado sobre un caballete. El desmentido se ha desplazado al interior de este cuadro, que por ello parece ser la réplica del más famoso de la serie. Este juego entre distintos niveles de representación no solo afecta a esta imagen en concreto, sino que apela a las otras versiones de la misma, con la posibilidad de que la reflexión suscitada vaya más allá y se conecte con otras imágenes, lo pretenda o no el autor. No es mi intención desarrollar aquí las posibles ideas que genere esta serie de pinturas de Magritte, baste con dejar constancia de que su composición suscita distintas formas de pensar. Pero no porque contenga ideas, símbolos o signos, sino porque compone un ensamblaje que muestra tensiones internas que deben ser resueltas. La imagen no piensa mediante referencias o codificaciones, sino que lo hace a través del movimiento, un movimiento que puede ser real, como en el cine, o virtual como en una pintura. Se trata de un movimiento relacional, relativo a la conexión entre el conjunto de los elementos visualizados.

El cuadro titulado *Las dos imágenes* nos muestra, pues, otro cuadro en su interior, sobre el que flota en un limbo espacial la imagen de una pipa idealizada (figura 6). Esta imagen nos puede servir para ilustrar el desdoblamiento que experimentan las cosas cuando se convierten en imagen. Antes he pretendido exponer este fenómeno apelando a la imagen del rostro, que tiene la particularidad de ser él mismo una imagen, antes de que la exponga otra imagen y produzca el desdoblamiento. Magritte expone en esa imagen dos modos de existencia, apuntando a un tercero, el de la existencia "real" que no vemos porque estamos, los es-

Figura 6

pectadores, instalados en él. La peculiaridad única del rostro es que sus rasgos de hallan en movimiento, de modo que, cuando la imagen cinematográfica capta un rostro, el movimiento también se desdobla, una característica que no concierne a los objetos en sí, puesto que estos solo tienen la posibilidad de ser afectados por un movimiento externo. En *Una mirada a la oscuridad* (*A Scanner Darkly*, Richard Linklaker, 2006), que es la adaptación de una novela de Philip K. Dick, aparece una conversación entre dos personas cuyo rostro varía constantemente de identidad. La película está realizada mediante la técnica de la rotoscopia, lo que permite plasmar de manera muy efectiva esta particularidad. Los rasgos de los personajes, su rostridad, cambia al ritmo de las palabras y también lo hace su vestimenta, incidiendo en esta metamorfosis identitaria (figura 7). La función de la rotoscopia puede considerarse, pues, en este caso, la alegoría de un fenómeno más general, el de la duplicidad visual que experimenta el rostro en la imagen cinematográfica. Como técnica, es además una forma retórica que visualiza directamente lo que, de otra manera, permanece oculto tras el naturalismo de la exposición.

Figura 7

Avancemos un poco más por el camino emprendido y preguntémonos ¿qué ocurre cuándo tenemos un objeto visual que no solo posee la misma forma visible que otro objeto real, como un perro o una pipa, sino que además ladra o echa humo, según sea el caso. Es decir, cuando nos enfrentamos a una imagen fílmica de esos objetos. Lo primero que sucede es que el objeto real se ha desplazado hacia otro modo de existencia, diferente al de los otros dos —el de lo real y el de lo imaginario (su representación estática)—, pero con la particularidad de que el proceso ha dado un giro de trescientos sesenta grados y se ha vuelto a poner en contacto directo con la realidad, a la que ha alcanzado, sin embargo, por el lado contrario. Para llegar a este punto, hemos pasado por la palabra, esencialmente simbólica, y luego por la imagen mimética, que mezcla ambiguamente símbolo e iconicidad, para finalmente llegar a la imagen cinematográfica, cuya característica más destacadas es el incremento de su realismo neofotográfico, al incorporar a su ontología dos elementos esenciales como son el movimiento y el sonido. Seguimos, sin embargo, sin poder relacionarnos con esa pipa imaginada de la misma forma cómo lo hacemos con una pipa real, a pesar de que ambas parecen estar muy cerca una de la otra. Ahora bien, así como la pipa real permite una acción asimismo real, por ejemplo, la de fumar, la imagen cinematográfica facilita una función distinta, la de imaginar, estrechamente relaciona con el pensamiento. Es una función que engloba la real, a la que incorpora una dimensión o un conjunto de ellas que aquella no tiene. Hemos cruzado una frontera y hemos alcanzado lo que Bachelard denomina imaginación creadora, a la que hay que definir como «capacidad de producción (creación) de realidades que son imágenes ("imágenes imaginadas", dice Bachelard), frente a la función de realidad, cuyos límites están en la reproducción de los datos de la realidad percibida» (Puelles Romero, 2002: 107).

La imagen cinematográfica establece con la realidad un relación imaginaria, pero no por ello podemos decir que se aleja de la realidad. Bachelard se preguntaba «¿por qué los actos de la imaginación no habrían de ser tan reales como los actos de la percepción?» (1987: 195) Lo cierto es que no tienen por qué dejar de ser reales, como lo prueba precisamente la imagen cinematográfica. Si quisiéramos seguir en el ámbito de la semiótica, tendríamos que admitir que, a la triada de icono, índice y símbolo que establece Peirce, le falta una categoría para acotar acertadamente la relación que mantenemos con una imagen cinematográfica, es decir una relación imaginaria que no debe confundirse con la relación simbólica. Esta relación imaginaria establece un nexo con la realidad que es particular de la imagen cinematográfica y que, por consiguiente, excede los límites de lo que se entiende tradicionalmente por relación imaginaria con las cosas o con la realidad, puesto que se trata de una amalgama de ambas dimensiones, la real y la imaginaria. En este caso, la imaginación es una facultad activa, íntimamente relacionada con el pensamiento, con la capacidad de pensar, así como con la de sentir. Bachelard distingue entre función de lo real y función de lo irreal, correspondiente esta última a la función de imaginar, que califica también de función realizante: «en su caracterización de la imaginación predomina el sentido "dinámico" de la función de imaginar sobre el sentido, otra vez esencialista y estático, de una facultad siempre idéntica a sí misma, la facultad de la imaginación (...). Para él, la imaginación es la actividad de imaginar. Frente a la facultad de representación que es la imaginación en su acepción clásica, Bachelard privilegia la función creadora, *poiética*» (Puelles Romero, ob. cit.: 106).

Decimos que la imagen cinematográfica se caracteriza por tener movimiento y sonido y que, en consecuencia, es realista, tres rasgos esenciales pero que deben ser interpretados correctamente porque el cine, al asimilarlos en su seno, los transforma. Tildar de realista la imagen cinematográfica no deja de ser una forma de hablar, ya que excede los límites del realismo. No lo discute, como hace el arte moderno, sino que lo extiende hacia derroteros que se hallan más allá de la representación y de la mimesis, sin abandonar la figuración. Por otro lado, no puede decirse que el cine "tiene" movimiento. Lo tiene, es cierto, pero de tal manera que el propio cine se convierte en movimiento visualizado. Tampoco se puede decir que "tenga" sonido, como un añadido a la imagen, sino que es más correcto afirmar que el cine es sonoro, en el sentido de que en él la imagen *suena*. Aparecen dos sonidos en el cine, por lo tanto: uno natural y el otro *extra ordinario*. Esta cualidad extra de lo sónico es como la que posee el sonido en los sueños, donde aparece directamente relacionado con ellos, con su visualidad, pero es un sonido que no se oye: está allí, pero no es audible, sino que es háptico. Se trata de un sonido tangible porque es una cualidad de la imagen que, como el color, está íntimamente entrelazado con ella. Por consiguiente, debemos considerar que, en el cine, la imagen, el sonido y el movimiento forman un conglomerado fenomenológico muy particular que implica una transformación de los tres elementos.

La imagen cinematográfica no es un añadido de factores distintos —el movimiento, el sonido, el color, etc.— , sino una forma o un campo visual donde estas cualidades emergen visualizadas y, a través de la visualidad, actúan. Son características técnico-estéticas que se desprenden de sus respectivos ámbitos y se actualizan en la imagen de manera que la transforman para convertirla en sonido y movimiento visualizados. Visualizados, concretamente, de una forma que podemos llamar realista, si aceptamos que el realismo en el cine se mueve por derroteros distintos a los que había transitado hasta entonces.

Todo esto no tendría ningún sentido, si nos limitáramos a considerar que el supuesto mimetismo fotográfico, así como el movimiento y el sonido son factores que no hacen otra cosa que aumentar el realismo de la imagen cinematográfica, su condición representativa. Es una manera bastante habitual de contemplar los avances tecnológicos audiovisuales, a saber, como las distintas etapas sucesivas de una saga que no persigue otra cosa que un realismo cada vez mayor, una fidelidad cada vez más acentuada con la realidad, en la sempiterna tarea de reproducirla o representarla de la forma más fidedigna posible. Se trata de una tarea que se le ha adjudicado siempre a la estética y contra la que la modernidad lanzó un furibundo ataque en gran medida caótico y, a la larga, escasamente productivo. Pero esa arraigada perspectiva ignora que cada avance tecnológico en el campo audiovisual modifica nuestra concepción de la realidad de modo que añade complejidades a las imágenes que produce y, en última instancia, varía la propia ontología de lo real, puesto que fuerza a percibirla y pensarla de forma distinta. Al poder obrar en ella de manera diferente por obra de las nuevas imágenes, aparece un nuevo campo de lo real que modifica el anterior.

La imagen cinematográfica pone en nuestras manos un poderoso instrumento para pensar la realidad, así como para experimentarla de manera muy específica. Su poder le viene de que es lo suficientemente compleja como para ser capaz de desplegar las capas que esa realidad acumula y de ponerlas a disposición del pensamiento, el cual no solo se aplica a la realidad, sino que, alimentado por los resultados de esta actividad, revierte también sobre la propia misma imagen cinematográfica y los instrumentos que la producen. Este tipo de circularidad, que puede considerarse equivalente a una autopoiesis, no solo es inevitable, sino que es también imprescindible para asimilar la ontología de la realidad contemporánea. En este sentido, solo una imagen en movimiento es capaz de comprender y gestionar el cambio que ella misma provoca en una realidad que parecería limitarse a contemplar, si no se abandonase la caduca concepción perspectivista que concibe la visión más como una separación que como un nexo. He aquí una de las características más destacadas del nuevo realismo relacionado con las tecnologías de la imaginación que sustituyen lo que Virilio denominaba máquina de visión. Cualquier proyecto que pretenda representar la realidad, debe tener en cuenta que esta realidad se modifica a medida que está siendo "representada", de lo contrario no comprenderá lo que tiene entre manos.

Hay que tener en cuenta que la realidad es multiestable y a la vez multidinámica, o sea, que puede contener diversas estabilidades y diferentes dinamismos aparentemente contradictorios sin que se produzca una alteración generalizada de su equilibrio. Las distintas incidencias estéticas, tecnológicas o de cualquier otro tipo no la modifican completamente a pesar de las tensiones que provocan parcialmente en ella. Eso explica que puedan coexistir en la realidad distintas fases de desarrollo histórico y diferentes grados de complejidad afectados por ritmos particulares. Solo cuando las variaciones parciales, por una cuestión de estilo estético o de pensamiento, o por la presión de un determinado desarrollo tecnológico, se acumulan en una misma dirección, se alcanza un punto de saturación que acaba recomponiendo la globalidad de lo real, produciéndose entonces un cambio de época que, de todas formas, conserva en su interior innumerables rastros activos de las anteriores.

De la misma manera que la tecno-estética aumenta la complejidad de lo real a la que su actuación va dirigida, también la propia complejidad de lo real incide en el uso de la tecnología y en la creación de una determinada estética. Por ello, es necesario considerar que la realidad está compuesta por un conjunto de "realidades" parciales y de modos de existencia distintos, un entramado en el que inciden intensamente la tecnología y la estética, no como factores externos que penetran en él desde una distancia gnoseológica, sino como actores de su sustrato ontológico. No hay una realidad por un lado y una tecnología y una estética por el otro, sino un conjunto que emana de la amalgama de las tres. El instrumento más capaz de penetrar este ensamblaje complejo es la imaginación. Una forma de imaginación aplicable a otras funciones posibles, ya sean tecnológicas, científicas, artísticas, sociales, políticas o de cualquier otro tipo, cada una de las cuales modifica sensiblemente los procedimientos de aquella. Estrictamente hablando, no existe una facultad de imaginar neutra, actuando desde ningún lugar específico. La imaginación solo es plenamente efectiva cuando se contamina de aquello que está imaginando.

La imagen cinematográfica mantiene, pues, una relación ambigua con la realidad. Decimos que es realista porque no rechaza tratar con las formas de la real ni con sus capas de complejidad, algunas de las cuales son materiales y visuales y otras virtuales y visualizables. Pero se trata de un realismo invertido por el que no se representa una realidad que se halla ante la cámara o el dispositivo que se use —en la era digital, el concepto de cámara es muy ambiguo, aunque conserva su poder simbólico—, sino que es una realidad que se hace, una realidad hecha de imaginación, pero que no por ello deja de ser efectivamente real. No por estar transitada por la imaginación, pierde su vínculo esencial con una objetividad compartida ni pierde su condición intersubjetiva.

Dije antes que la imagen cinematográfica se caracteriza por traspasar la capa óptica de la realidad para situarse al otro lado de esta y desde allí mostrar lo que podemos considerar su reverso, un reverso de la realidad que no ignora ni anula su anverso, puesto que se trata de una visualización alcanzada a través de él. Nos propone, pues, un realismo profundo. ¿Cómo y por qué sucede esto? ¿A qué se debe esta capacidad y esta intensidad de la imagen cinematográfica? Es fácil deducir que esto sucede porque este tipo de imagen se acerca a la realidad visible mucho más que cualquier otra. Es tan intenso su realismo o, quizá mejor dicho, su voluntad de realismo —plasmado claramente por sus últimas consecuencias: por ejemplo, la realidad virtual—, que la mirada cinematográfica acaba traspasando aquello que mira y se encuentra, como Alicia, al otro lado del espejo, o sea, al otro lado de lo real, donde todo sigue siendo real pero de otra forma. La imagen cinematográfica propone al espectador un tipo distinto de visión. Le insta a ver de forma diferente, entre otras cosas, porque el cineasta que está en el origen ya ha experimentado antes una visión diversa de las cosas, un modo de ver el mundo diferente al que consideramos natural. Esta visión que denominamos natural porque se ejecuta inconscientemente no es ni mucho menos absoluta ni implica un ajuste estricto con la realidad. Más bien todo lo contrario: la imagen cinematográfica, a la vez germen y consecuencia de la mirada cinematográfica, pone de relieve lo inadecuado de la visión natural, un modo de ver en apariencia carente de intención y que, por consiguiente, no es como la imagen del cine, la cual es básicamente intencionada. Sin embargo, la visión natural, aparentemente tan neutra, en realidad está preñada de intenciones impropias que filtran la mirada y solo permiten ver de manera general lo que está permitido o instituido ver. Las múltiples virtualidades que pueblan la realidad percibida y que nuestros ojos, aparentemente desnudos y desprovistos de pensamiento o de imaginación propios, pero colonizados por un pensamiento hegemónico que elimina la imaginación, no son capaces de detectar, las recoge la imagen cinematográfica para hacer aflorar en lo real lo que ya estaba en ella pero se ignoraba.

Un encuadre o un movimiento de cámara no solo nos muestra la relación entre las cosas que componen la realidad visible, sino que hace aparecer también estas relaciones formalizadas que son como las costuras de lo real. La retórica cinematográfica es múltiple y va más allá de lo que se ha denominado ambiguamente lenguaje cinematográfico. Esta multiplicidad de recursos que ya mostraba el cine analógico se ha incrementado exponencialmente con la digitalización, que abre un campo de posibilidades prácticamente infinito. Esta indeterminación de las formas cinematográficas no solo las prepara para penetrar más profundamente en la realidad, sino que las acerca al pensamiento mucho más de lo que ya lo estaban en el paradigma analógico.

Resumiendo, podemos decir que la imagen cinematográfica se distingue por ser superrealista y por estar transitada por el movimiento y el sonido. Este conjunto que forman las tres cualidades íntimamente entrelazadas hace de ese tipo de imagen la plasmación de una mirada intensa, lo que nos lleva a recordar a Flaubert cuando afirmaba que «si miramos mucho tiempo algo, enseguida aparece su rareza, y que si seguimos mirando, terminaremos viendo el mundo».[18]

18. Citado en "Patáforas": https://www.pataforas.com/post/que-es-la-patafisica-y-porque-deberia-importarnos. La única versión de esta cita que he encontrado se halla en una carta de Flaubert a su amigo Alfred Le Poittevin del 16 de septiembre de 1845, pero en ella lo que dice exactamente el escritor es que «Para que algo sea interesante sólo hay que mirarlo durante mucho tiempo». De todas maneras, un escrito de Juliette Azoulai en un texto sagazmente titulado "El ojo fuera de la cabeza, Saber ver en Flaubert", se comenta esa frase, citando además "La tentación de San Antonio" del autor francés y, con ello, se llega a una

¿Existe un cine esquizoanalítico?

Magliori y Thomson, comentando algunas particularidades del proyecto cinematográfico de Guattari, apelaban al cine de poesía que patrocinaba Pasolini para exponer lo que denominaban un cine del Infra-quark. Se trata de un cine de poesía «apto para liberar las posibilidades expresivas sofocadas por la convención narrativa tradicional, con el fin de reencontrar las cualidades oníricas, bárbaras, irregulares, agresivas, visionarias de los orígenes» (Ob. cit.: 58). Es conocido que Pasolini oponía este cine de poesía a un cine de prosa que defendía Eric Rohmer. Y que este discutía las ideas de Pasolini porque consideraba que separaba demasiado rigurosamente ambos tipos de cine, añadiendo que bien podía existir un cine que fuera de prosa y de poesía a la vez. No está de más tener en cuenta la propuesta de Rohmer, aunque no para salvaguardar el cine tradicional, sino para evitar que el concepto de cine poético derive, como tantas veces ha sucedido, hacia un ejercicio de descomposición, entre narcisista y nihilista, de lo real, que no es lo que proponía, ni hacía en sus películas, Pasolini, pero que es posible que sea lo que quieren entender algunos cineastas de la actualidad menos rigurosos que él. El cine verdaderamente poético, como la poesía que vale la pena, debe surgir de las emociones. Cualquier ejercicio poético, por radical que pretenda ser su lenguaje o su estructura, tiene como referencia la realidad, a la que se acerca o de la que se aleja según las circunstancias del poeta y su particular estilo. Pero no puede prescindir por completo de la realidad (sea la que sea), so pena de caer en la irrelevancia de un formalismo obtuso. La verdadera poesía se mueve por el entramado que sostiene subterráneamente la realidad, una estructura fluida compuesta por una combinación de lenguaje e imagen en constante oscilación.

interesante conclusión. Dice Azoulai que «Por su fijeza, es una mirada circunscrita a una porción limitada del mundo, pero que se abre a una "comprensión indescriptible del todo no revelado"» (2017). Si juntamos las dos citas de Flaubert, sazonadas con el comentario de Azoulai, obtenemos un resultado que se acerca bastante a la cita tal como aparece en la página web de Patáforas, la cual es, en cualquier caso, muy adecuada para describir mi idea de la imagen cinematográfica.

Si el cine puede servir al poder gestionando las energías libidinales de los espectadores, como indica Guattari, es porque estos espectadores están libidinalmente relacionados con la retórica cinematográfica tal como se desarrolla ante sus ojos inadvertidos. Pero si se rompe ese vínculo, no habrá posibilidad de transformación, ni buena ni mala. Esto significa que no puede considerarse precipitadamente que, al no existir el vínculo, las intenciones del poder serán también inoperantes. Es posible, pero en tal caso se producirá un vacío que el poder llenará por otra vía, sin que haya la posibilidad de contrarrestarlo porque el cineasta habrá ya perdido la esencial vinculación con el espectador en la misma medida que habrá perdido el contacto con la realidad. Recordemos las maniobras de la CIA para promocionar, durante las décadas de los años cincuenta y sesenta del pasado siglo, el expresionismo abstracto como supuesto arte de la libertad absoluta del artista —afín al esencial individualismo de la cultura norteamericana—, frente a las pretendidas imposiciones políticas de las corrientes estéticas europeas, las cuales, a pesar de su radicalidad formal, siempre conservaron un vínculo con las ideas políticas de la izquierda, especialmente con el comunismo.[19] Sin entrar a valorar la calidad estética de las obras de esa corriente pictórica surgida especialmente en Nueva York y que cuenta con una producción tan memorable como la de Rothko o Pollock, ni proponer como alternativa las formas nefastas del realismo socialista, parece indudable que lo que el poder político norteamericano encontraba en ese estilo era la posibilidad de desvincular a la sociedad del potencial transformador del arte para ceñirlo a la experiencia individualizada del artista, como regreso a una desdibujada figura romántica del autor. La operación pasaba fundamentalmente por desvincular el arte de la realidad humana y ceñirlo a una expresividad abstracta, de una abstracción radical que no solo rompía definitivamente con cualquier tipo de figuración, sino que también se desligaba de cualquier pretensión intelectual. En este sentido, el expresionismo abstracto fue la culminación del imaginario pictórico vanguardista llevado al absurdo. Con este movimiento estético se radicalizaba la trayectoria de la abstracción pictórica tradicional, nacida

19. Ver: "La CIA y la guerra fría cultural", de Frances Stonor Saunders. Madrid, Debate, 2013.

básicamente en Europa y que nunca dejó de tener un trasfondo intelectual, como lo prueban principalmente pintores como Picasso o Kandinsky. Este poso instruido mantenía la pintura en contacto con la realidad, aunque fuese para discutir las relaciones tradicionales con ella, y por lo tanto dejaba la puerta abierta a la política. El surrealismo de Breton es un buen ejemplo de ello. Sin embargo, la corriente abstracta norteamericana de mediados de siglo nació a partir de una básica actitud anti intelectual que, valores estéticos aparte, solo se mantenía en contacto con la realidad del autor en el momento de ejecutar ciegamente su obra, como en las actuaciones del llamado *action painting*.

No es mi intención establecer posturas categóricas acerca de un período de la historia del arte lo suficientemente importante como para que no se puede censurar de un plumazo. Solo quiero poner de relieve los peligros que se derivan de una tendencia general, aceptando que, a nivel particular, las valoraciones sobre las corrientes y las obras meritan una consideración mucho más matizada. Sin embargo, es necesario dejar constancia de que, cuando la desaparición del vínculo libidinal con el espectador que implica el rechazo a lo figurativo se une a una impugnación igualmente radical del intelecto en el arte, el resultado es que el poder puede apoderarse impunemente de la función del arte con fines políticos. Es cierto que la figuración a ultranza, como, por ejemplo, en el caso de realismo socialista, tampoco resuelve el problema. Pero advirtamos que, en este caso, el problema se sitúa a otro nivel, menos profundo, el de la propaganda. La figuración puede colonizar el imaginario, cuando se utiliza políticamente por el poder, mientras que la abstracción permite el acceso directo del poder al inconsciente, donde se ha producido un vacío susceptible de ser llenado con prácticas menos obvias y más difíciles de contrarrestar.

La crítica de arte del siglo XX, principal promotora de las vanguardias artísticas, ha basado su razonamiento en tres postulados que son, cuando menos, discutibles. En primer lugar, ha utilizado, para justificarlo, el propio dispositivo modernista que pretendía promocionar, es decir, la idea del vanguardismo como émulo del progreso, según el cual todo lo nuevo es bueno y necesario por el solo hecho de ser nuevo y, por lo tanto, ha de ser promocionado. En conclusión, y al margen de todas las sutilezas teóricas posibles, se ha venido a decir que las vanguardias son ética y estéticamente asumibles porque son vanguardistas. En segundo lugar, esta promoción del arte de vanguardia se efectúa mediante una teoría estética, como la de Adorno, que destila un inevitable elitismo, el cual no sería negativo si fuera convenientemente asumido. Adorno arguye que la dificultad de comprensión de una obra de arte es un valor positivo de la misma, puesto que implica la existencia en ella de una complejidad esencial, un reto al que el público tiene la obligación de enfrentarse. Sin embargo, este planteamiento es contradictorio, puesto que deja a las propias obras de arte vanguardista la labor de educar la sensibilidad del público necesaria para comprenderlas. Este es, precisamente, el tercer postulado discordante de la teoría del arte moderno. El hecho de que las vanguardias en general y sus teóricos han tendido a ignorar la necesidad de encontrar el camino y los ritmos adecuados para esta educación y han preferido fomentar la constante ruptura de las reglas de juego, imponiendo una estética del shock que sería inherente a su excelencia artística. Es cierto que los resultados de este largo proceso han sido, en su mayoría, estéticamente poderosos, pero también es verdad que no han conseguido evitar que, a la larga, la gran mayoría de la población se haya desentendido de su trayectoria, para caer en las garras de visualidades inanes como, por ejemplo, las de la televisión comercial, sin tener la menor capacidad de resistencia por no haber podido asimilar las herramientas que se suponía que los movimientos vanguardistas le suministraba. La Escuela de Frankfurt culpó a las industrias culturales —a la industrialización de la cultura— de esta quebranto de la sensibilidad estética, sin asumir la parte de culpa que en ello tenía el propio planteamiento vanguardista que entendía el arte como un ámbito autónomo desde el cual dictaba sus propias reglas, las cuales debían ser socialmente asimiladas. Por el camino se olvidaron demasiadas cosas, entre ellas que el arte había sido siempre una conversación que se establecía entre el artista y el espectador, cada uno de los cuales representaba, en el momento de departir, a un estamento más general: el arte y la sociedad, respectivamente. La vanguardia convertía esta conversación en un dictado, de modo que la necesaria educación sentimental que se desprendía de sus actividades, quedaba reducida a la imposición de ciertas modas en línea con una nefasta transformación de todo el imaginario social, estructurado ya por las operaciones de marketing.

La supuesta educación estética promocionada por las vanguardias solo ha servido, en general, para aumentar las visitas turísticas a los museos de arte contemporáneo y poco más. Queda en pie la necesidad de una verdadera educación estética, a partir de la que la sociedad en general pueda recuperar y comprender adecuadamente el trabajo de las vanguardias, tanto las clásicas como las actuales, que siguen actuando en el vacío. El cine, considerado en su momento como inane por la élite vanguardista, ha sido durante el siglo XX la herramientas más poderosa de la educación estética y sentimental de lo que, en tiempos vanguardistas, se llamaban las masas. Vemos ahora que contenía todos los ingredientes necesarios para elevar la sensibilidad de los individuos, que solo había que saber encontrar la forma adecuada de llevarlo a cabo. A la luz del interés de Guattari por el cine, cabe preguntarse si puede existir un cine esquizoanalítico que resuma ese potencial cinematográfico.

Un cine genuinamente esquizoanalítico tiene que considerar, de entrada, el escenario que componen los agenciamientos fílmicos. Es decir, partir de espacios fundamentalmente realistas para encontrar en ellos aspectos que no lo son. Las técnicas de electroshock que promulga una determinada estética son, aparte de literalmente inhumanas, inefectivas a la hora de recomponer el equilibrio de una subjetividad rota. Esto es algo que se ha comprobado tanto en el campo de la psiquiatría como en de la estética. Ya va siendo hora de tenerlo en cuenta, si se quiere que el cine sea efectivo para promover las transformaciones de la subjetividad que Guattari proponía con sus teorías esquizoanalíticas. Mediante el tipo de cine que puede surgir de la correcta asimilación de estas en el ámbito de la estética, se puede empezar a dejar atrás definitivamente algunos de los errores de la modernidad que todavía dominan el imaginario estético contemporáneo.

Llegados a este punto, es necesario hacerse la pregunta de cómo sería este tipo de cine al que Guattari pretendía tener acceso pero al que nunca definió adecuadamente. Una forma de acercarnos a él, a su fructífera virtualidad, puede ser acudiendo a una contundente afirmación del teórico acerca del potencial psicoanalítico de determinada literatura. Preguntaba Guattari si «las mejores cartografías de la psique o, si se quiere, los mejores psicoanálisis, ¿no han sido hechos por Goethe, Proust, Joyce, Artaud y Beckett, más bien que por Freud, Jung y Lacan?» (1996b: 23). Si estos son los literatos que pueden considerarse psicoanalistas, cabe preguntarse qué elenco de escritores podrían ser entendidos como esquizoanalistas. Quizá averiguando de qué forma unos hacen perfectos psicoanálisis podríamos detectar la manera, en principio literaria, de efectuar esquizoanálisis o de poner de manifiesto la retórica que lo haría posible. A partir de esta constatación, sería factible llegar a conclusiones sobre las características de un cine esquizoanalítico.

Digamos de entrada que un cine de este tipo no puede ni debe ser "vanguardista", a menos que transformemos de arriba abajo el concepto de vanguardia. Una forma de hacerlo sería tomar el movimiento del arte conceptual como punto de partida, pero prestando más atención a sus realizaciones prácticas que a sus presupuestos teóricos. Con ello, se podría reformular la historia de las vanguardias estéticas, interpretándolas como una serie de intentos de establecer relaciones entre la imagen y el pensamiento, es decir, de pensar mediante la estética, incluso cuando la estética importa poco en aquellos proyectos que ni siquiera se llegan a realizar y son solo propuestas que pueden formularse por escrito, como sucede con una parte del arte conceptual. Se produce entonces lo que Lucy Lippard denominaba una desmaterialización del arte, un desplazamiento que va de la forma al contenido. Se trata de «la exclusión de toda expresividad personal manifiesta, explícita, a favor de una neutralidad total. Ello se logrará parcelando, delimitando la realidad que se quiera parcelar hasta conseguir resultados que parezcan objetivos, como si de un informe científico se tratara» (Combalía, 2003: 106). Si dejamos al margen la descabellada pulsión científica, lo que se pone de manifiesto con el arte conceptual es la voluntad de pensar la realidad a través del arte de forma directa. Con ello se da paso a una serie de procedimientos, la mayoría de los cuales implican el ensamblaje de materiales diversos. Según Lippard, «durante los años 1960, el proceso anti-intelectual, emocional/intuitivo de la creación artística de las dos décadas anteriores empezó a dar paso a un arte ultra-conceptual que enfatizaba casi exclusivamente los procesos de pensamiento» (1971: 255). La tenden cia, además de tener un indudable valor sintomático, puede servir de patrón para rastrear en la historia del arte moderno esa intención latente de impulsar un pensamiento visual. Desde esta perspectiva, todo el arte moderno puede contemplarse como una serie de operaciones de ensamblaje y agenciamientos de formas, imágenes y materiales que ponen las bases para comprender un hipotético cine esquizoanalítico.

En cualquier caso, este tipo de cine no puede aparecer en el seno de lo que ha prevalecido en el cine experimental del siglo XX, es decir, un ruptura caótica con la figuración. La nueva subjetividad no puede surgir de las ruinas de la antigua, como se ha pretendido tantas veces. Un conglomerado de efectos inconexos formado por shocks visuales más o menos intensos no nos induce a ver el mundo de manera diferente, sino a no verlo en absoluto. Por ello, es necesario plantearse las actuaciones estéticas desde una perspectiva radicalmente distinta. La nueva subjetividad, que no es tanto la de la época sino la que más conviene a la época, no surge, pues, de la destrucción de la antigua, de sus ruinas, sino de su transformación interna que implica al mismo tiempo su comprensión. Comprender es transformar y transformar es comprender, un proceso dialéctico que solo puede ser continuo e interminable para ser de verdad efectivo, puesto que la transformación que surge de la comprensión requiere otro acto de comprensión y así sucesivamente. El sujeto que brota de este encadenado de acontecimientos no es tan inestable como puede parecer, sino que se forma como núcleo metaestable de la proverbial inestabilidad del fenómeno. No se puede considerar centro rector de este, puesto que está inmerso en su constante devenir, pero a la vez constituye la cristalización de este devenir, el punto en que las fuerzas ciegas del dinamismo se hacen conscientes, aunque sea una consciencia precaria, empujada al cambio por la fuerza del cambio mismo.

Se dirá que este conjunto de fuerzas dinámicas y aparentemente caóticas tiene su cabal representación precisamente en aquellas formaciones estéticas que tienden a la abstracción y a la disolución o fragmentación de la figura. Ello puede ser cierto por lo que se refiere a la representación, pero la estética contemporánea se sitúa más allá de ella. De lo que se trata no es de representar, más o menos metafóricamente, una serie de procesos dinámicos como si estos no tuvieran consecuencias más allá de sus propios dinamismos, más allá de su convulsa ontología. En tal caso, el arte, entendido en un sentido amplio, caería en el mismo reduccionismo que aqueja a la ciencia cuando desde ella se afirma, por ejemplo, que cualquier sentimiento no es más que una serie de alteraciones bioquímicas. Tratar de representar cualquier sentimiento a ese nivel en el arte —como líneas de fuerza relativas a un proceso abstracto—, solo puede conducir al absurdo o una expresión estética sin verdadero calado y también sin mucho futuro.

La esencia de los flujos financieros, por ejemplo, son una muestra perfecta de ese tipo de movimientos aparentemente caóticos que funcionan en el corazón de lo real. Sin embargo, las consecuencias reales de la circulación del dinero en el panorama global, que es ciertamente caótica pero también está sujeta a una racionalidad particular, no puede detectarse sin salir del complejo entramado que forman sus incesantes entrecruzamientos. Se puede pensar que el fenómeno de estas fuerzas en constante transformación está perfectamente representado en films abstractos que, como por ejemplo los de Oskar Fischinger —sus bellos poemas ópticos de 1938, que están más cerca de la pintura que del cine— o la *Symphonie diagonale* de Viking Eggeling (1924), muestran una serie de frenéticas contraposición de formas diversas en movimiento. Si bien este tipo de cine está muy lejos de pretender ser realista y se limita a poner en movimiento los presupuestos formales de la pintura abstracta con resultados a menudo brillantes, no deja de ser cierto que, a veces, desde posturas cercanas al documental, su formalismo se ha propuesto como una manera alternativa de ver la realidad, de romper con lo que se considera una constricción. Así se afirma que «Visual y temáticamente, el arte abstracto se ha desarrollado a lo largo de varias líneas de investigación, como el espiritual y no objetivo expresionismo abstracto, pero las abstracciones también pueden leerse fuera de estas nomenclaturas restrictivas como imágenes puras, liberadas de las limitaciones de la incisiva interpretación representacional».[20] Hablar, en este caso, de limitaciones implica una clara toma de posición respecto a la ontología del cine y el lugar de sus espectadores. También es verdad que la historia del cine ha tendido a poner en un mismo saco lo que en realidad son tendencias absolutamente dispares, como las del cine de vanguardia, el cine documental y el cine experimental. Esto ha ocasionado no pocas confusiones a la hora de valorar la incidencia política de estas manifestaciones. La militancia política que expresan muchos de los cineastas del cine más radicalmente formalista los lleva a suponer que la razón está de sus parte cuando consideran que sus experimentos tocan

20. Católogo del Harvard Film Achive para una muestra de films abstractos, titulada "Articulated Light. The Emergence of Abstract Film in America" (https://monoskop.org/images/d/d2/OGrady_Gerald_Posner_Bruce_eds_Articulated_Light_The_Emergence_of_Abstract_Film_in_America.pdf).

el corazón de lo real, mientras que las tendencias narrativas o dramáticas de carácter figurativo no serían otra cosa que maneras de ocultarlo. Esta postura ideológica, basada en una falaz mezcla de ética y estética, debe ser confrontada por un severo ejercicio crítico que ponga las cosas en su sitio.

Volviendo al ejemplo paradigmático de los flujos financieros y sus líneas de fuerza, lo cierto es que mucho más efectiva que cualquier propuesta abstracta son, por ejemplo, las escenas de la bolsa de valores de Milán que aparece en *El eclipse* de Antonioni (*L'eclisse*, 1962), donde el entrelazamiento de las líneas de fuerza que mueven el dinero y el poder se muestran a través del frenesí de los cuerpos de los corredores de bolsa y los inversores que se mueven nerviosamente en un caótico magma en ebullición, compuesto por gritos, gestos histéricos, cifras que varían frenéticamente, enardecidas llamadas por teléfono, etc., todo ello transitado por un intenso flujo de emociones. La crispación de los rostros y los cuerpos de quienes participan en lo que parece un aquelarre visualiza perfectamente las líneas de fuerza que mueven el mundo en que están inmersos. En este caso, no se pretende representar el conjunto de fuerzas abstractas que vehiculan los flujos financieros, sino mostrar sus consecuencias en otro nivel de la realidad que no solo es más humanamente accesible, sino que permite, a su vez, el acceso de forma más efectiva a la comprensión de esas abstracciones. En el primer caso, nos sumergimos en el caos para representarlo de una manera que es siempre precaria, precisamente porque es confusa; en el segundo, se crea una situación que es a la vez ficticia y real, donde el entramado básico toma cuerpo y nos muestra su verdadera faz. Este escenario es también dual, puesto que combina lo racional con lo irracional. Cuando se realizó la película de Antonioni, aún no existía la informática que en el futuro enfriaría el dramatismo de ese tipo de escenas. Con su aplicación al funcionamiento de la Bolsa, todo el frenesí de los cuerpos y sus actuaciones se internaliza y queda reducido al delirio incesante de las cifras, único reflejo ahora de los flujos subterráneos, híbridos de finanzas, emociones y electrónica. Mayor motivo aún para no ceñirse a la simple representación de estos flujos y a su engañosa abstracción.

Una posible justificación del trasvase de lo materialmente abstracto a lo visual concreto, la podemos encontrar en una de las reflexiones que Deleuze y Guattari hacen en *¿Qué es la filosofía?*:

> La sensación está, pues, en otro plano que los mecanismos, los dinamismos y las finalidades: es un plano de composición, donde la sensación se forma contrayendo lo que la compone y componiéndose con otras sensaciones que contrae a su vez. Es pura contemplación, porque es a través de la contemplación que nos contraemos, contemplándonos a nosotros mismos como contemplamos los elementos de los que procedemos. Contemplar es crear, el misterio de la creación pasiva, la sensación. La sensación llena el plano de la composición, y se llena de ella misma al llenarse de lo que contempla: es "goce", y "autogoce". Es un sujeto, o más bien un "injeto" (*ibid.*: 213).

Antonioni hace aflorar los caóticos flujos financieros en la institución que los representa, donde el caos de las fuerzas primigenias se convierte en el caos de los seres humanos convulsionados por sus efectos. Es decir, que la mirada se sitúa allí donde podemos contemplar y sentir esas fuerzas, de manera que produzcan afectos en nuestro cuerpo y efectos en nuestro intelecto y no solo efectos en nuestros ojos, a los que se supone erróneamente pasivos y desprovistos de entendimiento. Pongamos otro ejemplo: la célebre secuencia de la batalla de Shrewsbury en *Campanadas a medianoche* de Orson Welles (*Chimes at Midnight*, 1965). Formalmente, esta secuencia está resuelta mediante un montaje frenético, basado en una serie de planos de mínima duración que son producto, la mayoría de ellos, de los cortes efectuados, durante el montaje, en tomas más largas. Es decir, que provienen de un proceso de rabiosa fragmentación que podría equipararse al de películas de cine experimental, si no fuera porque Welles no se queda en el simple resultado de la segmentación, en un juego visual de fuerzas contrapuestas, es decir, no se ciñe a la abstracción, a pesar de que el resultado formal la roza, sino que, a partir de su dinámica que constituye la esencia del drama, propone una nueva forma de la realidad, construye una nueva manera de verla y experimentarla sin renunciar a ella. Se sitúa en el interior de lo real, para contemplar la realidad visual desde dentro, como se supone que debe hacerlo la imagen cinematográfica. El dilema no se queda en una contraposición entre forma y superficie, entre realidad y apariencia, como a veces se pretende desde el formalismo experimental, puesto que todo —el fondo y la forma, el drama y su dinamismo— se encuentra de hecho en la superficie. Pero, en un caso, esa superficie muestra solo uno de sus aspectos, el más descarnado y restringido, mientras que, en el otro, la realidad aparece en todas sus dimensiones: las fuerzas y los flujos, así como sus efectos intervienen en la confección de la forma de lo real. Desde esta perspectiva, la película de Welles estaría situada en el mismo nivel ontológico que la pintura de Bacon, tal como la interpreta Deleuze: en ambos casos, las figuras son captadoras de fuerzas que las desfiguran, ya que las fuerzas no pueden fungir si no están supeditadas a alguna materia que asuma su potencia.

Una de las maneras de plasmar los ensamblajes y agenciamientos que conforman la realidad, es decir, de confeccionar un cine esquizoanalítico, es recurrir el concepto de escena tal como lo plantea Jacques Rancière. La escena es un elemento central del cine clásico de corte dramático-narrativo, pero, como concepto operativo, se puede extender a otros tipos de cine, que caben igualmente en la descripción del filósofo francés:

> La escena no es la ilustración de una idea. Es una pequeña máquina óptica que nos muestra el pensamiento ocupado en tejer los lazos que unen percepciones, afectos, nombres e ideas, en constituir la comunidad sensible tejida por estos lazos y la comunidad intelectual que hace pensable el tejido (...). Ya que el pensamiento es siempre antes que nada un pensamiento de lo pensable, un pensamiento que modifica lo pensable al acoger lo que es impensable (...). Estas metamorfosis no son fantasías individuales sino la lógica de este régimen de percepción, afección y de pensamiento que he propuesto denominar "régimen estético del arte" (2014: 11)

En el cine clásico, la escena es un espacio virtual compuesto por la interacción entre los distintos planos que la forman, mientras que para Rancière corresponde a un espacio intelectual que le permite establecer una serie de agenciamientos particulares: «Mi práctica de las escenas y los casos está relacionada también con mi práctica transdisciplinar o interdisciplinar. He podido constituir escenas donde se escinde esencialmente la relación entre territorios diferentes, lo alto y lo bajo o la verdad y la apariencia» (2018: 18). En ambos casos, estamos ante un *lugar* donde se produce el ensamblaje de distintos vectores —espaciales, visuales o intelectuales—, *espacio* que es a su vez generado por la intersección de estos elementos. En el cine, la escena, a parte de su presencia material como espacio profílmico, no existe más que en la mente del espectador, como virtualidad resultante de la interacción de las distintas imágenes, excepto cuando esta interacción se resuelve mediante un plano-secuencia, en cuyo caso los ensamblajes son internos, resultado de los movimientos de cámara o de los personajes. Por su parte, la escena intelectual concebida por Rancière es el efecto de una conjunción de ideas, de un proceso de pensamiento que acaba conformando un marco virtual que recoge estos movimientos y, por ello, da la impresión de ser previo a la acción de pensar. En este caso, las ideas se convierten en espacio, un espacio que tiene una presencia, por etérea que sea, lo que nos permite suponer que, en el cine, el espacio, las imágenes y sus elementos, son ideas. Ideas concretas o latentes y, en cualquier caso, virtuales, puesto que son el resultado de un devenir que solo momentáneamente las actualiza.

Podemos hablar, sin contraponerlos drásticamente, de un cine de montaje y de un cine de puesta en escena. En principio, el cine de montaje es lineal, mientras que el cine de puesta en escena implica la composición de campos espaciales. Pero este cine de puesta en escena no es ajeno al montaje, que le afecta tanto externamente como internamente. La afectación externa proviene de la composición del espacio escénico mediante el enlace de diversos planos. La interna, por su parte, se desprende de la posibilidad que existe de analizar este espacio escénico, entendiéndolo como el conglomerado que resulta de los diversos elementos que conciertan su visualidad. Ambas polaridades se pueden intercambiar, ya que también es posible tomar en consideración los elementos que configuran una determinada visualidad, a nivel escénico o a nivel de cada uno de los planos, entendiéndolos en ambos casos como formando parte de procesos de agenciamiento que acaban concentrados en un espacio visual determinado.

Por otro lado, el cine de montaje, aun desarrollándose linealmente, no deja de exponer espacios y agenciamientos aunque estén circunscritos a unidades más limitadas, como son los planos, cuando estos, en lugar de aliarse sintéticamente para formar el espacio de la escena, se suceden en una línea temporal-conceptual. De alguna manera, esta división podría ser equivalente a la que establecía Deleuze entre la imagen-movimiento y la imagen-tiempo, pero hay que tener en cuenta que el filósofo no contemplaba las transformaciones espaciales en sus consideraciones sobre el cine, sino que se centraba más en las temporales. Si las reunimos, es decir si procedemos a considerar la transformaciones que el movimiento, por un lado, y el tiempo, por otro, ejercen sobre la doble vertiente del espacio y de la imagen, o sea, sobre un espacio que es imagen y una imagen que es espacial, nos encontramos ante una poderosa herramienta de transformación de lo visible. Esta herramienta puede funcionar tanto para comprender la realidad, para pensarla, como para instar nuevas formas de subjetivación.

Visto desde esta perspectiva, el cine aparece como una máquina de recomponer la realidad a todos sus niveles. No consiste solo en la visualización de una historia y de las de acciones de los personajes situados en un entorno o un paisaje estáticos, sino que muestra una serie de constantes movimientos e interrelaciones de personajes, cosas, tiempos, espacios, emociones e ideas que producen tanto efectos como afectos en los espectadores. Estos se ven transportados no solo por emociones, sino también por ideas, pero no de forma separada, sino conjunta, es decir, por ideas-emoción o emociones que producen ideas: emociones-idea. Así mismo se producen esos fenómenos que Rancière considera esenciales en la experiencia estética, a saber, la recomposición del espacio y el tiempo: «El arte no es político, en primer lugar, por los mensajes y los sentimientos que transmite acerca del orden del mundo. No es político, tampoco, por la manera en que representa la estructura de la sociedad, los conflictos o las identidades de los grupos sociales. Es político por la misma distancia que toma con respecto a sus funciones, por la clase de tiempo y de espacio que instituye, por la manera en que recorta este tiempo y puebla este espacio (...). Lo propio del arte es operar un nuevo recorte del espacio material y simbólico. Y es de esta forma que el arte tiene que ver con la política» (2012: 33). El arte, entendido de esta manera, no solo tiene que ver con la política, sino también con la subjetividad o con los procesos de subjetivación, que también son, por supuesto, políticos, pero que conviene no dejarlos reducidos a lo político. Es entendiéndolo de esta manera que el cine abre las puertas al esquizoanálisis y que, por lo tanto, puede plantearse proponer una estética esquizoanalítica.

Es dudoso que Guattari tuviera en mente una estética de este tipo cuando confeccionaba su guion sobre "El amor de UIQ", pero ello no quiere decir que no exista la posibilidad de una estética fílmica esquizoanalítica. Por cine esquizoanalítico no debe entenderse un cine que facilite el análisis psíquico, ni tampoco un cine que se ajuste a los términos de su procedimiento terapéutico, como una muestra de ese análisis. De lo que se trata es de proponer las coordenadas de una forma esquizoanalítica de entender el cine, equivalente a la manera de entenderlo que tiene Deleuze. Equivalente, en este caso, no quiere decir análoga, sino similar en su envergadura y, de alguna forma, complementaria. En ambos casos, la relevancia de las propuestas no proviene de que tengan la vocación de ser definitivas, sino de que facilitan una manera de entender el fenómeno fílmico en estrecha conexión con otros ámbitos.

Las diferencias entre el cine de Deleuze y el cine posible de Guattari son muchas, a pesar de que las colaboraciones filosóficas entre ambos parezcan instarnos a pensar lo contrario. Afirma Deleuze en sus clases sobre cine, en el último período de ellas, donde sus opiniones tienden a ser más contundentes, que «partimos de un hecho simple: el carácter específico de la imagen cinematográfica es ser automática» (2023: 232). Momentos antes ha sido aún más tajante: «Nuestro primer tema es pensamiento y automatismo» (*ibid.*). En realidad, lo que Deleuze pretende probar es el automatismo del pensamiento y lo hace tomando el cine como ejemplo, después de haber examinado las funciones cerebrales y plantear que todo lo mental se ciñe a ellas, en concreto a la anatomía del cerebro. Dejando de lado el hecho de si Guattari estaría personalmente de acuerdo o no con las reflexiones de Deleuze al respecto, lo cierto es que sus ideas nos conducen a pensar todo lo contrario, tanto por lo que se refiere a la imagen cinematográfica como al pensamiento. Resulta arriesgado afirmarlo, dada la intensa colaboración mantenida entre ambos, que no versaba sobre temas de cine, pero sí sobre cuestiones relacionadas con el pensamiento y la subjetivación. En cualquier caso, al margen de las opiniones concretas de Guattari, sus teorías, como las de Deleuze, tienen un recorrido propio que las excede y que nos permite plantear las deficiencias de una conjetura que se basa en el estricto automatismo tanto del cine como del pensamiento. Las ideas de Guattari ofrecen herramientas para plantear que ninguno de los dos es automático más que a unos niveles que no son relevantes para comprender el fenómeno cinematográfico o los fenómenos mentales. El automatismo básico de la técnica y del cerebro pertenece a una ontología distinta a la que acoge al cine y al pensamiento. Esas diferentes ontologías solo pueden confundirse si se adopta una perspectiva mecanicista por la que se considera que los diferentes niveles de la realidad tienen una relación causal entre ellos, de modo que el más básico —el cerebro, los procesos bioquímicos, los átomos—, por ser esencialmente material, es el más genuino y el que determina todos los demás.

Sobre la posibilidad de extralimitar una teoría, es relevante lo que afirma Ian Buchanan refiriéndose a las teorías cinematográficas de Deleuze: «Me inclino a pensar que en sus dos volúmenes sobre el cine Deleuze dijo todo lo que quería decir sobre el cine y que si omitió algo fue porque estaba más allá del alcance del proyecto estrictamente filosófico que se legisló para sí mismo. Pero incluso si esto es verdad, y sospecho que en cierto modo lo es, ello no significa que tengamos que seguir a Deleuze, ignorando las preguntas que dejó sin plantear o responder, que no eran ni pequeñas ni inconsecuente» (2021: 57). Lo mismo puede decirse de las ideas de Guattari. Y por lo que respecta a sus divergencias no explícitas con Deleuze, también vale la pena escuchar lo que tiene que decir Buchanan sobre la posición de este en el proceso colaborativo: «Es sorprendente en muchos sentidos que Deleuze no se haya basado en este trabajo (se refiere Buchanan a las teorías sobre el esquizoanálisis elaboradas conjuntamente por ambos autores) al escribir sus libros sobre cine porque son un rico recurso para pensar y resolver cuestiones relacionadas con el significado cultural y, de hecho, la función del cine» (*ibid.*).

Llama la atención que Deleuze trate de sacar conclusiones acerca del automatismo de la imagen cinematográfica del hecho de que el cine haya recurrido en ocasiones a autómatas, sonámbulos, vampiros, zombis o gólems, es decir, personajes carentes de subjetividad (el vampiro podría considerarse una excepción que Deleuze no contempla). Para el filósofo este elenco se circunscribe esencialmente al cine de preguerra —conocida es la importancia que da al corte que supuso la Segunda Guerra Mundial para establecer su ontología cinematográfica— , en concreto, al expresionismo alemán y a la escuela francesa. Entiende que existe un autómata psicológico y un autómata espiritual, a la vez que reconoce diferencias entre el sonámbulo del expresionismo alemán y el robot de Kubrick, a lo que añade su idea de un "autómata" de Bresson, que pertenece a una categoría completamente distinta de las anteriores. En general, en estas reflexiones, Deleuze parece confundir totalmente los niveles expresivos, ignorando que las características de los personajes que determinado cine pueda preferir no tienen una correlación directa con la ontología cinematográfica. El supuesto automatismo general de la imagen cinematográfica no lo puede probar un rasgo particular de la cultura, históricamente determinado. Las afirmaciones de Deleuze incurren en un error histórico al establecer una relación directa entre los peculiares personajes del expresionismo alemán y los fundamentos de la imagen cinematográfica, ignorando el trabajo de muchos historiadores —Siegfried Kracauer o Lotte H. Eisner, entre otros— que derivan el atractivo de esos personajes del clima político y social que existía en la Alemania de la época y no de una pulsión básica del propio cine. Ello sin contar con la esencia misma de la estética expresionista, vinculada también al imaginario cultural y no a la ontología del cine. Es absurdo plantear una continuidad entre ambos niveles, más que nada porque, teniendo en cuenta que los personajes y los géneros del cine han sido muy diversos a lo largo de su historia, si existiera ese estricto isomorfismo, las ontologías fílmicas se multiplicarían descabelladamente.

Podría pensarse que sacar conclusiones acerca de las formas fílmicas a partir del hecho de que Guattari proponga un tema relacionado con la física cuántica —el infra-quark— implica incurrir en el mismo error que comete Deleuze al confundir las vías por las que la cultura y la ontología se comunican. Es cierto que la propuesta de Guattari nos sitúa ante lo que podríamos considerar un cine cuántico, como indicaré a continuación, pero de ello no podemos colegir que el tema escogido sea la prueba de que existe un vínculo ontológico entre el cine y la física cuántica. La relación de la ontología fílmica —un posible cine cuántico— con el argumento del guion viene por otro camino, que es el que Deleuze hubiera tenido que detectar, a saber, que existe una interesante relación entre el imaginario que sostiene los parámetros de la física cuántica y aquel en el que se inserta el esquizoanálisis. No es a partir de rasgos concretos que se establecen las relaciones entre la cultura y la ontología, sino que estas se producen en el ámbito de los imaginarios. Pero entonces hay que tener en cuenta que las concreciones —en el caso de Deleuze, el automatismo psíquico de ciertos caracteres ficticios— deben responder a un concepto superior, equivalente, este sí, a un rasgo ontológico. Esto está claro en el caso del proyecto fílmico de Guattari, cuyo aspecto cuántico proviene del contacto que se puede establecer entre el imaginario de la física cuántica y el del esquizoanálisis en la propia imaginación del pensador. Una parte del fenómeno es, por lo tanto, ontológica y la otra imaginaria. Puesto que existe una posible relación entre la teoría esquizoanalítica y la teoría cuántica a nivel de las formaciones imaginarias de ambos, Guattari concibe la idea de introducir, en su ficción, un aspecto como el del infra-quark, relativo a la física cuántica. Si Deleuze persistiera en su error, diría que la prueba de que el cine es cuántico reside en que aparecen muchos físicos cuánticos en el argumento de las películas, quizá señalando concretamente la propuesta de Guattari.

Para un cine cuántico

En 2023, un film insólito acumuló varios Óscars, entre ellos el de mejor director y mejor película. Se trata de *Todo a la vez en todas partes* (*Everything Everywhere All at Once,* Dan Kwan, 2022). Al margen de su guion disparatado y sus innumerables concesiones a un público juvenil poco exigente, la película destaca por su original estructura, basada en la idea de los multiversos en la que actualmente coinciden con parecido entusiasmo físicos teóricos y escritores de ciencia-ficción. Los saltos de un universo a otro que efectúa la heroína del film, una madre emigrante china que regenta una lavandería de Los Ángeles y tiene problemas de relación con su hija y con su propio marido, recuerdan a los distintos universos por los que navegan los personajes de Philip K. Dick en novelas como *The Eye in The Sky* (1957) o *The Three Stigmatas of Palmer Eldritch* (1964). En el cine tampoco han escaseado, durante los últimos decenios, los argumentos que implican saltos de una realidad a otra. Cuando se producen este tipo de conjunciones tan heterogéneas, conviene poner más atención a los imaginarios que a la propia realidad, puesto que es en ellos donde reside la verdadera razón de tales especulaciones. Lo que corrobora la oportunidad de aplicar ciertas ideas científicas en este marco no es tanto la correlación que los argumentos establecen con la estructura íntima del universo, a la que es difícil acceder, sino la que existe a nivel de imaginarios. Es relevante señalar que determinados productos de ficción se ajustan a una particular forma de pensamiento que, desde principios del siglo XX se ha ido expandiendo, poco a poco, por la cultura.

Es necesario poner de manifiesto que, en el cine, los temas relativos al encadenamiento de distintas realidades generan una estructura fílmica inusitada. Dan lugar a lo que podríamos tildar de "metamontaje cósmico", puesto que el marco en el que se producen se sitúa por fuera de la realidad tal como la concebimos naturalmente. El cine, a lo largo de su historia, ha ido desplegando distintos tipos de montaje, cada vez más complejos y menos naturales. En primer lugar, después de una primera etapa teatralista en la que el plano coincide con la escena, aparece un montaje de planos que tienen como contenedor virtual el espacio de la escena. Prácticamente de inmediato, se genera un montaje interescénico que relaciona escenas entre sí, normalmente de forma sucesiva, y cuyo contenedor es la secuencia, un espacio que se sitúa por encima de la sucesión de escenas. Este espacio, además de virtual como el escénico, tiende a ser también conceptual: así como las escenas son percibidas imaginariamente, las secuencias deben ser pensadas para que se muestren como una unidad. La aparición del plano-secuencia, al eliminar los cortes entre planos o entre escenas, daba la impresión de acabar con este tipo de montajes mecánico que coincidiría con el período de lo que Deleuze denomina imagen-movimiento. Según el filósofo, en este ámbito domina un montaje sensorio-motor, cuya misión es provocar sensaciones destinadas a transmitir a los espectadores la existencia fílmica de un espacio físico tensionado por fuerzas dramáticas y emocionales. Lo que hizo el plano-secuencia no fue eliminar estas tensiones articuladas por los cortes del montaje, sino internalizarlas, absorberlas en su transcurso fluido. Con ello, introducía un pensamiento secuencial, fluido y no mecánico, en el interior de lo podían considerarse escenas extendidas que cada vez se alargaban más, hasta acabar coincidiendo con la longi tud de la película. Este sistema de "montaje" fluido pertenece al período de la imagen-tiempo, donde prevalece el pensamiento por encima de la sensación. En el ámbito del montaje mecánico perteneciente a la imagen-movimiento, el pensar fílmico era una función del cineasta, mientras que en el de la imagen-tiempo, este pensar se traslada de forma esencial a los espectadores.

Afirma Deleuze que con la plasmación de la imagen directa del tiempo, perteneciente al período de la imagen-tiempo, los personajes y los espectadores se convierten en videntes. Pero el cineasta[21] también se convierte en vidente y vagabundea con la cámara sobre una realidad que en el cine de ficción ha sido organizada, y por lo tanto pensada, profílmicamente. Las estrategias sensorio-motrices y su concepción del montaje eran desplazadas hacia un territorio previo a la filmación y al montaje propiamente dicho. Es sobre esta estructura previa que se genera la "visión" fílmica en la que el espectador introduce su propia visión y sus propios pensamientos, los cuales pueden coincidir o no con los de los personajes o los del cineasta, pero que, en todo caso, y esto es importante, son generados a partir de la propuesta fílmica concreta, es decir, del mundo particular que esta crea. El cine de la imagen-movimiento recrea la realidad naturalista, mientras que el de la imagen-tiempo, a través especialmente de formaciones retóricas como el plano-secuencia, crea un mundo fílmico formalmente distinto, lo que pone en evidencia un cambio ontológico.

En este punto del desarrollo de la ontología fílmica, cuando las formas secuenciales tienden a ser absolutas, el salto hacia una estructura superior, por encima del marco secuencial, fue forzado más por el recurso a ciertos temas con argumentos complejos que por los requisitos propios de la retórica fílmica. El metamontaje que se genera entonces para exponer esa complejidad excede la estructura de la realidad naturalista y, por consiguiente, se puede decir que el marco en el que se produce es cósmico. Ha habido anteriormente alguna notable excepción en el seno del montaje clásico que se adelantaba a este desarrollo. Así por ejemplo en su colosal *Intolerancia* (*Intolerance*, 1916), Griffith estructu-

21. El "cineasta" es una figura que puede contener muchas otras, pertenecientes a los distintos oficios que se ejercen en las operaciones fílmicas, pero, en el caso del plano-secuencia, la videncia quedaría reducida a dos o tres caracteres: el director, el director de fotografía y el cámara. Los demás seguirían ejerciendo sus funciones en la esfera de lo sensorio-motriz y solo aquellos otros accederían, en diferentes grados, a la "visión" secuencial, a partir de la que se genera la actividad visionaria de la que habla Deleuze, que es, en última instancia, la del film en sí. Es en este contexto cuando el cine alcanza su punto máximo de delirio, algo de lo que son conscientes cineastas como Andréi Tarkovski o Béla Tarr, entre otros.

raba la película mediante la alternancia de cuatro épocas distintas, a través de una sucesión de escenas independientes, relativas en cada caso a alguna de épocas. Se trataba primordialmente de un montaje de tiempos que se situaba por encima del tiempo cronológico lineal de la narrativa naturalista. Con ello, se proponía la reunión de distintas realidades que, en este caso, no eran completamente imaginarias como en el cine de los metaversos mencionado, sino que se refería a una realidad que, a pesar de su carácter en gran medida ficticio, era fundamentalmente histórica, pero cuya temporalidad se segmentaba para producir una especie de presente multitemporal. En última instancia, constituía un ejemplo del montaje paralelo llevado al paroxismo.

También en este caso el espectador ocupa una situación de privilegio que lo distancia del espacio real para mostrarle una visión cósmica, suprarreal. Con la particularidad, que también se advierte en el cine de los metaversos, de que se le obliga a regresar al nivel de la realidad naturalista en cada uno de los bloques, de tal manera que su experiencia constituye una mezcla de procesos de identificación y distanciamiento, que, si bien se suceden alternativamente, conservan un poso de su contrario cuando uno de ellos domina. Aunque los clásicos flashbacks implican también una mezcla de tiempos, en realidad su organización no abandona, excepto en casos muy drásticos como puede ser el de *Te amo, te amo* (*Je t'aime, je t'aime*, 1968) de Resnais, el ámbito de la secuencialidad narrativa. La aparición de un recuerdo implica la inserción de una realidad psíquica en el ámbito de la narración objetiva, constituye la aparición de un pasado que forma parte del presente. Como en la plasmación de los sueños en el cine, la narración también parece, en estos casos, detenerse o retroceder, pero en realidad avanza, tanto desde el punto de vista fílmico como narrativo. Esas intromisiones de lo psíquico otorgan densidad a la realidad narrativa, a la diegesis, pero no abandonan sus límites y, por lo tanto, tampoco varían el lugar donde se posiciona el espectador.

En el caso de la citada *Todo a la vez en todas partes*, el entramado de las diferentes realidades, además de lo expuesto acerca de la estructura de la enunciación fílmica y de la ontológica —el film no deja de referirse a una supuesta forma de la realidad—, también pretende expresar las distintas fases de maduración subjetiva de la protagonista en su búsqueda de una conexión empática con la hija lesbiana y un marido al borde del divorcio. Los universos que recorre la protagonista son cada vez más absurdos, a la vez que aumenta el ritmo de los saltos entre ellos, haciendo aflorar, por lo tanto, la arquitectura secreta que comparten el cosmos y la subjetividad de la protagonista. Un entramado que pretende ser, pues, a la vez ontológico y subjetivo. Los agenciamientos y ensamblajes que conforman la ontología de lo real son equivalentes, junto con la visualidad de los distintos escenarios, a las tensiones que recorren el proceso de subjetivación del personaje, impulsado por lo que podría considerarse una *lógica* onírica. Este onirismo, sin embargo, no pertenece solo al inconsciente del sujeto, sino también a la propia ontología de lo real. La ontología se convierte así en el inconsciente del personaje, al tiempo que el inconsciente de este se introduce en el entramado ontológico de la realidad.

Es aquí donde aparecen los indicios de un posible cine cuántico, más allá de que esté reflejado en la citada película de Dan Kwan. Este cine cuántico no se refiere a los temas frecuentados por ciertos films, sino a la composición ontológica de determinado tipo de cine, a la que se puede exceder a través de los argumentos, siempre que la complejidad de estos requiera modificaciones drásticas de la estructura fílmica. Como sea que mi hipótesis se basa en una equivalencia entre el imaginario de la física cuántica y el del esquizoanálisis, al margen de la operatividad particular de cada disciplina, es necesario establecer de entrada los términos de esta equiparación y, para ello, conviene acudir al propio Guattari. Como indica Jane Watson, Guattari desmantela el concepto de inconsciente de Lacan, estructurado como un lenguaje, contraponiéndole la idea de un inconsciente compuesto a partir de una gama dispar de componentes maquínicos que implica, entre otras características, como la complejidad, el dinamismo o la heterogeneidad, la condición de ser cósmico (2009: 55). A partir de esta última idea, Watson propone la hipótesis de una «psique cósmica» para definir el planteamiento de Guattari sobre la existencia de un inconsciente transindividual, situado a la vez *dentro* y *fuera* del individuo, y expandiéndose hasta los límites del cosmos:

> Prefiero ver el inconsciente como algo que nos rodea por todas partes, también en los gestos, en los objetos cotidianos, en la televisión, en el espíritu de los tiempos e incluso,

> y quizás sobre todo, en los grandes problemas del momento (...) Un inconsciente que también funciona dentro de los individuos, en su forma de percibir el mundo, de experimentar su cuerpo, su territorio, su sexo, ello dentro de la pareja, la familia, la escuela, el barrio, las fábricas, los estadios, las universidades... En otras palabras, no un inconsciente de especialistas del inconsciente, no un inconsciente cristalizado en el pasado, gelificado en un discurso institucionalizado, sino por el contrario, vuelto hacia el futuro, un inconsciente cuyo marco no sería otro que lo posible, incluso lo posible al borde del lenguaje, pero también lo posible en el borde de la piel, en el borde del socius, en el borde del cosmos. ¿Por qué darle esta etiqueta de "inconsciente maquínico"? Simplemente para enfatizar que está poblado no solo de imágenes y palabras, sino también de todo tipo de maquinaria que lo lleva a producir y reproducir estas imágenes y palabras (1979: 8).

La circulación de la psique por el laberinto de estos ensamblajes, supone no solo la existencia de diversos estados de conciencia, sino también de diversos estados de realidad que producen situaciones de indeterminación entre lo real, lo virtual y lo posible que equivalen a las relaciones entre la naturaleza y su simbolización, efectuada, por ejemplo, mediante las matemáticas. El físico francés Jean-Marc Levy-Leblond, a cuya obra Guattari acude en algún momento de sus reflexiones, sostiene que «las matemáticas no representan o registran los conceptos de la física, sino que, en cambio, operan en una relación dinámica con la física en la producción de conceptos» (Watson, ob. cit.: 12). Para Watson, el descubrimiento de nuevas partículas subatómicas sería un buen ejemplo de este fenómeno, ya que, según Guattari,

> Este camino nos conduce a un complejo físico-matemático que vincula la desterritorialización de un sistema de signos a la desterritorialización de una constelación de objetos físicos. Para Levy-Leblond parece que este segundo nivel de la existencia de la verdad mantiene su supremacía. Para él la escisión tradicional entre las matemáticas y las ciencias

> naturales (entre las que se cuenta la física) sancionada por la práctica experimental resulta inevitable (...) ¿Podemos, en tales condiciones, considerar que la física mantiene una relación privilegiada con un orden que definiría la verdad de lo real? El objeto del complejo físico-matemático no es físico; tampoco depende de la naturaleza de lo físico o de lo físico como naturaleza. El maquinismo articula la física y las matemáticas; maneja por igual el "signo" y la "partícula". La partícula está marcada por una cadena de signos. Los físicos "inventan" partículas que antes no existían en "la naturaleza". La naturaleza ya no es anterior a la máquina. La máquina fabrica una segunda naturaleza y, para producirla, la perfila y la moldea mediante los signos (2017: 498 y 501).

Para nuestra discusión, podemos dejar de lado los conceptos de matemáticas y de signo, relativos a la física y a la semiótica, respectivamente, y quedarnos con los enlaces maquínicos entre la ontología y la psique que son equivalentes a los que se establecen, a otro nivel, entre aquellos ámbitos. Según Watson, «Guattari observa que los físicos manipulan mecánicamente el material simbólico para producir y reproducir no solo símbolos, sino partículas físicas elementales. Esta observación le lleva a proponer una teoría semiótica del universo atómico y cósmico» (2009: 38). Aparece, por tanto, lo cósmico como un conjunto que reúne naturaleza y símbolos, pero que también pude contener la conjunción de formas ontológicas y estados psíquicos. La complejidad de un cosmos que asimila los intrincados perfiles del inconsciente humano, tal como lo describe Guattari en su teoría esquizoanalítica, solo pueden ser resueltos mediante operaciones mentales —un pensamiento complejo— que se nutran no tanto de la física cuántica en sí, como del universo que contempla el imaginario de la física cuántica y el de las operaciones simbólicas correspondientes. La imaginación cuántica reúne, pues, la complejidad de lo real y la de lo psíquico, es decir, los imaginarios de la física cuántica y el del esquizoanálisis. ¿Cuál es el lugar que ocupa el cine en este entramado? Pues no otro que el de las operaciones maquínicas. De la misma forma que las matemáticas son a la vez teoría y naturaleza, es decir, crean objetos teóricos que se utilizan para efectuar afirmaciones sobre la estructura de la realidad, podemos pensar que el cine, y sobre todo el post-cine, puede igualmente ofrecer, desde su ontología compleja basada en las imágenes en movimiento, planteamientos ficticios que tenga operatividad real. Ficciones articuladas por una ontología fílmica que se acopla a la vez con la ontología cuántica y la esquizoanalítica, estableciendo un continuo que permite la comunicación entre las tres perspectivas. Desde esta circulación, pueden poner de manifiesto aspectos de la realidad física, de la psique y del propio cine, entendiendo que, desde el punto de vista cinematográfico, no existirán esos aspectos por separado, sino que se manifestarán conjuntamente, como por otro lado también sucederá si la perspectiva que se adopta es la de cualquiera de los otros dos actantes, lo cuántico o lo esquizoanalítico. El cine cuántico visualizará, por lo tanto, las tensiones profundas que se producen entre la ontología y la subjetividad. Procurará lo que, desde la perspectiva teórica de Guattari, es una efectiva operación de metamodelaje.

Hay que señalar que la afloración de estas tensiones ontológico-subjetivas no es el producto de un automatismo de la imagen cinematográfica como propone Deleuze, sino todo lo contrario: proceden de un trabajo de concienzuda elaboración, del mismo modo que no puede decirse que las fórmulas matemáticas surjan espontáneamente de la naturaleza. Lo que ocurre es que esta labor retórica inherente a los cineastas en ocasiones no es del todo consciente, sino que se canaliza a través de las presiones que ejerce el imaginario por medio de sus marcos mentales ya establecidos. Pero estas estructuras previas no son absolutamente determinantes, sino que tan solo proponen terrenos de juego que pueden ser recorridos libremente en todas direcciones. Los automatismos son, por lo tanto, relativos, puesto que en ningún caso es el imaginario en sí o la realidad establecida la que genera, en última instancia, las imágenes y su articulación. Estas formas, sin la concurrencia de un proceso de pensamiento consciente, nunca saldrían a la superficie. Se observa, en consecuencia, que las imágenes cinematográficas, las formas del cine, tienen una doble vertiente. Por un lado, expresan las características del imaginario, son sintomáticas, mientras que, por el otro, se elevan por encima de este suelo y, a partir de él, generan una propuesta estética que establece un nexo con la ontología de la realidad. No la representa, sino que se acopla a ella y, por tanto, ofrece la oportunidad de pensarla, a la vez que permite pensar también los procesos de subjetivación que por su parte se enlazan asimismo con la ontología de lo real.

Existe otro tipo de "montaje", o más bien, de ensamblaje, que merece la pena tener en consideración. Lo pone de manifiesto Buchanan al comentar la noción de Deleuze de que el esquema sensorio-motor de la primera fase de la historia del cine, la relativa a la imagen-movimiento, contiene el delirio que, según el autor francés, es inherente a la imagen cinematográfica. Para Buchanan, estas suposiciones de Deleuze se derivan de lo que este afirma en su primer volumen sobre el cine, a saber, que «la pantalla, como marco de marcos, da un estándar común de medición a las cosas que no lo tienen: planos generales de paisajes y primeros planos de rostros, un sistema astronómico y una sola gota de agua –partes que no tienen el mismo denominador de distancia, relieve o luz. En todos estos sentidos el marco asegura una desterritorialización de la imagen» (Deleuze, 1984:31). Aparece, de esta forma, la pantalla como el contenedor de todos los tipos de montaje mencionados antes, es decir, de todas las estructuras, ciertamente delirantes, que hemos señalado, no solo referentes a la retórica cinematográfica, sino también al funcionamiento de la psique cósmica que propone Guattari. Todo —hasta la llegada de la realidad virtual— se produce pues dentro de un entorno cerrado, un marco o una pantalla, que permite contemplar lo que hay en su interior como una colección heterogénea de cosas extremadamente dispares, un ensamblaje parecido a una de las cajas de Joseph Cornell, solo que, en el caso del cine, con ese variopinto contenido desarrollado en el tiempo, o sea, efectivamente desterritorializado, aunque para ser de inmediato territorializadas otra vez en un nuevo hábitat. Se trata, por consiguiente, de un montaje de montajes, puesto que a lo que se refieren Deleuze y Buchanan, cada cual por su lado, no es al espacio del plano en general, sino a las distintas imágenes de algo específico —una gota de agua, un paisaje, un rostro— focalizadas en un primer plano o expuestas en el interior de un plano más amplio, al margen de si estos elementos visuales, los planos correspondientes, contienen a su vez otros objetos secundarios, creadores de un determinado ambiente o atmósfera. Se desprende de ello una posible incertidumbre de la propuesta de Deleuze y su glosa por parte de Buchanan, como si ninguna de los dos detectara la esencial presencia del marco que supone el plano, y por medio del cual las cosas se convierten en imágenes con distintas cualidades, dependiendo de qué lugar ocupen en el interior de ese marco. Sin embargo, esa incertidumbre se disipa al leer en las imprescindibles transcripciones de las clases de Deleuze sobre el cine que «El objeto es exterior a la imagen en la medida que la imagen es inmóvil. Si la imagen hace el movimiento, interioriza su objeto, el objeto se vuelve parte de la imagen misma» (2023: 258), que es como decir que el objeto se convierte en imagen, «se ha vuelto parte de la imagen (...) La imagen solo hace referencia a los objetos que forman parte de ella» (*ibid.*).

Más allá de lo que ofrece un plano de detalle, cualquier otro plano se convierte efectivamente en el equivalente de una caja de Cornell, si desterritorializamos los elementos que contiene, de manera que todos ellos dejen de formar un conjunto homogéneo y naturalista y se muestren como una colección o mezcla de cosas dispares, dispuestas a ser relacionadas de forma distinta entre sí. La noción de encuadre tal como la entiende Deleuze contempla, de hecho, este tipo de "montaje" latente dentro de cada encuadre, aunque no lleve la intuición a sus últimas consecuencias: «Se llama encuadre a la determinación de un sistema cerrado, relativamente cerrado, que comprende todo lo que está presente en la imagen, decorados, personajes, accesorios. Así pues, el cuadro constituye un conjunto que posee gran número de partes, es decir, de elementos que entran a su vez en subconjuntos y de los que se puede hacer un inventario. Es evidente que estas partes se hallan a su vez en la imagen» (Deleuze, 1984: 27).

Lo que pone de manifiesto este catálogo de formas de montaje o interacción entre las imágenes fílmicas, tanto las convenientemente enclaustradas en un encuadre específico como las que "flotan" virtualmente por su interior a la espera de que el espectador establezca con ellas nuevas relaciones o detecte la verdadera pujanza de las que ya las reúnen —y que normalmente solo le *afectan*—, es la existencia de movimientos heterogéneos que se superponen al propio movimiento del film, a su desarrollo. Son formas que se insertan verticalmente en su deslizamiento horizontal, al que descolocan —"Time is out of joint", el tiempo desquiciado al que se refería Hamlet.

La noción de delirio es importante, en este contexto, por dos razones: en primer lugar, porque implica que el espectador se sitúa en el interior de la máquina deseante que es la película entendida como una globalidad. En este sentido, su delirio coincide con el de los personajes en films en sí mismos tan delirantes como *Todo a la vez en todas partes* —habrá que estudiar el incremento de la intensidad de los delirios en el cine de los últimos tiempos. Como afirma Buchanan: «Fuera de los oscuros confines de la sala de cine, solo los gravemente trastornados podrían hacer el tipo de comparaciones globales que construye rutinariamente la imagen cinematográfica» (2021: 64). Habría que matizar esta afirmación sobre la eventualidad de que este tipo de comparaciones solo las puedan hacer los "gravemente trastornados". El cine facilita, por el contrario, el establecimiento de estas relaciones aberrantes, puesto que son el sustrato inconsciente de su estética. A este nivel, el cine es surrealista (o esquizoanálitico) por naturaleza, con lo que ello significa respecto a los sueños y al delirio. Además, ahora, con la presencia omnisciente de la televisión en el hogar, la conexiones generalmente ya no se efectúan en la oscuridad de la sala cine, sino en el iluminado y confortable ambiente de la sala de estar.

La otra razón por la que es necesario prestar atención al delirio fílmico es porque coincide, formal y estructuralmente, con el de la ontología que propone la física cuántica desde sus inicios, los cuales concuerdan prácticamente con el nacimiento del cine. Recojamos aquí la tendencia hacia la desmaterialización ontológica que se inició en la segunda mitad del siglo XIX y que Marx y Engels ya pusieron de relieve cuando en *El Manifiesto Comunista* afirmaron que todo lo que era sólido se estaba desvaneciendo en el aire. La frase posee connotaciones metafóricas, sintomáticas y descriptivas, todas las cuales se retroalimentan. La parte descriptiva se refiere al proceso por el que el capitalismo inserta las funciones imaginarias en la propia materia, un fenómeno que tiene su expresión más directa en las transformaciones de la mercancía, expuestas también por Marx y Engels. Se está produciendo, en esos momentos, una mutación ontológica que afecta a todos los ámbitos de la realidad, en algunos de forma manifiesta, en otros más velada. El cambio, como no podía ser de otra manera, afecta también a la ciencia, a pesar de que, en ella, se interprete de forma positivista, lo cual produjo y ha seguido produciendo no pocas controversias en su seno. En cualquier caso, la revolución de la física cuántica, al margen de otras interpretaciones, constata en el campo científico el fenómeno de la desmaterialización y a su manera lo culmina puesto que las transformaciones que anuncia se refieren directamente a la esencia física de lo real.

Atendamos en primer lugar a lo que dice Buchanan acerca del delirio: «El delirio es para el esquizoanálisis lo que el sueño es para el psicoanálisis (...) Para Deleuze y Guattari el camino real hacia el inconsciente no es el sueño, es el delirio» (2006: 119). Es más: «El cine es delirio (...) El delirio, entonces, es el modelo de Deleuze y Guattari de cómo funciona el deseo» (Buchanan, 2021: 63). El esquizoanálisis debe trabajar por lo tanto el delirio, y para ello, antes que nada, hay que ponerlo de manifiesto. Esta sería la primera tarea del esquizoanálisis fílmico: poner de manifiesto lo que de delirante tiene el cine en contacto con una realidad que es en sí misma y en gran medida también delirante. Para Buchanan, un esquizoanálisis del cine solo es posible si considera a este como un todo, lo que, según él, no hace Deleuze, quien se limita a «tratar la imagen en la pantalla» (Buchanan, 2021: *ibid.*). De estas afirmaciones se deduce que hay dos tipos de esquizoanálisis relativos al cine y que, por regla general, solo se contempla uno. Hay un esquizoanálisis que se puede dedicar a analizar, literalmente, las producciones cinematográficas o el fenómeno fílmico como un todo compuesto no solo por la estética, sino también por la industria, la técnica, la recepción, etc. Y hay otra clase de esquizoanálisis que podría aplicarse a la práctica fílmica, pero no para analizarla, sino para crearla esquizoanalíticamente.

Es esta segunda posibilidad la que resulta más adecuada para considerar la posibilidad de un cine patrocinado por las ideas de Guattari, el que se pueda realizar en un futuro, así como aquel que, habiéndose realizado ya, pudiera considerarse esquizoanalítico, aunque sus creadores nada tuvieran que ver con el esquizoanálisis. Este cine podría ser denominado cuántico porque su estructura enunciativa se sitúa en una región ontológica que entronca, de manera general, con la realidad cuántica y su funcionamiento. *Todo a la vez en todas partes* sería uno de estos films. Cabe preguntarse si "Un amor de UIQ" podría haberse convertido en un film cuántico o esquizoanalítico, en el caso de que Guattari hubiera desarrollado una correspondiente teoría del cine como hizo Deleuze. En cualquier caso, al haber propuesto temáticamente la actuación de un universo infra-quark en nuestra realidad a través de distintos dispositivos tecnológicos, Guattari plantea una discusión que fácilmente puede derivar, como ya he dicho, en la dirección señalada.

Uno de los conceptos más interesantes de la filosofía derivada de la física cuántica es el de entrelazamiento (*entanglement*), estudiado principalmente por Karen Barad, quien entiende que la ontología no está compuesta por objetos independientes, sino por fenómenos, que podrían entenderse también como acontecimientos o sucesos producidos por relaciones: «En mi elaboración realista de carácter agencial, los fenómenos no marcan simplemente la inseparabilidad epistemológica del observador y lo observado, o los resultados de las mediciones; más bien, los fenómenos son la inseparabilidad/entrelazamiento ontológico de "agencias" intraactuantes. Es decir, los fenómenos son relaciones ontológicamente primitivas sin relaciones preexistentes» (2007: 139). Por consiguiente, se trata del «entrelazamiento de relaciones materiales (incluidas aquellas que se denominan sociales, políticas, económicas, naturales, culturales, tecnológicas y científicas, en lugar de suponer factores y dominios de operación separados desde el principio)» (*ibid.*: 233). No cabe duda de que este planteamiento, que pretende ser fenomenológico y ontológico a la vez, se acerca mucho a lo que, para Guattari, es la sustancia del sujeto desde una perspectiva esquizoanalítica, como ya hemos visto. Si adoptamos este enfoque, concluiremos que existe una continuidad ontológica entre el mundo objetivo y el subjetivo, que la realidad no se escinde en dos formaciones distintas, sino que se expande de manera uniforme a través de ambas. Esta contingencia no nos debe interesar tanto por su posible fidelidad con el mundo real —esta es una preocupación de los físicos—, como porque así es como lo pensamos ahora, en el estado actual de su desarrollo ontológico. Los conceptos de realidad o verdad tienen que ver con el ajuste de las teorías a la forma de lo real comúnmente aceptada, no tanto por la comunidad científica, sino por la imaginación en general de la que ella forma parte. La forma de lo real corresponde siempre a la forma del imaginario de la época. Aunque ese imaginario contenga controversias o contradicciones, todas ellas están moldeadas por la idea que la sociedad y la cultura se hace del mundo en un período determinado. Por mucho que lo intente la ciencia y algunas ramas de la filosofía, no podemos ver el mundo al margen del acervo de ideas que tenemos sobre él, puesto que, en última instancia, los datos objetivos que pretendemos obtener de su observación o son recursivos, como las matemáticas, o aparecen imperceptiblemente teñidos por los colores del imaginario, lo que impone una tarea epistemológica que no consiste en diluir este tinte para que aparezca debajo lo que se considera el verdadero aspecto de lo real, sino en establecer, por el contrario, cuáles son las características de la tintura para que la observación se ajuste de este modo a la realidad imaginaria, es decir, a la realidad conformada por la imaginación humana. «Teorizar, dice Barad, es una forma de experimentar (...) Las teorías son reconfiguraciones vivas del mundo. El mundo teoriza y experimenta consigo mismo» (2023: 31 y 32). Teorizar es, en gran medida, imaginar, una labor para la que el arte está mejor preparado que la ciencia o la filosofía para llevarla a cabo, puesto que su contacto con el imaginario es más directo que el que mantienen estas otras disciplinas, las cuales acostumbran a trabajar de espaldas a él.

Otro concepto importante que se deriva del planteamiento cuántico, en su tendencia más imaginativa, más cercana a la imagen imaginaria de la realidad, es el de multiverso o mundos múltiples (*Many Worlds*). El físico y filósofo David Wallace dice, en un libro introductorio a este asunto, que su propósito es demostrar que «si el estado cuántico es una descripción fiel de la realidad física, entonces esa realidad física consiste en un gran número de "mundos" distintos (o "universos", o ramas). Estos mundos son dinámicamente hablando casi independientes de unos y otros; en general se comportan aproximadamente de forma clásica; se dividen constantemente en múltiples versiones de sí mismos; nuestro propio mundo es solo uno entre esta multitud». (2012: 46). En estos planteamientos se escuchan los ecos de las ideas de Leibniz sobre el mejor de los mundos posibles, lo que corrobora las relaciones que la imaginación actual mantiene con la del Barroco. Es preciso tenerlo en cuenta, porque actualmente lo barroco y la complejidad andan de la mano.

La imagen que tenemos de la realidad contiene por lo tanto la idea de un mundo formado por innumerables entrelazamientos, así como de una pluralidad de mundos. Es fundamental lo que afirman George Greenstein y Arthur G. Zajonc acerca del nuevo paisaje de lo real que se desprende de los postulados de la mecánica cuántica.

> Claramente, si tomamos en serio la mecánica cuántica como una afirmación sobre el mundo real, entonces las exigencias que impone a nuestro pensamiento convencional son enormes. Escondido detrás de los objetos discretos e independientes del mundo sensorial hay un reino entrelazado, en el que las nociones simples de identidad y localidad ya no se aplican. Puede que no percibamos las

> relaciones íntimas comunes a ese nivel de existencia, pero, a pesar de nuestra ceguera ante ellas, persisten. Los eventos que nos parecen aleatorios pueden, de hecho, estar correlacionados con otros eventos que ocurren en otra parte. Detrás de la indiferencia del mundo macroscópico, la "pasión a distancia" lo teje todo (1997: 156).

El cine está formado esencialmente por una serie de relaciones íntimas de este tipo, relaciones vehiculadas por imágenes que asimismo generan lo que estos autores llaman "pasiones a distancia". Existe, por lo tanto, un isomorfismo entre ambas ontologías, básicamente porque ambas pertenecen a una misma imagen de la realidad, son coetáneas de un cambio en la forma de pensar esta realidad. Con ello, el cine, como arte, se sitúa en una posición privilegiada para comprender y pensar el mundo en que vivimos, que no deja de ser, según los mismos postulados, uno de los muchos mundos posibles, si bien de todos ellos es el mejor porque es el existente de acuerdo a la idea que nos hacemos ahora de lo real. Una idea que es susceptible de cambiar cuando se modifiquen la mayoría de parámetros que ahora la sustentan. Como he dicho, esta concepción es la que mantenía Leibniz en una cultura que, como en la nuestra, era barroca.

A esta correspondencia que se establece entre la imagen de lo real y un instrumento idóneo para pensarla, se une la estructura del sujeto tal como la plantea el esquizoanálisis, cerrándose así un círculo por el que se entrelazan la física, el arte y la psicología o, dicho de otra manera: lo real (la materia), lo imaginario (el arte) y lo simbólico (el sujeto), una triada que copia la de Lacan, pero que pretende sobredeterminar los conceptos utilizados por el psicoanalista para otorgarles otros significados más operativos en este contexto. Como en Lacan, los tres ámbitos no actúan por separado, sino a través de los diversos enlaces que se pueden dar entre ellos, conexiones que pueden privilegiar uno u otro de los componentes. En el cine, la configuración del vínculo entre los tres ámbitos —una forma que Lacan expresaba recurriendo a los nudos borromeos para referirse al funcionamiento mental— es distinta de la que resulta cuando se refiere a la ciencia o cuando se aplica al sujeto. De todas formas, los vínculos son dinámicos, de manera que pueden ser intervenidos desde cualquiera de las tres perspectivas. Aquí, lo que nos interesa principalmente es la posible intrusión del cine y el esquizoanálisis en la realidad, así como la interacción mutua que pueden mantener aquellos entre sí, o sea, la posibilidad de un esquizoanálisis del cine y de un cine esquizoanalítico, que, en última instancia, podría denominarse también cuántico.

El amor según UIQ

Preguntando sobre cuáles eran sus películas favoritas, Guattari acostumbraba a decir que una cosa eran sus gustos personales y la otra su visión profesional, como esquizoanalista, del cine. Le parecía que su gusto propio dejaba mucho que desear, ya que si bien, como profesional, se mostraba muy crítico con gran parte del cine comercial de su época, como aficionado le gustaban muchas de esas películas que criticaba. Es este un dilema que se da con frecuencia entre los intelectuales, que, aquejados de un cierto puritanismo estético, no siempre son capaces de combinar el placer con el saber. No aciertan a detectar ningún saber en lo placentero, a menos que sea un saber crítico, en cuyo caso es la crítica la que suministra placer y no lo criticado. No es exactamente el caso de Guattari, puesto que él tiene a su disposición una poderosa herramienta, el esquizoanálisis, que le permite solucionar el conflicto, como enseguida comprobaremos. Sin embargo, el hecho de que se vea obligado a hacer una distinción entre las películas que le gustan y aquellas que le interesan revela un rescoldo del mencionado prejuicio, el cual no deja de ser un tópico que pone barreras a la perfecta comprensión del fenómeno cinematográfico.

También es un tópico la tendencia a descalificar el régimen de la imagen al considerar que obstruye la verdadera imaginación. Guattari le reprocha al cine comercial que sirva al público "imágenes cocinadas": «Antes había lo que podríamos llamar un "trabajo de la imagen", la relación con el imaginario implicaba una re-creación, una participación (...) ¡Ahora, las imágenes, todas cocinadas, todas listas! Ello implica una cierta renuncia al "trabajo de la imagen". Es una paradoja que se diga que estamos en una sociedad de la imagen, puesto que es justamente lo contrario, estamos cada vez más en una sociedad sin imágenes, dado que estas nos son directamente incrustadas. Mientras que, anteriormente, es posible que hubiera una imaginación mucho más rica, una producción de imágenes mucho mayor» (Guattari, 1997: 142 y 143). Es cierto que la cultura contemporánea está repleta de clichés visuales, pero estos no están necesariamente concentrados en el cine, ni mucho menos. Ahora bien, ni siquiera en el caso de las imágenes-cliché podemos decir que la imaginación deja de actuar. La imaginación se puede dejar llevar por los clichés, de la misma manera que puede rechazar imágenes creativas y abiertas porque no coincidan con una determinada sensibilidad o porque no se sea capaz de detectar los vicios de unas o las bondades de las otras, una incapacidad que se ha pretendido paliar por lo que se denomina, ambiguamente, alfabetización digital. En cualquier caso, siempre existe la posibilidad de extraer de las imágenes consecuencias productivas, un determinado saber o lo que, desde la perspectiva esquizoanalítica podría considerarse incluso una cura. Guattari, saltándose estas prevenciones que de alguna forma le afectaban también a él, descubrió pronto estas posibilidades, no tardó en encontrar una vía de comunicación entre los dos ámbitos, el del placer y el del saber. Esta vía es la del inconsciente, que él consideraba muy relacionado con la problemática del cine. Para Guattari, el inconsciente no es un receptáculo al que se puede acudir en busca de significaciones almacenadas, sino que puede ser construido (Guattari, 1995: 145): «hay secuencias, montajes, operaciones mentales que muestran cierto tipo de cortes, de trabajo sobre el tiempo o sobre las imágenes como los que encontramos en el cine. ¿De qué manera puede haber una interacción entre este tipo de cine interior, este cine autoproducido, y las producciones cinematográficas? (...) Hay una continuidad, una permeabilidad total entre la subjetividad social tal como se articula en los medios de masas y la subjetividad fabricada a nivel del individuo, de la familia (...) Cuando abordo una neurosis, una psicosis, o una situación de grupo problemática que requiere esta aproximación a las formaciones del inconsciente, me encuentro un poco en la posición del director de cine con un cierto número de elementos, y en particular con la incompletitud de estos elementos» (*ibid.*: 146). Esta perspectiva no solo abre la posibilidad de encontrarle un valor a las imágenes por poco imaginativas que estas sean, sino que también establece con claridad el puente que conecta el esquizoanálisis y el cine y que permite plantear las dos posibilidades de esta conexión, la que implica utilizar el cine como herramienta esquizoanalítica y la de crear películas esquizoanalíticas.

Aquí conviene recuperar el concepto de rostridad expuesto anteriormente porque, aplicado al proyecto cinematográfico de Guattari, pone de manifiesto uno de los puntos por los que este puede ser considerado esquizoanalítico. Según Thomson y Maglioni, Guattari concibe el rostro como cualquier cosa que se interpone para axiomatizar el reencuentro con el acontecimiento o la irrupción de lo nuevo (Ob. cit.: 72). Es decir, la rostridad implica la operación de dar rostro a algo desconocido o inesperado. Puede ser el resultado de una operación "didáctica" o expresiva o la emergencia de algo espontáneo que produce su propio rostro para manifestarse, como es el caso de UIQ, la entidad que proviene del universo Infra-Quark. En el cine de ciencia-ficción, los ejercicios de rostridad operan sobre todo para mostrar a los alienígenas, y no implica solo a su posible rostro, sino a toda su presencia como representación del mundo ajeno del que provienen. Guattari va más allá de las operaciones de este tipo que ha efectuado tradicionalmente la ciencia-ficción, especialmente el cine del género, sin olvidar, de todas formas, la labor de los ilustradores de las revistas de esta tendencia, cuyas portadas, durante una cierta época, entre los años treinta y los años sesenta del pasado siglo, fueron literalmente delirantes. Un delirio que moldeaba imaginativamente el deseo de manera harto expresiva. A partir de los años sesenta, el género tendió a decantarse hacia la parte científica de su pretendida dualidad y enfrío el tecno-erotismo de esas portadas. El ejercicio que hace Guattari para dar rostro al extraterrestre de su guion fílmico es distinto a todos estos antecedentes. Este rostro aparece a través de una extraordinaria serie de agenciamientos: «el rostro (de UIQ) no constituye la revelación última, sino que se convierte en una parte de una máquina de experimentación visual que se manifiesta de distintas formas y a diferentes niveles: ondas hertzianas, pantallas de televisión, manchas sobre la piel de los mutantes, hologramas, el movimiento de animales, palpitaciones fluorescentes, cuerpos que a veces coexisten y "dialogan" entre ellos» (*ibid.*: 73). Se trata de un "rostro" perteneciente a una entidad inmaterial que busca la manera de comunicar su presencia en un mundo enormemente distinto al suyo. Pero esta operación también se puede interpretar como el producto de la manifestación de un inconsciente maquínico, cuya heterogeneidad es capaz de vehicular una pulsión energética inconsciente que viene de otro mundo para hacerse consciente en este. A continuación, esta diversidad de facetas se concreta en la manifestación huidiza y diversa de los rasgos básicos de un rostro humano: «En muchas escenas vemos cómo el rostro de UIQ se compone y se descompone. Para empezar, a partir de varios trozos de madera lanzados a un mar negruzco. Eric los coloca meticulosamente sobre el agua, Mano los tira alzar y los pedazos se organizan de manera que componen un rostro (...). Más tarde, el rostro de UIQ regresa en el vuelo de un grupo de palomas que se elevan hacia el cielo: aparece la imagen de una sonrisa, un helicóptero de la policía atraviesa el rostro formado por los pájaros, el copiloto se asoma para verlo y descubrimos que la desbandada que produce dibuja otro rostro» (*ibid.*: 75). Del rostro como presencia manifestada a través de distintos medios, algunos tecnológicos, los otros corporales, se pasa a la aparición de un verdadero rostro, resumido a sus rasgos más elementales. En el primer caso, se trata de una serie de apariciones heterogéneas pero sucesivas, de manera que, por estar contaminadas todas ellas por la entidad que pretende manifestarse, puede considerarse que configuran una constelación, más que un rostro: se puede decir que forman una rostridad, o sea, el indicio de una presencia. En el otro caso, diversos elementos se aúnan para figurar un verdadero rostro que por momentos incluso es expresivo. Esta expresividad recorre toda una gama de posibilidades que van desde las pulsiones informales de objetos o máquinas a una especie de operación gestáltica por la que diversos elementos se aúnan para componer una *buena forma*, la de un rostro que solo formalmente puede considerarse humano. Esa entidad que proviene de otro universo se sirve, pues, de varios agenciamientos para manifestarse, lo que lo emparenta con la estructura de nuestro inconsciente. Esta directa afloración del inconsciente en una realidad a la que transforma, recuerda vagamente un film de los años cincuenta, *Planeta prohibido* (*Forbidden Planet*, Fred M. Wilcox, 1956) en el que la carga libidinal de las portadas de las revistas de ciencia-ficción de la época se plasmaba en un delirante escenario que algunos críticos consideraron basado en *La tempestad* de Shakespeare. Sin embargo, lo más interesante de la película provenía de un extraviado trasfondo freudiano, muy de la época, a partir del que se planteaba que los celos de un científico ante el flirteo de su hija con uno de los miembros de una expedición de astronautas eran vehiculados por un superordenador que provocaba todo tipo de ataques contra los humanos, el padre incluido.

No deja de ser llamativo que Guattari conciba en su ficción que un ser que proviene de las profundidades de la materia —lugar tan abismal que en él la materia ha dejado de ser material— acabe enamorándose, es decir, experimentando un sentimiento que está fuera del rango de la materia. Spinoza nos podría decir que, puesto que el mundo es antes que nada afectivo, no resulta ilógico pensar que el contacto entre dos partes infinitamente alejadas entre sí de él se establezca a través de un afecto, el amor, y no, como se ha supuesto siempre en la ciencia-ficción, procurando resolver los problemas comunicativos del lenguaje. Una excepción a esta tendencia usual del género sería *Encuentros en la tercera fase* de Spielberg (*Close Encounters of the Third Kind*, 1978), donde ese contacto se establece en primer lugar a través del intercambio de notas musicales que acarrean una cierta dosis de emotividad, aunque sea desde la perspectiva del espectador. De hecho, en el film, esta comunicación musical ocupa un lugar intermedio entre el afecto y el lenguaje. Pero llega un momento, en el transcurso del contacto, que el pausado intercambio atonal entre un sintetizador controlado por un humano y la nave extraterrestre, da paso a una furibunda conversación musical entre los dos artefactos, al margen de la intervención humana, una *conversación* tan frenética que ni siquiera para los espectadores puede decirse que sea afectuosa.

El amor romántico en todas sus fases es el eje que articula el desarrollo del melodrama en sus diversas facetas, tanto literarias como fílmicas. En el corazón del género melodramático, fílmico o literario, reside la idea de que la pasión amorosa tiende a terminar en tragedia. De ello hay suficientes muestras que van desde la tragedia griega a las actuales telenovelas, pasando por Shakespeare y siguiendo con innumerables films. La frase con que Tolstoi inicia *Ana Karenina* —"Todas las familias felices se parecen unas a otras, pero cada familia infeliz lo es a su manera"— nos indica que el "amor" resulta interesante en la medida en que es trágico, a pesar de la tendencia de Hollywood a abusar del final feliz, lo que no deja de ser una manera de atemperar esa desventura inherente al género. Podríamos decir que el amor atrae a la imaginación cuando provoca lo contrario de lo que pretende. Cuanto más pasional, más revolucionario. Revolucionario en un sentido estricto, es decir, capaz de desestabilizar la realidad. Pero lo que en la ficción tiende a lo sublime, o sea, a lo que según Deleuze está más allá de la imaginación —«lo sublime es la situación en la cual la imaginación es empujada hacia su límite y que, por lo tanto, desencadena el pensamiento, que piensa lo que sobrepasa la imaginación» (Deleuze, 2023: 302)—, situado en la realidad puede ser sórdido, mezquino y patológico, tal como desgraciadamente lo prueban tantos acontecimientos cotidianos relacionados con la violencia de género.

El verdadero amor es una locura. Por ello, únicamente lo que los franceses llaman *amour fou*, un concepto que se ha convertido en universal, corresponde a la verdadera esencia del amor, de la que todos los demás tipos de amor conservan solo un pálido reflejo. Forjado en el Romanticismo, el amor "romántico" pronto deviene pasional y bajo esta forma extrema del psiquismo, atraviesa diversas capas de tiempo social y de filtros burgueses para desembocar en el surrealismo, donde por primera vez se detecta y se celebra su locura. A partir de ese momento, el equilibrio entre el sentimiento y su extralimitación, entre el amor en sí y la locura a la que tiende se descompone y lo que prevalece en el conjunto es la forma extrema, pasional, enloquecida. Se trata de una locura esencialmente delirante que se une al cada vez más incrementado delirio social. Recordemos que para Deleuze y Guattari el delirio es la forma que adopta el deseo.

¿Puede haber algo más delirante que la pasión amorosa de un ente infinitamente diminuto que representa a todo un universo, es decir, a lo infinitamente grande? Guattari propone un amor delirante como extensión del *amour fou*, una locura de amor como interfaz último que comunica dos mundos entre los que no parece haber comunicación posible, a menos que uno de ellos altere sus parámetros y se deje llevar por el otro. Si no domina ninguno de los dos, se produce una *folie a deux*, una pérdida total de la realidad. Para que la pasión sea realmente loca y desemboque en el delirio, una de las partes debe atenerse al principio de realidad, con lo cual la otra parte está condenada sin remedio. El todopoderoso UIQ cuya locura se extiende por dos universos sucumbirá como King-Kong a causa de un desquiciado amor no correspondido por imposible, un amor loco y delirante. Pero este abatimiento tendrá una correspondencia trágica en la figura de Janice en cuyo cerebro se implanta UIQ y la convierte en inmortal, cumpliéndose así irónicamente el sueño del amor eterno instalado en el imaginario romántico.

Guattari, en *La revolución molecular* contempla los rituales amorosos como un ejemplo de máquina abstracta. El amor cortés, por ejemplo, sería «una forma radicalmente novedosa de agenciamiento de las relaciones entre hombres y mujeres», mientras que el amor romántico o lo que él llama «semántica amorosa romántica» correspondería, según él, a un «un tipo de relación con la infancia», un estancamiento infantil opuesto a los recuerdos de infancia (2017: 463). Como tantas otras formaciones psicosociales, las citadas no desparecieron cuando advino una nueva, sino que la nueva se situó sobre las anteriores, dominando las conductas de forma inédita, pero permitiendo la circulación parcial, a veces latente de aquellas. Los inconscientes, social y personal, nunca olvidan, sino que se forman por medio de la hibridación de las distintas capas que los han conducido hasta una situación determinada, la que implica la última capa, la dominante, del sustrato. Si entendemos las conductas amorosas como máquinas abstractas, tal como propone Guattari, debemos considerar que estas máquinas, ya de por sí complejas —sus agenciamientos no solo comportan las conductas amorosas sino muchas otras funciones relacionadas— aumenta su complejidad al adherirse total o parcialmente a las máquinas antiguas que, de alguna forman, fungen de inconsciente de ellas.

Desde el amor romántico a lo que podríamos denominar "amor cuántico", el que propone Guattari en su proyecto fílmico, se han producido diversas manifestaciones de la "máquina abstracta del amor" o, para decirlo de otro modo, se han acumulado diversas formas de relación amorosa, cada una de ellas con su correspondiente diagrama maquínico que expresa un determinado tipo de conducta relacional. En el panorama contemporáneo, con el advenimiento de las políticas de género, se ha producido un estallido mayúsculo en el interior de estas estructuraciones maquínicas, acostumbradas a funcionar por relaciones binarias. La condición delirante de la sociedad y la de los propios individuos ha alcanzado así su punto máximo, sin que por delirante se deba entender otra cosa que una descripción psico-antropológica de los acontecimientos, aparte de lo que la forma del delirio indica sobre la forma del deseo. En la situación actual, en la que conviven diversas formas de relación amorosa, binaria y no binaria —aunque en última instancia siempre es binaria: cosa de dos—, y por la cual las posibilidades de agenciamiento se abren al infinito, no nos resulta tan ilógico que se imagine un salto cualitativo hacia otro tipo de relación amorosa tan básicamente distinta como la que proponía Guattari en su guion. Una relación no tanto entre personas, sino entre mundos u ontologías diferentes que están representadas por entidades humanas y no humanas que, a su vez, son representativas de esas realidades. Pero, como en la práctica totalidad de las relaciones amorosas (no en las que no son otra cosas que un derivado más intenso y más íntimo de las relaciones de amistad), en esta también hay una posición de dominancia de una parte con respecto a la otra. Estas dominaciones, sin embargo, no implican necesariamente un sometimiento ni se producen de forma absoluta, sino que son parciales y variables (algunas partes del individuo pueden dominar, mientras que otras pueden ser dominadas). De todas formas, el balance final siempre se decanta hacia uno de los lados. En el caso de la relación entre Janice y UIQ el desenlace es alegórico, puesto que pone de manifiesto a nivel cósmico la tragedia que implica todo *amour fou*, así como su condición delirante. Janice gana una inmortalidad que no desea y enloquece, mientras que UIQ pierde su propia realidad al introducirse en el cerebro de Janice.

Thomson y Maglioni plantean una hipótesis que denominan *crán/écran* (cráneo/pantalla), a partir de la cual se preguntan si, «con la implantación de UIQ en la cabeza de Janice (y del "espectador"), el universo infra-quark podría convertirse en la imagen de un *cerebro-mundo.* Y si los cuerpos que contiene serían los quanta de los movimientos erráticos de su pensamiento» (Ob. cit.: 83). De esta fusión intra-cósmica la historia solo contempla el plano de realidad de Janice, quien invadida por UIQ busca una muerte convertida ya en imposible. Pero no podemos comprobar qué sucede al otro lado, en ese mundo de UIQ absorbido por el cerebro-mente de Janice. En el momento de la fusión total de los dos "amantes", ambos pierden su propia identidad, dejan de ser lo que eran y queda flotando en el mundo una abstracción afectiva, el amor, como muestra de la certidumbre de un ontología espinosista.

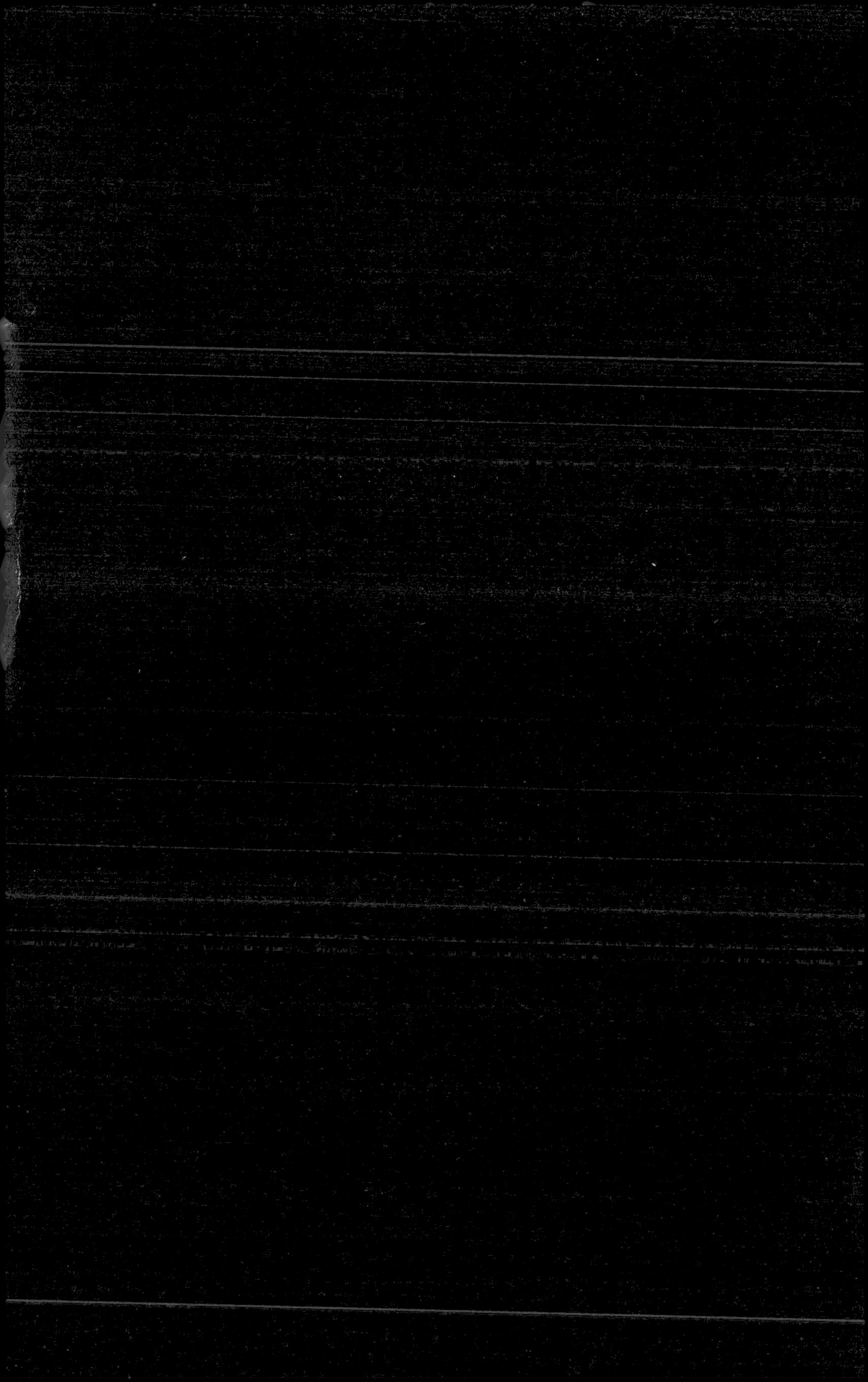

TERCERA PARTE

Presiento una larga noche de silencio,
Una pausa misteriosa sin palabras

Juan Gil-Albert

La emoción del pensar

Podemos decir cuanto queramos sobre los argumentos fílmicos, sobre el tema de las películas, pero habremos dicho muy poco, si no reconocemos que todo ello se ha expresado mediante imágenes en movimiento. Es decir, que si no vemos las imágenes, si no nos enfrentamos a ellas, no estamos hablando de cine. Deleuze ya dijo que la pintura no es nunca acerca de un tema. No quería decir que no hubiera un tema en la pintura, sino que la pintura, como tal, no concernía a un tema por mucho que lo mostrase. Lo mismo puede decirse del cine, pero con un matiz: la importancia del cine no se ciñe tampoco al tema o el argumento, pero expresa, sin embargo, los temas de forma más directa que la pintura porque lo efectúa a través de imágenes en movimiento, lo cual hace que la mirada quede absorbida fácilmente por la trama. El cine no está tan lejos de lo narrativo como la pintura, precisamente por el movimiento que caracteriza sus imágenes, pero en él sigue siendo necesario promover una desviación de la mirada que permita ver las imágenes que encarnan el tema narrativo, en lugar de ignorarlas como si fueran transparentes. En el momento en que aparece la imagen, el tema no desaparece, sino que incrementa su potencial porque se ponen de relieve matices visuales que amplían lo narrativo o lo puramente descriptivo. Pero ello no quiere decir que la imagen cinematográfica sea necesariamente representativa. Si elude la representación es porque el movimiento promueve en ella el pensamiento y este pensamiento se centra en lo puramente imaginario de las imágenes. De lo contrario, estaríamos hablando de otro tipo de pensamiento.

La figura del cineasta, dentro del elenco que forma la tipología de los diferentes tipos de artista, es un personaje muy peculiar porque se ve impelido a pensar, con igual intensidad, a través de distintos medios, algo que no sucede en ningún otro caso. Debe tener la capacidad de un novelista o de un dramaturgo para interesarse y desarrollar un tema tanto narrativa como dramáticamente. Debe tener la imaginación de un pintor y la inteligencia espacial de un arquitecto para transformar el tema en imágenes que sean a la vez pictóricas y escenográficas. Debe asumir asimismo una cierta sensibilidad musical para crear los ritmos necesarios que hagan que esas imágenes fluyan adecuadamente y mantengan un mismo tono tanto estético como emocional. Debe tener también algo de poeta o de visionario para poder imaginar y sentir intensamente el resultado antes de ponerse manos a la obra. Ningún otro creador está siendo tan exigido en su trabajo. Es cierto que al cineasta le asisten diversos profesionales que asumen una parte de estas distintas capacidades, pero su labor sigue requiriendo una visión global que aúne de forma adecuada los distintos procesos. Si el cine equivale, como se ha dicho muchas veces, a la obra de arte total, el cineasta debe ser considerado, idealmente, un creador total. Este ensamblaje integral de medios convierte al cine en una máquina que produce constantes e intensos agenciamientos, entre los cuales se encuentra el que concierne a los propios espectadores. El cine constituye un complejo proceso de pensamiento que se acopla al pensamiento del espectador cuando este contempla la película, un momento en el que esa máquina estética que es el film cambia de estado y se convierte en una máquina abstracta. La interfaz que conecta esas dos máquinas es la imagen en movimiento, adonde van a confluir el resto de los agenciamientos.

La imagen cinematográfica está formada por dos dramaturgias superpuestas: una se refiere a la puesta en escena y la otra a la puesta en imágenes. La puesta en escena se refiere a la disposición espacial profílmica, mientras que la puesta en imágenes tiene qué ver con la disposición fílmica. Esta última implica la conversión de la escena espacial, situada ante la cámara, en una imagen que al estar en movimiento extrae el espacio euclidiano de la forma escénica profílmica y la lleva hacia un espacio topológico. En este trasvase interviene el movimiento, que se transmuta al pasar del movimiento natural de los objetos y las personas ante la cámara al movimiento de todo ello en la imagen. A este doble movimiento, se le añade otro tipo de movimiento, el puramente fílmico, relativo al montaje. Es un movimiento que se origina al analizar la escena profílmica y convertirla en fílmica o que se establece al relacionar entre sí planos, relativos o no a una escena. Todo ello se incluye en el ámbito de lo que Deleuze denominaba imagen-movimiento. Se trata de momentos mecánicos a los que se contrapone el movimiento fluido del plano-secuencia, el cual se sitúa en el dominio de la imagen-tiempo.

Hasta aquí, todo lo sabido. Pero a este conjunto de movimientos posicionales y relacionales, se le añaden otros movimientos que establecen relaciones que podríamos denominar "pictóricas" porque se refieren a la composición de las imágenes, entendidas como si fueran superficies sobre la que distribuir elementos. Pasamos a considerar la imagen del plano no tanto como una extensión en profundidad, una visión *teatral* que Orson Welles recompuso para el cine, sino como una superficie vertical, típica de la pintura, un paso que ya teorizó Eisenstein, quien les recordaba constantemente a sus alumnos «la necesidad de tener en cuenta la verticalidad de la pantalla cinematográfica en el momento de trabajar la puesta en escena» (1973: 183). La pintura, con la perspectiva, introdujo la profundidad teatral en el cuadro, mientras que el cine, heredero directo del teatro, tuvo que redescubrir el espacio pictórico en su desarrollo, como también tuvo que reformular el espacio teatral. En ese sentido, la teatralización del espacio fílmico desarrollada por Welles, especialmente con *Ciudadano Kane*, no es un regreso al teatro, sino un ir más allá del teatro al combinar el espacio en profundidad con el espacio en superficie, como ya descubrió Bazin al analizar la estética del plano-secuencia en el propio Welles y en un par de films de William Wyler. Eisenstein también tuvo algo que decir al respecto: «En las producciones teatrales siempre partimos de un espacio escénico específico y hemos agotado, dentro de este espacio, todas las posibilidades de dividir la escena. Pasando ahora al cine, la primera pregunta que surge es cómo construir ese "espacio" particular en cada plano. Hay que tener en cuenta que este espacio no debe construirse solo en función del rodaje, sino también teniendo en cuenta los datos ópticos. Por lo tanto, junto al lugar de la acción crearemos un índice óptico. Lo que significa que, en el cine, la escena dramática y la acción misma no se construyen solo frente a la cámara, sino que es a través de la cámara cómo se realizarán, y que por ello es necesario tomar en cuenta las características de los diferentes objetivos» (*ibid.*: 191).

La imagen cinematográfica nos insta a contemplar el espacio en profundidad en relación al espacio en superficie. El que se presenten mezclados implica la necesidad de un movimiento visual-reflexivo —uno de los tantos posibles— por el que abstraerse de la profundidad y observar cómo se disponen los elementos de la escena en una superficie virtual. Esta verticalidad *pictórica*, que anidaba virtualmente en la escena vista en profundidad, se actualiza por obra y gracia de nuestra mirada, la cual inicia así el proceso de reflexión, sin abandonar el halo emocional en el que le sumergía el otro tipo de visión, el de la profundidad.

En el momento en que empezamos a descubrir elementos diversos, desligados de las relaciones naturalistas a los que estaban sujetos, aparecen nuevas relaciones posibles, que no son estables debido a su multiplicidad. En este punto, corremos el riesgo de sentirnos impelidos a buscar significado a estas relaciones, como si fueran el resultado de una intención semántica u obedecieran a las leyes de la semiótica. Estas opciones son posibles, pero no dejan de ser excepcionales. Ocurren en films —como, por ejemplo, algunos de los de Peter Greenaway— en los que las conexiones que se producen en el interior del plano entre diversos elementos son visualmente muy explícitas. Esto no quiere decir que la mayoría de los films renuncien a tener sentido o carezcan de la voluntad de producir significados, sino que se trata de poner de relieve que este sentido se concentra en operaciones que no son estrictamente fílmicas, lo que provoca que estas operaciones fílmicas pasen desapercibidas. Es un error suponer que todo lo que vemos, todo lo que redescubríamos en la imagen debe tener un significado o, por el contrario, carecer de sentido. Este es uno de los principales errores de la semiótica, cuyas raíces paranoicas ya señaló Dalí —aunque este es otro asunto. El error consiste en convertirlo todo en signo, en forzarlo a decir algo concreto, cuando las operaciones formales, más que con el significado, se relacionan con lo que Deleuze y Guattari denominan intensidad. Se trata de una intensidad de los significados que no puede confundirse con ellos, a pesar de que los moldee.

Es cierto que, en algunos casos, por ejemplo, en la publicidad, se produce una construcción sígnica expresa que busca promover significados específicos. En estas circunstancias, el significado y su intensidad se mezclan con una potencia inusitada que no se genera en otros ámbitos, como el cine. En la publicidad, el significado moldea la intensidad, en lugar de suceder a la inversa, como es usual. Sería necesario promover una nueva *semiótica*, para dar cuenta de estas operaciones con todos sus matices. El juego de fuerzas entre el significado y la intensidad que, en el fenómeno publicitario es esencialmente tenso, también se puede dar en otros ámbitos estéticos, sobre todo en el cine, pero no de la misma forma. Por regla general, en el cine, en especial el narrativo, el significado parece dominar, pero es un factor que ingresa en el campo fílmico desde fuera para ser formalizado. Una de las características de esta forma es la tensión, emocional o de otro tipo —recordemos que Eisenstein decía que la tensión era una intención—. Por lo tanto, es el significado el que se moldea fílmicamente, al contrario que en la publicidad, donde son las tensiones, las formas, las que son esculpidas por los significados. Ello no quita que pueda haber un cine que use formulaciones neopublicitarias en sus producciones.

Referente a la presencia del significado en otros medios artísticos, hay que decir que también en la pintura ha habido épocas en las que los cuadros eran "una selva de símbolos". Pero la cuestión es que, incluso en casos como estos, existe algo que escapa al significado explícito. Barthes se refiere a un fenómeno parecido cuando propone el concepto de "tercer significado", a propósito de un plano de la película de Eisenstein *Iván, el terrible* (*Ivan Groznyy*, 1944), aunque en realidad no deja de apuntar, en última instancia, a un nuevo significado que pasa desapercibido precisamente porque, en la mayoría de los casos, incumbe a cada espectador descubrirlo, de la misma manera que también Barthes descubría en la fotografía lo que denomina *punctum*, algo que está en la imagen pero no parece relevante más que para aquel al que le afecta directamente.

El conjunto de relaciones posibles que aparece en la superficie de la imagen, en concreto de la imagen fílmica, una vez desarmado el andamiaje naturalista, están en principio más allá del significado, son parte de lo que Guattari denominaba paradójicamente una semiótica asignificante. Forman conjuntos emocionales, imágenes-emoción, aunque entendidas de forma distinta a como las considera Deleuze. En el cine, la forma de la imagen, cuyos parámetros aparecen al referir la mirada a la superficie del encuadre, sirven a los significantes de la narración, situados enen el ámbito del tema, de la narración. Se invierte así el proceso semiótico: no se llega al significado a través del signo o del significante, sino que, por el contrario, se alcanza al significante a través de una ausencia de signo, a través de un elemento asignificante productor de afectos. La imagen-emoción no es el resultado del movimiento dramático, sino que a este le suministra dramatismo, el del argumento, así como le confiere también un marco en que aparece y por el que está siendo filtrado, adquiriendo un carácter específico que no tendría en otro medio.

La propuesta de deconstruir la imagen no implica desviar la atención de la profundidad, sino que, en principio, lo que pretende es romper la ilusión de realidad que esta profundidad generalmente produce. Pero una vez anulada esta transparencia, ese espacio cobra nueva vida, combinándose con el de superficie. Y, entre ambos, confecciona relaciones inéditas que, sin embargo, no se alejan de la situación dramática que plantea el film, sino que el espectador la descubre desde otro ángulo y, por lo tanto, la interpreta con mayor intensidad conceptual, pero que no por ello deja de ser afectiva. Deleuze indica que el cine de Eisenstein, por la equivalencia musical que el director establece, no propone un "Yo veo", sino un "Yo siento". Qué extraño resulta suponer que las imágenes de Eisenstein, precisamente las suyas, no es necesario verlas para poderlas sentir.

La puesta en cuadro o puesta en imágenes no es obligatoriamente un proceso intencional, consciente, del autor, sino que obedece también, por lo menos en parte, a un impulso que es asimismo emocional. De la misma manera que la mente genera asociaciones *irracionales* de ideas, incluso en el curso de una reflexión racional, también durante la construcción de las imágenes surgen intuiciones no pensadas cuya causa puede que no sea más que el del mantenimiento de cierto tono emocional en el marco de un mismo proceso de pensamiento estético, dramático o narrativo. La imagen-emoción, tal como yo la entiendo, está hecha para conservar un tono fílmico, un tono dramático o visual. No es un proceso arbitrario, como se podría suponer si se considerase que es simplemente el producto de una expresión estética. Tampoco es una mera construcción, producto del cálculo. En cualquier caso, tanto el resultado como su causa sobrepasan estos parámetros: la emoción de la imagen-emoción es un excedente, en el sentido de que no es necesariamente una finalidad, a menos que haya un propósito específico de producirla. Sin embargo, una vez generada, la emoción se convierte en un envoltorio determinante para toda la composición. Lo es, sin duda, para el espectador, que la absorbe, pero también lo ha sido para quien haya creado la imagen, puesto que él o ella se han visto igualmente envueltos y empujado por el contenido emocional a la hora de tomar decisiones.

Una vez constatado esto, hay que tener en cuenta que la composición y sus relaciones internas puede ser pensadas por el espectador, como también lo fueron para el autor. Son, en principio, dos tipos de reflexión. Aunque ambas pueden coincidir, de manera que se cumpliría la crítica que Georges Duhamel hacía del cine como un arte que imponía al espectador una forma de pensar, también es posible que diverjan. El espectador puede pensar por su cuenta, a partir de los materiales que le ofrece el autor, los cuales, a su vez, pueden haber sido pensados de forma diversa. Pero, en todo caso, ambos procesos reflexivos se efectúan en el marco de un mismo flujo emocional. Ahora bien, que el flujo emocional sea básicamente el mismo para el autor y para el autor, no quiere decir que su experiencia haya de ser siempre la misma para ambos. Aunque lo lógico es que la coincidencia se produzca, puede que para el espectador solo sea el punto de partida de sus propias emociones. La emoción enmarca, pues, el pensamiento, de forma que este puede, a su vez, pensarla. Se piensa la emoción emocionalmente, no porque el pensamiento haya de dejarse llevar por las emociones, sino porque se desarrolla empujado por estas, bajo su influjo o, vigorizado por ellas. La razón bajo el influjo de la emoción no se convierte en irracional, sino que amplía los límites de lo racional, poniendo al descubierto nuevas dimensiones de este que le estaban vetadas.

Está claro que puede existir, y existe, un cine no emocional, que no se rige por un flujo de emociones, de la misma manera que existe una música atonal que se contrapone a la música tonal. Deleuze, a la pregunta de qué es la tonalidad, responde que «es la capacidad variable de una nota, o en términos más generales de un sonido, de formar con otros sonidos una entidad más o menos estable, según su poder o capacidad de atracción» (2023: 307). Es obvio, pues, que la estética cinematográfica de la imagen-emoción, tanto en su origen como en su destino, es equivalente a la música tonal. Un cine antagónico sería atonal o serial y no estaría conducido por una emoción ni esta envolvería su desarrollo. Deleuze considera que el cine de Godard corresponde a este tipo de estética. Pero, al margen de que una generalización de esta envergadura es siempre problemática, lo cierto es que, incluso en el cine del director francés aparecen tonalidades emocionales, aunque a veces sea de forma dispersa. Y en el fondo actúa siempre algún tipo de emoción porque no es factible renunciar a las emociones en el terreno de la producción artística o de la creación.

Las apuestas por el automatismo en el arte, que durante el siglo XX han sido numerosas, implican por parte de los autores un acto de represión que en sí mismo es emotivo, aunque corresponda a una emoción negativa. Pero, incluso cuando este acto voluntario es efectivo, no puede evitar que los receptores experimenten alguna emoción al contemplar los resultados de cualquier producción automática, aunque solo sea la emoción de saber que aquello que contemplan, leen o escuchan ha sido producido automáticamente. Lo que separa a la IA , incluso la hipotéticamente más avanzada, del pensamiento humano es precisamente su incapacidad para sentir realmente alguna emoción, su imposibilidad de envolver al pensamiento con algún tipo de emoción, una prerrogativa que es únicamente humana. Según Deleuze y Guattari, el arte es el dominio de los perceptos y los afectos. Pero ambos no pueden producirse de forma independiente, puesto que un percepto generado sin afecto es poco probable que consiga transmitir ningún afecto. Solo logrará, en todo caso, generar un simulacro del afecto, que es a lo que realmente puede aspirar la IA: simular pensamientos y emociones. Puede que, como afirma Deleuze, la pintura de Bacon sea capaz de impactar directamente en el sistema nervioso del espectador, sin pasar por el cerebro. Pero, aparte de que esta es una capacidad de cualquier manifestación estética, no cabe duda de que ese impacto automático se hace consciente en el mismo momento en que se produce. No hace vibrar a un zombi, sino a un cuerpo humano que piensa incluso cuando se emociona, igual que se emociona cuando piensa. Resulta curioso lo pronto que se olvidaron todos los artistas promotores del automatismo en el arte de que el primer gesto automático surgió en el seno del surrealismo y no lo hizo para alcanzar el nirvana de la objetividad, sino para enraizarse en lo más profundo de la subjetividad, es decir, en el inconsciente. Y, como dice Guattari, «el inconsciente está constituido por proposiciones maquínicas que las proposiciones semiológicas y lógico-científicas no pueden asumir de manera exhaustiva» (1979: 167). En el inconsciente reside el núcleo de las emociones, las cuales aparecen siempre, aunque no se desee. Ellas son las únicas verdaderamente automáticas.

El propósito del arte más contemporáneo, ese arte después del arte al que apuntaba Arthur Danto, se caracteriza por renunciar drásticamente al disfrute estético. Sigue los dictados de Adorno cuando dijo que la música atonal no se ha de disfrutar, sino que se ha de comprender. Al margen de que la comprensión puede ser también fuente de placer, del diagnóstico de Adorno se ha prestado más atención a la primera parte, la más represiva, incluso puritana, olvidando que la otra abría un camino completamente nuevo por el que el pensamiento se introducía en la creación artística y su *disfrute*. Gran parte de las corrientes artísticas de la segunda mitad del siglo XX se han apresurado a eliminar las emociones de sus obras, suponiendo que con ello bastaba para indicar que el espectador debía atender espontáneamente a su comprensión. Sin embargo, al faltar el vínculo emocional, el espectador, la mayoría de las veces, ha permanecido indiferente ante ellas. El mismo Brecht se debatía entre la necesidad de romper con la identificación emocional y la de promover un contacto con el espectador, necesario para que este se mantuviera interesado por el desarrollo de la obra y fuera capaz así de pensar y comprender sus propuestas. La solución al dilema parecía estar en la sustitución del goce estético por un goce intelectual, es decir, por el placer de pensar, ese placer del texto del que hablaba Barthes. En gran medida, el arte contemporáneo, a partir de las corrientes conceptuales, se ha propuesto ser un arte destinado al desciframiento, ha planteado una estética que debía ser interpretada más que pensada. Las obras conceptuales parecen ofrecerse al pensamiento pero no brindan ningún incentivo que haga que merezca la pena ponerlo en marcha. Al rechazar la emoción del acto creativo, el supuesto pensamiento propio del arte nace marchito y llega al espectador como una flor seca.

Se puede considerar que, en gran medida, el arte conceptual es neobarroco porque, como las imágenes del Barroco, incluye una clave que debe ser descifrada para culminar la experiencia estética. El secreto de las imágenes del Manierismo y el Barroco pertenecía a una simbología ancestral, mientras que las composiciones conceptuales componen alegorías referidas a la actualidad social o política. La diferencia entre ambas pretensiones es que los símbolos de antaño estaban encarnados por unas composiciones estéticas altamente emotivas, mientras que la estética conceptual de ahora es primordialmente fría. Hay que razonarla, pero con el inconveniente de que no hay ningún incentivo para hacerlo, al no ofrecerle al espectador ningún vínculo emocional que active su interés.

El diagnóstico que hacía Guattari de nuestra época era muy certero cuando afirmaba que en ella «se está desarrollando una inmensa extensión de campos de investigación técnico-científica y estética en un contexto moral gris y desencantado» (1987 :1). Solo el arte nos puede sacar de esa grisura y ese desencanto, a partir de dos premisas: reintroduciendo en él las emociones, sin por ello eliminar el pensamiento, e insuflar en todo tipo de pensamiento, incluso el tecnocientífico, el vigor de una estética ella misma revigorizada por la mezcla de pensamiento y emoción. Si la contemporaneidad ha decidido que una obra de arte es aquello que modifica las condiciones de la experiencia del discurso hegemónico, esta tarea solo puede llevarla a cabo un arte que deje atrás el callejón sin salida de aquellas producciones que llenan las salas de los museos de arte contemporáneo. Aunque suponga un anatema para los remanentes de la teoría crítica, hay más capacidad de ruptura en el cine o en la novela gráfica actuales que en muchas de las obras que se pretenden situar en una vanguardia artística que en realidad está agotada y, por lo tanto, no se encuentra ya en condiciones de dictaminar qué es y qué no es arte. Si la posmodernidad nos ha enseñado algo, es que lo nuevo no por ser lo último es siempre lo mejor o lo más adecuado.

Una de las paradojas de la actualidad, cuando el capitalismo se ha vuelto tan omnipresente como fantasmagórico, consiste en que la ruptura con los sistemas hegemónicos, con su sus sensibilidades anquilosadas —una tarea encomendada al arte en el seno de la modernidad—, se pueda producir en el seno de la industria cultural, o sea, en la factoría capitalista. Ya se sabe que el capitalismo es capaz de producir sus propias contradicciones: subsiste gracias a ello. Es cuestión de aprovechar las tensiones que provocan estas incongruencias para volverlas contra él, una tarea que solo el arte es capaz de llevar a cabo con efectividad. Pero, ¿qué tipo de arte?

Alegorías topológicas

Con su teoría del esquizoanálisis, Guattari nos insta a considerar la confección de las imágenes como un conjunto de ensamblajes que trabajan a distintos niveles. Lo que él aplica a los procesos de subjetivación puede fácilmente trasladarse al arte o a la creatividad en general, no solo porque son actividades subjetivas que se alimentan de unos ensamblajes básicos de carácter inconsciente, sino porque la teoría de los ensamblajes responde también a una forma compleja de pensar en imágenes, como trataré de exponer en este apartado.

Regresemos a lo dicho anteriormente sobre la posibilidad de contemplar las imágenes como el resultado de poner en común una serie de elementos para producir un campo visual, unitario o múltiple, fijo o en movimiento. Una de las características del cine es el haber producido un tipo de imágenes inédito, el de las imágenes extendidas en el tiempo, es decir, lo que podemos llamar imágenes-duración. En el marco de estas imágenes fluidas, los elementos que la forman también se fluidifican por la acción del momento y la temporalidad. Las cosas que componen un imagen en movimiento son ligeramente distintas de esas mismas cosas incluidas en una imagen fija. Su estética y su experiencia varían en un caso y en otro. Con ello quiero llamar la atención sobre la importancia que tienen, en cada imagen, los elementos que la conforman, los cuales, de la misma manera que contemplamos su individualidad al ser incluidos dentro del campo de la imagen, también pueden ser reconsiderados aisladamente cuando ya se encuentran instalados en él. Por lo tanto, podemos considerar la posibilidad de descomponer una imagen, ponderando de forma individual cada uno de sus elementos. Con la salvedad de que, una vez esos elementos se han incorporado a la imagen, han dejado de estar aislados, puesto que han establecido relaciones entre ellos y con la imagen en general. La citada operación deconstructora debe ser, por lo tanto, doble, puesto que debe desglosar la imagen en sus componentes y a la vez tener en cuenta las relaciones que esos mantienen entre ellos. Si los separamos con la mirada es precisamente para poder detectar las relaciones que existen en una imagen, tanto las actuales como las posibles. Por consiguiente, lo que acabamos poniendo de relieve es un vibrante conjunto de relaciones. Son ellas las que deben ser consideradas, en última instancia.

Guattari propone dos conceptos que nos pueden ser útiles para comprender esta cuestión, los de máquina y estructura. Y a pesar de que indica que la diferencia entre ellas no es más que una forma de hablar, en la práctica las dos formas deben ser distinguidas, como él acaba haciendo. Según Guattari, lo que se puede decir de una estructura es «que posiciona sus elementos a través de un sistema de referencias que los relacionan entre sí, de tal manera que ella misma puede relacionarse como elemento con otra estructura» (1971: 111). Podemos decir, pues, que la imagen en general posee en principio las características de una estructura y que, además —específicamente la imagen cinematográfica, que está en movimiento y construye relaciones externas con otras imágenes (planos)—, tiene la virtud de conectarse con otras estructuras (otras imágenes, otros planos) a través de un sistema de referencias. Esta es la esencia del montaje, pero los enlaces entre planos que propongo van más allá del montaje: establecen vías de conexión más diversas.

La diferencia básica entre estructura y máquina reside, para Guattari, en la posición del sujeto. Se refiere a una posible destotalización del conjunto que incide en mi propuesta de penetrar en las imágenes para contemplar aquello que, vistas desde *fuera*, las constituye como totalidad. Él indica que «el proceso estructural de totalización destotalizada encierra al sujeto» (*ibid.*), mientras que, por otro lado, la máquina, que supone un cambio con respecto a la estructura entendida como representación, «permanece esencialmente alejada del agente de acción. El sujeto siempre está en otro lugar» (*ibid.*: 112). Si llevamos estas condiciones a mi terreno, podemos decir que las imágenes son sistemas y máquinas a la vez. Los sistemas conforman la visibilidad estructurada, mientras que las máquinas articulan esa estructura desde el inconsciente. La creación de las imágenes es un acto consciente que está impulsado por el funcionamiento inconsciente de una serie de sistemas maquínicos.

Ya sabemos que el concepto de máquina, tal como lo utilizan Guattari y Deleuze, es ambiguo. El mismo Guattari afirma que, cuando empezó a usarlo, le molestaba la connotación mecánica que conllevaba. Buscaba una noción de máquina que fuera fluido, disperso y cambiante e intuyó acertadamente que podía encontrarla en el ordenador y la informática en general. La máquina pasaba a ser, de esta manera, una metáfora alimentada por un pasado mecanicista que estaba transformándose a marchas forzadas. Sin embargo, seguía siendo útil porque ilustraba un dispositivo que consistía en una serie de elementos ensamblados que actuaban entre sí, siguiendo unas pautas de funcionamiento determinadas. Obviamente, una máquina tradicional es estática en todos los sentidos, ya que está situada en un lugar concreto y posee un sistema interno de funcionamiento repetitivo, mientras que las máquinas que propone Guattari no están en ningún lugar, sino que, como el inconsciente al que pertenecen, aparecen dónde y cuándo son activadas. Se trata además de máquinas susceptibles de conectarse espontáneamente con otras máquinas y cuyo funcionamiento es pluriactivo, en el sentido de que repite ciertas funciones pero a la vez es susceptible de transformarse y crear otras.

Dicho esto, comprendemos mejor cómo se articulan las imágenes, al tiempo que también podemos entender la utilidad de la deconstrucción de lo visible que propongo, puesto que, por medio de ella, abrimos una vía de comunicación con el inconsciente visual. Con ello, apreciamos más efectivamente la complejidad de la imagen y establecemos, a la vez, la posibilidad de asimilar los procesos creativos en el seno de una estética y un pensamiento renovados.

Esta aproximación a la imagen que insta a descomponerla en sus elementos visuales pretende desbaratar su integridad, pero también poner al descubierto su condición de puerta de entrada a un nivel más profundo de comprensión, el cual se estructura en forma de alegoría.

La figura retórica de la alegoría se manifiesta de formas muy diversas no siempre correctamente delimitadas. El funcionamiento de las alegorías es distinto en el campo de la imagen y en el del lenguaje, aunque los cometidos sean semejantes en ambos casos. Es importante distinguir, por ejemplo, entre alegorías activas y alegorías pasivas. Las activas son aquellas que se crean expresamente con el fin de proponer nuevas ideas, mientras que las pasivas se limitan a recibir ideas ya conocidas para exponerlas o, en el caso de las imágenes alegóricas, visualizarlas mediante codificaciones culturalmente establecidas. La alegoría se puede producir *ex novo* o se puede reproducir. En ambos escenarios, se trata de hacer visible lo que no lo es por sí mismo, básicamente una idea o un conjunto articulado de ellas. Pero en un caso, la idea y la imagen ya van intrínsecamente unidas, mientras que en el otro la idea se visualiza o se articula creativamente. El mito de la caverna de Platón es un buen ejemplo de una alegoría activa porque plantea un escenario realista en el que los elementos que lo componen prolongan su significado intrínseco para convertirse en vehículos de una narrativa filosófica. Las alegorías pasivas tienden a aglutinar elementos metafóricos o simbólicos aislados para articular una narrativa alegórica. Esta dispersión formal las delata. Por el contrario, las alegorías activas se infiltran en espacios realistas que, aunque puedan resultar extraños a primera vista —la caverna de Platón es un espacio inusual—, no pierden la homogeneidad de sus componentes. Mientras que la alegoría pasiva aparece ya desglosada, mostrando la heterogeneidad de sus elementos, la activa requiere el desglose de sus partes, su extrañamiento, para poner en marcha una interpretación alegórica que no se refiere, como en el caso de la pasiva, a ideas conocidas, sino que plantea un discurso nuevo, el cual se supone que permanece escondido en el paisaje naturalista hasta ser interpretado.

Denomino activas a estas alegorías porque están confeccionadas expresamente con una finalidad concreta, pero también porque pueden integrarse en una narrativa que las acoge, a veces subrepticiamente, como elemento profundo de un relato que no se refiere a esa interpretación de forma directa. Se ha dicho, por ejemplo, que *La peste* de Camus es una alegoría de la invasión nazi de Francia durante la Segunda Guerra Mundial. La sutileza de esta posible alegoría, o la separación que existe en el relato entre la trama y la posible interpretación alegórica, nos lleva a pensar más en una alegoría pasiva que no en una activa, a pesar de que no hay una codificación previa que determine los significados. Sería pasiva porque surge espontáneamente de una expresión que puede o no ser alegórica (Camus podría tener o no la intención que se le atribuye). En este caso, la interpretación alegórica, por parte de un actor ajeno al proceso creativo (el lector o el crítico, en el caso de una novela), implica una acción interpretativa sobre un espacio que la acoge pasivamente. Nos encontramos, por lo tanto, con la alegoría como instrumento interpretativo que sirve tanto para desentrañar un supuesto significado escondido como para comprender mejor el significado literal.

Aunque la alegoría es una construcción mucho más antigua, su forma retórica se consolidó en la Edad Media, en el campo de la teología, con la finalidad de interpretar la Biblia, supuestamente dividida en cuatro niveles (por lo que el método se denomina cuadriga). Al nivel literal, que se encarga de explicar de forma neutra los acontecimientos, le sigue un ámbito puramente alegórico, denominado también topológico, aquel que supone que los elementos de la narración son interpretables con un segundo significado. El siguiente nivel es el tropológico o moral, que extrae una conclusión de carácter moral, o moraleja, acerca de lo que se expone en el nivel literal. Finalmente, aparece un nivel, añadido tardíamente, el anagógico, que implica una relación del texto con el provenir, no tanto para prever lo que puede suceder, sino, en el caso de la Biblia, para constatar proféticamente lo que ocurrirá postreramente en un ámbito escatológico para el que esos acontecimientos son como si ya hubieran ocurrido. Este entramado de niveles posibles de la Biblia se ha convertido en una herramienta interpretativa que se aplica, directa o indirectamente, en la exégesis literaria, si bien se extiende también a la filosofía donde fundamenta las operaciones de la hermenéutica. Sin embargo, tiene poco recorrido en el terreno de la imagen, a menos que supongamos que métodos interpretativos como el iconológico e iconográfico de Panofsky son en realidad una recomposición subrepticia de la exégesis bíblica.

El hecho de que la alegoría sea una *figura* retórica implica que, generalmente pero no siempre, se resuelva mediante imágenes, aunque a veces estas imágenes, sobre todo en la esfera literaria, son tan sutiles que es difícil detectarlas como tales. Esto puede ocurrir incluso en medios visuales, sobre todo cuando estos son realistas. Cuanto más realista sea una expresión visual, menos evidente será la posible alegoría, instituyendo de esta forma una división estricta entre lo literal y lo alegórico, de manera que lo primero se superponga sobre lo segundo hasta anularlo. La gran mayoría de alegorías que abundan en la pintura desde el Manierismo hasta el Barroco son de este tipo. Durante este período se produce un vuelco importante por el que lo alegórico, después de ser un atributo virtual de lo figurativo, se actualiza visualmente, intercambiando su posición con el realismo, pero sin abandonar la figura. Contraponiéndose a la forma de la perspectiva renacentista, lo que se visualiza en este punto son las ideas. Si la alegoría, en general, es un proceso por el que las ideas se convierten en cosas, aquí estas cosas claramente alegóricas componen un panorama propio en el que los elementos aparecen en la superficie, estableciendo relaciones entre sí que superan los vínculos naturalistas sobre los que el realismo asienta sus bases. Componen, por lo tanto, una visualidad estructuralmente equivalente al proceso de deconstrucción de las imágenes que he propuesto antes. Es por ello, por lo que podemos calificar de alegórica a esta visualización de las imágenes. Es a la vez una alegoría activa y pasiva: activa porque la ejecuta expresamente el espectador y pasiva porque con el ejercicio se pone de manifiesto una estructura latente que solo puede revelarse mediante el procedimiento alegórico. En principio, lo que aflora es un andamiaje alegórico, o sea, una forma. Pero de este modo, se abre la puerta a otras interpretaciones posibles, a un ensamblaje de ideas y relaciones que el realismo naturalista mantenía ocultas.

Si en el ejercicio alegórico tradicional, la visualización directa de las ideas facilita una interpretación también directa del significado, en el caso de lo que podríamos denominar una mirada formalmente alegorizante, que es actual pero puede aplicarse retrospectivamente a imágenes de cualquier tipo, lo que aparece no son las ideas en sí, sino el andamiaje del realismo naturalista que puede ser una vía para llegar a las ideas. Es decir, se pone de manifiesto el reverso de este realismo, una versión inmediata de algunos de los ensamblajes maquínicos que sostienen la imagen.

Durante el Barroco, se manifiesta de forma más clara la conversión de las ideas en cosas, en especial mediante las construcciones emblemáticas de un Alciato o las visualizaciones alegóricas de un Ripa, un desarrollo que es posible calificar de abstracto porque lo figurativo no acaba de cuajar en una representación plenamente realista. Esta tendencia se prolonga posteriormente en el Rococó, con un nuevo giro por el que, en pintura, se recupera el realismo, pero sin perder la visualización directa de lo alegórico. Se produce entonces una interesante mezcla entre ideas y figura que ya no es la del Manierismo, en cuyas representaciones la alegoría permanecía agazapada tras la figura como una virtualidad que solo se actualiza si el espectador conoce el código, ni la del Barroco en la que el movimiento alegórico tensionaba el realismo. Ahora, cuando el código alegórico ya no forma parte de nuestro acervo cultural, la mayoría de espectadores no detecta las alegorías del Manierismo, pero las presiente en los emblemas del Barroco. Ante aquellas, se limita a una percepción puramente estética, pero no puede dejar de inquietarse al contemplar estas últimas y no saber qué hacer con ellas. Sin embargo, en el Rococó, sobre un fondo realista, aparecen una serie de elementos que por su heterogeneidad y composición instan a ir más allá

Figura 8

de la contemplación estética, en dirección a la extrañeza del Barroco. Hay en esas pinturas una pulsión, un latido superrealista que está recogido en la forma interna del cuadro, la cual evidencia en su superficie la maquinaria oculta que lo produce. Se genera, por lo tanto, una doble alegoría: la relativa a las ideas, que depende de una codificación, y la alegoría formal, que no está codificada, sino que proviene, en parte, de un acto puramente creativo, es decir, imaginario. Tenemos un ejemplo, entre otros muchos posibles, de estos fenómenos en algunas de las obras del pintor francés Jean-Baptiste Oudry (1686-1755). En la figura 8 se muestra la titulada "Alegoría de Europa".

Habría que matizar, sin embargo, la afirmación de que estas formas no están codificadas, ya que en realidad lo están, aunque en parte. De esta codificación, que depende de una especie de inconsciente estético de carácter cultural, dan cuenta, por ejemplo, Erwin Panofsky y Henrich Wölfflin, cada cual a su manera. Wölfflin se refiere a los estilos artísticos, dependientes de lo que denomina las formas de representación más generales, las cuales establecen el estilo básico de distintos períodos de la historia del arte, a partir de categorías como las de lo lineal o lo pictórico, la primacía de la superficie o de la profundidad, la forma cerrada o la forma abierta, la pluralidad o la unidad, lo claro o lo indistinto, etc. (Wölfflin, 2011). Panofsky, por su parte, identifica en su conocido método iconográfico un nivel de interpretación que denomina iconológico y que estudia las formas estructurales básicas de las obras de arte, situadas en un plano más profundo que lo iconográfico, relativo a los motivos generalmente codificados. La iconología se refiere a las formas puras, abstractas, que estructuran el conjunto de la representación, así como con su significado profundo, a veces considerado inconsciente. Roland Barthes se inspira en este método cuando analiza una narración de Balzac, *Sarrasine*. En este caso, Barthes distribuye el análisis a través de lo que denomina códigos, el último de los cuales, el código simbólico, el autor lo refiere al psicoanálisis, es decir, al inconsciente (Barthes, 2002). Todos estos autores encuentran en el sustrato de la historia del arte una serie de corrientes subterráneas que configuran las formas o estructura básicas de las imágenes. Estas configuraciones paradigmáticas adquieren un desarrollo temporal en las investigaciones de Aby Warburg para quien lo que se trasmite a través de las formas y a lo largo de la historia del arte es una energía emocional, un pathos. Su continuador, Fritz Saxl detecta en las representaciones visuales una serie de gestos y formas concretas que se repiten a lo largo de la historia, configurando un conjunto de corrientes genealógicas particulares, equivalente a lo que Deleuze y Guattari, refiriéndose a la tecnología, denominarán *phylums* maquínicos. En general, lo que se está poniendo de relieve es la plasmación en la forma de la imagen de una serie de pulsiones internas. Examinar estas formas, significa poder penetrar en el substrato de la imagen y descubrir la serie de líneas de fuerza que han generado su planteamiento básico, o sea, los entrelazamientos maquínicos que postulan Guattari y Deleuze.

Mi propuesta solo puede relacionarse con todos estos planteamientos por el hecho de que apela a detectar estructuras parecidas en las imágenes. Pero la diferencia fundamental es que aquellas están codificadas culturalmente y tienen un alto grado de estabilidad, por lo menos dentro de cada paradigma o, en el caso de Warburg y Saxl, que se interesan por formas viajeras, lo que se detecta es la traslación a lo largo de la historia de gestos visuales que son básicamente estables. En mi caso, no hay ninguna estabilidad ni ninguna codificación, los conjuntos están en constante movimiento a través de procesos puramente creativos, por muy determinados que estén por otras razones. Por eso estas formaciones pueden equipararse a las características de las máquinas abstractas de Guattari y Deleuze. Son equivalente a ellas en cuanto a movimiento y creatividad, entendida en este caso como generación constante de lo nuevo. Nos asomamos así al vértigo de unos *sistemas interpretativos* que, contrariamente a los habituales, son altamente inestables, por lo que debemos buscarles otra denominación que no tenga que ver con lo sistemático o lo interpretativo, sin que por ello deban reducirse a lo caótico. Si la interpretación busca sistemáticamente el significado último y definitivo, de lo que se trata en estos otros casos es de detectar el devenir de los significados, el movimiento de la creatividad inserto en las creaciones, pero también reactivado por la mirada.

Mi intención no es establecer, pues, un sistema de análisis, sino urgir a que se profundice en las relaciones que existen entre la mirada y lo que se mira. Proponer, ante la ceguera que a veces se impone en las contemplaciones de la imagen, una doble acción de mirar: se trata de ver la imagen como el que escucha con atención la música y no simplemente la oye; y luego implica descubrir concretamente los elementos que la componen y las estructuras relacionales que los conectan. La mirada, en este último caso, pone en movimiento a la imagen estática —una pintura, un cuadro, etc.—. En el caso de las imágenes que ya están en movimiento, se trata de incorporar el movimiento de la mirada al propio movimiento de la imagen, entendiendo que las relaciones que se detectan entre elementos son a la vez móviles y cambiantes. Una doble mirada que implica la existencia conjunta de un doble movimiento: uno hacia el interior de la imagen y otro siguiente *lateralmente* el propio desplazamiento de esta que modifica relaciones, formas y espacios. Todo ello se abre al pensamiento. El ejercicio de mirar y descubrir elementos y relaciones en movimiento equivale a una forma de pensar la imagen. En ciertas composiciones contemporáneas que podemos tildar de barrocas como las del fotógrafo norteamericano David LaChapelle, que son a la vez kitsch[22], se detecta la voluntad del propio autor de poner de relieve la heterogeneidad de la composición visual. De esta manera se descompone la imagen en sus elementos, que así entran en colisión unos con otros, al tiempo que se hacen evidentes sus relaciones y la posibilidad, por lo tanto, de confeccionar alegorías formales, correspondientes a cuantas relaciones podamos establecer nosotros, como espectadores atentos, en su interior. En la figura 9 se muestra un ejemplo de estas configuraciones con la obra de LaChapelle titulada *Phylum Shift* (2012). En casos como este, es fácil percibir las citadas formaciones, pero de lo que se trata es de aplicar este tipo de análisis a todas las imágenes, incluso o precisamente a las más realistas, a aquellas en las que el conglomerado de elementos es menos evidente, al estar naturalizado. Las fotografías del canadiense Jeff Wall nos ofrecen la oportunidad de contemplar configuraciones como estas, en las que los detalles, a pesar de su diversi-

Figura 9

22. El estilo *Kitsch*, al hacer aflorar estentóreamente en la forma las emociones, permite la visión directa del armazón alegórico subyacente o, en algunos casos, lo coloca en un primer término, al convertirlo en la arquitectura compositiva patente de la imagen.

Figura 10

dad, están sumidos en el realismo de la escena, promoviendo, sin embargo, la necesidad de detectarlos puesto que su presencia forma parte de lo esencial de ella. Así, por ejemplo, la fotografía de Wall de la figura 10, titulada *A View from an Apartment* (2004). Algunas de las composiciones más complejas de Wall están precisamente confeccionadas mediante capas de imágenes superpuestas, abundando en la idea de la presencia de relaciones internas en las configuraciones visuales. Estas relaciones son el vehículo de las tensiones, los tonos y las fuerzas que recorren las imágenes para sostener o producir los significados que acogen. Significados, en plural porque estos son siempre múltiples y provienen de la relación entre lo que aparece en la imagen —es decir, no solo la imagen en un sentido global— y el trabajo que efectúa la mirada del espectador al explorar detenidamente esta globalidad en lo que significa un proceso de reflexión y de descubrimiento.

Pero demos un paso más y vayamos a aquellas imágenes que más directamente pueden relacionarse con las conflagraciones maquínicas de Deleuze y Guattari. Por ejemplo, la obra del artista de Sierra Leona

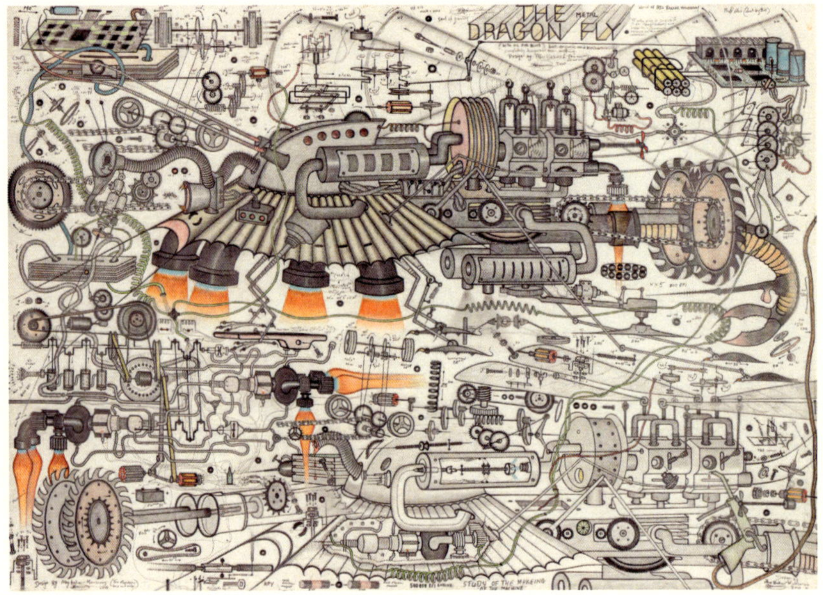

Figura 11

Abu Bakarr Mansaray titulada *The Metal Dragon Fly* (figura11) nos muestra un artefacto compuesto por múltiples acoplamientos de elementos diversos, una serie de ensamblajes que, si estuvieran en movimiento, plasmarían aún más adecuadamente el funcionamiento de las máquinas abstractas. La obra de Bakarr Mansaray fue mostrada en el museo Reina Sofía de Madrid, en una amplia exhibición titulada *Maquinaciones* (2023), directamente relacionada con el pensamiento de Deleuze y Guattari. El carácter no representacional e inconcreto de las máquinas abstractas hace que sea arriesgado proponer cualquier tipo de ilustración de su estructura. Pero basta imaginar en movimiento estos intentos y considerar que el movimiento transforma profundamente la representación, para que la analogía sea aceptable.

Frente a la crítica irreductible de la representación que recorre la obra de Deleuze y Guattari, habría que hacer alguna salvedad para evitar que ciertas vías que permiten el desarrollo del pensamiento de la imagen queden obturadas. No es conveniente renunciar absolutamente a la representación en arte, tampoco en el sentido de lo no figurativo que le da Deleuze al término, a menos de querer descartar por completo la utilidad epistemológica de la obra de arte y, con ella, de las imágenes. Otra cuestión muy distinta es asumir que ni el arte ni la imagen se encargan solo de reproducir lo existente, sino que siempre crean algo nuevo y que esta creación tiene dimensiones ontológicas y a la vez políticas: «La obra de arte y el acto político, entonces, comparten la ontología de su emergencia: la de una máquina abstracta expresada en la creación de nuevas realidades y construida a través de experimentos materiales. En efecto, la máquina abstracta muestra el acontecer indiscernible de la estética y la política porque declara la necesidad de una igualdad entre la expresión y la construcción» (Zepke, 2007). Esta igualdad entre la expresión y la construcción que señala Zepke es inherente a la obra de arte, así como a la imagen, y les confiere a ambas su dimensión compleja. Más allá de las discusiones entre lo figurativo y lo vanguardista, la utilidad de representar lo existente, o del suplemento figurativo que hay en cualquier imagen, sea o no representativa, realista o abstracta, reside en el hecho de que, por este camino, la imagen transforma la realidad y, mediante la transformación, no solo la conoce, sino que la piensa, prolongándola hacia ámbitos inéditos. Si no aceptamos un punto de conexión, por mínimo que sea, entre la imagen y la realidad, aun sabiendo que la realidad es ella misma una construcción, no podremos pretender que la realidad puede ser pensada, y en parte construida, a través de las imágenes, de forma equivalente, pero profundamente diversa, a como es pensada y construida a través del lenguaje.

La antropología nos ofrece ejemplos de algunas culturas en las que esta mezcla de expresión y creación alcanza cotas extremas que además ponen de manifiesto las funciones cognoscitivas de las alegorías. Philippe Descola, nos habla, por ejemplo, de la costumbre de venerar piedras con formas peculiares, pero anicónicas, que se consideran representativas de alguna divinidad o de alguno de sus atributos. Un caso de esta tendencia, serían las llamadas *mauri* de los Maoríes de Nueva Zelanda, piedras bastante toscas, a veces atravesadas por un agujero: «¿Por qué podemos hablar de imágenes? Porque, a pesar de su aniconismo aparente del *mauri*, este figura la fertilidad. Le otorga a la fertilidad no una expresión de semejanza —puesto que esta solo puede existir bajo la forma de instanciaciones distribuidas sobre los seres en los que actúa; encarna más bien una existencia unitaria y concentrada bajo una forma controlable (...) Son figuraciones no miméticas de una potencia que no tiene otra forma que aquella de la imagen que le da el objeto que la representa» (2021: 34). El nexo que se establece entre la piedra y la realidad es simbólico e imaginario a la vez, señalando el carácter imaginario de la propia realidad en la que se inserta el artefacto. Pretender una relación directa entre la piedra como tal y una realidad sin atributos es un espejismo mucho mayor, y también más insustancial, que establecer una relación simbólica entre los dos imaginarios, el individual y el cultural, en el que la piedra ejerce de interfaz, absorbiendo la pulsión mítica de ambos.

Las máquinas post-cinematográficas

En un texto introductorio a la exposición *Maquinaciones* (2023) que figura en la web del Museo Nacional Reina Sofia, se explica de forma muy didáctica el concepto de máquina propuesto por Guattari y Deleuze, sin las complejidades conceptuales que lo acompañan en los escritos de ambos filósofos. Por ello conviene reproducir una parte importante de ella que ayudará al lector menos versado a comprender el alcance de lo que estamos planteando al referirnos a este tipo de formaciones:

> En el pensamiento de Félix Guattari y Gilles Deleuze, la idea de máquina experimenta un cambio de paradigma decisivo respecto a los análisis marxistas de la sociedad industrial. Hasta entonces había sido considerada como un mero instrumento técnico que alienaba al individuo para convertirlo en una pieza más del engranaje de la producción capitalista. A partir de 1968 este juicio se reformula como un núcleo abstracto capaz de contener una infinidad de relaciones humanas y no humanas. Bajo esta premisa, una máquina es el resultado de una serie de acoplamientos entre distintos componentes que responde a las exigencias de una determinada coyuntura y se moviliza al ritmo de sus flujos o cortes internos, pudiendo llegar a desintegrarse del mismo modo que se constituyó. Este desplazamiento de lo está-

> tico a lo dinámico, de lo individual a lo colectivo, de lo tecnológico a lo sociopolítico, incide en la oposición del carácter temporal y múltiple de lo maquínico frente a la pretensión de eternidad y uniformidad de lo estructural. En este sentido, "maquinar" supone la función primordial de la máquina, es decir, conspirar contra el poder establecido, imaginar nuevos agenciamientos posibles, inventar los medios necesarios para una transformación radical.[23]

Lo sustancial no es solo asumir este concepto complejo de máquina, sino utilizarlo para comprender los fundamentos y los funcionamientos de todo tipo de instituciones sociales. Pero es en el arte, y principalmente en la imagen donde la efectividad de este instrumento es más decisiva. Una herramienta posible para efectuar esta operación consiste en emplear la deconstrucción alegórica de las imágenes que propongo, poner de relieve los elementos visuales que las componen y la forma que los relaciona a todos con todos. A partir de este planteamiento, se puede seguir reflexionando para sacar conclusiones de este plano inédito de la visualización.

La formalización o puesta en imágenes de las experiencias del educador, escritor y cineasta francés Fernand Deligny con niños y jóvenes autistas y, en general, inadaptados, es un buen ejemplo de la posible extensión de las citadas alegorías formales a otros territorios. Deligny se instaló durante unos años en *La Borde*, invitado por Oury y Guattari, y posteriormente se trasladó a Gourgas, un pueblo de la Occitania, en una propiedad perteneciente a Guattari, donde se sitúa el punto de partida de una red de acogida para niños autistas que pondrá en práctica en 1969, en Monoblet. Más allá de la enigmática personalidad de Deligny, de quien Althusser dijo que era inasimilable, lo que me interesa destacar es la experiencia llevada a cabo con los niños, a los que dejaba vagabundear a su aire, ofreciéndoles los medios para hacerlo eficazmente. Entre estas experiencias estaba la de lo que él llamaba rastreo, que era algo más que un dibujo o un esbozo: era una manera de vagabundear

23. "Maquinaciones", Museo Nacional Reina Sofía, Madrid: 2023. (https://www.museoreinasofia.es/exposiciones/maquinaciones).

dejando un rastro visual que acaba siendo formalizado mediante la creación de mapas de los itinerarios seguidos por aquellos en sus actividades cotidianas:

> Rastrear no es de la misma naturaleza que transcribir, hablar, escribir o cualquier otra cosa que se incluya en las competencias del sujeto. Rastrear nos puede tomar por sorpresa si aceptamos que, en lo que a nosotros respecta, estar dotado significa estar poseído por una determinada cultura, un conjunto de sistemas, de signos, que como individuos encontramos en nuestro nacimiento. No se puede escapar de ellos. Ese rastreo podría ser una falla en ese "orden" llamado simbólico, una grieta donde algo de nosotros puede (re)encontrarse allí, como sin querer (Deligny, 2007: 353).

Esta idea sobre el rastreo desembocaba en una serie de cartografías que exponían las líneas de errancia, tanto de niños como de adultos. Deligny creo el concepto de lo "arácnido" para explicar su relación con unas webs existenciales en las que él consideraba que estamos insertos: «Si lo arácnido es tan adecuado para describir la red que se va tejiendo, es decir, que se teje, es porque se refiere a una actividad sin sujeto, y sin proyecto: una actividad no intencionada, sin fin, ni meta ni término» (Sévérac, 2023). Deligny afirma que hay un no-sujeto en cada uno de nosotros, para distinguir lo que denomina "humano por naturaleza" de "el hombre-que-somos", que posee voluntad y conciencia. Podríamos pensar que apela a un inconsciente susceptible de aparecer cuando se emprenden tareas que son en principio inútiles: «distingue entre la actividad de hacer y la de actuar: el hacer se refiere a una actividad transitiva y finalizada, polarizada por un objetivo y, más a menudo, en educación, por la ambición de lograr una dinámica de subjetivación (...). Pretende suscitar una suerte de obrar inconsecuente, un actuar arácnido, con lo que quiere referirse a todo lo que se trama de manera asignificante, todas las formas de relaciones no simbólicas, desprovistas de sentido, es decir, de dirección y de significación: desprovistas de objetivo y por ello mismo de subjetividad» (Sévérac, *ibid.*). Deligny es, por consiguiente, un paladín de la espontaneidad asubjetiva, que lo sitúa

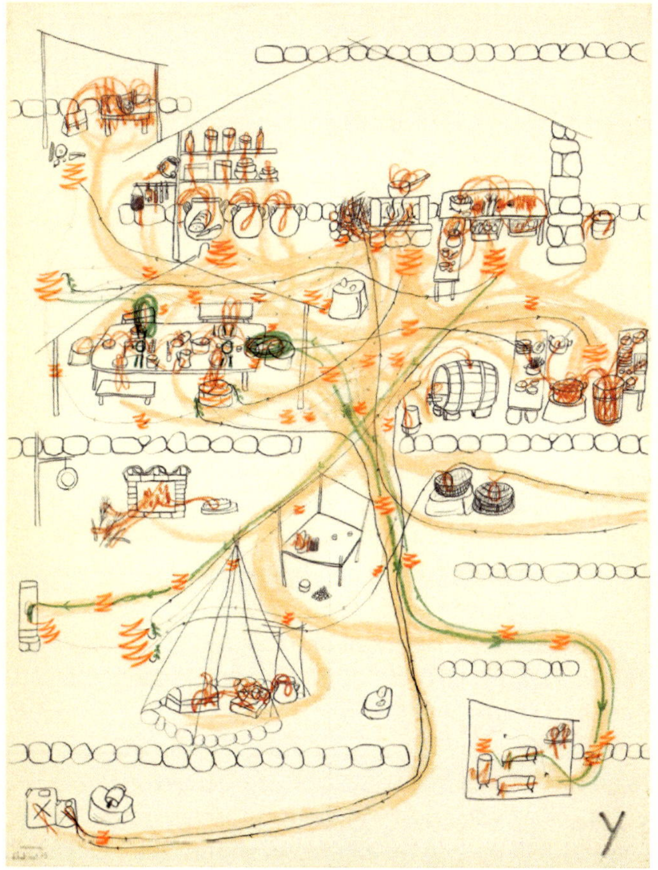

Figura 12

muy cerca de algunas de las pretensiones de Guattari, pero en especial de las de Deleuze. Sobre todo ello, se proyecta la larga sombra de Freud, tamizada por el surrealismo. Pero, en cualquier caso, las cartografías resultantes del trabajo de Deligny con autistas son un reflejo de la máquina abstracta que acompaña a las actividades de los pacientes, la estructura de la cual queda reflejada en los diagramas de su conducta y sus acciones que son, en última instancia, alegorías formales de una subjetividad sin sujeto. En la figura 12, se muestra una de estas curiosas cartografías.

Para seguir avanzando en mi reflexión, ahora es necesario dar un salto conceptual que puede parecer sorprendente, pero que es imprescindible porque nos sitúa en la dirección adecuada. Me quiero referir a la estética o quizá, mejor dicho, la ontología de las instalaciones temáticas, esa drástica transformación de las exhibiciones museísticas o de otro tipo que las convierte en una reflexión sobre el tema que pretenden mostrar. Para ello, qué mejor que empezar por el diseñador gráfico y pintor austríaco Herbert Bayer, pionero de este tipo de manifestaciones. No solo las diseñó, sino que también reflexionó sobre ellas en un escrito donde afirma que la estructura de las exhibiciones proporciona un medio complejo para comunicar una idea. Se trata de una opinión que concuerda con mis planteamientos, si equiparamos el espacio físico de las exposiciones con el espacio visual de la imagen. Bayer elaboró una serie de esquemas con los que quería exponer los itinerarios posibles de los visitantes en las salas (figura 13) de lo que, más que exhibiciones, son instalaciones temáticas, puesto que, en ellas, no se muestran obras, sino que, como él dice, se plantean ideas, organizando el espacio mediante la estratégica colocación en él de los elementos expuestos. De esta forma, se organiza también la visión, que debe captar los diferentes elementos y asimilar, a través de ellos y de las relaciones que establecen entre sí, un determinado discurso o bien elaborar uno propio. En la figura 13, se muestran dos tipos de recorrido, uno racional y el otro *caótico*, que pueden corresponder a los que se suscitan, respectivamente, en el espacio de una exhibición clásica y en el de una instalación temática. En aquella, el orden se ha establecido de antemano, a partir de una disposición típica y tópica de los elementos que incita a contemplarlos según un itinerario ideal, mientras que en la otra se manifiesta una idea global acerca del tema correspondiente, pero la creativa colocación de los objetos, que convierte el espacio euclidiano en un potencial espacio topológico, permite el establecimiento de itinerarios diversos, tantos como espectadores posibles. Con ello, se promueven también reflexiones diversas sobre la propuesta, inscritas todas ellas virtualmente en el espacio de la instalación temática.

De nuevo nos encontramos ante lo que podemos considerar un diagrama maquínico, formalmente relacionado con las cartografías de los pacientes de Deligny. Lo que se muestra, en ambos casos, es una organización del espacio, dispuesto para un pensamiento visual que puede

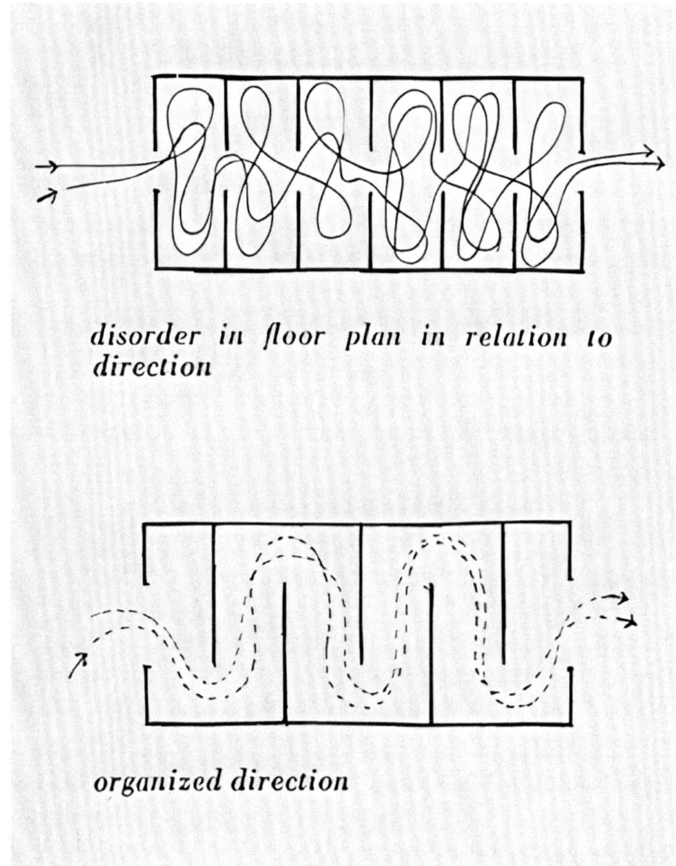

Figura 13

relacionarse con el pensamiento de la imagen cuando en esta nos disponemos a analizar los elementos que su espacio visual contiene y establecer relaciones distintas entre ellos.

No hay que confundir las instalaciones temáticas con lo que en arte se denomina instalación, aunque, en ocasiones, ambos conceptos pueden coincidir. La diferencia principal reside en que las instalaciones temáticas no proponen una contemplación estética *per se*, sino que, en todo caso, la propuesta concretamente estética es en ellas uno de sus componentes o un punto de partida para la reflexión. La instalación artística propiamente dicha se muestra en el espacio de una sala de exposiciones o en un museo sin que su presencia altere el espacio de estos. Este espacio es un simple contenedor o escaparate neutros, una sencilla plataforma que no está siendo alterada por los objetos que se sitúan en ella, ya sean pinturas, escultura o instalaciones. Las instalaciones estéticas pertenecen al ámbito de las exhibiciones, que son un correlato del museo, mientras que las instalaciones temáticas implican una superación del espacio y la ontología museística.

En la ya larga historia de las instalaciones temáticas, destacan dos de ellas por su ambición, que las convierte en representativas no solo de la ontología de este tipo de propuestas, sino también de su potencial como máquinas reflexivas de carácter visual. Se trata de *Les Immatériaux*, diseñada por François Lyotard para el Centro Pompidou de París en 1985, y de la titulada *Voyage(s) en utopie, Jean-Luc Godard, 1946-2006* que Jean-Luc Godard produjo en 2006 también para el Centre Pompidou.

Les Immateriaux, fruto de la colaboración de Lyotard con el historiador del diseño Thierry Chaput, se convirtió en una de las principales referencias sobre la conjunción de los discursos artísticos, filosóficos y científicos en el siglo XX. Era una propuesta que, aparte de mostrar el desarrollo reciente del arte y la ciencia, transitada por ideas y conceptos filosóficos, reflexionaba sobre las nociones de inmaterialidad y posmodernidad ya articuladas por Lyotard en sus escritos. El plan de la instalación reunía una serie de objetos heterogéneos que iban, desde los últimos robots industriales y computadoras personales, hasta hologramas, instalaciones sonoras interactivas y cine en 3D, junto con pinturas, fotografías y esculturas. En su extenso estudio sobre la idea de exhibición relacionándola con el proyecto de Lyotard, Daniel Birnbaum y Sven-Olov Wallenstein se refieren a una filosofía espacializada (Birnbaum y Wallenstein, 2019). Pero quizá sería mejor hablar de pensamiento espacializado, porque la importancia del proyecto no residía en que mostrase la simple combinación de objetos y conceptos —de ahí el problema de denominar exhibiciones a este tipo de planteamientos—, sino en que era la clara manifestación de una puesta en escena del pensamiento que incitaba a seguir pensando.

Les Immateriaux englobaba tres fases del pensamiento. La primera de ellas se refería al largo proceso de diseño de la instalación realizado por Lyotard y sus colaboradores, una fase que implicaba imaginar las estrategias para producir lo que podríamos denominar una dramatización del pensamiento. Se trataba de un proceso que debe ser pensado, pero de forma distinta a la tradicional, puesto que el pensamiento se desarrollaba aquí en el espacio, mediante el acoplamiento de una serie de elementos dispares. La segunda fase implicaba la finalización del proyecto en el propio espacio del museo, es decir, la modificación del espacio museístico con el fin de disponerlo para las funciones planteadas por los diseñadores. Hay una diferencia esencial entre estas dos primeras fases, la inicial era en gran medida teórica, mientras que la segunda suponía la aplicación dramatúrgica de los planteamientos de la anterior. La primera fase era abierta, podríamos decir, que ensayística: el pensamiento buscaba objetos en los que plasmarse; la segunda era más práctica, en ella los objetos designados buscaban un espacio en el que situarse y, a la vez, desarrollaban un tipo de pensamiento espacial-conceptual. En la parte teórica o ensayística, si bien existía un propósito más o menos claro, este se encontraba en fase de elaboración, de manera que podía experimentar múltiples variaciones a lo largo del proceso de pensarlo. Pero este pensamiento no puede tildarse filosófico, sino que es, e insisto en ello, claramente ensayístico. Si fuera filosófico consistiría en buscar la forma de ilustrar conceptos ya establecidos, es decir, una forma primaria del pensamiento, el cual se habría desarrollado fundamentalmente antes de iniciar el trabajo de diseño. Es cierto que las ideas de Lyotard ya estaban plasmadas de antemano en sus libros, pero no cabe duda de que se transformaban a la hora de *ponerlas en escena*. El tipo de reflexión del filósofo era distinta en este ámbito a cómo lo era en el otro. En circunstancias como estas, las de la fase de diseño, lo que sucede es que se crean más conceptos que los que se pretenden mostrar, de ahí que el diseño puede considerarse un proceso de pensamiento en un sentido estricto, puesto que las ideas originarias experimentan múltiples transformaciones, a la par que aparecen otras ideas, propuestas por los propios objetos elegidos y las relaciones inesperadas que se producen entre ellos. De ahí, la noción de ensayo que, desde el planteamiento inicial, se proyecta al resultado final.

Por último, la tercera fase consistía en las reflexiones que puede desarrollar el público asistente, a partir de las formulaciones que se le ofrecían y también, de forma esencial, a través de su deambular por los espacios creados para suscitar relaciones, lo que implica el mencionado trabajo de dramaturgia conceptual. Los visitantes asisten a una teatralización de las ideas, pero en lugar de contemplarlas a distancia, sentados inmóviles ante una escena donde se sitúa todo el movimiento dramático, penetran en el meollo mismo de la "representación", de manera que no solo se limitan a mirar, sino que asimilan corporalmente con su deambular el sentido de los espacios conceptuales que se forman a través de las relaciones establecidas entre distintas ofertas visual-conceptuales. La intervención del cuerpo en el proceso amplía las formas de pensamiento.

Todo lo dicho se puede aplicar igualmente a la instalación de Godard. También este se apoyó, a lo largo de las distintas fases del proyecto, en diversos colaboradores, empezando por la escenógrafa Nathalie Crinière, sin olvidar la esencial intervención de la pareja del cineasta, Anne-Marie Miéville, cómplice esencial en muchas de sus producciones a lo largo de los años. El proyecto de Godard era al principio tremendamente ambicioso. Se titulaba "Collage de France. Le cinéma exposé" y con ella, el cineasta pretendía «desplazar la destinación y el funcionamiento del museo» (Brenez, 2023: 148). La intención inicial, planteada a través de nueve salas, acabó siendo reducida, por distintas razones, a solo tres grandes espacios, en los que los materiales se distribuían según los epígrafes de "Anteayer", "Ayer" y "Hoy". El cambio hace que «el montaje de la exposición se confunda con la destrucción del proyecto», puesto que, como se anunciaba en el panel de entrada «*Voyage(s) en utopia* no representaba más que el abandono del proyecto anterior» (Brenez, *ibid.*: 154). A pesar de la renuncia a un esquema expositivo con el que Godard estuvo trabajando durante años, el resultado no dejaba de plantear lo que se había propuesto inicialmente: «escenografiar la producción de imágenes» (Brenez, *ibid.*: 149).

En un momento determinado del desarrollo del proyecto en su fase de diseño, Godard decidió confeccionar una detallada maqueta de las nueve salas correspondientes a *Collage de France*: «la maqueta era el soporte material del pensamiento del cineasta. Tenía la necesidad de visualizar la exposición miniaturizada antes de realizarla, de la misma forma que tiene que *ver* el guion antes de rodar: "primero vemos el mundo, luego lo escribimos", dice en *Escenario del film Pasión*» (Marquez, 2014: 239). Esta maqueta, que fue filmada por Miéville mientras

Godard describía minuciosamente la disposición de los elementos en las salas (el vídeo circula con el título de *Reportage amateur*), llegó a convertirse en una obra en sí misma. Godard empezó a considerar que con ella su trabajo ya había sido completado, puesto que, al montar con todo detalle las salas en miniatura, su proceso de pensamiento ya había podido ser desarrollado tal como él deseaba. Miéville realizó un segundo vídeo (*Souvernir d'utopie*) que consistía en una serie de tomas fijas del interior de las salas miniaturizadas, dando la impresión de que pertenecían al espacio de la exposición a escala real. A raíz de esta dicotomía entre la maqueta y su traslación a un espacio expositivo, Godard quiso distinguir entre la concepción y la exposición propiamente dicha (*ibid.*: 241), dando a entender que esta última no era imprescindible para considerar culminado el proyecto, a pesar de que la maqueta no permitía algo fundamental en las instalaciones como es la deambulación por los distintos espacios. Considerando que las salas de la maqueta y las relaciones que en ella se establecían entre los distintos elementos correspondían a la formación de conceptos, Godard se planteó, entonces, qué podía significar agrandar un concepto. En una conversación con Dominique Païnie, incluso apelaba, bromeando, a Deleuze para imaginar qué pensaría él sobre esta posibilidad. Se preguntaba si era posible agrandar un concepto, agrandar "una percepción de cualquier cosa" y respondía que el «cambio de escala es ilegítimo», añadiendo que «la cuestión no se suscita en la imagen cinematográfica, puesto que esta ya tiene la vocación de ser agrandada en el acto de la proyección» (Marquez, *ibid.*: 242-243). La discusión no deja de tener su interés. ¿Ocurre algo realmente significativo cuando se agranda un concepto, si es que esto es factible? Apelar a la imagen cinematográfica para responder a estas incógnitas, como hacía Godard, no es muy adecuado. En el cine, el agrandamiento no tiene qué ver con el hecho, importante de todas formas, de que las imágenes aumentan significativamente de tamaño al pasar del fotograma a la pantalla de una sala de cine (incluso cuando aparecen en una pantalla de televisión o de ordenador). En este caso, la variación de tamaño está inscrita en el plano: un primer plano o un plano de detalle, sin importar el tamaño que alcance durante su proyección, ya supone una ampliación sustancial de aquello que muestra. Si lo que muestra puede considerarse un concepto, entonces el recurso retórico implica un agrandamiento del concepto. Es más, este tipo de aumento retórico de tamaño se puede considerarse en sí mismo conceptual. La imagen que lo expone es un concepto, construido mediante una determinada puesta en imágenes de algo. De modo que podríamos llegar a tener algo parecido a un agrandamiento conceptual de un concepto, si a la imagen de un concepto le añadimos algún efecto retórico, como el de un primer plano o cualquier otro que entrañe un cambio de tamaño perceptual de lo que se expone. No se trata de un inútil problema metafísico, sino que la discusión pretende aclarar lo que puede significar el relacionarse visualmente con los conceptos en espacios que modifican su aspecto y los cuales son a su vez modificados por su presencia. Gran parte de la dramaturgia visual contemporánea, desde el teatro a la arquitectura, pasando por el urbanismo se puede sentir concernida por esta problemática que afecta también a la construcción de espacios conceptuales en el post-cine.

Cuando Godard se plantea estos problemas, los circunscribe al ámbito de las relaciones que se establecen entre el espacio de la maqueta y su ampliación en la sala de exposiciones. En este caso, el concepto corresponde, pues, al espacio y su *amueblamiento*. Y lo que ocurre al agrandar el espacio-conceptual es que se crea un ambiente correspondiente al concepto, lo que permite que el espectador se introduzca en ambos, o sea, en el ambiente y en el concepto, a la vez. De manera que el concepto es experimentado —y posiblemente, comprendido— de forma distinta a cómo se contempla cuando se observa la maqueta. No quiero decir que varíe completamente el significado, pero sí que la forma agrandada de un concepto visualizado puede ofrecer aspectos que no se distinguen, no aparecen o no se imaginan a un menor tamaño. Alicia y Gulliver nos enseñan que las relaciones de tamaño importan en la relación con la realidad o su conceptualización.

Lo que Godard pretendía hacer en el Centro Pompidou era equivalente a lo que había hecho en *Histoire(s) du Cinéma*, a la que Marquez denomina museo videográfico (*ibid.*: 51), pero a la vez era algo más que esto. Tanto *Histoire(s)* como la instalación tiene como antecedente trascendental el *Atlas Mnemosyne* de Aby Warburg. De hecho, *Histoire(s)* puede verse como una puesta en cine, es decir, puesta en movimiento de lo que en los paneles del Atlas aparecía como fijo. Aunque, de hecho, esta inmovilidad era engañosa, puesto que la disposición de las imágenes en los paneles no era otra cosa que la fijación de un momento del pensamiento de Warburg, el cual se hallaba en constante movimiento. Warburg, hasta el día de su muerte, nunca cesó de modificar las relaciones de las imágenes inscritas en los diversos paneles, un movimiento físico relativo al movimiento mental de su pensamiento que, con el Atlas, había cambiado de signo. Ahora el pensamiento ya no iba de la mente al espacio, sino que eran los movimientos espaciales y las relaciones visuales que ellos establecían los que suscitaban ideas.

En el caso de Godard, con el paso a la instalación, se produce un salto conceptual importante, ya que el pensamiento diacrónico de *Histoire(s)*, equiparable al de Warburg en una primera fase, se convierte en sincrónico. De temporal, pasa a ser espacial. Esta afirmación debe ser, sin embargo, matizada. Es cierto que se produce una transformación importante con el pasaje de un modo de pensamiento al otro, pero también es verdad que, con el Atlas, Warburg ya había dado este paso, al llevar al espacio de los paneles su idea sobre la traslación de ciertas energías emocionales a lo largo de la historia de las imágenes. Sus anacronismos, a la hora de poner en contacto formaciones visuales de distintas épocas, eran ya una muestra de un pensamiento espacial. Lo mismo puede decirse de Godard y su forma de relacionar imágenes diversas en *Histoire(s)*, a pesar de que luego expusiera el resultado a través de un medio como el cine que era forzosamente lineal. De la misma forma que Warburg encontró en el Atlas una manera de concretar la verdadera esencia de su pensamiento, que se situaba por encima de la historia para contemplarla desde una posición elevada que permitía verla como un extenso territorio o como un mapa, Godard halló en la forma de la instalación el dispositivo adecuado para pensar mediante asociaciones y conexiones diversas, es decir, mediante ensamblajes situados en un espacio cuya estructura ambiental se ve modificada por esas presencias. Puede haber la tentación de insertar tanto las experiencias de Warburg como las de Godard, en el terreno del collage. El titulo mismo del proyecto del cineasta para el Pompidou lo delata. Pero en ambos casos, el formalismo del collage o del fotomontaje cambia de signo y pasa, de ser un gesto estético, a convertirse en un instrumento del pensamiento, cuyo potencial se amplía en el caso de las instalaciones, al ser traslado, este instrumento, al espacio, es decir, al otorgarle la capacidad que supone una tercera dimensión. Godard hubiera tenido que preguntarse, no solo si es posible agrandar un concepto, sino también si se le puede dar volumen y qué puede ello significar. Con la digitalización de las imágenes y la concurrencia de la IA, esta pregunta se puede ampliar al añadido posible de otras dimensiones.

Como vemos, los conceptos de puesta en escena, escenografía, dramaturgia y, en general, teatro, están íntimamente relacionados con este tipo de realizaciones. Se puede decir, por lo tanto, que al margen de sus temas, hay dos disciplinas que conciernen muy concretamente al dispositivo de la instalación: el teatro y la arquitectura.

Empecemos por el teatro. Deleuze en *Diferencia y repetición* hace un vaticinio que, habiéndose cumplido, no se acostumbra a asumir. Se refiere a una posible teatralización de la filosofía que tiende a considerarse enigmática. Dice que «no está lejos el día en que ya no será posible escribir un libro de filosofía como es usual desde hace tanto tiempo (...). La busca de nuevos medios de expresión filosófica fue inaugurada por Nietzsche, y debe ser proseguida hoy relacionándola con la renovación de algunas otras artes, como el teatro o el cine» (2017: 18). Ya sabemos lo que hizo Deleuze con el cine, pero queda por pensar, no lo que hizo con el teatro, porque en realidad no hizo gran cosa con él, sino lo que podría haber hecho o, en todo caso, lo que puede hacerse para poner en claro el desplazamiento, no forzoso, pero sí conveniente, de la filosofía a la forma teatral. En cualquier caso lo que se desplaza a los nuevos medios, no es tanto la filosofía como el pensamiento. No es que la filosofía no piense, pero lo hace de forma sistemática y así poco puede avanzar por el hecho de exponerse en un medio distinto al de la escritura, si antes no rompe sus límites. En otro lugar, Deleuze se muestra muy específico y afirma que es necesario «sustituir [la historia de la filosofía], como decís, por una suerte de puesta en escena, es quizá una buena manera de resolver el problema. Una puesta en escena, esto quiere decir que el texto escrito va a ser esclarecido por otros valores, valores no-textuales (al menos en el sentido ordinario): sustituir la historia de la filosofía por un teatro de la filosofía es posible» (Pellejero, 2005: 195). Obviamente, todo esto puede efectuarse en las instalaciones temáticas.

En cuanto a la arquitectura, su relación con las instalaciones proviene, principalmente, de la importancia que en estas tienen la organización de los espacios y la creación de ambientes, algo que también incumbe al teatro y al cine. Pero cabe referirse asimismo al concepto kantiano de arquitectónica de las ideas que, en los espacios de las instalaciones, materializa lo que para el filósofo son estructuras mentales del pensamiento. En ambos casos, nos encontramos ante formas de razonamiento o modos de pensar. El planteamiento de Kant es útil para esta reflexión puesto que estamos hablando de disposiciones espaciales del saber que, si bien en un caso son literales y en el otro metafóricas, en los dos está presente la relación entre espacio y pensamiento. Pero esta utilidad solo es efectiva, si previamente desactivamos su pretensión "científica" que en el arte no es imprescindible ni siquiera en el sentido que le da el filósofo al concepto. Por arquitectónica, entiende Kant el *arte* de los sistemas: «Como la unidad sistemática es aquello que convierte el conocimiento ordinario en ciencia, es decir, lo transforma de mero agregado de conocimientos en un sistema, la arquitectónica es la doctrina de lo científico en nuestro conocimiento y, consiguientemente, pertenece de modo necesario a la doctrina del método» (1998: 647). Pero las instalaciones, entendidas como modelo mental que incluye otros medios, no requieren de un método, sino que, como formas ensayísticas que son, se sitúan necesariamente al margen de cualquier metodología, promoviendo, por el contrario, un tipo de pensamiento cuyas ideas se nutren precisamente de lo asistemático, es decir, de la propia creatividad del pensar generada por su movimiento: el pensamiento entendido como acontecimiento y no como constatación. En el paradigma en el que se sitúan las instalaciones, las razones de Kant son esclarecedoras, pero solo si las invertimos. Dice el filósofo que «la realización de la idea requiere un esquema, es decir, esencial variedad y orden de las partes, ambas cosas determinadas a priori por el principio según el cual se rige el fin» (*ibid.*: 648). Es cierto que el diseño de las instalaciones también está regido por un principio, el tema que debe ser desarrollado, pero ello no implica la construcción a priori de un edificio conceptual, cuyas estructuras determinen el movimiento de la razón, el razonamiento. La elaboración de las instalaciones, es decir, la distribución de los elementos en un espacio neutro para proponer relaciones entre ellos que modificarán la experiencia de ese espacio se abre, por el contrario, a la creatividad, a la exploración y al descubrimiento. Según Kant, «el esquema que no se traza de acuerdo con una idea, es decir, partiendo del fin primordial de la razón, sino desde un punto de vista empírico, de acuerdo con intenciones que se presentan accidentalmente (...), nos ofrece una unidad técnica; el que surge en cambio, como resultado de una idea (donde la razón propone los fines a priori y no los espera empíricamente) funda una unidad arquitectónica. Lo que llamamos ciencia no puede originarse técnicamente, en virtud de la similitud de lo diverso o del uso accidental de conocimientos concretos destinados a cualesquiera fines externos, sino arquitectónicamente, en virtud del parentesco y como resultado de un único fin supremo e interno; es este el que hace posible el todo» (*ibid.*). El ensayo, sobre todo, el ensayo audiovisual se funda en esas unidades técnicas que la filosofía sistemática rechaza. Son unidades técnicas, pero no necesariamente empíricas en un sentido absoluto. Tampoco pertenecen a lo que Deleuze denomina empirismo trascendental por el que este quiere determinar aquel movimiento empírico que pone al descubierto cuestiones que son casi esenciales porque son independientes de la conciencia. En el modo ensayo, las unidades técnicas son, por contra, creaciones de la conciencia, es decir, el pensamiento. Pero conservan la entereza del concepto: se adaptan, a su manera, a la idea, propuesta por Guattari y Deleuze, de que la filosofía es básicamente creación de conceptos que, como en el caso de Whitehead, puede llegar a ser una creación salvaje. Pero ello no quiere decir que el producto de las operaciones del ensayo, sobre todo en el caso de las instalaciones, de las webs documentales o de la realidad virtual, no muestre un orden arquitectónico. La diferencia es que este no está confeccionado a priori, sino que es resultado del desarrollo del pensamiento: una arquitectónica que se construye sobre la marcha y que, al final, se convierte ella misma en significativa; pasa, de ser un mero soporte, a transformarse en concepto. En las instalaciones, los visitantes se sumergen en ella —en el ensayo audiovisual, los espectadores la recorren desde fuera— para desentrañar las partes de esa arquitectura que sostienen las relaciones, y de esta manera se prestan a pensar con ella y a través de ella. Como he dicho antes, se trata de una arquitectura que no es estática, sino que está en movimiento, formándose y desformándose constantemente. Si la arquitectónica de Kant se asemeja a la estructura de una catedral gótica —que, con el paso de los siglos, ha ido adquiriendo el aspecto imponente pero hermético de un rascacielos racionalista—, la arquitectura o arquitectónica del ensayo está más cerca de un edificio de Frank Gehry o de Zaha Hadid.

Dicho esto, lo que me interesa es relacionar la ontología de las instalaciones temáticas con las imágenes, tanto las fijas como las que están en movimiento o forman parte de la creación de una secuencia donde se entrelazan espacio, movimiento y tiempo. Por lo que he venido diciendo hasta ahora sobre la organización interna de las imágenes y su posible desconstrucción que genera alegorías formales, una imagen o un conjunto de imágenes puede equipararse al espacio de una instalación, de la misma manera que este puede ser analizado como si fuera una imagen o una secuencia de ellas.

Desde esta perspectiva, estamos preparados para dar el siguiente paso que nos lleva más allá del cine, es decir, al territorio del post-cine que engloba formaciones como las webs documentales o documentales interactivos, la realidad virtual, los metaversos y, en última instancia la realidad extendida o aumentada. Todo ello, puede interpretarse —una de las posibles interpretaciones— a partir de la ontología de las instalaciones temáticas. En todos los casos, se trata de una disposición espacial del conocimiento que propone una forma de pensamiento. Se origina, en todos estos casos, una constelación de ofertas o pulsaciones enraizadas en todo tipo de elementos multimediáticos, desde videos a pinturas, objetos diversos o documentos, etc. Una de las características de la disposición de estos elementos en el espacio —una acción entre dramatúrgica, decorativa y diseñadora— es la contraposición que se establece entre los procesos de organización y de desorganización. Los elementos a los que se recurre para el desarrollo de la propuesta son extraídos, en primer lugar, de sus contextos habituales para llevarlos a otro espacio donde adquieren nuevas características a partir de establecer relaciones inéditas con otros inputs, relaciones que, por la cantidad y variedad de elementos que los rodean, son múltiples e inestables y, por consiguiente, móviles. En segundo lugar, este movimiento de desorganización —-extracción de sus contextos— se complementa en el nuevo destino con una operación contraria que es organizativa y que promueve, a su vez, la posibilidad de volver a desmontar mentalmente —o efectivamente, dependiendo del dispositivo— el entramado establecido, con el propósito de comprender la dimensión de cada una de las entidades y poner de relieve la existencia de sus múltiples relaciones posibles. Se trata, pues, de una serie de movimientos de montaje y desmontaje por los que circula fructíferamente el pensamiento. Reiteremos que la referencia última de este pensamiento es la forma ensayo. Lo prueban las íntimas relaciones que se establecen entre el film-ensayo —disposición lineal de imágenes diversas— y las webs documentales —disposición espacial de elementos diversos—, que es el camino de vuelta que nos conduce a las instalaciones temáticas y más allá de estas al montaje y desmontaje de la composición interna de imágenes de cualquier tipo. Todo ello predispone a un pensamiento ensayístico que, en el caso de la realidad virtual y la realidad extendida, se ejecuta sobre dos versiones de la realidad: la virtual, en un sentido también filosófico, y la que, con los dispositivos de realidad extendida, se efectúa sobre el espacio óptico. En este último caso, el movimiento ensayístico, extremadamente sutil, se realiza superponiendo al espacio óptico todo tipo de ofertas visuales que son por lo general informativas, pero que de todas formas facilitan un germen de pensamiento o lo preparan. Donde este tipo de pensamiento ensayístico de carácter visual o audiovisual es más efectivo, superando al proverbial film-ensayo, es en las webs documentales y en las instalaciones. En ambos casos, se trata de organizar el espacio —digital, en un caso, y físico, en el otro— a partir de la distribución en él de elementos multimediáticos, un proceso equivalente a la puesta en escena de ideas y conceptos que los engloba sin constreñirlos, es decir, de una forma abierta a la transformación ensayística. El ensayo audiovisual tiene, pues, dos fases: la relativa a la construcción de los espacios, que implica una dramaturgia de las ideas, y la que ejecutan los visitantes, recorriendo esos espacios —virtuales o físicos— para recuperar el discurso básico, pero también para establecer el suyo propio, dado que las ofertas no son lineales y, por lo tanto, no están organizadas mediante encadenamientos de causas y efectos que determinen las conclusiones. Recuperando el discurso de Deleuze sobre el cine, podemos decir que, a partir de lo que pertenecería al régimen sensomotor de la imagen-movimiento, esos dispositivos lo sobrepasan para alcanzar una fase que no es la de la imagen-tiempo del cine moderno, sino algo distinto, un ámbito que va más allá del cine y que reorganiza las relaciones entre espacio, tiempo y pensamiento de forma distinta a las que propone su ontología, aunque sin abandonar sus propuestas básicas.

Es útil considerar que este tipo de estructuras que configuran la organización de los espacios a través de las relaciones que en ellos mantienen elementos diversos son equiparables a las máquinas abstractas descritas por Deleuze y Guattari, entre otras razones, porque sus componentes y los espacios relacionales que crean no son estables, sino que proponen múltiples estabilidades posibles.

Las máquinas abstractas se diferencian de las máquinas técnicas porque «implican la manera en que los seres humanos (u otras "materias") están atrapados dentro de, o son parte de, procesos "mecánicos"» (Young, Genosko y Watson: 2013: 17). Es importante puntualizar que las máquinas abstractas se refieren no solo a los procesos de individuación de los seres humanos, sino también a los de otras "materias" o elementos, que pueden ser, por ejemplo, aquellos que aparecen en una imagen. En este caso, las imágenes se dividen en un exterior, la totalidad visible, y un interior, los elementos que la componen una vez discriminados por la mirada y, por lo tanto, desarticulados, *sacados de quicio*. En principio, es la mirada la que pone en marcha o construye una máquina abstracta en una imagen o conjunto relacionado de ellas, pero, a la vez, la mirada, atenta o activa —una mirada sabia—, pone de manifiesto la máquina abstracta infra estética o inconsciente, cuyas líneas de fuerza han intervenido en la creación de la visualidad correspondiente y cuyas líneas de fuga tienden a desplazarla hacia su exterior. Las incisiones que la mirada efectúa en la imagen desvelan el ensamblaje interno que la construye estéticamente, a la vez que descubren el ensamblaje subterráneo que, junto con las líneas de fuerza y las líneas de fuga, la constituye y la inserta en una red de relaciones e implicaciones.

El concepto de agenciamiento, fundamental en el pensamiento de Deleuze y Guattari, no se refiere a un conjunto de elementos acoplados a partir de un proceso ya finalizado, sino a la fase de reunir esos elementos diversos. Por lo que concierne a mi hipótesis de considerar las imágenes como máquinas abstractas, el agenciamiento o ensamblaje no califica la imagen completa, sino el transcurso de completarla con subimágenes que no estaban predeterminadas o si lo estaban no adquieren su entidad definitiva hasta que han entrado en la agrupación.

Puede parecer que, sobre todo en las imágenes más realistas, hay una coincidencia estricta entre la totalidad de la imagen —lo que denominamos estrictamente imagen de forma desfasada: una visualidad delimitada por algún tipo de *marco*— y sus componentes, como si formar la imagen fuera equivalente a montar un mueble de Ikea, pieza a pieza. Sin embargo, no es así porque en el desarrollo interviene la creatividad, que apela a la imaginación y plantea una amplia serie de opciones posibles, incluso en la más mimética de las imágenes. Pero tampoco puede suponerse que un agenciamiento corresponde a la formación aleatoria de un conjunto, aunque en algunos casos puede serlo. Los agenciamientos, en la esfera de la imagen, establecen territorios significativos, los cuales, una vez concretados, determinan la idoneidad de sus componentes. Y, puesto que los elementos heterogéneos acaban compartiendo un territorio significativo, este territorio, una vez constituido como totalidad, hace que los elementos que hay en él sean considerados retrospectivamente idóneos. No se reúnen los elementos para componer un conjunto definido de antemano, sino que, una vez compuesto el conjunto, una vez establecido el territorio, comprendemos el devenir que los ha reunido. En cualquier caso, como sea que los territorios no son estables, se pueden desterritorializar fácilmente con nuevos agenciamientos. Esto es algo particularmente factible en las imágenes en movimiento, en especial en el cine y sus derivados.

Aunque las máquinas abstractas se relacionan con los agenciamientos o ensamblajes, no son lo mismo. Sin embargo algo les es común: «Aunque las máquinas abstractas son distintas de los ensamblajes, ambos operan maquinalmente, es decir, estableciendo y rompiendo conexiones (...) una verdadera máquina abstracta se relaciona con el conjunto del agenciamiento: se define como el diagrama de ese agenciamiento. No es lingüística, sino diagramática y sobrelineal. Ni el contenido es un significado, ni la expresión un significante, sino que los dos son las variables del agenciamiento» (Deleuze y Guattari, 2002: 95). Se comprende, por tanto, que las imágenes contienen un diagrama del proceso de agenciamiento. Esto es lo que se denomina, esencialmente, máquina abstracta, cuyo entramado puede considerarse equivalente a lo que he llamado alegorías formales.

Las máquinas abstractas, como las estructuras alegóricas de la imagen —que, recordemos, pueden variar de forma constante, dependiendo de cómo las articule el espectador—«se componen de materias no formadas y de funciones no formales. Cada máquina abstracta es un conjunto consolidado de materias-funciones (filum y diagrama)» (Deleuze y Guattari, 2002: 520). Subrayemos algo que es fundamental porque concierne a las relaciones que se establecen entre el espacio de la imagen y los elementos que la componen. A saber, que lo que aparece como una dualidad, no es tal, puesto que ambas partes se estructuran mutuamente. Es decir, no están indisolublemente unidas, pero tampoco absolutamente separadas. Lo mismo sucede con las máquinas abstractas, puesto que, como indican Deleuze y Guattari, «una verdadera máquina abstracta no tiene ninguna posibilidad de distinguir por sí misma un plano de expresión y un plano de contenido, puesto que traza un solo y mismo plan de consistencia que formalizará los contenidos y las expresiones según los estratos o las reterritorializaciones» (*ibid.*: 143). Y añaden que «en realidad, ni siquiera podemos hablar de máquinas diferentes, sino únicamente de tipos de multiplicidades que se combinan y forman en un determinado momento un solo y mismo agenciamiento maquínico (*ibid.*: 42). Se trata de detectar «los tipos de multiplicidades que coexisten, se combinan y desplazan —máquinas, engranajes, motores y elementos que intervienen en un determinado momento para formar un agenciamiento productor de enunciados» (*ibid.*).

Si acudimos al repudiado concepto de representación, que puede considerarse ejemplo o metáfora —en algunos casos, metáforas activas que transmutan lo metafórico en ontológico—, podemos considerar que un cuadro de Jean Dubuffet como el titulado *Galeries Lafayette* (1961) nos ofrece una visualización efectiva de la forma estática que toma la actividad de los ensamblajes en las máquinas abstractas, con la importante salvedad de que la inmovilidad los distorsiona. En la imagen, el pintor pretende plasmar la efervescencia que se produce en unos grandes almacenes (figura 14), donde prolifera, por cierto, la circulación del deseo,

Figura 14

canalizada gran parte de las veces por la estructura arquitectónica de los recintos. Los grandes almacenes pueden considerarse máquinas deseantes a las que se acopla el deseo de los consumidores, pero no solo de forma abstracta, sino por medio de otro tipo de máquinas a la vez abstractas y concretas que suministran principalmente el marketing, la publicidad y la arquitectura, la cual, la mayoría de las veces, organiza el espacio como si fuera un cuerpo sin órganos, aunque en este caso sí que posee órganos y estos son parecidos a los pasajes de un laberinto. Los grandes almacenes se plantean como espacios de ocio, y por lo tanto improductivos, pero que esconden, por el contrario, un pensado sistema de producción: producción y mercantilización del deseo. Estas ambigüedades espacial-conceptuales, que ya detectó hace tiempo Fredric Jameson al estudiar las formas posmodernas, tomando como ejemplo la estructura interna del *Westin Bonaventure Hotel* de Los Ángeles del arquitecto John Portman, son típicas de la gestión de los espacios en el ámbito del capitalismo financiero, cuyos flujos son los primeros en circular por realidades que no son menos ambiguas. Los grandes almacenes son por lo tanto una de las manifestaciones de esta ontología, del uso que de la misma hace el capitalismo, sin agotar por ello sus posibilidades que no son necesariamente negativas.

En la figura 15 se muestran tres fases de la representación de las máquinas deseantes que, mediante estructuras arquitectónicas equivalentes a las alegorías formales detectables en la composición de las imágenes, exponen la conducta y los procesos de subjetivación relativos al consumo en unos grandes almacenes, concretamente el arquetípico *Le Bon Marché* de París, que ya describió en su momento Zola. En la figura de la izquierda, la portada de un antiguo catálogo de la tienda; en el centro, una imagen del interior de la tienda remodelada por la interiorista francesa Andrée Putman en 1990; y, a la derecha, una visión humorística del funcionamiento de este mismo lugar, de Albert Robida, quien a finales del siglo XIX se propuso vaticinar el futuro con sus novelas y sus dibujos. El hecho de que la imagen de Robida sea una caricatura, hace que en ella destaquen aún más los rasgos del dinamismo característicos de las máquinas deseantes que son los centros comerciales, poniendo de relieve su estructura y relaciones internas, y visualizando, por tanto, su formulación abstracta por la que rigen la circulación del deseo.

Figura 15 a y b

Figura 15 c

Analizando las imágenes desde otra disciplina, se podría decir que en la segunda imagen (figura 15b) se plasma lo real, en la deprimera (figura 15a) lo simbólico, y en la última (figura 15c) lo imaginario. Ello nos informa de que el deseo que fluye por lo real impulsado por formas arquitectónicas que son de carácter maquínico por promocionar conexiones y ensamblajes diversos, adquiere aspectos que, cuando aparecen formalizados simbólicamente, son distintos a cuando lo hacen imaginariamente. Se diría, pues, que los diseñadores de los espacios arquitectónicos actuales han plasmado unas formas maquínicas básicas que ya fueron detectadas, simbolizadas e imaginadas, en los inicios de estos espacios del consumo en el siglo XIX. Lo básico de ellas son las articulaciones laberínticas del espacio que vehiculan distintos tipos flujos deseantes. Las imágenes plasman, en este caso, formas ligeramente distintas de la circulación del deseo, como si la propia fuerza deseante impulsara la creación de la imagen correspondiente y penetrara en ella para formalizarse a sí misma en sus tres facetas.

Por lo que se refiere a los agenciamientos, Deleuze y Guattari afirman que «el agenciamiento es el inconsciente en persona. Por ahora, nosotros vemos en él distintos tipos de elementos (o multiplicidades): máquinas humanas, sociales y técnicas, molares, organizadas; máquinas moleculares, con sus partículas de devenir-inhumano; aparatos edípicos (por supuesto, claro que hay enunciados edípicos, y muchos); aparatos contraedípicos, de aspecto y funcionamiento variables» (2002: 42). No podemos introducir en la estructura de la imágenes el factor de lo edípico, no por lo menos en este contexto, pero sí que podemos indicar que las alegorías formales configuran, como ya he dicho antes, el inconsciente de las imágenes, equivalente por su funcionamiento al inconsciente humano, aunque solo sea porque las imágenes las ha configurado un humano. En el caso de la IA generativa de imágenes, la relación se establecerá con un inconsciente maquínico situado en Internet.

Guattari define el esquizoanálisis como "pragmática del inconsciente", «un modo de análisis cuyo propósito es comprender cómo funciona (...) Funciona creando una conexión, pero no una asociación; la distinción es importante, de hecho, se podría decir que todo el esquizoanálisis depende de ello. Deleuze y Guattari estipulan que "no se habrá alcanzado los términos últimos e irreductibles del inconsciente mientras se encuentren o restablezcan vínculos entre dos elementos"» (Buchanan, 2014: 11). Ya he mencionado antes la distinción que estos autores hacen entre asociación y conexión, y queda claro que no se puede alcanzar el inconsciente humano reestableciendo vínculos o asociaciones de elementos afines. Ello solo se puede lograr conectando, por el contrario, elementos diversos que, en principio, no mantienen ningún tipo de relación. No se trata de restaurar, sino de crear. Por consiguiente, en una imagen, su inconsciente no se alcanza a través de la asociación naturalista que existe en su superficie entre los elementos visuales que la forman, sino que es necesario quebrar esa superficie homogénea para que afloren a la visión esas distintas partes, es decir, para que aparezcan como factores heterogéneos y actualicen sus virtualidades. A partir de ellas, se podrán activar relaciones distintas de las que mantenían cuando estaban inmovilizadas por el realismo superficial de la imagen.

Pondré, como ejemplo de este peculiar tipo de análisis, la escena de una película que en principio no plantea ninguna articulación especialmente complicada, es decir, que tiene una puesta en escena naturalista, mediante la cual se muestra, sin embargo, una acción peculiar, ilustrativa del mecanismo de desconstrucción visual que propongo. Se trata de *By the Sea* (2015), dirigida por Angelina Jolie. Al principio se nos muestra una pareja (Angelina Jolie y Brad Pitt) entrando en la habitación de un hotel. Una vez han depositado su equipaje, se dedican a cambiar sistemáticamente la ubicación de los muebles, sin que medie palabra alguna entre ellos. Los personajes efectúan, en la película, una operación parecida a la que estoy proponiendo (figura 16): desbaratan la forma de la estancia —puesto que la relación entre las distinta piezas del mobilia-

Figura 16

rio construye un espacio particular—, de la misma manera que yo propongo desbaratar el conjunto de elementos que componen la imagen o la escena, convirtiendo el espacio euclidiano en un espacio que es a la vez abstracto y complejo. El inicio de esta operación de análisis es parecido al juego infantil del "veo, veo", puesto que se trata de descubrir todos los objetos y otros elementos, personajes incluidos, que aparecen en la imagen. A partir de este punto, se hace posible detectar las relaciones que mantienen entre sí estos elementos, configurando la forma de la imagen o una de las formas posibles, las cuales se hallan inscritas virtualmente en la propuesta visual de origen. En principio, adoptamos el tipo de sensibilidad que corresponde a un decorador de interiores, pero para efectuar la operación inversa a la que supone su trabajo, puesto que es cuestión, no de decorar los espacios, sino de "desdecorarlos" con el fin de observar cómo están compuestos y cómo su composición depende en gran medida de los elementos que contienen y las múltiples relaciones que estos establecen entre sí, en un ámbito realista, aunque la operación sirve igualmente para un espacio no realista. De la misma forma que así aparecen las relaciones ya establecidas, también se ponen de manifiesto las relaciones posibles. Y es más: se descubre que unas y otras son cambiantes en las imágenes en movimiento puesto que en estas varía el eje de la mirada, aparte de que en ellas se generan flujos formales que trasmutan virtualmente la solidez de los elementos visuales. Obviamente, no se trata de reconfigurar la imagen, de crear una imagen distinta con los elementos que la original pone a nuestra disposición, sino de penetrar en el interior de la imagen para observar el funcionamiento de las máquinas abstractas que la constituyen, el flujo de las líneas de fuerza que la surcan y las líneas de fuga que la desterritorializan. La lectura del conocido tratado de Poe sobre la decoración de interiores *The Philosophy of Furniture* puede servir de entrenamiento de la mirada, siempre que la sensibilidad adquirida no se aplique para componer un ambiente, sino para descomponerlo.

En el terreno del cómic, donde se realizan los experimentos formales de carácter narrativos más potentes de la actualidad, algunos autores tratan la disposición de la página como si fuese el resultado de extraer la arquitectura alegórica que compone virtualmente una secuencia narrativa, para plasmarla como una estructura visual globalizada que organiza el relato a través de una temporalidad distinta. De esta manera, se descompone la típica linealidad de la sucesión de viñetas para confeccionar un mapa de sus relaciones extranarrativas, proponiendo un tipo de narración formal dispuesto para plasmar una dramaturgia que puede tildarse de conceptual. En la figura 17, aparece una composición de este tipo, perteneciente a *The Sandman. Preludes and Nocturnes*, un cómic creado por Neil Gaiman (DC Comics, 2018), donde los autores nos presentan, a través de la señalada arquitectura alegórica, la forma visualizada de una máquina abstracta que tiene el inconveniente de que

DR. HATHAWAY! WHAT AN UNEXPECTED PLEASURE!
PLEASE TAKE A SEAT.
COMPTON, SOME TEA FOR OUR GUEST.
SO. I TAKE IT THAT YOU HAVE... RECONSIDERED?
AFTER OUR MEETING AT THE MUSEUM... I-- I KNOW WHAT I SAID BUT...
MY SON, EDMUND. I GOT A TELEGRAM THIS MORNING. HIS DESTROYER WAS SUNK LAST WEEK. OFF JUTLAND.
"HE'S DEAD."
I BROUGHT YOU THE BOOK. I HAD TO. IF WHAT YOU WERE TELLING ME WAS TRUE... AND IT IS TRUE, ISN'T IT?
ABOUT DEATH?
QUITE TRUE, DR. HATHAWAY.
THE MAGDALENE GRIMOIRE WAS ALL THAT THE ORDER NEEDED. WE CAN HOLD THE CEREMONY AT THE NEXT FULL MOON...
AND THEN... NO ONE NEED EVER DIE AGAIN.

Figura 17

carece de movimiento. En todo caso, puede considerarse como la instantánea de un momento de un flujo complejo. Formalmente, la equivalencia es válida, si la comparamos con la sucesión tradicional de viñetas en cómics más clásicos o con el encadenamiento de planos en el cine. Se trata de una manera de romper con la distribución hegemónica del espacio, cuyo naturalismo afecta incluso a su desarrollo temporal, si no se interviene para desactivarlo. Por otro lado, lo que también muestran configuraciones como esta es un proceso de pensamiento. En realidad, proponen dos procesos de pensamiento al poner de manifiesto, con el segundo, relativo a la arquitectura, la efectividad del primero, escondido tras la posible distribución espacial clásica del medio. Estos dos procesos, el lineal y el arquitectónico, son en estos casos transmitidos conjuntamente al lector, quien no los recibe pasivamente, sino que, bajo el impulso de la ruptura que supone la nueva configuración, se ve impelido a efectuar sus propias reflexiones. La forma arquitectónico-alegórica propone un distanciamiento que permite captar, a la vez, el relato y su construcción.

A todo ello, recordemos que estos espacios son también espacios emocionales. En el cine, la presencia de la emoción en las imágenes es obvia, más que nada porque parece generada por el movimiento, aparte de las particularidades de la trama o el añadido de efectos como la música. Pero ya sabemos que las emociones también están presentes en medios estáticos, como la pintura, la fotografía o el cómic. En todos ellos también se generan lo que podríamos denominar espacios-emoción, que son particularmente pujantes en el cómic. Al ser este cercano al cine por su secuencialidad, la emoción se encuentra inserta ya en la clásica sucesión de viñetas, es decir, en cada una de ellas, como imagen individualizada, y en su conjunto secuencial, aparte del tipo de emoción distanciada que destilan las estructuras de las puestas en página más avanzadas.

Para Deleuze, todo pensamiento parte de la sensibilidad, de modo que el pensamiento tiene en lo sensible su plataforma inicial, desde la que se despliega. Lo sensible no quiere decir necesariamente lo emocional, aunque ambas facultades no están muy alejadas la una de la otra. Por ello, me atrevería a ir más lejos que Deleuze para afirmar que, en el territorio de lo visual, la emoción, como categoría activa de la sensibilidad, es imprescindible para suscitar el pensamiento. Pero no debemos olvidar que el pensamiento ha intervenido ya en la confección de la imagen y que este trabajo, por su condición creativa, también va acompañado de emociones. Precisamente por esta combinación, puede Deleuze afirmar que la figura del pensador se acerca más a la del artista que no a la del intelectual (suponiendo, creo, que el intelectual, entendido como un erudito, no es necesariamente un pensador).

El cómic, por su combinación de imágenes y palabras, permite comprender de forma muy efectiva el papel que las emociones tienen en la percepción y en el pensamiento. El lector lee a la vez que ve —en la lectura de un texto, la visión es subsidiaria—, de modo que el enunciado se impregna del paisaje emocional que ha creado el dibujante, de forma parecida pero mucho más directa que cuando el lector, al leer una novela, ve invadida su imaginación por la imagen mental que genera el texto. Se insiste en afirmar, como crítica a la imagen, que el fenómeno de plasmar gráficamente las imágenes mentales implica una merma de la imaginación. Se supone que el lector imagina, mientras que el espectador solo ve. Y, si bien es cierto que el lector parece tener más libertad para imaginar porque las imágenes mentales que genera el texto son inconcretas, ello no quiere decir que el ver esté separado del imaginar. Antes al contrario, sobre la imaginación del dibujante o del cineasta plasmada en las imágenes, se activa otro tipo de imaginación más focalizada que la del lector, pero igualmente activa, entre otras cosas porque ambas generan emociones. La imaginación, en todos los casos, está siendo movilizada emocionalmente, aunque de forma distinta. En los medios lingüísticos, el lector parte de ensoñaciones y trata de concretarlas mediante la identificación con las situaciones que se narran o plasman. En los medios audiovisuales, por el contrario, se parte de imágenes más o menos concretas que vehiculan una identificación inmediata, a partir de la cual el espectador se entrega a ensoñaciones. Los movimientos mentales que van de lo inconcreto a lo concreto y de lo concreto a lo inconcreto son equivalentes. Lo cual no quiere decir que sean idénticos, ya que cada cual tiene su propio desarrollo y su propia complejidad.

En el cine, el sonido y la imagen se mezclan en un conjunto realista que, en principio, envuelve al espectador en un ámbito que parece indistinto del real. Ello le permite a Deleuze considerar, creo que erróneamente, que el cine es una realidad viva y que, por ello, cualquier actividad trascendental que aparezca en él puede considerarse inscrita en la propia realidad. Trascendental quiere decir no relativa a la conciencia, a la subjetividad de los personajes y, por lo tanto, correspondiente a una ontología revelada por el propio cine. Ya he insistido varias veces —pero quizá nunca es suficiente— en el hecho de que Deleuze ignora la presencia en el cine de las imágenes en sí. Todos los códigos relativos a las imágenes los traslada a la conducta de los personajes, sin tener en cuenta la forma en que esta conducta aparece en la puesta en imagen. Una y otra vez, se refiere a las actividades de los personajes como si estos se comportaran, no dentro de un espacio imaginado, sino en la propia realidad. Por ello considera que el espectador percibe ese comportamiento mediante una serie de códigos que no están inscritos en la imagen, sino en el desarrollo argumental que la imagen vehicula, un argumento que, si este fuera el caso, podría ser expuesto igualmente en cualquier otro medio, sin que variasen las conclusiones que Deleuze extrae. Ahora bien, el hecho es que la imagen, entendida como traslación directa de la realidad, lleva a suponer que se trabaja con la realidad misma, lo cual es cierto, siempre que se entienda que esta labor tiene consecuencias, es decir, que el resultado, la imagen, supone una reconfiguración profunda de la realidad que tiene una validez propia. Sin embargo, como ya he dicho antes, las ideas de Deleuze nunca pueden descartarse de un plumazo, siempre hay la posibilidad de superarlas, aprovechando la propia energía intelectual que despliegan.

Voy a resumir, a través de una serie de fases, la forma en que se desarrolla la actitud de Deleuze con respecto a las imágenes cinematográficas. Me refiero a su actitud y no a su pensamiento porque este es mucho más complejo, como veremos. Actitud quiere decir literalmente postura del cuerpo, o sea, *postura* de la visión ante algo, disposición o capacidad de ver algo. La actitud tiene, obviamente, consecuencia en el desarrollo del pensamiento, puede fundamentar una teoría, cuya complejidad reposa sobre *actitudes* mucho más simples:

1. Deleuze entiende que el cine es capaz de captar directamente la realidad: la cámara no sería un instrumento tecnológico, sino un instrumento óptico equivalente al ojo. Pero nada es tan simple en Deleuze, aunque en el fondo de su pensamiento reside la idea inexpresada de la transparencia de la imagen. Para ser precisos, hay que dejar constancia de que, para él, esa realidad que capta el cine es trascendental porque el ojo cinematográfico establece

una relación privilegiada con el pensamiento: «El cine como autómata espiritual es esta "máquina" que pone en contacto el pensamiento con un Afuera que subvierte la naturaleza de las relaciones de representación que existen, en el cine, entre la imagen y la realidad» (Bensmaïa,1996: 174). El cine es una «máquina de orden superior» cuya misión no es reproducir el pensamiento ni representar la realidad» (*ibid.*). Lo que consigue por el contrario es alcanzar un aspecto de la realidad que está *afuera*, más allá del mundo externo: una realidad de la realidad que está siendo pensada automáticamente por el cine porque este entra en contacto directo con ella. Se trata de una astuta inversión del idealismo, puesto que esta realidad trascendental a la que se apela no es la de las ideas, sino que corresponde a la propia realidad material que se revela como idea a través del cine.

2. Parece olvidar lo obvio, es decir, que la captación de la realidad pasa por el tamiz de la tecnología que es la que produce las imágenes. Estas no son imágenes solo por ser visuales, es decir, equiparables a la visión, sino porque se han construido, mediante distintos procedimientos que acaban configurando un mundo particular en el que el mundo real aparece ya pensado. Pero no pensado automáticamente, sino por la alianza de un *pensamiento* tecnológico (Flusser) y una voluntad humana.

3. Deleuze ignora este tipo de imagen técnica, solo contempla lo que ocurre en ella, como si estos sucesos no estuvieran formalizados ya, estética, tecnológica e intelectualmente.

4. De este modo, considera que el espectador es un receptor pasivo de las *pasiones* (las facultades trascendentales) mostradas por unas imágenes que se creen simples mensajeras de una realidad que se expresaría por medio de ellas. La imagen sería equivalente a la visión de esa conducta.

5. Para Deleuze, son los signos y no las imágenes, lo que fuerzan a pensar: «a las diferentes potencias de imagen, corresponden diferentes signos que las expresan y fuerzan a pensar al especta-

dor» (Pamart: 135). Esta semiótica aplicada a la imagen cinematográfica tiene el mismo defecto de la semiótica en general, para la que la imagen se descompone en signos que ignoran su composición visual, lo inmanente en la imagen, al resolverla en entidades abstractas.

6. A pesar de que Deleuze analiza el trabajo de diversos directores de cine, tiende a ignorar que las imágenes han sido construidas estética y tecnológicamente por ellos y por el conjunto de colaboradores que les asisten. Es decir, que el resultado visual es el producto de un pensamiento previo.

7. Para él, la labor de los creadores se limita a extraer de la realidad los signos y las facultades trascendentales (aquellas que escapan a nuestro control) y transmitirlas a los espectadores, mediante una imagen que se considera transparente como un cristal. Los espectadores se convierten así en visionarios como los personajes del cine calificado de moderno, el de la imagen-tiempo. Unos y otros perciben algo trascendental, no debido a la capacidad de un sujeto: «Deleuze desarrolla un pensamiento que tiene por finalidad deshacerse de la noción incómoda del sujeto, hasta el punto de que (...), las imágenes mismas asumen en sí mismas aquello que tradicionalmente se adjudica a las conciencias: la sensibilidad, la memoria o el pensamiento invisten directamente las imágenes» (Pamart, *ibid.*: 141).

8. El pensamiento deviene de esta manera automático: lo produce automáticamente el cine (en este caso, no se indica qué papel otro que el de demiurgo tienen los creadores en el proceso) y lo induce también automáticamente en el espectador.

9. No son las imágenes, como formas capaces de generar ideas y emociones por sí mismas, lo que el espectador percibe, no son ellas las que le hacen pensar y sentir. Lo que el espectador contempla y siente es producto de lo que hacen y sienten los personajes en un mundo real simplemente duplicado o, más concretamente, mostrado por las imágenes cinematográficas. Un

ejemplo entre muchos: «El cine es un arte particularmente adecuado para testimoniar (cierto) aprendizaje. En efecto, *la mayoría de los films nos muestran cómo un personaje se salva o se pierde, según los retos a los que se enfrenta*» (Pamart, *ibid.*: 102. Las cursivas son mías). Si existen diferentes tipos de imagen (imagen-percepción, imagen-afección, imagen-acción, etc.) no es por las características de las imágenes en sí, sino por los fenómenos que estas muestran sin intervenir en ellos.

10. Deleuze considera que las imágenes del cine son en parte como las imágenes de la literatura: imágenes inconcretas que se generan de forma espontánea en la mente del espectador, de la misma manera que se producen en la mente del lector durante la lectura. En ambos casos, las imágenes surgirían espontáneamente, producidas en un caso por la escritura y en el otro por una "escritura" cinematográfica: se trata de un grado cero de la imagen, equivalente al grado cero de la escritura al que se refería Barthes. En ambas instancias, los medios actuarían como simples instrumentos capaces de invocar la realidad para que esta se manifieste abiertamente, acompañada de un pensamiento automático que no se considera plasmado o trabajado estéticamente. Desde esta perspectiva, el estilo solo sería relevante como instrumento invocador de formas trascendentes. Pero así como la imagen literaria se produce simbólicamente, el cine se presenta, para Deleuze, como pura denotación. En él las facultades trascendentales son generadas por la realidad misma, por aquello que sucede ante la cámara, como si esta y todo el aparato cinematográfico no tuvieran ningún papel en el proceso y este no desembocara en unas imágenes que son formas pensadas y formas de pensar estéticamente.

Frente a ello, es necesario reivindicar la validez significativa de la imagen cinematográfica como tal imagen y no como un conglomerado de signos que convierten su visibilidad estética en una réplica simbolizada de la realidad, entendida como única depositaria del significado.

No cabe duda de que la actitud de Deleuze ante las imágenes merma su capacidad de comprender el cine *cinematográficamente*. Sabemos que lo que le interesa es descubrir lo que el cine puede hacer por la filosofía y no tanto lo que la filosofía puede hacer para el cine. Sin embargo, ello no quita que su filosofía ilumine aspectos del cine que las teorías fílmicas no han sido capaces de detectar. Su pensamiento, a pesar de todo, profundiza en el cine filosóficamente, dejando de lado aquello del cine que no se adecúa a la tradición filosófica a la que él apela. Corre de nuestra cuenta, como lectores de este pensamiento desde la teoría fílmica, recuperar estos restos y tratar de recomponerlos en el marco de las propuestas de Deleuze, con el fin de avanzar en la comprensión de las relaciones del cine con el pensamiento, algo que incumbe tanto a la filosofía como al cine. Deleuze nos obliga a pensar simultáneamente a dos niveles, el filosófico y el cinematográfico, buscando las equivalencias más adecuadas entre uno y otro para avanzar en la teoría fílmica.

Un ejemplo muy claro de los meandros que traza el pensamiento de Deleuze acerca del cine y de que sus ideas tan pronto se acerquen al curso adecuado como se alejen de él, lo encontramos en una de las partes más significativas de sus cursos sobre la ontología cinematográfica. Considero que el segmento es especialmente importante porque implica la crucial relación entre movimiento, pensamiento y cine, Lo cito in extenso porque es la única forma de exponer esas significativas sinuosidades:

> La imagen cinematográfica es automática. Lo que digo no puede dejar de incumbir a la imagen del pensamiento. No es la única imagen automática, pero la imagen cinematográfica es la primera de las imágenes automáticas. ¿Qué quiere decir "automática"? Lo vimos mucho durante los años precedentes, no vuelvo sobre eso: la imagen cinematográfica es la imagen-movimiento. Es decir, no representa a alguien o a algo que se mueve, sino que se mueve ella misma por sí misma, es automática. El movimiento de la imagen cinematográfica es un automovimiento, se mueve ella misma por sí misma. Esto es lo que llamo el carácter automático de la imagen cinematográfica. Un cuadro es una imagen que no es automática, no se mueve. La imagen autómata es lo propio de la imagen cinematográfica, es su carácter más general, es la imagen que se mueve. No es un cuerpo real que se mueve, como el cuerpo del bailarín. No es una imagen que no se mueve, como un cuadro. Es la ima-

> gen automática que se mueve. Y digo que esto, su carácter automático, basta para darle una relación extraordinaria con la imagen del pensamiento. La imagen cinematográfica solicita la imagen del pensamiento en cuanto que imagen automática.

La conclusión a la que Deleuze quiere llegar es a la del automatismo, que reúne a la imagen cinematográfica y al pensamiento. La idea parte del concepto de "autómata espiritual" que Deleuze extrae de Spinoza y que, como tantas otras veces, el filósofo transforma para adaptarlo a sus argumentos. Según Spinoza, «los hombres opinan que son libres, porque son conscientes de sus voliciones y de su apetito, y ni por sueños piensan en las causas por las que están inclinados a apetecer y a querer, puesto que las ignoran» (2000: 68). El pensamiento del siglo XX, especialmente a partir de Freud, será proclive a asimilar este argumento que tanto conviene a Deleuze. Es particularmente esclarecedor el planteamiento de Wiltonn William Leite, según quien «Baruch Spinoza revoluciona el concepto de libertad y autonomía con la metáfora del autómata espiritual. Un hombre no es libre sino cuando esclavo necesario de los eternos decretos divinos que todo ordenan. Siendo hombre es el *automaton spirituel*, el intelecto es el *automa spirituel*. El intelecto es la espontaneidad de formar pensamientos verdaderos por su propia naturaleza y sus leyes. Por lo tanto, la idea adecuada y verdadera no se determina por ningún factor externo al propio intelecto, sino por su propia naturaleza, por sus leyes intrínsecas (*vis natura*) (2018). Deleuze concluye de ello que el pensamiento se produce de forma automática, por su propia naturaleza, y deduce que existe una equivalencia con un medio como el cinematográfico que, según él, se mueve por sí mismo, automáticamente. La idea del automatismo del intelecto humano le sirve para fundamentar su concepción del automatismo de la imagen cinematográfica, de la misma manera que esta le permite corroborar su concepción del sujeto como producción automática y residual de una conciencia que ignora sus verdaderos orígenes.

Todos los argumentos son válidos si los separamos del terso entramado que, según la tesis de Deleuze, los mantiene unidos. No me siento capacitado para discutir las propuestas de Spinoza, ni tampoco creo que sea necesario hacerlo. Pero sí puedo puntualizar que, ciertamente, el cine y el pensamiento están relacionados a través del movimiento, pero que su automatismo, en ambos casos, no es absoluto. Por lo que respecta a la imagen, a esta la produce un aparato tecnológico, el cual genera su movimiento. No se trata, por lo tanto, de un movimiento *natural*, espontáneo, de la imagen. La imagen fílmica, como indica Deleuze, no representa a alguien o algo que se mueve, pero de ello no se puede colegir que se mueva por ella misma. Su automatismo, como el del pensamiento, está supeditado a una agencia consciente que utiliza la tecnología y otros medios con fines precisos. En realidad, la imagen cinematográfica no se mueve por sí misma, sino que está siendo movida, tanto por una máquina como por un pensamiento. Es cierto que cualquier acción está subordinada a diversos sustratos inconscientes —tecnológicos, sociales, individuales— que afectan a la imagen y al pensamiento que la asume, pero esa agencia inconsciente no anula la plena entidad de los resultados. Explica, si acaso, algunas de sus características y, tenerla en cuenta, permiten profundizar en el desarrollo del pensamiento del cine y de la imagen. Deleuze mismo parece abandonar el determinismo ontológico ligado a los automatismos, cuando examina la forma en que el cine produce o vehicula ideas o conceptos a través de la obra de ciertos directores. Pero, en el fondo, sigue considerando que esas producciones obedecen a la capacidad que, según él, tiene el cine de generar automáticamente unos pensamientos que no pertenecen a ningún sujeto, sino que se forjan, como decía Spinoza, por *su propia naturaleza y sus propias leyes.* Nos encontramos ante una situación parecida a la que plantea el reduccionismo neurocientífico, que pretende fundamentar todas las actividades humanas, por complejas que sean, en el cerebro. No en balde, Deleuze equiparan el cine a un cerebro y el neurobiólogo Antonio Damasio acude directamente a Spinoza para fundamentar su determinismo biológico.

Espacios imaginarios

Para poner de manifiesto la importancia que la imagen tiene en la sustancialidad del film, no es necesario acudir a películas expresionistas o que se propongan la elaboración de encuadres expresamente enfáticos. Cualquier ejemplo nos puede servir, pero mucho mejor si pertenece a una puesta en escena realista, donde puede parecer que esta cuestión no es relevante y donde, sin embargo, manifiesta su verdadera pujanza significativa. Observemos un par de planos de *El apartamento* de Billy Wilder (*The Apartment*, 1960). No es imprescindible exponer con detalle la trama de la película para que nuestra mirada de espectadores se dirija a la composición de los planos y ponga de manifiesto el error que supone prescindir de su estructura a la hora de sentir y comprender lo que está sucediendo en la escena. Los analistas menos sensibles a la imagen se limitarán a asimilar el acto acudiendo a la narración de las peripecias que afectan a los personajes, protagonizamos por Shirley MacLaine (Fran Kubelik) y Jack Lemmon (C. C. Baxter), en el apartamento de este último, donde Fran ha intentado suicidarse por un desengaño amoroso. La complejidad dramática de la secuencia, que incumbe también a otros diferentes personajes, uno de los cuales, crucial, solo está presente a través del teléfono, hace suponer que basta con seguir el desarrollo de la trama para sacar las oportunas conclusiones. Más o menos, el razonamiento que fundamenta esta apreciación sería que, si comprendemos lo que está ocurriendo, es que la comunicación ha sido eficaz y, por lo tanto, no nos hemos perdido nada. Lo absurdo de esta presunción es que, según ella, la misma información hubiéramos obtenido si el asunto se hubiera expuesto en una novela, una obra de teatro o incluso mediante un ajustado resumen, como el que hacían los niños que antaño, cuando el cine era un privilegio, tenían la suerte de haber ido a ver una película y se la contaban a sus amigos. En realidad, este emocionado relato infantil se ajustaba más al espíritu del film que las asépticas sinopsis que, en los medios, pretenden informar sobre él. Los niños eran verdaderos narradores, en el sentido que le da Benjamin al concepto. No se puede olvidar que la narrativa o el drama no tiene como misión la de informar. Narración e información son fuerzas contrarias, afirma Byung-Chul Han al denunciar la tendencia contemporánea a sustituir las narraciones por la simple información (2023: 14). Ninguna película, ni siquiera un documental, se agota en lo informativo. La primera experiencia de ver una película no es la de sacar conclusiones, sino la de sentirlas, de asimilarlas afectivamente, algo en lo Deleuze estaría muy de acuerdo. Las conclusiones y el pensamiento vienen después de las emociones y se alimentan de ellas.

Se tiende a olvidar también que un film no consiste solo en el relato de unos hechos, sino que promueve la aparición de estos en un mundo particular, compuesto por medio de imágenes en movimiento, a las que se unen sonidos, música u otros elementos que ayudan a complementarlo. La imágenes construyen un mundo visual, al que podemos denominar máquina porque está compuesto por la articulación de partes que exponen relaciones capaces de generar propiedades emergentes. Este mundo creado visualmente no puede confundirse con el mundo real, por muy semejante que parezca, y si es consistente, sus partes lo serán también, no en el sentido de que hayan de ser únicas o necesarias, sino en el de que mostrarán una coherencia con todos los factores que forman ese mundo o esa máquina, si estos funcionan como es debido, es decir, de acuerdo a los parámetros que ellos mismos han establecido. Esta coherencia tampoco tiene por qué obedecer al realismo, puesto que se puede ser coherente con una incoherencia básica, como en un film surrealista o abstracto. Lo que quiero decir con todo ello es

Figuras 18 y 19

que los dos fotogramas de *El apartamento* que aparecen en las figuras 18 y 19 exponen no solo una parte de la narración, sino también una parte del mundo particular en el que se desarrolla esta narración y que no es equiparable a ningún otro mundo. Lo mismo que afirma Guattari respecto al lenguaje, se puede aplicar a la imagen. Indica él que «La función del lenguaje no consiste exclusivamente en servir como canal de transmisión para los flujos de información; las lenguas no son simples soportes comunicativos entre individuos, son indivisibles del campo social y político en el que se despliegan» (2017: 464). También la imagen forma parte intrínseca del campo social y político en el que se despliega, pero esta relación no es directa, sino que está mediatizada, en el cine, por el mundo que construyen las imágenes y por el que ellas mismas están siendo construidas. Por ello, tampoco las imágenes cinematográficas se limitan a ser canales de transmisión de flujos informativos o narrativos asépticos, como un catálogo de hechos. Son flujos narrativos articulados narrativa o dramáticamente en un ámbito visual que los mantiene afectivamente vivos.

No se trata de que exista una similitud de estilo fotográfico entre ambos encuadres como sucede con el resto de la película — un estilo adjudicable al director de fotografía Joseph LaShelle—, aunque este es un factor que ayuda a la coherencia del mundo creado, sino de que no podemos pasar por alto la forma por medio de la que se presenta este mundo a nuestros ojos. La película, en el punto representado por la figura 18, no se ciñe a narrar que Fran sale tambaleante de la habitación y descubre a Baxter hablando por teléfono, sino que es necesario tener en cuenta la posición que cada uno de ellos ocupa en el encuadre y la especial relación que mantienen entre sí, además del que cada uno de ellos establece con el resto de los elementos que pueblan la escena. Lo mismo en la figura 19: no vale con quedarse con la idea de que Fran duda sobre si acudir o no al teléfono que está sonando, sino que es necesario capar la forma que esta duda adquiere en la pantalla. El espectador recibe todos estos elementos conjuntamente, como un todo. En este punto, no es de esperar que los discrimine, a menos que abandone la postura de espectador y decida acompañar al film en su proceso de pensamiento. Por ello, la crítica sobre la indiferencia ante las imágenes, no se dirige tanto al espectador como al crítico, al analista, al pensador.

Para corroborar la importancia de la forma de la imagen, es decir, la diferencia que existe entre un suceso real y su transformación en imagen, me referiré a un par de encuadres pertenecientes a *Iván, el terrible*, de Eisenstein, un film que se aleja del pretendido naturalismo del del Wilder y en el que, por lo tanto, la expresividad visual es mucho más obvia. En la figura 20, se muestran dos planos que visualizan la reacción de algunos de los asistentes a la coronación del Zar, una ceremonia que

Figura 20 a y b

no es del gusto de todos. Esta reacción, que en un caso expresa inquietud y en el otro escepticismo, podría ceñirse al gesto de los personajes, dependiente de la capacidad expresiva de los actores. Pero las imágenes nos muestran algo más que estas expresiones del rostro o del cuerpo, componen con ellas lo que podemos denominar un gesto visual en el que intervienen no solo los cuerpos y las expresiones del rostro, sino una composición que los envuelve visualmente y expone en la propia imagen lo que sienten los personajes. No son solo los cuerpos y los rostros lo que nos informa de una determinada actitud, sino que esta se plasma visualmente, más allá de la presencia de los personajes, mediante un particular encuadre de estos, articulado gracias a una posición expresa de la cámara. El gesto visual compuesto por la imagen no nos informa solo del sentir de los personajes, sino también de lo que *siente* la cámara, un sentimiento que proviene de asimilar e interpretar lo que sucede ante ella y llevarlo al mundo visual de la película, donde se convierte en un conglomerado compuesto por un hecho, un afecto y una idea. En la figura 21, podemos ver cómo todo esto, en un momento crucial de una escena, se concreta en un plano. La máquina que ha articulado las diferentes partes de ese espacio escénico, de acuerdo a los movimientos

Figura 21

dramáticos que la componen, desembocan en una imagen en la que el hecho, los afectos y las ideas coinciden visualmente dando forma al gesto que los resume.

Según Brecht, el *gestus* equivale al gesto más un comentario social. El gesto visual que puede componer un plano equivale al *gestus* brechtiano, no porque añada al gesto un comentario social —que puede hacerlo—, sino porque transforma la expresión del cuerpo en una forma visual que hace que ese gesto del cuerpo adquiera una potencia dramática, afectiva e ideológica que no tenía por sí mismo. Además inserta estéticamente este movimiento dramático en la situación escénica o narrativa a la que pertenece, insuflándole así una emoción que lo vigoriza y que abre las puertas a una posible interpretación ideológica del acto, paso previo del pensamiento. Todo ello no se sitúa en el campo del significante. Son imágenes que no están formadas por un conjunto de signos, cuyo significado, al ser descifrado, nos daría la clave de la escena. Cualquier proceso semiótico solo puede iniciarse una vez la escena ha desarrollado todo su potencial dramático.

Si observamos de nuevo la imagen de la figura 21, veremos que Eisenstein ha compuesto el plano a través de una estructura diagramática que relaciona de manera muy concreta —en este caso, dramática—, los elementos que intervienen en la escena: el Zar Iván, su tía y una copa. La tía de Iván, Evfrosinia Stáritskaia, pretende envenenar a la esposa enferma del Zar —postrada en una cama que no vemos en el plano, pero cuya presencia pesa sobre él—, colocando subrepticiamente una copa con veneno al alcance del marido que busca desesperadamente alguna bebida con la que reanimar a su mujer desmayada en la cama. El plano reúne estos elementos y les da la forma de su relación dramática, mediante una estructura diagramática que equivale a la de una alegoría formal, entendida así también como un *gestus* de la realidad. Ello quiere decir que, esta relación alegórica, si no estuviera ya visualizada en el plano, podría construirse mentalmente al observar la escena.

Lo que pretendo mostrar con este ejemplo, es la utilidad y eficacia de las alegorías formales a la hora de detectar relaciones posibles en las imágenes. Estos diagramas alegóricos, latentes o visibilizados, no deben confundirse con esas estructuras compositivas denominadas también armadura dinámicas que, como la célebre proporción áurea, pretenden determinar la forma básica de las imágenes desde tiempos ancestrales, mostrando a veces un trasfondo un tanto místico y ahistórico. En general, las alegorías formales no están inscritas en la imagen, más que virtualmente, aunque en algún caso son evidentes y han sido articuladas a propósito, como en las citadas composiciones de Eisenstein o de Wilder. Tampoco proponen arquitecturas compositivas básicas y estáticas de las imágenes. Consisten, por el contrario, en relaciones diversas, potencialmente inscritas en la imagen, que no obedecen a regla alguna, pero que, al actualizarse sobre un campo visual, en lo que supone un claro acto creativo, permiten comprender más profundamente la actividad que se desarrolla en él. El espectador, al someter la imagen a relaciones no pensadas, la pone precisamente a disposición del pensamiento, la abren a un proceso especulativo que, de todas formas, no es ajeno a la visualidad originaria. Por otro lado, recordemos lo dicho respecto a las instalaciones temáticas y la forma en que sus espacios se reestructuran de acuerdo a las relaciones que el visitante puede establecer entre los elementos que se sitúan en ellos. Estos vínculos, efectuados a la vez por el cuerpo —que se mueve por el espacio—, la mirada —igualmente móvil y que concreta los agenciamientos— y el pensamiento —que consolida con ideas los enlaces—, componen también alegorías formales, por fluidas o volátiles que estas sean.

Guattari señala la importante incidencia de los signos asignificantes, las máquinas asignificantes o las figuras asignificantes: «una semiología significante, siempre se encuentra bajo control de una máquina de signos y, a la inversa, toda máquina de signos asignificantes siempre está siendo manipulada por una semiología significante (...) Resulta útil distinguir las polaridades que definen dichos elementos, a saber: la semiología significante en cuanto ideal parano-fascista y las semióticas asignificantes en cuanto ideal de diagramatización esquizo-revolucionaria que deja atrás el sistema de signos para adentrarse en el plan de consistencia de los signos partículas» (Guattari, 2017: 528-529). Al margen de la importante capacidad disruptiva de las semióticas asignificantes, es imprescindible señalar la función que esas formaciones cumplen en las imágenes, donde se superponen a las semióticas significantes para suplementarlas, para otorgarles una *vida* de la que carecen, si se presentan aisladas del mundo visual al que pertenecen. Por ello, he afirmado que las relaciones que es posible detectar o crear en el interior de las imágenes, las alegorías formales, no significan nada en concreto. No se trata de analizar qué se quiere decir con ellas, el "mensaje" que comportan, puesto que están más allá de este tipo de significados primarios. Pero ello no quiere decir que no pueden ser pensadas, que no sirvan de puerta de entrada a una inspección más intensa de lo que las imágenes quieren decirnos aparte de lo que comunica la trama narrativa. No porque no estén estrechamente unidas a esta, sino porque interpretan en su ámbito específico lo que esta quiere decir, lo formalizan de una manera determinada. Esta especificidad debe ser detectada a la hora de analizar cualquier formación visual.

Lo que el espectador recibe, antes que nada, es un impacto emocional, a partir del que puede interesarse racionalmente por la imagen y pensarla en paralelo o diversamente del pensamiento inserto en la propia imagen. Este impacto estético inicial se combina con el de la trama narrativa o dramática, así como con la posible identificación con la psicología y la conducta de los personajes. Todo ello no propone una moraleja o un mensaje, sino que muestra un mundo repleto de significados posibles que el pensamiento, por activa o por pasiva, debe desentrañar. Pero lo más importante es que todo ello no llega directamente al espectador, mediante impulsos separados, sino organizado como imagen. Por eso, es tan importante la forma de la imagen, puesto que es ella la que determina la dirección básica del pensamiento, tanto el que propone la propia imagen, como el que se puede activar a partir de ella.

Tiempo, movimiento y pensamiento

Los primeros vídeos de la serie *Las pasiones* (2003), en los que Bill Viola recreaba, mediante imágenes extremadamente lentas, las formaciones de la pintura manierista, causaron, antes que nada, sorpresa. Esta sorpresa no la suscitaba tanto el hecho de ver en movimiento figuras que, a primera vista y dada la lentitud con la que se movían, daban la impresión de ser estáticas, sino la propia lentitud, que permitía descubrir en esas figuras un antes y un después del acto pictórico. Las figuras desplegaban sus gestualidades y movían lentamente sus cuerpos en el tiempo, en el interior del tiempo. Si el cine incorporaba el tiempo en la imagen, directa o indirectamente, es decir, si visualizaba un espacio propio de la temporalidad, las figuras ralentizadas de Viola surgían del interior de ese espacio temporal. Con ellas, aparecía la posibilidad de un tiempo visual en tres dimensiones, un tiempo con volumen que permitía pensar en un interior y un exterior del mismo. La digitalización y la IA generativa abundan en esta dimensión temporal, que se convierte en patrimonio de su fenomenología.

Deleuze, siguiendo a Bergson, establece una estricta separación entre el movimiento y el tiempo. Según su clásica división de la historia del cine en dos etapas, la de la imagen-movimiento y la de la imagen-tiempo, en la primera, el tiempo está supeditado al movimiento, se encuentra, digamos, en su interior, mientras que en la segunda, es el movimiento el que está subordinado al tiempo y, por consiguiente, se sitúa o se manifiesta en el interior de su desarrollo. En el pensamiento de Guattari, esta dialéctica entre tiempo y movimiento no aparece: las formaciones básicas que propone se encuentran fuera del tiempo: las máquinas abstractas carecen de tiempo, son puro movimiento que no cesa de expresarse y contenerse a sí mismo. La temporalidad aparece, si acaso y de forma débil, fuera de las máquinas, en el acoplamiento de estas con otras máquinas, en el desarrollo de las líneas de fuga o en el devenir de los agenciamientos, pero es una temporalidad improductiva que no modifica esencialmente las estructuras diagramáticas establecidas por movimientos fuera del tiempo, ajenos a él. No son ajenos a la historia, sino a la temporalidad formal, a ese tiempo trascendental que, según Deleuze, se manifiesta directamente o al tiempo formalizado de las imágenes.

Vemos aparecer, por lo tanto, tres tipos de tiempo. Primero, el tiempo negativo, referido a la ausencia de tiempo, que equivale a lo sustancial del inconsciente. Es una ausencia que deviene, sin embargo, activa. Ocurre algo parecido a lo que, según Guattari, sucede con lo real en determinadas circunstancias: «El maquinismo abstracto desaparece ante el universo impotente de la representación y ante una forma de subjetivación que, en lo sucesivo, va a "carecer" de lo real. Esto no significa de ninguna manera que lo real vaya a desaparecer de escena. Por el contrario, su "carencia" tiene una connotación activa, en el sentido de que se le está inyectando esa carencia sin cesar» (2017: 531). De la misma manera que lo real desaparece activamente de las máquinas abstractas, de forma que estas, de acuerdo a Guattari, no pueden ser representadas, algo semejante sucede con el tiempo en el ámbito de la imagen-movimiento, para Deleuze. El tiempo puro se ausenta de la imagen-movimiento, pero esta carencia es determinante porque propone la activación de un movimiento puro, que Deleuze entiende como equivalente a una imagen indirecta del tiempo. El segundo tipo de tiempo aparece como trascendental en el cine de la imagen-tiempo. Se trata de un tiempo puro, presentado directamente, al margen del movimiento. Es necesario señalar que, para desarrollar con efectividad este planteamiento, la imagen debería aparecer en escena. Por el contrario, Deleuze radica el fenómeno en la disposición de los personajes del film con respecto a la realidad, y es por el hecho de que esta actitud se vehicula a través de una imagen, que puede considerar, erróneamente, que se está tratando con imágenes de un tiempo mostrado directamente. Pero esta conclusión es errónea porque se basa en la constante confusión entre la imagen propiamente dicha y lo que la imagen muestra, entre lo que, en otro momento, hubiéramos tildado de forma y fondo, una división que ya no nos sirve porque la separación entre ellos no existe. El fondo y la forma son lo mismo, es decir, la imagen. Lo que sucede es que se tiende a contemplar a esta atendiendo a un fantasma, o sea, al fondo, como si este apareciera flotando en el vacío. En el caso de la imagen-tiempo, cuando se supone que el cine produce una imagen directa del tiempo, no alcanzamos a conocer realmente cómo la imagen, entendida como una construcción visual con sus características propias, consigue mostrar el tiempo. No logramos saber, por lo que nos dice Deleuze, de qué manera se hace realmente visible la temporalidad, al margen de ser una impresión que el espectador recibe a partir de la actitud de los personajes. Para comprender este punto, debemos acudir al tercer tipo de tiempo, el tiempo de la imagen. En este caso, el tiempo y el movimiento no están separados, sino que se interpelan mutuamente en una formación que es espaciotemporal. En ella, el movimiento se introduce en el tiempo, a la vez que este penetra en el movimiento. Es desde esta perspectiva que aparece realmente la esencia del tiempo y la del movimiento, como elementos formales que activan el pensamiento. Es de este modo que el tiempo se hace realmente visible en una formación que asimismo hace visible el movimiento.

Las obras videográficas de Viola recogidas en *Las pasiones* (2003) son emblemáticas en este sentido. En ellas, tiempo y movimiento aparecen a la vez: el tiempo se hace visible mediante su ralentización, mientras que el movimiento aparece, también formalizado, en la elasticidad de las figuras y del propio espacio que las contiene. Esta elasticidad, este proceso de cambio visualizado por la lenta prolongación de la imagen, está propulsado por un tiempo que parece arrastrar a las figuras, pero a la vez estas muestras la esencia de una temporalidad, de un devenir, al que lo propulsa el movimiento. No se trata de que confundamos el tiempo con el movimiento de una sucesión de momentos estáticos, como temía Bergson, ni el movimiento con una simple duración de lo que podrían parecer unas formas esencialmente estáticas que simplemente se "desplazan" en el tiempo. Por el contrario, el tiempo aparece realmente a la vista, se hace visible en la imagen formalmente modificada por el movimiento, de igual manera que el movimiento se visibiliza por efecto de su prolongación en el tiempo, de un tiempo que es imagen. De esa manera, resulta complicado discriminar en una imagen lo que es tiempo y lo que es movimiento, precisamente porque lo que aparece en ella, a partir del cinematógrafo, es un espacio-tiempo en cuya esfera, la imagen, como tal, puede ser pensada y sirve también para pensar aquello que ella expone narrativa, dramática o estéticamente. No importa que el fundamento tecnológico, en el cine, sea una sucesión de imágenes estáticas, ya que fenomenológicamente ese sustrato desaparece en el flujo fílmico y es este nivel del fenómeno el que nos interesa ahora —el otro, el técnico, se puede plantear en otro ámbito—. Pero debemos tener en cuenta, además, que la imagen fílmica desembocó en el vídeo, donde la esencia de los fotogramas empieza a difuminarse, para culminar en la imagen digital donde el sustrato fragmentario ha desaparecido en un flujo que coincide con la esencia de la percepción fenomenológica.

Deleuze plantea la existencia de un interior del movimiento y del tiempo, pero no elabora realmente la capacidad volumétrica de estos fenómenos. Lo que a la filosofía le parece un error —espacializar lo que no tiene espacio o visualizar lo que no es visible—, al pensamiento de la imagen le es muy conveniente, ya que uno de los cometidos más importantes de la imagen es, precisamente, visualizar lo que no es visible, como afirmaba Paul Klee, refiriéndose al arte. Esta es una forma de pensar el tiempo, puesto que le otorga dimensiones que por un lado son herramientas epistemológicas y por el otro una manera de hacer evidente las características de su ontología. Cuando el tiempo se visualiza realmente, aparece la posibilidad de su interior que, como he dicho, las imágenes digitales y la IA consiguen visualizar con mayor efectividad, pero que ya se detectaban en realizaciones como las de Viola, entre otras.

Al carácter ejemplar de la obra de Viola, se le añaden otras manifestaciones, como la puesta en escena de Robert Wilson para la ópera *Einstein on the Beach* (Philip Glass, 1976), con su extraordinaria combinación de movimientos lentos, rápidos y sincopados que aíslan y a la vez subrayan gestualidades que pueden calificarse de maquínicas. La expresión gestual de los cuerpos por medio de la graduación del movimiento es una de las características del estilo de Wilson. A ello le debemos añadir la primacía de lo visual como vehículo básico de sus espectáculos, teatrales u operísticos. Por otro lado, la tendencia actual a relacionar la danza con el pensamiento, permite encontrar en esta factores inéditos tanto del movimiento como del tiempo, expresados por medio del cuerpo, en lo que puede considerarse una exasperación del *gestus*.

Volviendo a *Las pasiones* de Viola, pero sin olvidar que las propuestas de Wilson pertenecen al mismo paradigma, debemos tener en cuenta que las formaciones videográficas de Viola no se caracterizan solo por referirse a la emotividad de las pasiones, sino que también es importante destacar el hecho de que, en ellas, las pasiones se convierten en fuerzas visuales. No hay mejor vehículo que la obra de Viola para ilustrar las consideraciones que Deleuze efectúa sobre la pintura, según las cuales esta consiste básicamente en la captación de fuerzas —y la manifestación de estas, habría que añadir. El filósofo escoge la obra de Bacon para demostrarlo, pero esta, al ser estática, no expone de manera tan efectiva el papel que juegan tales fuerzas en la imagen en movimiento. Por el contrario, en *Las pasiones*, esas fuerzas, que acarrean consigo afectos, aparecen visualmente con todo su vigor. Son visualidades prolongadas por una pasión, un pathos, que las impulsa a romper la frontera entre el espacio y el tiempo. Forma y emoción se combinan, pues, en la imagen espaciotemporal, de manera que el espectador percibe y siente a la vez, mediante una duración formal que es correlativa con la evidencia visual de la percepción y del sentimiento combinados. De este modo, se actualiza claramente la posibilidad de un fundamental pensamiento-emoción impulsado por el movimiento. Si Deleuze proponía pasar de un "yo veo" a un "yo siento" (2023: 291), lo cierto es que, en las imágenes-emoción de Viola, el ver y el sentir están conjurados. Así ocurre en toda imagen, pero, en el caso de las manifestaciones de Viola o de Wilson, sucede de manera que la composición se produce cuando la imagen se sobrexpone, cuando se excede a sí misma por medio de una pasión que está siendo temporalizada y espacializada a la vez.

Roland Barthes, en uno de sus escritos más enigmáticos, decía detectar en algunos momentos de una película un tercer sentido, un sentido obtuso que se superpone a lo denotativo y a lo simbólico (1986). Para Barthes, ese punto —algo así como el *punctum* que descubría él mismo en algunas fotografías, en su obra *La cámara lúcida*— lo centraba en un fotograma, como si en el transcurso del film, de su flujo, hubiera un instante, evidentemente fotográfico —a Barthes le interesaba más la fotografía que el cine— en el que se engendraba esa especie de epifanía, un fenómeno equivalente al instante decisivo del que hablaba el fotógrafo Cartier-Bresson. Decía el escritor que, en aquel momento, se formalizaba el sentido obtuso, centrado en la impresión de que los personajes aparecían como con un disfraz o una máscara, superpuestos al propio disfraz que ya eran sus vestimentas. Por ello, le parecía que «ciertos rostros devienen su propia máscara». En las imágenes absolutamente ralentizadas de Viola o Wilson —tan ralentizadas que proponen un movimiento negativo tendente al fotograma— se produce algo equivalente a ese disfrazarse de uno mismo del que habla Barthes y que Deleuze comenta de forma un tanto escéptica en sus cursos sobre el cine, afirmando que, esos personajes, un par de cortesanos que arrojan monedas sobre la cabeza coronada del zar en una escena de *Iván el Terrible* (1944) de Eisenstein «están disfrazados de "disfrazados". Están disfrazados de nuevo sobre el primer disfraz, es decir, sobre el traje de ceremonia. Y aquí tampoco es una parodia» (Deleuze, 2023: 415). Haciéndonos eco de estas manifestaciones, podemos llegar a la conclusión de que las imágenes de Wilson y Viola se disfrazan de sí mismas, se convierten en su propia máscara. Y no lo hacen de forma paródica, sino patética: «el sentido obtuso conlleva una cierta emoción», según Barthes (*ibid.*: 57). En realidad, en las imágenes de Viola y Wilson, es la emoción la que se apodera de lo visual. Se trata de «un significante sin significado» (*ibid.*: 61). Deleuze amplia los postulados de Barthes y añade que ese sentido obtuso «sería el pasaje insensible, el pasaje imperceptible de una actitud, la pena, hacia su autodisfraz, es decir, el *gestus* (brechtiano)» (2023: 417). En este punto, la imagen se convierte en gesto sobredimensionado y, por ello, se pone a pensar.

Los inconscientes de la imagen

La ontología de la imagen cinematográfica tiene dos fases, la mecánica y la digital. La primera está formada por tres niveles distintos pero íntimamente conectados: el fotograma, el plano y la imagen. El fotograma es un elemento que desaparecerá con la imagen electrónica, pero que es necesario tener en cuenta para comprender los otros dos niveles, incluso cuando el primero ya ha desaparecido.

El fotograma, situado en el sustrato del plano, conforma su inconsciente más directo. Es un inconsciente tecnológico que alberga el movimiento y el tiempo como virtualidades que solo se actualizarán a nivel del plano. Este inconsciente no está situado en el fotograma mismo, sino que este es la plasmación de una amplia constelación de factores que intervienen en su confección. Se podría hacer abstracción de este contexto y tratar el fotograma como imagen, tal y como hace Barthes al discutir el significado obtuso, pero, en tal caso, se reduciría el fotograma a la esfera de lo fotográfico. Sin embargo, el fotograma, en el cinematógrafo, está relacionado con otros fotogramas, sin los cuales carece de sentido en ese ámbito estricto. El fotograma es un elemento material situado entre la cámara y el proyector que, en el transcurso que va de una al otro, experimenta una serie de transformaciones, químicas, mecánicas y estéticas. Confluyen en él toda una serie de vectores que provienen de distintos ámbitos, desde el fotográfico al pictórico, pasando por el técnico. En este último apartado, el ecosistema que conforma el fenómeno cinematográfico a nivel del fotograma, adquiere una concreción mecánica, desarrollada a través de la articulación de los distintos elementos que configuran tanto la cámara como el proyector, entendidos ambos como los factores que producen el fotograma en dos etapas: la de captación y la de proyección. El fotograma va de un movimiento al otro, puesto que ambos artilugios mueven el rollo de película en su interior. Solo en mitad del proceso, adquiere el fotograma entidad propia, si se lo separa del resto de fotogramas que lo preceden y lo siguen. Los dos movimientos que generan el fotograma también tienen su propio desarrollo complejo, desde el punto de vista de la ingeniería. Pensemos, por ejemplo, en la trascendencia que tuvo en el desarrollo del cine, no solo desde el punto de vista tecnológico, sino también estético, algo tan simple como el denominado "bucle de Lathan".

La duración de los primeros films estaba limitada por la cantidad de celuloide que se podía emplear en cada toma y luego también en la proyección, ya que el sistema de arrastre continuo del celuloide hacía que este se rompiera cuando el peso del rollo era excesivo, básicamente, cuando excedía los 17 metros. Con la colaboración de otros ingenieros, Woodville Latham pensó en añadir un bucle en el recorrido de la película, antes y después del obturador, para que absorbiera el movimiento intermitente de la cinta y no se ejerciera tanta tensión en ella, evitando así su rotura. De esta manera, la duración de una toma ya solo estuvo limitada por la cantidad de celuloide que cupiera en el cargador. Un fotograma es por lo tanto la expresión de una serie de movimientos tecnológicos como este, que no actúan por separado, sino que se unen a una constelación de factores de todo tipo, constitutivos de un amplio ecosistema equivalente al inconsciente maquínico. Existe, por lo tanto, un inconsciente del fotograma, de la misma manera que este es el índice del inconsciente de los siguientes niveles, el del plano y el de la imagen.

Un plano es el producto del movimiento de una serie de fotogramas. Los fotogramas, al pasar intermitentemente por delante del obturador del aparato de proyección, repiten el movimiento ejecutado por la cámara al confeccionarlos, lo que genera un espacio que ya no es mecánico, sino fenomenológico, puesto que depende de la alianza entre el mecanismo de proyección y la fisiología del ojo humano. Debemos entender el concepto plano, en este caso, no como un elemento del lenguaje cinematográfico, sino como una faceta de la ontología fílmica. El plano surge de un movimiento mecánico y se abre a un movimiento fenomenológico, sobre el que se pueden incorporar otros movimiento estéticos. En realidad este segundo tipo de movimiento ya está inscrito en los fotogramas, puesto que se habrá generado por la cámara, antes del montaje y de la proyección del film. Esto quiere decir que el plano actúa a un nivel ontológicamente distinto de aquel en el que está situado el fotograma, pero contiene, en su inconsciente, todo el desarrollo anterior. El cineasta actúa o piensa a nivel del plano, de la misma forma que el ingeniero había actuado o pensado antes a nivel del fotograma, entendido este como el eje de un amplio ecosistema.

La imagen es distinta del fotograma y del plano, aunque los contiene a ambos. Es cierto que tanto el fotograma como el plano pueden contemplarse como imágenes, pero haciendo abstracción de su propia fenomenología. En todo caso, el nivel ontológico en el que aparece la imagen es distinto al del fotograma y al del plano. La imagen hace acto de presencia por encima de estos, como una nueva capa que reposa sobre las capas anteriores, sin las cuales no existiría. La imagen aparece como forma del plano, como una actuación estética sobre el espacio del plano que reúne todos los elementos que este contiene, mediante una determinada estructuración, equivalente a una configuración específica de ese espacio. También en este caso, el acto que supone confeccionar una imagen por medio del plano, un gesto que tiene mucho de fotográfico pero excede este ámbito, se efectúa ya durante el rodaje, pero en realidad no aparece para el espectador hasta más tarde, como culminación de las otras dos fases. Por otro lado, si bien el cineasta ya ha asimilado antes la función de la imagen, solo cuando trabaja con el film en el momento del montaje, tiene en cuenta claramente lo que esta significa. Es al trabajar con los planos que puede asumir el rol de la imagen, ya que es entonces cuando se establecen relaciones y flujos entre diversas imágenes, de manera que aparece una nueva forma de movimiento, el movimiento de los tonos, las emociones y las tensiones dramáticas. Solo a este nivel se genera un nuevo tipo de pensamiento que se superpone a todos los demás y sobre todo al pensamiento mecánico del acto de montaje básico. A partir del horizonte planteado por el concepto de imagen, se desarrolla la posibilidad de una plataforma estético-emocional sobre la que se despliega un pensamiento capaz de conjugar una formulación que, por la presencia del movimiento, debe considerarse novedosa y que supone una conjunción inédita entre emociones e ideas. Este ámbito cinematográfico podría considerarse equivalente al de la imagen-tiempo que proponía Deleuze, si no fuera porque, desde mi perspectiva, el período que este contemplaba no solo es históricamente limitado, sino que también muestra límites estéticos, si tenemos en cuenta el desarrollo posterior del fenómeno fílmico. Es muy posible que Deleuze considerase que el cine de Tarkovski, por ejemplo, cumplía todas las condiciones para ser incluido en la categoría de la imagen-tiempo, tal como él la entendía, pero ello solo puede asumirse reduciendo el potencial de esa obra. Las películas de Tarkovski exceden la categoría de la imagen-tiempo, pero son, en cambio, un buen ejemplo de la construcción de un flujo de tonalidades emocionales que promociona directamente un modo de pensamiento. El uso del tono emocional se encuentra en Tarkovski en las antípodas del montaje tonal de Eisenstein, pertenece a otra categoría en la que el plano ya no es fundamental y, por consiguiente, el montaje ha cambiado también de intención. Se trata de un "montaje" de ritmos emocionales, de un flujo melódico de sentimientos que está ofreciendo constantemente ideas. Es verdad, volviendo a Deleuze, que el espectador y los personajes coinciden, a veces, en una actitud visionaria. *Nostalgia* (*Nostalghia*, 1983), *El espejo* (*Zerkalo*, 1975) o *Sacrificio* (*Offret*, 1986) son un buen ejemplo de ello, pero también es cierto que hay algo más en este cine que no ocupaba un primer término en el cine de la imagen-tiempo que detallaba Deleuze, aunque este constituía una preparación de lo que iba a venir.

La estética cinematográfica de Tarkovski pertenece a la esfera de la imagen digital, no porque sus películas hayan sido rodadas con esta técnica, sino porque son fluidas, contiene una fluidez generalizada que proviene, es cierto, de la ruptura que supuso la imagen-tiempo a la que acompañaba también la aparición del plano secuencia. Las películas de Tarkovsky se insertan en una estética de la fluidez, a pesar de que sigan conteniendo los tres niveles ontológicos del fotograma, el plano y la imagen. Pero la diferencia es que en ellas prevalece el nivel de la imagen, han sido elaboradas desde la imagen y no desde el plano que predominaba en el cine de la imagen-movimiento. No es que la imagen no existiera en el cine de la imagen-movimiento, todo contrario, era un factor muy importante, pero se concentraba en el plano, siendo este el que dominaba el transcurso fílmico. Por el contrario, en el cine posterior, aquel que Deleuze califica de moderno, quizá precipitadamente, el plano como tal, con sus connotaciones mecánicas, empieza a diluirse en un ámbito más fluido donde el encuadre ya no cumple las funciones estrictas que había tenido antes: la de establecer los límites de la imagen. En el nuevo cine, estos límites tienden a difuminarse y con su ausencia aflora un nuevo tipo de imagen y, sobre todo, en ese momento, es la imagen la que determina el desarrollo del film.

En el cine digital, el fotograma, como elemento físico de base, desaparece por completo y con él todos los aspectos mecánicos del cine. Ya no hay unas capas de inconsciente tecnológico por debajo de la manifestación fílmica, sino que la tecnología pasa a formar parte integrante de la misma imagen, componiendo una amalgama de consciente e inconsciente estéticos. En este punto, el plano queda supeditado a la imagen. Y la imagen se abre a un universo visual complejo que se realizará primordialmente en el post-cine.

En el post-cine lo fundamental son las relaciones. Las relaciones que formaban el sustrato de las imágenes del cine experimentan una importante modificiación en el territorio específico del post-cine, ya sea en el documental interactivo, en los videojuegos o en la realidad virtual, así como en todas las manifestaciones del cine extendido o transformado por su conversión en instalaciones museísticas. Por otro lado, la forma en que la IA generativa construye las imágenes a partir de comandos textuales pone de relieve la relevancia de un inconsciente visual desperdigado por Internet, al que la IA acude para establecer relaciones inesperadas entre sus elementos. Las imágenes resultantes, cuando no han sido constreñidas por comandos muy realistas, expresan el producto de estos agenciamientos, de manera que ponen de relieve formas diversas de ese inconsciente, como si fueran instantáneas de una de sus configuraciones posibles.

Si consideramos, tal como afirma también Guattari, que el inconsciente no está estructurado como un lenguaje, contrariamente a las pretensiones de Lacan y los estructuralistas, y proponemos que lo está como una imagen, será necesario explicar qué significa estructurarse como una imagen. Algo de ello ya hemos avanzado al exponer las características de las alegorías formales que aparecen en la imagen, pero solo si entendemos que estas son diversas y cambiantes. Según Guattari, «Las definiciones actuales del inconsciente —en particular la de los estructuralistas que pretenden reducirlo a articulaciones simbólicas del orden del lenguaje— no permiten captar las vías de pasaje entre el deseo individual y las producciones semióticas de toda naturaleza que intervienen en las estructuras semióticas, económicas, industriales, científicas, artísticas, etc.» (2013: 19). Es decir, centrar la estructura del inconsciente en el lenguaje no permite captar la complejidad del propio inconsciente, pero tampoco la complejidad de lo real. El inconsciente, por lo tanto, «está estructurado como una multiplicidad de modos de semiotización, de los cuales la enunciación lingüística no es tal vez el más importante» (*ibid.*).

La manera en que las imágenes pueden vehicular el inconsciente equivale a entender este inconsciente como una imagen. Pero, para ello, las imágenes deben ser entendidas más allá de su iconicidad. Debemos contemplarlas superando en todos los casos lo que tengan de la condición icónica de las imágenes miméticas, de modo que aparezcan las relaciones internas y externas de los elementos que las componen. Se trata de poner de relieve una forma de las imágenes que expone la estructura de su inconsciente visual. Dicho de otra manera, el inconsciente visual aparece en las imágenes plasmado en las estructuras que relacionan sus elementos, teniendo en cuenta que estas estructuras no son únicas ni estables. Por lo tanto, como más lejos se encuentren de la superficie realista, más cerca se hallarán del inconsciente. Guattari propone un tipo de análisis de las enunciaciones lingüísticas que puede perfectamente aplicarse a la comprensión de las imágenes y su relación con el inconsciente. Este tipo de análisis «debería centrarse en las dimensiones semióticas asignificantes subyacentes a cada discurso que sirven para explicarlo y deconstruirlo. Su objetivo no sería tanto el de tratar de expresarlo todo en términos textuales y significantes, sino más bien captar las auténticas relaciones de fuerza, o sea, los agenciamientos maquínicos del deseo» (2017: 465). La forma de la imagen, es decir, la articulación o agenciamiento de los elementos que la componen no solo responde a esos "agenciamientos maquínicos del deseo", sino que los muestra visualmente. Deleuze y Guattari rechazan la idea de que el inconsciente es un teatro, en el sentido de que, para Freud, sería como una puesta en escena de diversas pulsiones convenientemente personificadas, a partir de los personajes que actúan en el complejo de Edipo. Ellos, por el contrario, proponen sustituir la idea de teatro por la de fábrica. A pesar de que recurrir a este concepto desvirtúa algo su concepción de lo maquínico, puesto que lo coloca demasiado cerca de las máquinas mecánicas de la industria tradicional y las aleja del conjunto de flujos de agenciamiento que verdaderamente las componen, podemos aceptar que el inconsciente es algo más que un teatro, sin abandonar del todo el ámbito de lo teatral. Si el inconsciente está estructurado como una imagen, no cabe duda de que esa imagen es equivalente a una escena, pero es una escena formada por relaciones de todo tipo, es decir, la escena de un teatro maquínico, como el que se muestra, por ejemplo, en muchas de las inquietantes realizaciones de los hermanos Quay, especialmente *The Street of Crocodiles* (1986), sobre una obra del escritor polaco Bruno Schulz (figura 22). En el film los objetos cobran vida propia y se relacionan entre sí de forma impropia, como también ocurre en su particular homenaje al realizador polaco Jan Svankmajer en *The Cabinet of Jan Svankmajer* (1984) (figura 23).

Figura 22

Figura 23

Esta rebelión de los objetos que les confiere visibilidad propia y, por lo tanto, una existencia particular que los independiza del marco en el que están inscritos, se aviene a la corriente filosófica de la llamada Ontología Orientada al Objeto (OOO), según la cual los objetos tienen existencia propia, al margen de la determinación humana. Según Ian Bogost, «Si nos tomamos en serio la idea de que todos los objetos se retraen interminablemente en sí mismos, entonces la percepción humana se convierte en solo una de entre las muchas formas en que los objetos pueden relacionarse. Poner las cosas en el centro de una nueva metafísica también requiere que admitamos que no existen solo para nosotros» (2012: 9). Esta perspectiva, incluida en el denominado nuevo materialismo y que propone liberar a los objetos de nuestra mirada y reconocer que tienen vida propia, podría relacionarse con algunas películas de Pixar que antropomorfizan los objetos como antes Disney había antropomorfizado los animales. Se trata de dos mundos distintos, por supuesto, pero tampoco está de más ponerlos en común porque, en el fondo, forman parte de un mismo imaginario, expresado de formas muy distintas. En realidad, lo que la OOO facilita es la posibilidad de que nos tomemos en serio nuestra mirada, en lugar de eliminarla. Cuando contemplamos una imagen y la confundimos con una copia o una representación del mundo externo a ella —no digo mundo real porque hay muchos tipos de realidad—, no solo ignoramos la posible independencia de los objetos que aparecen en ella —autonomía de lo que podríamos llamar su deseo, tan bien plasmado en las animaciones de Pixar—, sino que también abjuramos de la pujanza de nuestra propia mirada. En tal caso, ambas instancias desaparecen en el magma de una imagen considerada como un todo que, partiendo de la realidad, impactaría en nuestra visión pasiva. Esta apenas se alteraría por el hecho de que esa realidad le llega a través de una imagen, la cual sería transparente como un cristal. Concederles independencia a los objetos implica dársela también a nuestra mirada. Si ellos nos miran o nos interpelan desde su propia esencia quiere decir que nosotros también podemos mirarlos e interpelarnos desde la nuestra. Una cosa no quita la otra, al contrario, son dos opciones que se refuerzan mutuamente.

Por ello es importante descomponer las imágenes en sus unidades, porque es una forma de verlas realmente. Con ello no solo descubrimos la verdadera potencia de los elementos que la forman, sino también sus relaciones, tanto las actuales como las virtuales o las posibles. Y a través de estas relaciones recuperamos la efectividad de la imagen, una imagen que se había ocultado a sí misma. Laura Tripaldi se refiere, muy adecuadamente, a los interfaces como «verdaderos espacios de encuentro en los que dos campos diferentes se entrelazan para formar un estado de la materia completamente nuevo (...). En este sentido, la interfaz es el producto de una relación en dos direcciones, en la que dos cuerpos en interacción recíproca se funden para fundar un material híbrido que difiere de sus componentes iniciales» (2023: 14). Ampliando el concepto de interfaz un poco más de lo que ya lo ha ampliado Tripaldi, pensemos la imagen como una interfaz entre el conjunto de elementos que forman la realidad y el ser humano que los contempla. En este sentido, la imagen es un espacio de encuentro en el que ambos factores no se reúnen pasivamente, sino que se activan uno al otro. Por ello es tan conveniente contemplarlos en movimiento y no como objetos estáticos depositados en un espacio particular, el de la imagen, donde son vistos pasivamente como un conjunto estático y homogéneo. Las imágenes, incluso las fijas, están siempre en movimiento, lo que ocurre es que, a veces, ese movimiento es virtual y precisa ser actualizado por una mirada activa.

Paradójicamente, algunas tecnologías desarrolladas por la IA parecen corroborar la utilidad de la mirada humanista, a pesar de pertenecer, como la OOO, al campo del más radical poshumanismo. Me refiero a los dispositivos de análisis automático de imágenes, que funcionan de manera equivalente a esa mirada atenta del observador humano que propugno para relacionarse con ellas y poder pensarlas. Se están produciendo, en el campo de la visión por ordenador, una serie de avances en lo que se denomina inferencia de objetos y personajes, cuya tarea es desglosar los elementos que componen una imagen. Actualmente, los dispositivos más conocidos son "Groma", "Sam" y "Mos", pero en el área de la IA todo cambia a tanta velocidad que, cuando el lector lea este texto, serán otros los programas que estén a la vanguardia de estos procesos. En cualquier caso, el procedimiento consiste en introducirse en el interior de las imágenes para discriminar en ellas sus componentes e indexarlos para que puedan ser encontrados con facilidad, por ejemplo en un film. También proceden a describir los objetos para que sea factible responder a preguntas formuladas sobre ellos. "Mos" es un programa especialmente adecuado para identificar y segmentar objetos en movimiento en un vídeo o una película. Al margen de estas innovaciones y su aplicación a los sistemas de almacenamiento y archivo de productos audiovisuales o a la edición de estos, lo cierto es que su presencia apunta a la aparición de un nuevo paradigma visual que conecta dos tipos de máquinas, las algorítmicas de la IA y las máquinas abstractas propuestas por Deleuze y Guattari. Los dispositivos de la IA, no solo generan imágenes a partir de relaciones internas con ingentes bases de datos visuales, sino que se muestran capaces de escudriñar en el interior de las imágenes humanas y descubrir en ellas sus propias relaciones internas, las líneas de fuerza y de fuga que las relacionan con la pujanza ontológica de las máquinas abstractas. El automatismo llega así a su máxima expresión, eliminando no solo cualquier atisbo de subjetividad, sino incluso de ese pensamiento automático que el cine, según Deleuze, era capaz de producir. En medio de ambos maquinismos, se sitúan las imágenes y la mirada humanas que, ofreciéndose como alternativa a la visión por ordenador o como su complemento, obtienen de esta el fundamento de sus nuevas pretensiones analíticas. No es que hayamos de imitar a la IA, sino todo lo contrario. Esta, al ir avanzando en su deseo de calcar nuestras capacidades, descubre instrumentos que replican características de nuestro entendimiento sobre cuya utilidad no habíamos reparado.

Máquinas visuales

En un libro anterior (*La puesta en imágenes*)*, propuse una teoría basada en vectores que pretendía abarcar tanto la puesta en cuadro como la relación entre los planos, es decir, el montaje. Por vector entendía las relaciones que se establecen entre los distintos elementos que aparecen en una escena y los personajes que actúan en ella. Estas relaciones no son estáticas, sino que se activan mediante la mirada de los personajes y sus acciones. Vectoriales son también las relaciones que mantienen los personajes entre sí y con los límites del encuadre, o sea,

* Catalá Domènech, Josep M., *La puesta en imágenes. Conceptos de dirección cinematográfica*, Valencia: Shangrila, 2019.

con el fuera de campo. Por consiguiente, estas relaciones vectoriales no actúan solamente dentro del encuadre, sino que sus líneas de fuerza pueden prolongarse, estableciendo nexos con otros planos adyacentes. Queda claro, pues, que mi propuesta de *sacar de contexto* los elementos que intervienen en una imagen para poner de relieve las relaciones actuales y posibles que mantienen entre sí no deja de ser una ampliación de mi teoría sobre los vectores o quizá la condición previa para su funcionamiento, encontrada a posteriori. Pero lo que me interesa ahora es destacar el hecho de que este ejercicio de desconstrucción de las imágenes, fijas o en movimiento, así como la existencia de relaciones internas manifestadas a través de vectores virtualmente inscritos en las construcciones visuales justifican que las imágenes puedan considerarse máquinas. Son máquinas concretas, visuales, que responden a la acción, directa o indirecta, de máquinas las abstractas.

Pero sería un gran error quedarse con el significado literal del concepto de máquina, suponer que el funcionamiento de los vectores responde a una serie de actuaciones mecánicas que pueden resolverse mediante automatismos lógicos, es decir, aplicando una especie de gramática figurativa o una operación equivalente a lo que Buckminster Fuller denominaba geometría del pensar. Hablamos de máquinas, pero de máquinas fluidas, de modo que los vectores lo que expresan son líneas de fuerza, energías profundas que provocan flujos emocionales, dramáticos o ideológicos, los cuales se exponen mediante relaciones lineales repartidas por la imagen o la escena y catalizadas por la propia actitud o el propio pensamiento de quienes confeccionan las imágenes. Los vectores expresan pulsiones, una parte de las cuales es racional y la otra irracional. El vector, la relación, es producto de una intuición, a la vez emocional e intelectual. Y, si bien su movimiento puede considerarse diagramático, no tiene por qué exponer esquemas establecidos de antemano, sino que las formas esquemáticas son el resultado de sus propios movimientos y de las relaciones que establecen sobre la marcha. Cuando la creatividad es nula y los procesos de confección de las imágenes se limitan a exponer ideas y estéticas preestablecidas, el dinamismo se anquilosa. Pero incluso en estos casos vale la pena conocer la arquitectura maquínica que sostiene y vehicula las producciones.

Desde esta perspectiva, se puede concebir que los vectores, al establecer relaciones entre elementos, hacen que la imagen sea "legible".

Deleuze indica que es la aparición del sonoro lo que hace que el cine se convierta en legible: «Decir que el cine se vuelve sonoro quiere decir que la palabra ya no se lee (se refiere a los intertítulos del cine mudo). Será oída (...) ¿Qué le sucede a la imagen visual cuando la palabra ya no es leída, sino oída? (...) La imagen visual en cuanto que visual va a volverse de cierta manera legible por su propia cuenta» (2023: 436). Pone como ejemplo, el célebre paralelismo que establece Eisenstein entre la banda sonora de Prokófiev y la banda de imagen en *Alexandre Nevski* (*Aleksandr Nevskiy*, 1938). Recordemos que compara una visualización de los ritmos musicales con una formalización abstracta de los ritmos visuales que componen las figuras en los planos correspondientes de la película. De ello, Deleuze extrae una conclusión muy particular, supuestamente basada en Eisenstein, la de que «el acto de música nos fuerza a leer la imagen visual (...). Quiero decir que la música impone un orden de aprehensión de la imagen visual y que en ese sentido la imagen es leída como sí misma» (*ibid.*: 437). Para comprender qué significa para Deleuze la imagen "como sí misma", debemos recodar su rechazo a contemplar las imágenes como tales. En este sentido, un poco más adelante, afirma que Carmelo Bene abandonó el cine para dedicarse al teatro porque «el soporte teatral (...) estaba en mejores condiciones que el soporte cinematográfico, todavía demasiado comprometido con la imagen visual" (*ibid.*: 447). Sorprende que, después de cuatro cursos sobre el cine, Deleuze descubra, para lamentarlo, que el cine está *demasiado* comprometido con la imagen visual. Una afirmación como esta explica muchas cosas, demuestra una forma muy particular de ver el cine que le lleva a pensar que la imagen necesita algo externo —el sónico, la música— para hacerse visible como tal, lo que para Deleuze implica, además, que se hace legible. Lo visual es para Deleuze tan aberrante que, cuando lo detecta, se ve obligado a reducirlo a otra cosa, en este caso lo legible.

Lo cierto es que la imagen ha ido siempre "legible", si con esto queremos decir algo tan obvio como que debe ser vista, es decir, debe ser contemplada como una propuesta visual. Esto implica que se debe observar su composición, o sea, el modo en que los elementos que comprende y sus relaciones están organizados visualmente, formando un espacio propio y particular. De todas formas, no deja de ser útil el concepto de "legibilidad", si lo entendemos metafóricamente y lo aplicamos a mi propuesta de enfatizar la presencia en la imagen de sus componentes. A partir de ellos, es ciertamente posible proponer una suerte de "lectura" de su visibilidad, entendida como una descomposición del todo para poner de relieve la función de sus partes. Pero no era necesario esperar a que el sonido o la música pusieran en evidencia algo que es intrínseco de la imagen y que en el cine es básico, su condición visual. La magnífica teoría fílmica de Deleuze pierde solidez con el rechazo a considerar el valor de las imágenes como tales. Ello nos obliga a ampliar el alcance de esa teoría para incluirlas.

Considerar las imágenes como máquinas visuales, que en realidad son máquinas audiovisuales y multimediáticas, nos permite comprender la fenomenología del post-cine, cuyo elemento común más destacado es la interactividad. La interactividad señala la aparición de la figura del participante que sustituye a la del espectador. El espectador, cuyas características ya esbozaba Platón en su mito de la caverna, es un elemento básico del modelo mental que inaugura la tragedia griega al desarrollar un tipo de espacio teatral drásticamente dividido entre la escena, donde transcurre la ficción, y las gradas donde se colocan los espectadores para contemplar pasivamente desde la realidad lo que transcurre en la escena ficticia. La unión entre estos dos espacios, es decir, entre lo que sucede en cada uno de ellos, se efectúa básicamente de dos manera, una visual y la otra mental. Aristóteles ya indicaba en su *Poética* que «hay que componer las tramas o argumentos y completarlos con un lenguaje tal que ponga lo más posible las cosas ante los ojos, puesto que, viéndoselas entonces con máxima claridad, como si ante uno mismo pasaran los hechos, encontrará lo conveniente y no se le escaparán las contradicciones ocultas». Por un lado, ver, por el otro, sentir. Mediante la identificación con lo que sucede en el escenario y las consecuencias catárticas de ello, el espectador salva el espacio que separa la ficción de la realidad. El teatro y el cine estarán sujetos a este dinamismo, incluso cuando dramaturgos como Brecht pretendan anularlo. Pero, en el momento en que el espectador se convierte en participante, la distancia entre ambos espacios ya no se franquea mental o psicológicamente. El participante o usuario de los dispositivos del post-cine o relacionados con él, como el ordenador, salva física o corporalmente la separación entre la realidad y ficción. Esto ya ocurría en los "Happenings" de los años cincuenta o sesenta del siglo pasado, ceremonias pseudo teatrales en las que el espectador se convertía en participante de manera espontánea. Como en el carnaval, los individuos que participaban en los "Happenings" experimentaban una transformación momentánea, poco profunda, pero con una cierta efectividad emocional por el hecho de penetrar en un espacio que, hasta ese momento, les estaba prohibido, como prohibido normalmente le está al espectador. De todas formas, no era una nueva figura la que aparecía en escena, sino la antigua provisionalmente cambiada: el espectador disfrazado de participante. Pero la verdadera transformación del espectador en participante se produce con la aparición del ordenador personal y los correspondientes procesos de digitalización. En este caso, aún no es el cuerpo el que interviene en un espacio escénico, sino que la participación se ejecuta sobre un espacio virtual, mediante una serie de gestos corporales. A pesar de ello, se produce un cambio cognitivo profundo. El participante ya no es un espectador que pretende ser momentáneamente un actor por diversión como en los "Happenings" o como cuando se le invita a subir al escenario en algunos espectáculos, sino que está aprendiendo una nueva forma de relacionarse con un espacio que no es solo ficticio, sino que posee una complejidad que supera la de la escena teatral e incluso la de la escena cinematográfica. Habrá que esperar a la llegada de la realidad virtual para que se produzca una inmersión corporal en un espacio *otro*, una incursión parecida a la que ocurría en los "Happenings", pero con la salvedad de que en el transcurso actual se producen cambios sustanciales de la subjetividad. Quien penetra en los mundos virtuales, ya no es un espectador, sino un participante, entrenado ya por anteriores ejercicios de interacción, principalmente a través del uso de interfaces en el ordenador, el móvil o los videojuegos. Se trata de un proceso de subjetivación que puede ser experimentado individualmente, pero cuya verdadera importancia reside en el hecho de que es social. Pertenece al imaginario social y, por lo tanto, alcanza incluso a aquellos individuos que no han tenido la oportunidad de utilizar un ordenador, jugar a un videojuego o ponerse unas gafas de realidad virtual. En realidad, estas experiencias no son el verdadero origen del cambio de paradigma, sino una de sus consecuencias, si bien se convierten en el vehículo más expresivo de esta mudanza.

En las nuevas circunstancias, subsiste la figura del espectador, puesto que sigue habiendo espectáculos que se asimilan pasivamente, pero, incluso en estos casos, este espectador ya no es exactamente el mismo que el que acudía al cine, al teatro o al museo antes de la década de los años ochenta. Algo ha cambiado en el panorama social que afecta a todo el mundo en un grado o en otro. Esta mutación tiene qué ver con los procesos de subjetivación, íntimamente relacionados con los dispositivos tecnológicos de nuevo cuño, que son básicamente tecnologías de la imaginación, de una imaginación considerada radical. La imaginación, afirma el investigador canadiense Max Haiven, «no existe solo en la mente individual; también existe entre la gente, como el resultado de sus tentativas para encontrar cómo vivir y trabajar juntos» (2024: 218). El autor propone la práctica de una imaginación radical que, según la crítica de arte y comisaria de exhibiciones Rosa Pera, implica las siguientes operaciones:

> El ejercicio de la facultad para identificar y entender la realidad a través de ideas y proyectos guiados por la creatividad son objetivos transformadores. Tomar la creatividad como guía implica activar la imaginación para hallar nuevas y fructíferas conexiones entre disciplinas, y entre ellas y los saberes de otro orden, como son aquellos producidos en la cultura popular, por ejemplo, o también proponer nuevos conceptos para nombrar fenómenos identificados a la luz de posiciones críticas con lo establecido. Conducida por la creatividad, la imaginación radical es el umbral de propuestas innovadoras que parten de posiciones distintas de las normativas o convencionales; nuevas perspectivas abren otros modos de percibir y abordar situaciones. En consecuencia, los análisis conducidos por la imaginación radical abren posibilidades de acción fuera de lo común. Son modos de operar que surgen de la combinación de conocimientos y saberes de ámbitos de investigación y experiencia diversos (2022: 35).

La idea de una imaginación radical es importante por varias razones. En primer lugar porque, según Pera, se relaciona con una serie de operaciones intelectuales, como la de hallar conexiones entre diversas disciplinas y distintos tipos de saber que se ajustan a las necesidades de la complejidad contemporánea. En segundo lugar, porque conecta con la forma en que pueden producir y gestionar estos saberes las nuevas tecnologías de la imaginación. Es decir, pone de manifiesto la trascendencia de los cambios que estas llevan a cabo.

Rosa Pera identifica este tipo de imaginación, con el trabajo y la mentalidad del famoso diseñador norteamericano Buckminster Fuller: «Fuller se centró en estudiar y comprender el mundo y el universo desde otras perspectivas diferentes a las regulares, divulgando sus conocimientos para activar la sociedad con imaginarios nuevos» (Pera, 2022: 39). Las nuevas tecnología de la imaginación, especialmente las relacionadas con el post-cine, son instrumentos que plantean formas diferentes de pensar, puesto que ofrecen maneras diversas de producir y relacionarse con el saber. Es especialmente adecuado para el contexto que estoy tratando de delimitar que Pera se refiera al trabajo de Fuller, puesto que ella misma ha trasladado este trabajo y el pensamiento del diseñador norteamericano a dos nuevos espacios concomitantes, el de la instalación y el del webdoc. Pera fue comisaria, junto con José Luis Vicente, de la exposición *Curiosidad Radical: en la órbita de Buckminster Fuller*, presentada en el Espacio Fundación Telefónica, de Madrid (2020-2021), y que también se mostró en el ArtScience Museum de Singapur (2020 y 2022). Esta instalación ha sido convertida en una web documental que, gracias a su diseño interactivo, amplia las posibilidades de las instalaciones situada en los espacios físicos.[24] Lo que se propone en ambos casos es la reunión de elementos que, si bien no son estrictamente heterogéneos, puesto que se relacionan con la figura de Fuller como eje central, sí que son muy diversos, demostrando la capacidad de una imaginación tan variada que puede considerarse, efectivamente, radical. Al no distribuirse linealmente, como en un texto o en un vídeo, sino espacialmente, los componentes de la instalación establecen una composición claramente rizomática, una característica que se hace aún más evidente en la web documental, donde aparece un espacio relacional de carácter interactivo que supone un cambio de grado con respecto a la instalación física. Son dos tipos de interactividad las que se confrontan en las dos versiones. El diseño del espacio físico permite una libertad de movimiento del visitante que equivale a la interactividad digital. Es un primer paso hacia la conversión del espectador pasivo en un participante activo, cuya actuación será plena en la web documental. En la figura 24 se observa una muestra de la complejidad

24. Espacio Fundación Telefónica: https://espacio.fundaciontelefonica.com/evento/curiosidad-radical-en-la-orbita-de-buckminster-fuller/

EN LA ÓRBITA DE
RICHARD BUCKMINSTER
FULLER
HAZ DE TU VIDA UN EXPERIMENTO
ARTISTAS, DISEÑADORES, ARQUITECTOS Y PENSADORES EN LA ÓRBITA DE FULLER
COETÁNEOS A FULLER
CONTEMPORÁNEOS
Arquitecto y pensador que explora el papel de la arquitectura en la construcción de las sociedades
ANDRÉS JAQUE
(ESPAÑA, 1971)
CEDRIC PRICE
(REINO UNIDO, 1934)
Arquitecto
Diseñadora y profesora del MIT Media Lab
NERI OXMAN
(ISRAEL, 1976)
JORIS LAARMAN
Diseñador y artista
NERI OXMAN
(ISRAEL, 1976)
Diseñadora y profesora del MIT Media Lab
TOMÁS LIBERTÍNY
(ESLOVAQUIA, 1979)
Artista
EDU CA CIÓN
No se puede saber menos, solo se puede saber más
DI SE ÑO
Hacer que el mundo funcione para el 100% de la humanidad
ISAMU NOGUCHI
(EEUU, 1904)
Escultor y diseñador
ISAMU NOGUCHI
(EEUU, 1904)
Escultor y diseñador
OLAFUR ELIASSON
(DINAMARCA, 1969)
Artista
CHUCK HOBERMAN
(EEUU, 1956)
Artista, arquitecto, ingeniero e inventor
TEN SE GRI DAD
Las fuerzas que gobiernan el universo
'BUCKY' FULLER
EX PERI MENTA CIÓN
Aprender haciendo
EINAR THORSTEINN
(ISLANDIA, 1942)
Matemático y arquitecto
E.J. APPLEWHITE
(EEUU, 1919)
Escritor
El hogar, la transformación pendiente
VIVIEN DA
RUTH ASAWA
(EEUU, 1926)
Escultora
GYULA KOSICE
(ESLOVAQUIA, 1924)
Escultor, teórico, poeta
JOSÉ MIGUEL DE PRADA POOLE
(VALLADOLID, 1938)
Arquitecto
JON STONE
(REINO UNIDO)
Diseñador y modelador 3D
NORMAN FOSTER
(REINO UNIDO, 1935)
Arquitecto
SHOJI SADAO
(EEUU, 1927)
Arquitecto
WASP TEAM
(ITALIA, 2003)
Compañía especializada en la producción en 3D
ABEER SEIKALY
(JORDANIA, 1979)
Arquitecta, artista y diseñadora
ESPACIO

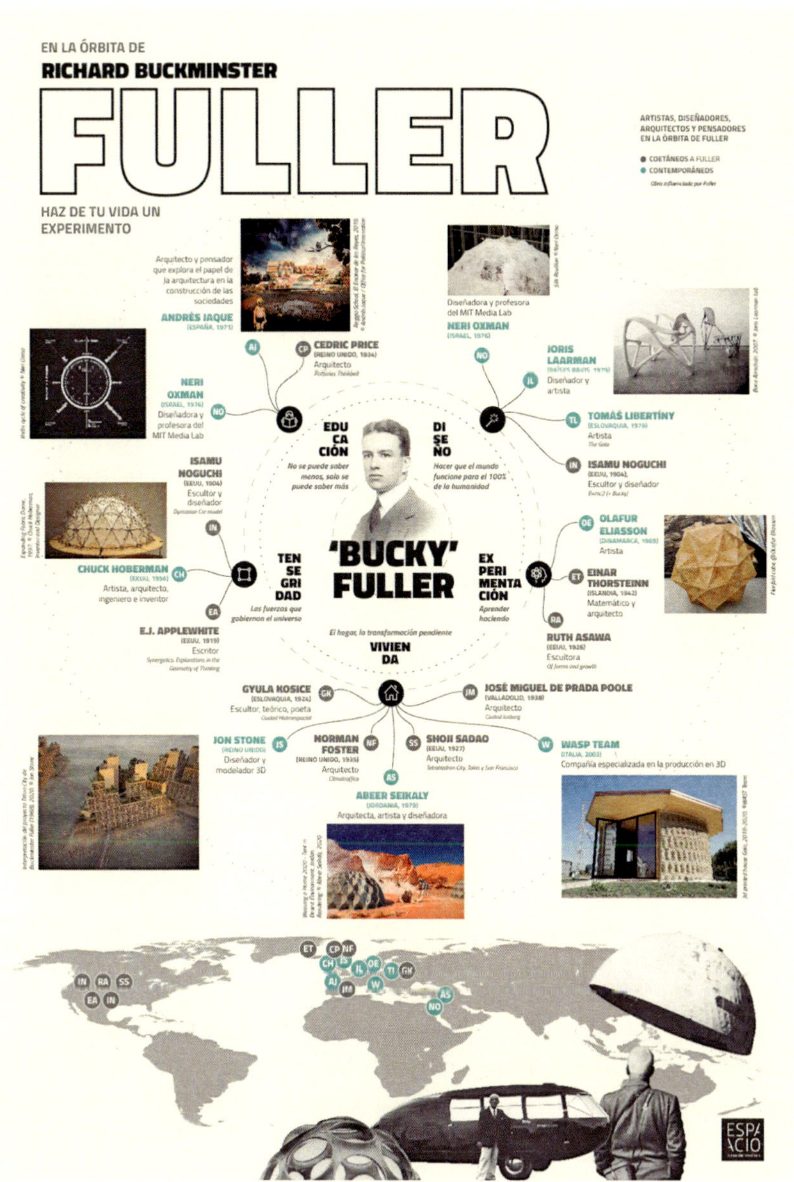

Figura 24

que posee la propuesta de la web. Se trata de un diagrama interactivo de la exhibición que pone de relieve su condición de ensamblaje maquínico, típico de las nuevas formas del post-cine y que se explicita especialmente en las webs documentales. El mapa de la figura 24 no deja de ser estático porque un libro no permite otra cosa, pero, en la web, es un espacio activo, convertido en algo más que un mapa de la exhibición. De ser solo un mapa, equivaldría a la representación de la puesta en escena del conocimiento efectuada en la muestra física, pero con la interacción se convierte en un espacio distinto, un espacio relacional dispuesto a múltiples combinaciones. El esquema de la figura también puede considerarse equivalente al diagrama de uno de los ensamblajes posibles que un visitante puede realizar en su recorrido por las salas del museo o la galería. En este sentido, podría haber tantos mapas como espectadores, de la misma manera que la web ofrece, en principio, la oportunidad de efectuar múltiples interacciones distintas entre sus componentes. En cualquier caso, la web, con sus distintos pliegues latentes, supera en flexibilidad al espacio físico. Pero lo más importante es que se trata de una transformación radical de este espacio, es decir, de la aparición de un espacio distinto que ofrece formas diferentes de pensar y de asimilar el conocimiento.

El proyecto de Pera y Vicente tiene la particularidad de reunir tres vectores diversos, pero íntimamente relacionados entre sí. Por un lado, una instalación típica, distribuida por un espacio físico. Por el otro, una web que sitúa los elementos del espacio expositivo en otra dimensión espacial, donde la interactividad propone relaciones inéditas entre aquellos elementos, a la vez que potencia su recepción por parte de los usuarios. Todo ello relacionado con un personaje muy peculiar, Buckminster Fuller, cuya mentalidad se ajusta al imaginario al que pertenece la ontología de los dos medios que se encargan de mostrarla al público.

Fuller se consideraba a sí mismo un científico de lo que denominaba diseño anticipador comprehensivo (*Comprehensive Anticipatory Design Scientist*), pero la virtud más destacada de su pensamiento era la capacidad de combinar distintas disciplinas, como la ciencia, el arte, la arquitectura y el diseño en el marco de una mentalidad que no solo era abiertamente transdisciplinar, sino directamente contraria a las disciplinas, es decir, a la especialización. Tenía como meta liderar lo que denominaba la Revolución de la ciencia del diseño (*Design Science Revolution*), que debía desarrollarse a través de la investigación, la experimentación y el diseño para una transformación radical del mundo, articulada a través de tres ejes: la vivienda, la movilidad y la educación.[25] Algunas de sus manifestaciones más contundentes, como las relativas al concepto de sinergia, se avienen mucho a la complejidad de la ontología de las instalaciones, las web documentales y, en general, el pensamiento ensayístico: «Por eso digo que la mente, y solo la mente, ha podido descubrir relaciones que existen entre ellas y que no pertenecen a ninguno de los fenómenos de casos especiales. Y el cerebro siempre se ocupa de casos especiales. Así, los cerebros se ocupan de casos especiales y la mente se ocupa de descubrir las relaciones que existen entre ellos. Esto nos conduce entonces a la palabra SINERGIA. SINERGIA significa: comportamientos de sistemas completos, y un sistema mínimo serían dos, comportamientos de sistemas completos no predecibles por el conducta de cualquiera de las partes del sistema, cuando las partes se consideran por separado, una de la otra».[26]

Para comprender mejor la naturaleza maquínica del nuevo espacio que proponen los nuevos medios es necesario pensarlos como el conjunto de una serie de relaciones virtuales que solo se actualizan cuando son activadas por los participantes, siguiendo itinerarios que pueden ser distintos y, por consiguiente, forman estructuras diagramáticas también diversas en todo momento. El espacio que se genera con estas actividades es básicamente mental: una sucesión de territorios constantemente desterritorializados que, ocasionalmente, pueden plasmarse en una imagen estable, aunque no necesariamente fija. Como en las interfaces del ordenador, que idealmente pueden ser infinitamente elásticas, en estos casos estamos no solo ante una forma renovada de exponer el conocimiento, sino también ante una nueva forma de pensar, que se activa tanto a la hora de diseñar las propuestas, como cuando estas son recorridas por los participantes. Se trata de modos de pensar que no necesariamente tienen que ser uniformes y coincidir en sus desarrollos ni tampoco en sus diversas conclusiones posibles. Son nuevas maneras de

25. Textos de sala de la exhibición "Curiosidad Radical. En la Órbita de Buckminster Fuller". Espacio Fundación Telefónica, 2020-2021.
26. Buckminster Fuller, "Everything I Know", transcripción de una serie de conferencias, publicada por Buckminster Fuller Institute, 1997.

pensar porque el razonamiento procede a través de circuitos distintos y se despliega por medio de plataformas inéditas.

En una de sus definiciones del esquizoanálisis, Guattari indica que «el enfoque esquizoanalítico nunca se limitará a una interpretación de "lo dado"; se centrará, mucho más fundamentalmente, en el "dar", en los agenciamientos que promueven la concatenación de afectos de significado y efectos pragmáticos» (1986: 8). Esta pretensión de centrarse más en la producción que deriva de los agenciamientos que en lo ya establecido, permite equiparar el esquizoanálisis con las máquinas visuales o artísticas. Guattari se preguntaba si el esquizoanálisis no sería un nuevo culto a la máquina, para responder que, en todo caso, no lo sería en el marco de las relaciones sociales capitalistas: «el monstruoso aumento de los maquinismos de toda naturaleza, en todos los dominios, que parecen tener que conducir actualmente a la humanidad a una catástrofe ineludible, podría del mismo modo convertirse en camino real hacia su liberación» (1979: 216). Este camino real transcurriría, por un lado, hacia el esquizoanálisis y, por el otro, hacia el arte. Más concretamente, hacia el arte entendido como un esquizoanálisis y el esquizoanálisis planteado como una práctica artística. En cualquier caso, la liberación residiría en una nueva forma de pensar el sujeto y el mundo a partir de las formulaciones del saber que ofrecen las tecnologías de la imaginación.

Este modo de pensamiento contemporáneo basado en disposiciones espaciales tiene sus antecedentes en los gabinetes de curiosidades (*Wunderkammer*) de los siglos XVI al XVIII. Considerados los precursores de los museos, estos gabinetes eran habitaciones en las que se acumulaban objetos heterogéneos y generalmente exóticos, coleccionados por la nobleza y posteriormente por la burguesía. En la figura 25, se muestra un grabado desplegable de 1599, proveniente de *Dell'Historia Naturale* del napolitano Ferrante Imperato. A veces estas colecciones no se exhibían en una habitación, sino que se concentraban en algún mueble o en una vitrina. La obra del artista norteamericano Joseph Cornell se inspira sin duda en estas manifestaciones. Por otro lado, y al final de un recorrido que ha pasado por la implantación de los museos y las salas de exhibición clásicos, se encuentran las actuales instalaciones. Los gabinetes de curiosidades pueden considerarse pre-racionales, de la misma forma que las instalaciones serían post-racionales. Ninguna de las dos modalidades puede calificarse de irracio-

Figura 26

nal, como lo es, por ejemplo, una propuesta dadaísta. Los ensamblajes de las *Wunderkammers* son productos del deseo, máquinas deseantes, por lo tanto. Han sido organizadas por el deseo —el que promueve, por ejemplo, el afán de coleccionismo—, pero, al fin y al cabo, organizadas, lo que indica que es posible seguir el trazo del deseo en sus ensamblajes. Las instalaciones también son producto del deseo, pero es un deseo asimilado intelectualmente, pensado en su proceso deseante. En las instalaciones hay una voluntad de orden que ya se adivinaba en los gabinetes de curiosidades: un equilibrio entre el orden y el caos que, en su caso, se decanta hacia el orden, mientras que en el otro lo hacía hacia el caos. Se trataba, en los *Wunderkammers,* de un orden caótico que la institución museística absorberá para racionalizarlo y, por lo tanto, enfriar la pujanza del deseo que lo origina. Solo mucho más tarde, regresará esa disposición y lo hará en gran medida cuando el orden racional del museo pierda vigencia.

Como ejemplo artístico de ese antiguo orden renovado, propongo una de las interesantes instalaciones de los artistas canadienses Janet Cardiff y George Bures Miller, cuyo trabajo se basa generalmente en la construcción de espacios donde se acumulan objetos muy diversos que se proponen como un enigma de las vivencias que representan. En concreto, *Opera for a Small Room* (2005) consiste en una habitación cerrada a cuyo interior solo se puede acceder observando a través de los cristales de las ventanas. Como sea que está situada en el centro de una sala de exposiciones, lo que se ofrece, de entrada, al visitante es la combinación de dos espacios, uno dentro del otro. Tal como afirma Susan Ballard, «*Opera for a Small Room*, es una máquina artística que perturba simultáneamente la ordenación de la galería y la de sus espectadores (...). Es a la vez una máquina y una habitación en el interior de una máquina» (2014: 128 y 130). La instalación no se ofrece solo a la vista, sino

Figura 26

también al oído, puesto que «hay veinticuatro altavoces antiguos de los que salen canciones, sonidos, arias y ocasionales melodías pop. Hay casi dos mil discos apilados por la sala y ocho tocadiscos, que se encienden y apagan robóticamente, sincronizándose con la banda sonora. Se escucha el sonido de alguien moviéndose y clasificando álbumes»[27], todo ello en medio de una abigarrada acumulación de otros muchos objetos repartidos por un peculiar ambiente (figura 26).

De las máquinas deseantes pre-modernas pasamos a las máquinas abstractas post-modernas. De una racionalidad en ciernes, vamos a una racionalidad superada por una forma de pensamiento post-racional, es decir, que razona de forma distinta. Pero esta etapa no culmina en las instalaciones, no se detiene en ellas, puesto que hay algo que, por lo general, les falta: el movimiento. La introducción del movimiento no solo hace avanzar esta estética que promueve una nueva forma de pensar, sino que actualiza lo que en las manifestaciones estáticas estaba incluido virtualmente, haciendo que el modelo alcance así su verdadera operatividad.

Las instalaciones nos ofrecen ejemplos de los nuevos tipos de espacio surgidos de los agenciamientos, pero su proverbial estabilidad es engañosa. Ello nos obliga a recurrir, para comprender su alcance fenomenológico, a los ensamblajes que emergen de los procesos de navegación interactiva, cuando se ponen en contacto distintos espacios de la web o cuando se efectúan relaciones entre los elementos del interior de alguno de estos espacios. En este caso, no se trata de espacios físicos, pero equivalen a ellos. Son territorios, inestables o no, que poseen propiedades estéticas y cognitivas, a través de las que transcurren los procesos reflexivos, distribuidos a distintos niveles. Por otro lado, aunque se trate de flujos, estos siempre pueden actualizarse mediante una imagen o una serie de ellas —un mapa o un diagrama— en cualquier momento del proceso.

Para acotar mejor estos fenómenos, podemos acudir al concepto de multiplicidad y a la figura tipológica denominada *manifold*, ambos propuestos por Deleuze y Guattari. Un *manifold* es también un objeto técnico, se trata de un distribuidor que permite repartir un flujo, líquido,

27. https://cardiffmiller.com/installations/opera-for-a-small-room/

gaseoso o energético, por varias bifurcaciones secundarias, a partir de un eje central. En principio, los citados filósofos apelan al concepto dinámico de multiplicidad para sustituir al de esencia, que es estático. En lugar de buscar aquello que define cualquier sustancia, se interesan por el proceso morfogenético que la constituye. Para comprender la relación que existe entre el concepto de multiplicidad y el funcionamiento de los nuevos dispositivos estético-reflexivos, hay que acudir a lo que dice DeLanda sobre las multiplicidades, las cuales, según él, «especifican la estructura de espacios de posibilidades, espacios que, a su vez, explican las regularidades exhibidas por los procesos morfogenéticos» (2005: 3). Las tecnologías interactivas de carácter avanzado, como algunas webs documentales y, en general, las interfaces, están proponiendo en todo momento espacios posibles y también espacios de posibilidades. A partir de cualquier ensamblaje, se ofrece la eventualidad de que aparezcan otros espacios, lo que hace que el espacio de un ensamblaje en particular sea un espacio de posibilidades, es decir, un lugar donde se congregan distintas acciones posibles. El término "multiplicidad", afirma DeLanda, «está estrechamente relacionado con el de *manifold*, término que designa un espacio geométrico con ciertas propiedades características» (*ibid.*). Uno de estos rasgos es la capacidad de congregar diversas posibilidades en una misma configuración, lo que hace que este *espacio* recolector adquiera una forma característica a partir de las variedades de cada potencial conjunción: «Una multiplicidad deleuziana tiene como primer distintivo definitorio estos dos rasgos de un *manifold*: su número variable de dimensiones y, más importante aún, la ausencia de una dimensión suplementaria (superior) que imponga una coordinación extrínseca y, por tanto, una unidad extrínsecamente definida. Como escribe Deleuze (en *Diferencia y Repetición*): "La multiplicidad no debe designar una combinación de lo múltiple y lo uno, sino más bien una organización perteneciente a lo múltiple como tal, que no necesita en absoluto la unidad para formar un sistema"» (DeLanda, *ibid.*: 5). Esta forma emergente no es, por lo tanto, una forma externa que precede a la conjunción o se impone a ella, sino una forma interna que proviene de esa misma conjunción y que por lo tanto solo puede ser flexible y dinámica.

Nos encontramos, por tanto, con plataformas de pensamiento producidas por distintos procesos de agenciamiento. Estos agenciamientos provienen a la vez de movimientos estéticos y movimientos mentales entrecruzados y no se detienen más que para producir momentáneas estabilidades relacionadas con una emoción o una idea y, muy probablemente, con las dos a la vez.

El amor de UIQ como rizoma

El interés de Félix Guattari por el cine no empieza cuando decide colaborar con el cineasta norteamericano Robert Kramer para realizar un film de ciencia-ficción que acabará convirtiéndose en el guion de "Un amor de UIQ". Ya antes había trabajado con François Pain, autor de varios films sobre la psiquiatría alternativa que estuvo algunos años en *La Borde*, para realizar un proyecto fílmico sobre el movimiento de las llamadas radios libres, unas pujantes actividades radiofónicas de carácter alternativo que se desarrollaron principalmente en Francia y Italia, entre 1977 y 1981, es decir, antes de que en estos países se legislara para impedir actuaciones de ese tipo. Guattari también había colaborado, durante su estancia en *La Borde*, con el cineasta René Laloux para realizar un taller de cine de animación con los internos. El resultado fue un cortometraje titulado *Los dientes del mono* (*Le dents du singe*, 1960).

El interés de Guattari por el cine ya era evidente, pues, antes de que él y Kramer iniciaran su colaboración, a finales de los años setenta. Su proyecto inicial se titulaba "Latitante" y narraba la historia de dos fugitivos con las consecuentes peripecias en las que estos se veían envueltos. Fue más tarde que Kramer y Guattari empezaron a trabajar en "Un amor de UIQ". Juntos realizaron dos versiones del guion entre 1982 y 1983. Pero la última la emprendió Guattari en solitario, a partir de 1984. La intensidad del compromiso que el esquizoanalista mantendrá con este proyecto se hace patente por el hecho de que, una vez terminado el guion, lo envió a una productora de Hollywood, Lighthouse Productions, con la esperanza de que llegase a manos de Francis Ford Coppola o Steven Spielberg. La respuesta de la productora fue más bien prudente: puso de manifiesto las dificultades de la necesaria traducción al inglés del escrito y señaló el inconveniente que, para el sector, podía suponer las tendencias políticas que afloraban en él. Guattari incluso llegó a escribir una carta a Antonioni instándole a interesarse por el guion. No se sabe si esta carta, de la que se conserva una copia, fue finalmente enviada o no, pero está claro que Guattari no dudaba del interés de lo que tenía entre manos.

De la intensa correspondencia que mantuvieron Kramer y Guattari, destaca una frase que el cineasta norteamericano pone entre comillas en una de sus misivas. Concretamente, Kramer indica que le adjunta cinco páginas del guion, resultado de su trabajo sobre el borrador que le había mandado previamente Guattari. En esta versión ha procurado imaginar insistentemente, dice, «cómo podrían contar la historia de manera que fuera posible *visualizar* la mayor parte, y así no tener que depender de largas exposiciones verbales» (Maglioni y Thomson, *op. cit.*: 221).

Me parece relevante esta puntualización que hace el cineasta norteamericano, ya que nos permite retomar la reflexión acerca de la ontología de las imágenes, que como hemos visto tan difícil resulta de precisar. La encomiable voluntad que expresa Kramer, que, a tenor del guion final, no parece que fuese atendida por Guattari, se refiere a la capacidad informativa de las imágenes. Parece repetir ese lamento que generó la aparición del sonoro ante la perdida de la capacidad que se adjudicaba al cine mudo de contar las historias solo mediante imágenes. Aunque ello no es del todo cierto, puesto que la presencia de los intertítulos ayudaba a comprender la narración, sí que es verdad que existía en ese tipo de cine la tendencia a que la mayoría de las acciones y su significado se expresara visualmente. Pero ello no quiere decir que, con la llegada del sonoro, todas las películas fueran como esas novelas de Agatha Christie, o sus versiones fílmicas, en las que, al final, Hércules Poirot resuelve el caso dando largas explicaciones sobre lo sucedido. Con el sonoro, aparecieron nuevas formas de expresión visual, quizá más sutiles y, por ello, también menos evidentes, lo que les hizo perder importancia a ojos de los espectadores. La relevancia visual de las películas nunca dejó de existir, aunque generalmente dejó de estar en un primer término.

Pero, en realidad, ¿de qué estamos hablando cuando adjudicamos al mal llamado cine mudo una particular capacidad de expresión visual que luego habría dejado de existir? Lo cierto es que lo que se añora no es tanto un verdadero trabajo con la imagen, sino la plena concentración de las peripecias de la trama en su visualización, aunque esta, la mayoría de las veces, sea absolutamente plana. O sea que, tanto en el caso del cine mudo como en el del sonoro, lo que se acostumbra a reclamar es la función informativa de la imagen. No su función estética o formal. De hecho, el verdadero trabajo con la imagen no se consolidó hasta la llegada del cine expresionista y, paradójicamente, adquirió una mayor preponderancia en el cine sonoro, quizá porque los cineastas no querían dejar que la narración dependiera de los diálogos y buscaron con mayor ahínco la expresividad visual, creando una estética muy efectiva pero tan perfectamente integrada en la narración o el drama que pasaba desapercibida.

No anda del todo errado Deleuze cuando se refiere al misterio de las imágenes, pero se trata de un misterio que él no resuelve, sino todo lo contrario, lo ahonda. Su exhaustiva y detallada clasificación de las imágenes-movimiento, a pesar de su variedad, puede resumirse a la imagen-acción, ya que, aunque defina con detalle otros tipos de imágenes pertenecientes a esta categoría, en última instancia está pensando en imágenes que muestran acciones, ya sean perceptivas, emocionales o reflexivas. Es decir, imágenes que informan al espectador sobre esas actividades, comunicándosela través de su visualización, una visualización aparentemente neutra que no contempla en absoluto el hecho fundamental de que las imágenes no solo muestran acciones, actividades o situaciones, sino que les dan una forma. Y que es a través de esta forma emocional, cognitiva e ideológica que la historia llega a los espectadores.

Frente a la lingüística, disciplina aún hegemónica cuando Deleuze terminaba de dictar sus clases sobre el cine, la cual no tenía en cuenta el movimiento de las imágenes fílmicas, el filósofo afirma con tanta contundencia como razón tiene que «el dato inmediato de la imagen cinematográfica es el movimiento (y no el hecho de que el cine sea narrativo, como pretendía, por ejemplo, Metz) (...) La narración deriva del dato inmediato de las imágenes» (2023: 524). A partir de aquí, desarrolla una teoría muy sencilla sobre la imagen-movimiento, basada en tres especies de esta: imagen-percepción, imagen-acción e imagen-afección, las cuales derivan del modo en que aquella se relaciona con un intervalo del movimiento. El intervalo del movimiento significa, para Deleuze, el paso de un plano a otro. Por ejemplo, cuando la imagen-movimiento acciona sobre el intervalo, se produce la imagen-percepción. Cuando aquella reacciona, aparece la imagen-acción. Y, finalmente, lo que aúna el conjunto de esas dos acciones corresponde a la imagen-afección. Es a la combinación de estos tres tipos de imagen que Deleuze denomina narración. Y lo aclara con un ejemplo quizá excesivamente simple del llamado cine de acción, un Western: «La imagen percepción típica: en lo alto de la colina, aparecen los indios (...). En el campamento aumenta el miedo o se gesta el coraje: imagen-afección. Se produce la reacción (imagen-acción): "Bang, bang, bang! Es una narración» (*Ibid*: 526). Pero, de nuevo, lo que se nos presenta son situaciones o acciones visualizadas, pero no se nos dice nada sobre el modo en que la acción, la reacción y la afección han sido visualizadas concretamente en un film determinado, más allá de lo que expone el propio argumento narrativo. Deleuze parece incurrir así en una tautología, ya que, en el fondo, afirma que la razón por la que esas tres imágenes pertenecen a una narración es... porque son narrativas. Pero esas imágenes, consideradas por sus propiedades formales y no por su situación sintagmática, podrían ser catalogadas de muy distintas maneras. Y su condición también variaría si se alterase el orden secuencial. De lo que se deduce que no son perceptivas, activas o afectivas por sí mismas, sino porque están situadas en un conjunto que las determina en este sentido, al margen de lo que ellas expresan formalmente.

Poner el foco en las imágenes en sí no implica referirse a cuestiones de estilo o de belleza, tampoco de ornamento, sino que supone colocarse frente a una visión del mundo, en los dos sentidos de la palabra: como puesta en imágenes de un mundo y como concepción del mundo. En primer lugar, el film construye un mundo particular, a partir del que se detecta una específica visión del mundo real. Esta concepción del mundo delata, a su vez, la ideología que ha impulsado la construcción del mundo fílmico. No se trata, pues, de un proceso lineal que va de la realidad a la imagen, sino de un desarrollo cíclico que parte del mundo construido y regresa a él, después de pasar por el mundo real, que no experimenta impunemente este tránsito por su territorio. Cualquier consideración sobre el fenómeno fílmico debe partir del mundo que la película construye. Sin embargo, es obvio que, tanto para el cineasta menos visualmente concienciado como para el espectador menos sensible, la operación fílmica se entenderá a la inversa: como la plasmación directa del mundo real —aunque tenga un contenido ficticio—, una operación a la que, en última instancia, puede que se le conceda algún tipo de etérea formalización. No resulta fácil convencer de lo contrario, sobre todo al espectador, ya que este recibe pasivamente el film como si estuviera viendo directamente la realidad. Los cineastas tienen, por su parte, la obligación de conocer su oficio, pero da la impresión de que algunos de ellos, a tenor del resultado de su trabajo, dejan que la cámara actúe por su cuenta, pensando que es como ese espejo que el escritor pasea a lo largo del camino, según la conocida metáfora con la que Stendhal quiso definir la novela. Ignoran que tomar la metáfora al pie de la letra no hace más que alejarles de Stendhal.

Todo funciona a la inversa: el trabajo fílmico, desde el guion hasta cualquiera de los oficios que intervienen en él, consiste en primer lugar en la construcción de un mundo visual, al que el sonido y la palabra deberán acomodarse. Y solo una vez establecido este mundo, se permitirá que la realidad penetre en él, filtrada por las imágenes que lo componen. Ni siquiera el documentalista más tradicional es capaz de contemplar una realidad sin forma. Algunos cineastas cercanos al documental, como, por ejemplo, Jean Rouch o Pier Paolo Paolini, conscientes de la inutilidad de esta pretensión, incluyen en alguno de sus proyectos una maniobra retórica que permite que el film se atenga a una de las tantas interpretaciones posibles de la realidad. Rouch, por ejemplo, en *Yo, un negro* (*Moi, un noir*, 1958), sigue a seis jóvenes inmigrantes nigerianos que han emigrado a Costa de Marfil en busca de trabajo. Una característica de estos individuos es que se presentan con pseudónimos extraídos de actores de cine como Edgar G. Robinson, Eddie Constantine o Dorothy Lamour. Esta peculiaridad hace que lo que Rouch filme no sea tanto la vida real desnuda, como si esta pudiera existir sin un halo imaginario o simbólico, sino la vida imaginaria de los personajes a través de la que se filtran sus actividades cotidianas, las cuales, por ello, adquieren un grado de complejidad que las hace más *reales* que si la cámara las captara sin atavíos. Algo parecido sucede obviamente con la mirada del propio documentalista, que se ve matizada por ese disfraz que adoptan los personajes, el cual, en lugar de ocultarlos, los delata. No es un recurso excesivamente sofisticado, pero resulta efectivo y, sobre todo, señala un camino.

Pasolini hace algo parecido en *Apuntes para una Orestiada africana* (*Appunti per un'Orestiade africana*, 1970), pero va más lejos que Rouch. El director italiano propone contemplar la realidad africana a través del filtro de *La Orestiada* de Esquilo. Para ello, adjudica a los personajes autóctonos que capta con la cámara la personalidad de los protagonistas de la tragedia, partiendo de su fisionomía, como si fuera un director de casting en busca de actores y actrices para representar la obra. Proyecta, pues, sobre la realidad africana, todo el peso de una tradición absolutamente ajena como es la griega y europea, sin que ello implique, ni por asomo, una mirada colonialista. Por el contrario, la propuesta pretende profundizar en el mundo de África, descubriendo en ella perfiles que una mirada sin atributos ignoraría, y lo consigue, aplicándole un filtro inédito que evita la posible redundancia implícita en la visión directa, mediante la cual se acostumbran a duplicar los tópicos. Pasolini, con su ejercicio, muestra un mayor respeto por los africanos que un cineasta que pretenda comprenderlos desde un punto de vista absurdamente universal, es decir, someterlos a su mirada de otro mundo, como si esta fuera la garantía de la verdad. El director italiano considera, por el contrario, que, puesto que se necesita alguna herramienta para conocer los aspectos de la realidad, mejor utilizar una, como la que suministra la tragedia griega, de probada efectividad. Con ello, no solo se profundiza en la tradición africana, sino también en la de la Grecia clásica, sobre la que, de esta forma, se proyecta una nueva e inesperada luz.

En ninguno de estos dos casos, el dispositivo utilizado se refiere directamente a la construcción visual del mundo que se pretende observar, sino a una razón imaginaria que lo penetra desde una mirada extemporánea. Pero ello no descarta la presencia en el film de una tenue visualidad imaginaria que impregna sutilmente la visión de la realidad.

El antropólogo James Clifford llama la atención sobre el contenido alegórico de la investigación etnográfica, refiriéndose a la importancia que tienen los relatos, míticos o simbólicos, que acompañan a los rituales a través de los que se vehicula la existencia en algunas culturas (en realidad, en todas ellas, solo que, algunas, por ajenas, ajenas parecen más expresivas): «sostengo, afirma Clifford, que este tipo de significados trascendentes no son abstracciones o interpretaciones "añadidas" a la "simple" acción original del relato. Son más bien las condiciones de su significado. Los textos etnográficos son ineludiblemente alegóricos, y una aceptación juiciosa de este hecho cambia la forma en que esos textos pueden ser escritos y leídos» (1986: 99). No se trata solo de detectar el mecanismo alegórico que estructura ciertos acontecimientos culturales, sino también de aplicar una mirada alegórica a los mismos: «trato la etnografía en sí misma como una performance tramada por poderosas historias. Incorporadas en informes escritos, estas historias describen simultáneamente eventos culturales reales y hacen declaraciones adicionales de carácter moral, ideológico o incluso cosmológico. La escritura etnográfica es alegórica tanto en el nivel de su contenido (lo que dice sobre las culturas y sus historias) como en su forma (lo que implica su modo de textualización)» (*ibid.*: 98). Los trabajos de Rouch y Pasolini corresponden a esta voluntad de alegorizar unas prácticas culturales como dispositivo para hacer que en ellas aparezca lo que no es evidente. Un ejemplo más cercano en el tiempo de la aplicación de una forma alegórica sobre la realidad para profundizar en el significado de un determinado acontecimiento, lo encontramos en la película documental de Joshua Oppenheimer *The Act of Killing* (2012) en la que se presenta a un grupo de individuos que participaron en los asesinatos masivos que hubo en Indonesia entre 1965 y 1966. Durante estos años, bajo el gobierno de Sukarno, las milicias del Partido Nacional Indonesio asesinaron a más de medio millón de personas pertenecientes en gran parte al partido comunista y sus simpatizantes. Oppenheimer invita a esos asesinos o torturadores a que reproduzcan ante la cámara las criminales situaciones en las que se vieron envueltos y ellos deciden hacerlo como si interpretaran una típica película de gánsteres hollywoodiense. Se presentan antes la cámara, actuando espontáneamente como si fueran los personajes de una de esas películas. Más inquietante todavía fue el hecho de que, cuando esas personas vieron la película, lejos de sentirse engañados por el director, al presentarlos de esta forma tan cruda, manifestaron que están muy satisfechos, porque el film mostraba, según ellos, la verdad de lo acontecido. El ritual genocida aparece así, seguramente desde el origen, organizado alegóricamente, a través de un imaginario basado en la cultura popular norteamericana que posiblemente sirvió de coartada moral para los asesinos. La habilidad del documentalista radica en haber detectado esta mentalidad y haber focalizado en ella la interpretación de los hechos.

Las actuaciones de los personajes de Rouch y Oppenheimer provienen directamente de la realidad. Solo Pasolini decide imprimir sobre los suyos un carácter ficticio que, de todas formas, no implica exactamente una operación ficticia, una ficción. En los otros dos casos, el disfraz de los personajes no proviene de una interpretación del cineasta, sino que es una actitud que muestran los personajes inmersos en sus circunstancias. Deleuze denomina fabulación a este acto y cita la opinión del documentalista canadiense Pierre Perrault, quien opinaba que «se consigue un cine verdaderamente político cuando se alcanza precisamente el momento en que unos seres reales ejercen su poder de fabulación» (Deleuze, 2023: 532). Añade Deleuze que no se trata de una ficción, sino de «captar la ficción in fraganti, es decir, cuando es un personaje real el que se pone a ficcionar» (*ibid.*: 531).

No siempre la alegoría esta tan a flor de piel, pero no cabe duda de que, como pretende Clifford, algo hay de ella presente en todas las manifestaciones culturales de cierta enjundia, ya que todas extraen su energía básica de los imaginarios sociales, a veces de las regiones más profundas de ellos, aquellas que se inscriben en el inconsciente. Sin embargo, no es habitual que los documentalistas decidan filtrar conscientemente su mirada mediante el recurso a algún tipo de interpretación alegórica. Es decir, que, sin recurrir a la parodia, se utilice un discurso para expresar otro distinto. Desde esta perspectiva, quizá podríamos preguntarnos si, voluntaria o involuntariamente, este procedimiento existe en el trabajo cinematográfico de Guattari, en concreto, la confección del guion de "Un amor de UIQ". Si es así, se trata de determinar qué tipo de vehículo alegórico fue utilizado. Y la respuesta es el de la ciencia-ficción.

En 1980, es decir, cuando Guattari estaba trabajando ya en su guion fílmico, el escritor francés Jean-Pierre Andrevon afirmaba, en una antología de nuevas corrientes de la literatura fantástica francesa, que la literatura de ciencia-ficción que había caracterizado, en sus dos versiones, la utópica y la distópica, el siglo XX estaba agotada y era necesario un retorno a la tradición de lo fantástico que había desaparecido para ceder su lugar a esa corriente de la ficción científica: «No más ciencia ficción. Por lo tanto, demos un gran paso atrás, volvamos al punto de partida. A lo fantástico» (1980: 8). Pero se trataba de apostar por un fantástico nuevo, distinto del tradicional: «De ahí la aparición de una nueva fantasía, que no es más que el fruto de nuestra desesperación (suma de nuestros miedos y nuestras incertidumbres), el reflejo de una sensibilidad al pánico que actúa en nuestras pequeñas células (¿no es cierto?) grises. Un fantástico que podemos denominar "fantasía moderna", para marcar claramente nuestra distancia con el otro, el viejo» (*ibid.*, 1980: 8). Katarzyna Gadomska propone relacionar esta nueva literatura de lo que denomina neofantástico con la noción de rizoma. Según ella, las narraciones de lo fantástico tradicional están estructuradas de forma arborescente, en cambio el género del neofantástico, «es proteico, en permanente movilidad y evolución» (2022: 266). No es que la labor cinematográfica de Guattari tenga qué ver directamente con este género neofantástico que aparece en Francia a principio de la década de los años ochenta, pero sí que existe una relación indirecta con su pensamiento, si aceptamos lo que afirma Gadomska acerca del carácter rizomático de estos relatos, una forma que no se limita a la literatura de ficción, sino que ella detecta también en obras como *La Bataille de Pharsale* (1969), de Claude Simon, o *L'Invention des corps* (2017) de Pierre Ducrozet. Al margen de la amplia exposición de lo rizomático que proponen los propios Deleuze y Guattari, resulta útil acudir a la descripción que hace Gadomska porque su resumen es muy preciso y tiene la virtud además de que está focalizado en el terreno narrativo, que no deja de ser una de las bases sobre las que se desarrolla el pensamiento. Se refiere al texto-rizoma, opuesto al modelo tradicional:

> El término designa un espacio organizativo abstracto y heterogéneo, absolutamente irreductible a cualquier unificación, que evoluciona constantemente, en todas las direcciones horizontales y que, por tanto, está desprovisto de estructuras jerárquicas, niveles presentes en el modelo arborescente. A diferencia del texto raíz, en el texto del rizoma cualquier elemento de su estructura puede influir en cualquier otro elemento estructural, y estas relaciones pueden ser recíprocas. Polimórfico o incluso policéfalo, el texto rizomático no tiene centro, ni principio ni fin propios: "un rizoma no comienza ni termina, está siempre en el medio, entre las cosas, entre el ser, el intermezzo" (...) Por eso se desarrolla de forma aleatoria: su progresión puede ser caótica y completamente impredecible, sobre todo porque la evolución de uno de sus elementos puede conducir a una transformación del conjunto. Gracias a sus características, el rizoma se encuentra en movilidad universal, en estado de metamorfosis permanente (1980: 36).

Más allá de la posibilidad de crear un texto-rizoma, de estructurar rizomaticamente una narrativa, lo que resulta verdaderamente trascendental es la aparición de una forma rizomática de pensar. Lo cierto es que ese tipo de narrativa que señala Gadomska, el cual tendrían un lejano antecedente en el monólogo interior y que ya habría sido ensayado anteriormente por escritores como Thomas Pynchon o Mark Z. Danielewski, sin olvidar, con matices, a George Perec o Julio Cortazar, entre otros, se fundamenta en una forma de pensar que podríamos considerar inusitada, si no fuera porque es la que mejor se amolda a una realidad tan compleja como la del siglo XXI y que, por lo tanto, no solo no es tan insólita como parece, sino que debería considerarse natural. De todas formas, es necesario distinguir entre una forma de pensar que articula el desarrollo de cualquier actividad y una forma de pensar que no articula otra cosa que el propio pensamiento. La descripción del texto-rizoma se refiere a una obra terminada que tiene características rizomáticas de las que parece desprenderse un sistema o un método. Pero un pensamiento rizomático es todo lo contrario de un método, no puede surgir de un sistema que, de existir, lo traicionaría, lo convertiría en un fraude. El pensamiento rizomático solo puede ser espontáneo y, por lo tanto, se refiere, antes que nada, a un tipo de mentalidad que, si bien puede ser entrenada, ha de serlo más bien anulando hábitos y desmontado otras estructuras de pensamiento que no proponiendo reglas. De ahí que los casos de Perec y Cortazar no se ajusten del todo a las características de un texto-rizoma, aunque den como resultado mapas que tienen todo el aspecto de corresponder a desarrollos rizomáticos, como se puede comprobar en el mapa de la figura 27 que muestra las relaciones entre los múltiples personajes que pueblan la narración de Perec *La vida, modo de empleo*.

No es del todo erróneo relacionar esta forma de pensamiento con el ensayo y pasar a denominarlo pensamiento-ensayo, aunque sus parámetros exceden los de la forma ensayo tal como fue descrita por Adorno o Lukács el siglo pasado. En realidad, nadie ha puesto las bases estructurales de este tipo de pensamiento mejor que Guattari y Deleuze, actuando juntos o por separado. Sin mencionar la palabra ensayo, no solo han puesto en práctica en sus reflexiones un pensamiento-ensayo, sino que han desarrollado una teoría ontológica que indirectamente lo fundamenta. El ensayo es rizomático, pero no porque se lo proponga el ensayista, como una elección estilística, sino porque aquel no puede

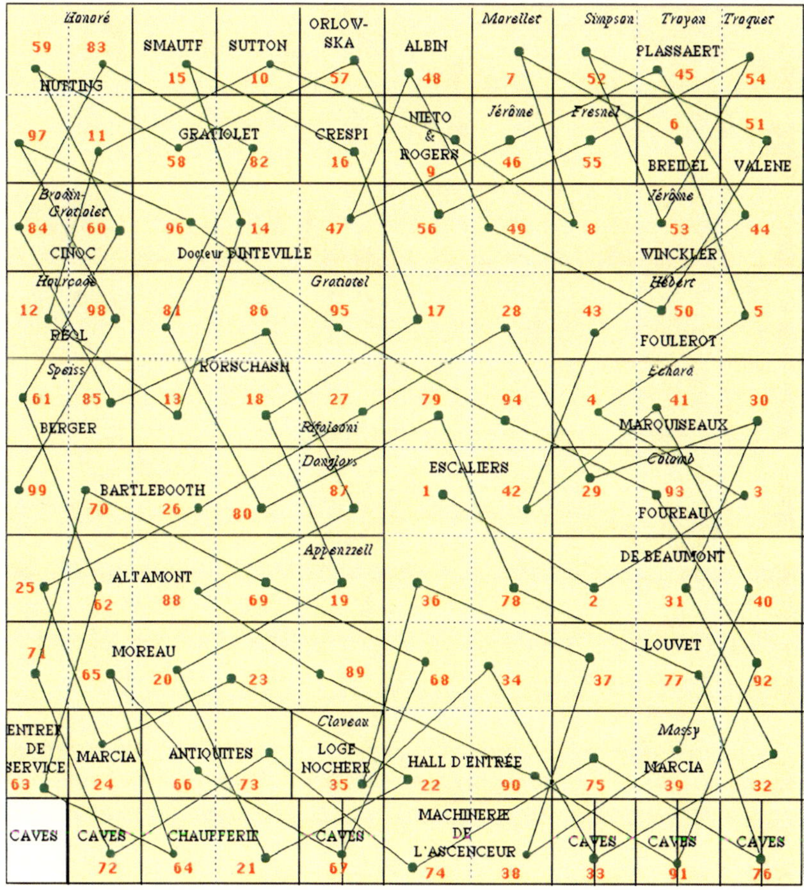

Figura 27

pensar de otra manera. Su forma de pensamiento obedece a una forma de ver el mundo y a una forma de estar en el mundo. Es, en última instancia, una respuesta existencial a la complejidad del mundo. Una respuesta cercana a la poesía, pero cuyo material es el conocimiento. Se trataría, en última instancia, no tanto de un pensamiento poético, como de una poesía del pensamiento, cercana o equivalente a lo que podría ser una ciencia poética, si este nexo no fuera, dadas las circunstancias, un oxímoron.

La ciencia ficción, en todas sus variantes, ha desactivado siempre esa contradicción entre ciencia y poesía o, más concretamente, entre ciencia e imaginación, incluso en sus tendencias más puramente cientificistas. Y lo ha hecho más que nada por su condición especulativa. La ciencia-ficción especula sobre el futuro y, por lo tanto, plantea mundos posibles que, por su variedad, desactivan la proverbial estabilidad del presente basado en el sentido común. Este tipo de especulación es claramente imaginativa, pero no fantasiosa, ya que busca la coherencia. Es un concepto de especulación cercano al que proponía Whitehead para calificar su filosofía. Según indica John B. Cobb, en un libro donde desglosa los términos técnicos de *Proceso y Realidad*, la obra magna de Whitehead, «identificar la propia filosofía como especulativa es anunciar enfáticamente que no consiste en conclusiones establecidas o doctrinas que pretendan ser ciertas. Consiste en las mejores y más completas hipótesis que se pueden ofrecer actualmente. Parte de la prueba es la forma en que encajan. Su coherencia es tan importante como su adecuación para dar cuenta de los datos en los diversos campos de la experiencia y el conocimiento humanos» (2008: 14). Whitehead, como Deleuze y Guattari, propugna el carácter relacional del ser, entendido como un compuesto que se encuentra en constante evolución. En esta tesitura, el pensamiento desemboca forzosamente en el ensayo, puesto que solo en este punto adquiere su máxima flexibilidad sin perder la coherencia. Solo el ensayo puede ser realmente rizomático, algo que ni la ciencia ni la filosofía, en su sentido estricto, se pueden permitir porque en ellas la imaginación está supeditada a la coherencia, mientras que en el ensayo, por el contrario, es la coherencia la que se supedita a la imaginación, en el sentido de que la auxilia, pero no la constriñe. El ensayo responde a la idea de que «el conocimiento especulativo abre cuidadosas y sensibles alternativas a las infinitas posibilidades que ofrece la lectura del mundo, más allá de los anhelos de conquista de la ciencia moderna».[28] Si las lecturas posibles del mundo son infinitas, el pensamiento no puede replegarse en sí mismo, sino que debe estar en cons-

28. Ignasi Torrent, "Whitehead i els mons d'avui". CCCBLab (15 de marzo de 2022): (https://lab.cccb.org/ca/whitehead-i-els-mons-davui/).

tante expansión, atento a las continuas relaciones que se producen no solo en el devenir de ese mundo, sino en el proceso de comprensión de sus formaciones ontológicas. Es decir, que el movimiento por el que se forma la realidad no actúa solo en horizontal, en el tiempo, sino también en vertical, o sea, en el espacio, puesto que la realidad es esencialmente rizomática. Según el propio Whitehead, el concepto clásico de materia «presuponía una localización simple. Cada trozo de materia estaba autocontenido, localizado en una región con una red pasiva, estática de relaciones espaciales, entrelazadas en un sistema relacional uniforme desde el infinito al infinito y desde la eternidad hasta la eternidad» (2022: 154). Se trataba de un mundo estable, compuesto por un sistema de coordenadas inamovibles que solo esperaban a ser paulatinamente descubiertas para ir componiendo el puzle de una realidad externa. Sin embargo, «en el concepto moderno, el grupo de agitaciones que llamamos materia está fusionado con su ambiente. No hay posibilidad de una existencia local desvinculada, autocontenida. El ambiente entra en la naturaleza de cada cosa. Algunos elementos en la naturaleza de un conjunto completo de agitaciones pueden permanecer estables mientras dichas agitaciones son propulsadas a través de un ambiente cambiante, pero tal estabilidad solo tiene lugar de una manera general, como un promedio» (*ibid.*).

Una de las modalidades más interesantes del cine, concretamente del cine documental, es la del film-ensayo. Este tipo de cine obedece a un pensamiento especulativo, regido básicamente por la imaginación, la cual permea las imágenes que son su recurso fundamental. Lo hace alimentado por elementos sonoros, como la voz o la música, aunque siempre supeditados estos al paisaje conceptual planteado por las visualizaciones. Su carácter especulativo hace que el film-ensayo tenga una lógica vocación rizomática que no puede culminar completamente por estar supeditado su desarrollo a la ineludible linealidad temporal del cine. Esta frontera solo se puede traspasar mentalmente, en el sentido de que el trabajo de la imaginación del ensayista, por amplio o diverso que sea, acaba desembocando forzosamente en una sola opción, pero con la ventaja de que esta opción inscrita en la película puede impulsar en la mente del espectador un proceso imaginativo tan o más amplio y diverso que aquel del que provenía. El inconveniente reside en que, en tal caso, lo que domina en ambos polos es la imaginación, pero no el pensamiento. El pensamiento cuaja en el film, pero queda en el aire ese envoltorio imaginario que lo rodea y que no es estrictamente una forma de pensar. La única manera de que este potencial imaginario esté directamente relacionado con los procesos de pensamiento, entrelazado con ellos, es que el film tenga también un desarrollo espacial, junto con el temporal, es decir, que no solo afecte a la modificación de unas imágenes concretas del núcleo fílmico, sino a su relación con otras imágenes posibles distribuidas de manera cambiante a su alrededor. Esta es una posibilidad que ofrece efectivamente Internet y el ordenador, siempre que, en ambos casos, el espacio en el que aparezcan las imágenes deje de ser un contenedor neutro y pase a ser un elemento determinante de esas relaciones, de modo que se modifique con ellas. Esta es una línea de desarrollo posible del post-cine con la que algunas webs documentales ya han experimentado, pero cuyo potencial podrá sin duda incrementarse con la realidad virtual, los metaversos o la IA, cuando todos ellos abandonen el sesgo mimético hacia el que los dirige la industria.

Graeme Thomson y Silvia Maglioni, que llevan años intensamente dedicados a la difusión del proyecto cinematográfico de Guattari, mantienen desde 2005 una web denominada *Terminal Beach*, donde se reúnen una serie de actividades de distinto tipo que, de una forma u otra, giran en torno a "El amor de UIQ". Se trata de «una zona constructivista para la reflexión crítica que explora nuevas configuraciones posibles de imagen, sonido, texto y política, empleando el cine como una forma expandida para reactivar archivos e historias perdidas u olvidadas y crear nuevos modos de compromiso colectivo con el pensamiento contemporáneo, mediante la colaboración ocasional de otros colectivos».[29] Curiosamente, esta web, que se declara inspirada en una iniciativa supuestamente futurista como la de Guattari, es un claro ejemplo de una concepción desfasada de este tipo de dispositivos. Tal como está diseñada no es más que el contenedor donde se agrupan distintas iniciativas que no mantienen ninguna relación entre sí, como si el sitio no fuera más que un simple archivador. Las propuestas aparecen distribuidas de forma estática por la página de entrada al sitio web, como pegatinas alojadas en un tablero. Se trata de un proyecto básicamente inerte, cuyos dise-

29. https://cargocollective.com/terminal-beach.

ñadores no parecen haber entendido las particularidades del nuevo espacio en el que se inscribe su trabajo. Esta crítica no pretende ir dirigida expresamente a la web, sino que lo que persigo con ella es poner de manifiesto las dificultades que a veces existen a la hora de hacer realmente efectivo el pensamiento o la estética que se defiende. Precisamente porque Guattari no llegó a realizar su película, el proyecto permanece abierto y, por ello, es capaz de activar la imaginación de los que se interesan por el pensamiento del filósofo. Ello quiere decir que existe una verdadera posibilidad de llevar el guion de "Un amor de UIQ" al postcine de manera que no solo se sea fiel a la propuesta narrativa de Guattari, sino también a su filosofía. Se trataría, pues, de promover una doble fidelidad a Guattari, llevando su guion allí donde él podría haberlo situado si hubiera tenido a su disposición los medios digitales de la actualidad, de manera que su idea de ciencia-ficción hubiera podido ser desarrollada rizomáticamente. Es un ejercicio que basta con plantearlo como un experimento mental, sin llegar a concretarlo, para que se pongan en marcha muchos circuitos diferentes, como espero haber probado en el transcurso de este libro. Pero para culminar la transformación rizomática de la propuesta fílmica de Guattari, queda mucho trabajo por hacer, tanto como ideas por aclarar.

Sin que sea mi intención llevar a cabo esta tarea, quisiera cerrar mi trabajo con algunos apuntes acerca de la dirección que, para mí, debería tomar esta hipotética empresa. En primer lugar, habría que buscar la forma —se trata, literalmente, de una forma— capaz de combinar drama y filosofía con el fin de que el drama o la narrativa sea a la vez filosófica o reflexiva y que la filosofía se desarrolle dramática o narrativamente. Hacen falta imágenes muy peculiares para que sean capaces de contener esta sinergia. Por regla general, cuando se consideran estas dos funciones juntas, uno de los términos es subsidiario, no está realmente en la operación, sino que se desprende de ella. Sin embargo, yo estoy refiriéndome a una formación visual en movimiento que contenga efectivamente las dos operaciones ensambladas una dentro de la otra, sin que sea posible determinar cuál de ellas es la causa y cuál el efecto.

Buscando un ejemplo de este tipo de visualizaciones, me vienen a la memoria las imágenes tenuemente móviles de la serie *Las pasiones* de Bill Viola, de las que ya he hablado antes. En ellas, los cuerpos expresan emociones o sentimientos, se apasionan, pero el lento movimiento que los agita hace que esta pasión se convierta en gesto visual reflexivo, en imagen que muestra el sentimiento a la vez que propone una reflexión sobre el mismo (figura 28). Las corrientes patéticas que había detectado Warburg a lo largo de la historia del arte desembocan en esta región de las imágenes digitales que son a la vez pasión y pensamiento, dos fuerzas tan íntimamente entrelazadas que, como he dicho, no se puede decir donde termina una y empieza la otra. El lento despliegue de la gestualidad corporal visualiza la fuerza anímica en todas sus fases, pero a la vez expone las características formales de su intensidad, de manera que es posible establecer relaciones con otras formaciones parecidas no solo correspondientes a la pintura, que es donde pretende situarlas Viola. En realidad, este dispositivo estético se convierte en un complemento ideal del Atlas Mnemosyne de Warburg, ya que permite establecer relaciones entre fases de los movimientos patéticos, ampliando la capacidad de re-

Figura 28

lación que la propuesta del historiador alemán circunscribía, por razones obvias, al resumen estático de las propuestas artísticas. Digo esto para que se comprenda el alcance reflexivo de este tipo de imágenes, que de todas formas no tiene por qué limitarse a la faceta emocional, aunque ella estará siempre estará presente con un grado u otro de intensidad. Tengamos en cuenta a este respecto, que esta clase de imágenes emocionales, en concreto, las de Viola, por ejemplo, no transmiten la misma emoción que visualizan. Es decir, el espectador no siente la misma emoción que se supone que sienten los personajes de la imagen, sino que su emoción es estética y proviene por lo tanto del reconocimiento de la emoción original formalizada. Es una característica de toda la pintura, pero que debe ser puesta especialmente de relieve cuando se trata de imágenes en movimiento porque en estas es más fácil confundir la emoción percibida con la emoción sentida.

Me imagino a los personajes de "El amor de UIQ" expresándose, en algún momento, con este patetismo visual como complemento a su conducta naturalista. Lo planteo como una posibilidad entre otras, ya que el propio desarrollo del proyecto, de realizarse, permitiría descubrir otras formaciones visuales, de la misma manera que exigiría la habilitación de espacios expositivos que tengan la capacidad de ser también a la vez emocionales y reflexivos.

Por lo tanto, no hablo solo de confeccionar una secuencia de imágenes relacionadas unas con otras. Es necesario tener en cuenta el espacio en el que se exponen estas imágenes. En el cine dramático, se proponen a la vez dos tipos de espacio: uno lineal en el que las imágenes aparecen encadenadas, y otro, mental que corresponde a un espacio escénico construido virtualmente por ese encadenamiento de planos. Desde la perspectiva de Deleuze, esta dualidad correspondería al ámbito de la imagen-movimiento. Otra posibilidad es que la escena virtual y la sucesión de imágenes se fundan en un solo espacio, el del plano-secuencia. Deleuze diría que nos encontramos en la esfera de la imagen-tiempo. Pero en los dispositivos del post-cine esta dualidad se complica con la aparición de un meta-espacio abstracto capaz de contener las dos manifestaciones anteriores y ser plataforma donde se visualizan las relaciones entre los elementos, tantos y tan diversos como sean necesarios. Nos encontramos en otro nivel enunciativo, situado más allá de lo puramente cinematográfico, pero que tiene en este medio sus raíces.

Tenemos un ejemplo muy pertinente de este cambio de registro y sus posibilidades expresivas en la película realizada por Jean-Jacques Lebel y François Pain en homenaje a Félix Guattari. Se trata de una filmación, titulada *Monumento a Félix Guattari*, donde se recogen las actividades efectuadas en el ámbito de la exposición *Hors Limites*, realizada en el Centre Pompidou de París entre noviembre de 1994 y enero de 1995. A partir de una instalación confeccionada por Lebel (figura 29), se produjo lo que se denominó un «agenciamiento de enunciación colectivo», compuesto por manifestaciones muy diversas, desde registros videográficos o sonoros de Guattari, hasta la intervención de muchos intelectuales y amigos del filósofo. La instalación de Lebel, considerada el núcleo del monumento, funcionaba como eje o atractor de otro tipo

Figura 29

de manifestaciones documentales. Lebel describía el acto de la siguiente forma en el diseño de su propuesta: «En este mismo espacio situado alrededor del monumento, concretamente sobre una mesa, acudirán a trabajar, durante la duración de la exposición, un cierto número de amigos o colaboradores de Guattari. Unos leerán ante el micrófono textos de o sobre Guattari; otros celebrarán una mesa redonda sobre tal o cual aspecto de las actividades de Guattari –antipsiquiatría, la clínica *La Borde*, las tres ecologías, las performances artísticas de Félix, su activismo revolucionario, sus guiones cinematográficos, sus libros, etc.; habrá quién improvisará libremente; quién realizará una actuación poética o musical; quien dibujará o quién se entregará a todo tipo de acciones directa o indirectamente relacionadas con Guattari, su vida y/o su trabajo» (1994: 2).

El citado film de Lebel y Pain recoge de forma lineal la secuencia de los acontecimientos, a partir de la que se puede deducir el espacio escénico donde se desarrollan, es decir, la sala del Centre Pompidou donde se situó la instalación de Lebel. Por otra parte, las celebraciones tuvieron lugar efímeramente en un espacio físico, estructuradas de forma más o menos sucesiva, aunque quizá esta ordenación no dependía tanto, como en un film, de la sucesión temporal, sino de algún itinerario improvisado que otro. Nos encontramos, pues, ante dos formas del mismo acontecimiento, pero ninguna de las dos logra que la enunciación de ese agenciamiento colectivo alcance la entidad que las ideas de Guattari auguraban. Es obvio que este conjunto de ideas estaba situado en un registro distinto al que permitían ambos dispositivos, el fílmico y el de la performance. En realidad, el espacio necesario para hacer justicia a las intenciones originales estaba representado por la instalación de Lebel, solo que esta debía abandonar el ámbito de la escultura para ampliarlo al meta-espacio de algunos dispositivos post-cinematográficos. La punzante heterogeneidad del monumento debía convertirse en un espacio igualmente tensionado, algo que el film no podía asimilar, sino que solo podía mostrar los residuos documentales del acontecimiento. Por su parte, la celebración propiamente dicha no alcanzaba a completar el fenómeno, una posibilidad que únicamente habría sido efectiva si los elementos que concurrían en la misma se hubieran activado de forma conjunta y, de esta manera, fueran actualizadas técnica o visualmente las relaciones que en el espacio físico solo tenían una presencia virtual.

Inteligencia espacial

Conceptos como inteligencia y pensamiento se usan con una cierta ligereza en el campo de las frenéticas investigaciones sobre la llamada IA. Da la impresión de que los propulsores acérrimos de este nuevo campo consideran que basta con importar los conceptos para que estos tengan visos de realidad en su ámbito. Su actitud constituye una versión algo distinta —de hecho, opuesta— al tratamiento que Deleuze da a los conceptos ajenos. Él propone transformarlos, pensarlos de nuevo, mientras que en la esfera de la IA se trata, más que nada, de absorberlos sin pensarlos, trasladándolos tal cual a sus dispositivos: constituye un caso flagrante de lo que Catherine Malabou llama lo «conocido no pensado», que la filósofa relaciona precisamente con el desarrollo de la IA, puesto que «este saber contiene de hecho un impensado: la inteligencia misma» (2024: 9). Lo cierto es que, en la IA, la inteligencia y el pensamiento no se presentan como verdaderamente artificiales, es decir, distintos del pensamiento y la inteligencia humanos, sino que pretenden ser una versión mejorada de estos, a los que están destinados a sustituir. Este proceso acarrea otro desarrollo que va en la dirección contraria. Consiste en que el resultado maquínico del trasvase a la informática o la IA se revierte sobre las facultades humanas correspondientes —la inteligencia o el pensamiento— para explicarlas, promoviendo así un círculo vicioso por el que ambos vectores se explican y corroboran mutuamente, en lo que es un proceso de colonización del imaginario humano muy nocivo, ya que, además de reducir su complejidad, tiende a anular una capacidad de extrema relevancia que apenas se menciona en este contexto, la de la imaginación. Como indica Miguel Penas López, «La investigación en IA ha estado claramente dirigida por los diferentes paradigmas surgidos en las ciencias cognitivas y, asimismo, los resultados de la IA influyen en el seguimiento o abandono de un paradigma dentro de ella, pues constituyen una útil manera de testar empíricamente las teorías» (2013: 120). Miguel Penas López, doctor por la Universitat Autònoma de Barcelona, aboga por la introducción del pensamiento filosófico en este circuito con el fin, dice, de promover un paradigma distinto al meramente computacional a la hora de diseñar el funcionamiento de la IA.

La imaginación solo puede fructificar más allá de cualquier norma, mientras que la IA se desarrolla regulando algorítmicamente las facultades humanas para poder reproducirlas y con la ambición de ampliar sus capacidades. Tanto los procesos de reproducción como los de ampliación de esas capacidades no puede prescindir de la regulación maquínica que las sustenta, algo que no sucede en la mente humana, cuya acción está situada más allá de su fundamento material y mecánico, a pesar de las pretensiones reduccionistas de las neurociencias. En parte el imaginario neurocientífico se nutre, como ya he dicho, de la resaca que producen los avances de la IA, cuando sus pretensiones mecanicistas retornan al factor humano y lo mecanizan para, según dicen, comprenderlo mejor. En el proceso, se elimina la posibilidad de la imaginación humana, que no puede depender de reglas ni, por tanto, de procesos mecánicos. Recordemos lo que decía Simondon, y a lo que se refería luego Deleuze, acerca de que la peculiar dimensión en la que se producen los procesos vitales, que ya indicó este último que pueden extenderse a los mentales: «Nada nos prueba que podamos pensar adecuadamente lo viviente a través de relaciones euclidianas. El espacio del viviente no es quizás un espacio euclidiano (...) Si existiera un conjunto de configuraciones topológicas necesarias para la vida, intraducibles en términos euclidianos, se debería considerar como insuficiente cualquier tentativa para hacer un viviente con materia elaborada por la química orgánica: la esencia del viviente es quizás un cierto arreglo topológico que no puede conocerse a partir de la física y de la química, que utilizan por lo general el espacio euclidiano» (2013: 224). Nuestro imaginario no está preparado aún para comprender sucesos que no tengan lugar en el espacio *natural*, es decir, euclidiano. Sin embargo, la explicación de muchos fenómenos, que ahora se resuelven recurriendo forzadamente a articulaciones mecánicas, se comprenderían mejor si los trasladáramos a un marco en el que se barajaran conceptos distintos a los que ahora prevalecen. Por ejemplo, las formas de la mente humana, entre ellas la facultad de la imaginación, se explicitan mejor mediante el recurso a la topología que a la geometría. Como indica Penas López, «la topología nos muestra que la distancia abstracta entre puntos puede ser pensada como la contigüidad de una transformación topológica. La atención dedicada por Simondon a los procesos ontogenéticos, los cuales generan ellos mismos su propia topología y cronología, permiten salvar la distancia entre interioridades inmanentes y exterioridades trascendentes, y arrojar luz sobre la zona oscura de la comunicación entre ambas»

(2013: 219). La topología permite pensar procesos que no se producen en un espacio abstracto e indiferente, sino que construyen su propio espacio, cuyas características corresponden al acto o movimiento de construcción.

Una solución al círculo vicioso que reúne espuriamente la inteligencia humana y la IA consiste en revertir la dirección de su movimiento y trasladar a la IA lo que sabemos sobre las facultades humanas en el ámbito de las disciplinas humanistas para generar con ello una comprensión menos rígida de sus verdaderas posibilidades, pero no tanto para replicarlas mecánicamente, sino para conseguir que acompañen a la imaginación humana sin anularla. Es posible que, de esta manera, la IA descubra su verdadero territorio, que no necesariamente tiene que ser el de la reproducción de las características humanas. Lo ideal sería que se encargase de la generación de nuevos modos de pensamiento o nuevos modelos de realidad, asumibles todos ellos por la inteligencia humana y ampliables mediante el recurso a su imaginación. Así modificaríamos también esa infructuosa tendencia a considerar que los dispositivos tecnológicos son simplemente extensiones de los sentidos, como propuso McLuhan en su momento y que, en cierta manera, lastra aún los actuales propósitos de la IA. Tanto la IA como los dispositivos tecnológicos contemporáneos construyen territorios alternativos que los seres humanos deben colonizar desde su perspectiva, en lugar de dejarse colonizar por ellos.

En este sentido, resulta productivo explorar conceptos como imaginación espacial o epistemología computacional que aparecen en el marco de las tecnologías actuales, puesto que corresponden a esos territorios de la IA situados más allá del primitivo impulso mimético que alimentan las concepciones más simples del transhumanismo o incluso algunas del poshumanismo, a pesar de que las distintas corrientes de este último acostumbran a ser algo más reflexivas que aquellas.

En principio, el concepto de inteligencia espacial, tal como lo utilizan algunos promotores de la IA, como por ejemplo Fei-Fei Li, profesora de ciencias de la computación de la Universidad de Stanford y codirectora del Instituto de Inteligencia Artificial Centrada en el Ser Humano (*Human-Centered AI Institute*), parece no ser más que un intento de replicar en el ámbito de la IA lo que significa para el ser humano la inteligencia espacial, a saber, la capacidad de establecer relaciones entre aspectos como el color, la línea, la forma, la figura y el espacio, así como la habilidad de procesar información en tres dimensiones. Se avanza un poco más en la dirección adecuada cuando Fei-Fei Li, en una presentación de TED, indica que ver y hacer están relacionados, que «la imaginación espacial es la catalizadora de un círculo virtuoso que relaciona ver, aprender y hacer».[30] Todo ello va encaminado, sin embargo, a procurar que la IA sea capaz de ver, aprender y actuar. Pero lo que puede significar un verdadero avance en este territorio se encuentra en lo que ya hemos descubierto nosotros, los humanos, sin la ayuda de la IA, acerca de los elementos que componen el citado círculo tachado de virtuoso, algo que va mucho más allá de la simple concepción sobre la inteligencia espacial que supone la voluntad de replicar lo humano. La realidad virtual, por ejemplo, ya nos insta a establecer una relación entre el ver y el hacer mucho más compleja que la que supone nuestra relación cotidiana con el entorno. Pero, para que ello sea realmente efectivo, es necesario romper el vínculo mimético que, en este dispositivo como en tantos otros, se tiende a establecerse con el aspecto naturalista de la realidad. Para ello, la IA podría desarrollar interfaces mucho más sofisticadas que los actuales, capaces de proponer relaciones más intensas con la complejidad de lo real, es decir, relaciones que fueran directa y formalmente epistemológicas y hermenéuticas. Por otro lado, en este contexto puede ser útil aplicar mi hipótesis acerca del proceso alegórico en la asimilación de las imágenes, por medio del cual se propone superar el simple reconocimiento de la imagen como una globalidad, sin dar ningún protagonismo a las partes que la forman. Algunas de las investigaciones en el ámbito de la IA van precisamente en esta dirección de promover una *lectura* de las imágenes, pero solo para procurar su reconocimiento con finalidades puramente descriptivas y no para alcanzar su significado intrínseco ni el de sus posibles relaciones. La idea de una apreciación alegórica del tipo que propongo apunta a una fase de la inteligencia humana que es más compleja que la visión mecánica que quiere reproducir

30.https://www.ted.com/talks/fei_fei_li_with_spatial_intelligence_ai_will_understand_the_real_world?

la IA. No se trata de procurar que la IA la reproduzca a su manera, sino de comprender el marco mental que este gesto retórico pone de manifiesto. Asimilando sus parámetros imaginarios, se pueden desarrollar dispositivos inéditos, capaces de acompañar las relaciones que se establecen entre la imagen en movimiento y el pensamiento, disponiendo, por ejemplo, como en el caso de la realidad virtual, el diseño de nuevos tipos de interfaz que permitan una mayor fluidez en las relaciones entre el ver, el aprender y el hacer, incluyendo en esta tríada la facultad de imaginar. Curiosamente, en la IA generativa se detecta la aparición de un cierto tipo de imaginación artificial en el resultado de producir imágenes a partir de textos. En este caso, los dispositivos ofrecen imágenes que, si bien se ajustan al significado global de los comandos, incluyendo en ellas aquellos aspectos demandados, contienen un plus de originalidad, tanto mayor cuanto menos estricto haya sido el comando. Esto parece delatar un trabajo imaginativo. Por mucho que se ajusten los comandos mediante descripciones muy detalladas del deseo del usuario, en el resultado siempre aparece un remanente *imaginado* por el dispositivo. Más aún, si los comandos son poco precisos. Que la imagen sea la puerta de la imaginación, incluso en el terreno de lo maquínico, no debe sorprendernos, pero es obvio que sugiere la posibilidad de una fructífera línea de investigación en el nuevo marco de la IA.

Por otro lado, el concepto de epistemología computacional, relativo a la llamada e-Ciencia, también es oportuno en este contexto porque a través de él se pueden desarrollar nuevos modos de pensamiento que, convenientemente reciclados, pueden ponerse a disposición del pensamiento humano. Jordi Vallverdú define la epistemología computacional de la siguiente forma: «Me refiero a los procesos computacionales implicados o requeridos para alcanzar el conocimiento humano. En esa categoría podemos incluir IA, supercomputadoras, sistemas expertos, computación distribuida, tecnologías de visualización e imágenes, instrumentos virtuales, middleware, robótica, grids o bases de datos» (2009: 559). Como indica el propio investigador, se trata de alcanzar o imitar el conocimiento humano, lo cual parece contradictorio con la propuesta de producir nuevas formas de pensamiento, a pesar de que al referirse a otros autores que, según él, «hablan sobre la mente extendida y la extensión computacional del cuerpo humano», añade que «la mayoría de estas propuestas no analizan las profundas implicaciones epistemológicas del empoderamiento que supone la computadora en las prácticas científicas. Hablan de nuevos entornos físicos y mentales humanos, no de nuevas formas de razonamiento, en el sentido más amplio del término» (*ibid.*). Pero me da la impresión de que Vallverdú no hace nada muy distinto cuando pretende poner de manifiesto cómo la computación (es curioso que siga refiriéndose únicamente a este aspecto de la informática, que la reduce a un solo aspecto de la misma) ha incrementado el potencial de la ciencia, produciendo la denominada e-Ciencia, aparecida a principios del siglo XXI: «Esta ciencia computacionalmente intensiva tiene su propia dinámica, basada en el uso intensivo de computadoras y tecnologías de la información» (*ibid.*: 562). A pesar de que este nuevo tipo de ciencia implica la combinación de distintos procedimientos, generando por lo tanto un dispositivo complejo, y lo que afirma Vallverdú acerca de que «no estamos hablando de ciencia normal hecha con ordenadores, sino de una forma completamente nueva de realizar actividades científicas, desde la investigación hasta la evaluación, la comunicación o la educación» (*ibid.*), no parece que este procedimiento genere una nueva forma de pensar en el sentido estricto. Más bien da la impresión de ser una remesa de vino viejo en odres nuevos. El problema principal es que la ciencia está encerrada en una paradoja, la de que para encontrar nuevas formas de pensar es necesario empezar por ser capaz de pensar de forma diferente, y esto no se consigue por mucho que se acoplen múltiples dispositivos tecnológicos, si antes no se ha establecido un nuevo marco en el que funcionen estos acoplamientos. Se observa claramente este déficit, por ejemplo, en propuestas como las relativas a un pretendido fin de la teoría en el marco del Big Data. Esta posibilidad fue anunciada, con cierto afán sensacionalista, hace algunos años por el exdirector de la revista *Wired* Chris Anderson en un artículo que tuvo mucha repercusión y en el que afirmaba que «en la era de la Información de los petabytes (la era del almacenamiento infinito) y la supercomputación, el método científico basado en el sistema hipotético tradicional se convertiría en obsoleto. No más teorías o hipótesis, no más discusiones sobre si el resultado final de los experimentos refuta o respalda la hipótesis original. En esta nueva era, lo que cuenta son algoritmos y herramientas estadísticas sofisticados para examinar una enorme cantidad de datos, con el fin de encontrar información que pueda ser transformada en conocimiento» (Mazzocchi, 2015: 1250). La idea de que la solución final se halla en las matemáticas, convertidas en algoritmos o en estadísticas, no es nueva, pero en este caso a ambos se les confiere además la función de transformar la información en conocimiento como por arte de magia, es decir, automáticamente: «El análisis de grandes volúmenes de datos generará correlaciones, patrones y reglas novedosos y a menudo sorprendentes. Dado que este último surge a través de un desarrollo ascendente basado en procesos inductivos y manipulación estadística, aparentemente no se requiere ninguna teoría. Estos patrones "nacerán de los datos" y proporcionarán hipótesis de investigación adicionales sobre los procesos subyacentes que produjeron la observación. En este sentido, el enfoque computacional puede verse como generador de hipótesis, en contraste con el carácter tentativo que tiene la hipótesis en la ciencia clásica» (*ibid.*). Con parecido optimismo utópico y la misma ingenuidad reaccionaron los estudiantes de la Universidad de California ante el intento de introducir una perspectiva heideggeriana en el ámbito de la investigación sobre la IA. Su respuesta a ese propósito delataba una cierta soberbia, típica del científico actual: «Vosotros, los filósofos, habéis estado reflexionando en vuestros sillones durante más de dos mil años y todavía no entendéis cómo funciona la mente. Nosotros en el *AI Lab* hemos asumido el control y estamos teniendo éxito donde vosotros, los filósofos, habéis fracasado. Ahora estamos programando computadoras para que exhiban inteligencia humana: para resolver problemas, comprender el lenguaje natural, percibir y aprender» (Dreyfus, 2007: 1137). Esos estudiantes hubieran avanzado mucho más en su aprendizaje si, dejando atrás su tecnofilia, hubieran aceptado examinar con atención las posibles repercusiones de introducir en sus experimentos tecnológicos aspectos de esa filosofía que tanto despreciaban. Como indica Penas López, apelando a Heidegger, «en lugar de vivir en un mundo compuesto de hechos desprovistos de significado (así es como "vive" una computadora) a los que posteriormente les asignamos un valor, el ser humano está constitutivamente abierto a (estar-en) un mundo de significaciones en virtud de su estructura fundamental que es el estar-en-el-mundo. La significación, por tanto, es previa a todo discurso» (2013: 118). El problema de las investigaciones sobre la IA es que parten de una percepción mecanicista de conceptos que no lo son en absoluto, como los de significado o de sujeto, lo que origina la pretensión de que esos fenómenos pueden producirse artificialmente por medio del simple añadido de piezas o acciones de carácter mecánico. Incluso cuando se dan pasos hacia la complejidad, como al desarrollar sistemas relativos a las redes neuronales artificiales que pretenden simular el funcionamiento cerebral, se observa el mismo déficit, puesto que estas redes siguen contemplándose como un conjunto de conexiones materiales que, si se consideran idénticas a las del cerebro, es porque este también se entiende de igual manera. Como ya he indicado antes, no resulta fácil efectuar el cambio de mentalidad necesario para avanzar en la comprensión de ciertos fenómenos que nos ocultan aspectos esenciales de ellos, debido a que no los observamos desde el ángulo adecuado. Uno de los principales escollos es que los resultados experimentales o las derivaciones tecnológicas que resultan de la perspectiva hegemónica parecen confirmar las hipótesis. Y, en este caso, ¿quién verá necesario el cambio? O ¿quién se arriesgará a dar un paso hacia un territorio desconocido? Parece de sentido común, seguir la senda conocida, pero ello, a la larga, deriva en un callejón sin salida. Y cuando la frustración esté lo suficientemente extendida, se producirá un cambio de paradigma que mostrará un paisaje completamente distinto y dejará constancia de lo errónea que era la perspectiva anterior. No es que entonces se vaya a alcanzar una verdad definitiva que permanecía escondida, sino que simplemente se empezará a pensar la realidad de forma distinta. Como es habitual, la mayoría preferirá esperar a que el cambio de paradigma se produzca por pura inercia de los sistemas de conocimiento, pero no por ello, deja de ser necesario tener presente esta eventualidad, manteniendo entre paréntesis el resultado de las investigaciones actuales con el fin de facilitar el paulatino traslado al paradigma por venir, cuyo horizonte los propios avances de la IA indican que no está tan lejos como parece. El pensamiento de Deleuze y Guattari, convenientemente asimilado, nos permite comprender las características de este cambio necesario e indica el camino necesario para alcanzarlo.

El uso de distintos dispositivos tecnológicos por parte de la e-Ciencia es un recurso comparable al recurso a los algoritmos y las estadísticas en el Big Data, por su misma propensión al automatismo, ajeno al pensamiento. Lo que en realidad genera el ensamblaje de diferentes aparatos no son nuevas formas de pensar, sino nuevas formas de actuar, pero en el marco del mismo sistema de pensamiento. Para avanzar realmente en este sentido es necesario introducir la imaginación en el proceso. Son las funciones imaginativas las que permiten extraer de los dispositivos, sobre todo de aquellos que tienen que ver con la imaginación en primer lugar —es decir, la mayoría de los contemporáneos—, la capacidad de renovación que contienen en potencia.

La ciencia no nos pueda dar por sí misma la respuesta sobre lo que significan las nuevas formas de pensar porque la forma de razonar de la ciencia está establecida y regulada de una vez por todas. La ciencia actúa como un atractor que absorbe cualquier tipo de actividad para reconfigurarla en su marco de procedimiento, eliminado de ella todo aspecto considerado científicamente extraño. Heidegger tenía razón al afirmar que la ciencia no piensa y, puesto que no piensa, no puede escapar del marco mental en el que está situada, por mucho que abarque cada vez más aspectos de la realidad e incorpore a su actuación todo tipo de nuevos instrumentos tecnológicos. Por otro lado, si bien es cierto que la ciencia no piensa, puede decirse que, sin embargo, imagina, aunque se trata de un tipo de imaginación constreñida por innumerables regulaciones, de modo que tiende a no exceder ciertos límites impuestos de antemano. El científico posee, como todo ser humano, la facultad de imaginar, pero a la hora de ejercerla se contiene. Es por ello que algunos cambios trascendentales de paradigma o algunas invenciones geniales se han producido en sueños o al margen de la actividad científica propiamente dicha. La imaginación es la única vía que puede crear nuevas formas de pensamiento, capaces de renovar también el razonamiento científico, pero situándolo forzosamente, en este caso, fuera de los límites del actual sistema.

La verdadera inteligencia espacial, lo que podemos denominar una inteligencia espacial avanzada o compleja, empieza, por lo tanto, más allá del espacio euclidiano que domina nuestra imaginación. Es un tipo de inteligencia inscrito en el imaginario de la topología, es decir, relativo a un *espacio* complejo que está siendo originado por los mismos procesos que lo recorren. Por lo tanto, no es solo una inteligencia comprensiva o analítica, sino que es sobre todo generativa. Apelo al concepto de topología, no para fijar en él el pensamiento, sino solo como referencia útil, aunque provisional. Una territorialización cuya validez estará vigente hasta encontrar formas más adecuadas de conceptualizar los fenómenos y afloren entonces los nuevos modos de pensar que ahora aún están en gestación.

Investigadores como Fei-Fei Li consideran que la inteligencia espacial aplicada a la IA puede ampliar considerablemente la capacidad de actuación de los dispositivos relacionados con la robótica. Desde su perspectiva limitada de la inteligencia espacial, ceñida a reconocimientos mecánicos del entorno, es posible imaginar robots conductualmente más inteligentes. Pero no verdaderamente inteligentes porque para adquirir esta inteligencia no basta con reconocer las dimensiones del espacio y la relación que los objetos que contiene mantienen con él, sino que es necesario estar realmente en el espacio, habitarlo absorbiendo su atmósfera desde una perspectiva vehiculada ciertamente por la visión, a la que Fei-Fei Li le da con acierto un papel trascendental. Pero su concepción de la vista sigue siendo mecánica y, por lo tanto, puede ser sustituida fácilmente por una cámara porque una cámara no es capaz de establecer relaciones topológicas con el espacio, es decir, no es capaz de crear su propio espacio cuando se limita a observar un espacio exterior a ella. Es cierto que convierte la realidad en imagen, pero no es consciente de ello.

Es en la esfera de la imagen, entendida como forma de visualización compleja, donde se hace más comprensible la fenomenología de los nuevos *espacios*, espacios que son a la vez objetivos y subjetivos. Para asimilar mejor esta circunstancia hay que recurrir de nuevo al concepto de máquinas abstractas de Guattari y Deleuze, entendidas estas como un antídoto al pensamiento mecanicista de las máquinas concretas de carácter mecánico que aún afecta a gran parte de la tecnología y la ciencia contemporáneas, a pesar de que regiones de las mismas como la de la IA han superado, a veces sin asumirlo, los antiguos marcos de pensamiento tecnocéntrico, más por sus resultados que por los apriorismos que los han producido. Aunque, a partir de la digitalización, gran parte de la tecnología contemporánea ha abandonado el régimen de las máquinas mecánicas, hijas y a la vez promotoras de las anteriores revoluciones industriales, la cultura se resiste a abandonar este contexto a la hora de pensar en las nuevas formas tecnológicas y sus consecuencias. La alternativa a esta fijación puede hallarse acudiendo al concepto de máquina abstracta, cuyos procesos fluidos de agenciamiento permiten entender mejor la nueva ontología tecnológica. Pero, a la vez, para una correcta comprensión de estas funciones, es preciso poder visualizarlas, o sea, llevarlas al ámbito de la imagen, ya sea mediante el recurso a los diagramas o bien concibiendo las imágenes, sobre todo aquellas en movimiento, como máquinas que son abstractas y concretas a un mismo tiempo. Son concretas porque muestran claramente las relaciones que se establecen entre sus partes y a la vez son abstractas porque estas relaciones no están resueltas mecánicamente ni son estáticas. Se trata de imágenes fluidas, ya sea virtualmente, en el caso de las imágenes fijas, o de manera efectiva, en el de las imágenes en movimiento, lo cual promueve una adecuada visualización del carácter molecular de las máquinas abstractas de Deleuze y Guattari, pero no solo para asumirlo pasivamente como espectadores, sino para trabajar con él. Consideremos lo que dice Guattari acerca de las máquinas abstractas y tratemos de aplicarlo a la forma de las imágenes, entendida desde la perspectiva compleja que propongo. Afirma Guattari que «las proposiciones maquínicas no pueden ser jerarquizadas. No comienzan por lo simple para acabar en lo complejo. En sus componentes más elementales encontramos algo complejo y sus entidades molares funcionan perfectamente de un modo elemental. Lo maquínico no descansa sobre universales, no postula ninguna ley trascendente. No intenta fundar una lógica maquínica, sino que trata solamente de captar el funcionamiento de *phylums* y rizomas. (2017: 538). Las imágenes, contempladas desde este enfoque, son metaestables, una capacidad virtual que se hace efectiva con la introducción del movimiento en ellas y que alcanza un alto grado de plenitud con la digitalización. De esta manera, adquieren, por lo tanto, estabilidades momentáneas que son inmediatamente desestabilizadas por el movimiento maquínico que las impulsa y altera sus relaciones internas y externas, o por la efectividad de la mirada humana sobre ellas que tiene un parecido efecto. Las imágenes recogen, pues, el funcionamiento de *phylums* y rizomas que provienen del sustrato ontológico, pero no solo para mostrarlos en su incesante tensión, sino para también convertirlos también en medios de relación con la forma de la imagen, una fórmula capaz de convertirse en vehículo del pensamiento. En este punto, la estructura topológica básica que articula la máquina abstracta visualizada se activa en otra dimensión, a través de la mirada: se subjetiva y crea otras relaciones topológicas.

Por otro lado, si consideramos los diagramas como si fueran imágenes, es decir, como radiografías de una realidad compleja formada por relaciones, y a la vez transformamos mentalmente las imágenes icónicas en formas diagramáticas, de manera que se ponga en evidencias las relaciones internas y externas que las recorren, tendremos la posibilidad de comprender la efectividad de las estructuras topológicas que articulan las visualidades en general, tanto en su vertiente objetiva como subjetiva. El recurso de Lacan a la topología, al margen del uso estrictamente psicoanalítico que él hizo de esas formas, nos permite comprender la utilidad meta-metafórica de tales formulaciones, es decir, la utilidad que poseen aquellas metáforas que no son solo explicativas, sino también activas epistemológica y heurísticamente.

El poeta y filósofo venezolano Ludovico Silva, en su brillante estudio sobre el estilo literario de Marx, insiste en «la necesidad de no tomar por explicaciones lo que no son sino metáforas, ni a la inversa, tomar por metáforas lo que son explicaciones» (2024: 45) y lo dice acerca de un autor como Marx que utilizaba con frecuencia y hábilmente la metáfora para aclarar sus conceptos. El mismo Silva añade que «lo que Marx piensa es algo que puede *percibirse* plásticamente; lo conceptual tiene en él valor perceptual» (*ibid.*: 44). La metáfora tradicional tiene, entre sus virtudes, la capacidad de visualizar conceptos, de llevarlos al terreno de la imagen, donde no queda tan clara la separación entre lo explicativo y lo simplemente metafórico que parece más cercano a la poesía que a la ciencia. Pero la metáfora visual invierte los términos de la retórica lingüística y hace pasar la explicación por delante de lo esencialmente estilístico. Que Lacan le dijera en su seminario 24, a propósito de la obra de François Cheng sobre la escritura china, que «el psicoanálisis será poético o no será», implica más la posibilidad de una ciencia poética que de una poesía científica, en el sentido de que es posible encontrar en la poesía un instrumento de conocimiento. La metáfora visual es la punta de lanza de este instrumento, ya que los conceptos, al visualizarse metafóricamente, fuerzan a la metáfora a comprometerse con aspectos ontológicos. Los movimientos de la subjetividad no tienen esencialmente la forma que les confieren las estructuras topológicas que utiliza Lacan para describirlos, pero adquieren esa forma al ser penetrados por la imagen de los nudos. Esta imagen es a la vez metafórica y explicativa; epistemológica y heurística. Permite comprender en un espacio euclidiano lo que sucede en una dimensión distinta, no-euclidiana, y al mismo tiempo fomenta la producción de ideas no-euclidianas que, para ser comprendidas, deberán visualizarse mediante imágenes desarrolladas en el espacio euclidiano. Los nudos borromeos convertidos en imágenes constituyen la plasmación euclidiana de fenómenos no-euclidianos, son la interfaz metafórica entre esos dos espacios, de modo que los pensamientos, instalados en ella, se desarrollan yendo de un espacio al otro. Siguen trabajando en el ámbito de la metáfora, pero se trata, como digo, de metáforas activas que ponen de relieve sustratos ontológicos, los cuales, no por ser transitorios, son menos ciertos. En este sentido, la imaginación trabaja de forma parecida a la ciencia cuando esta utiliza diversos instrumentos experimentales para poner de relieve facetas de una realidad que contiene múltiples aspectos posibles.

Las formas factibles de un nuevo cine, inscrito en la dramaturgia neoteatral de la realidad virtual y los metaversos o en los parámetros neocinematográficos de los videojuegos, desarrollan estructuras profundas que son más comprensibles recurriendo a la topología que permaneciendo anclados en sus aspectos naturalistas. Las formas topológicas son muy adecuadas para desentrañar las relaciones complejas que se producen entre las propuestas argumentales, el pensamiento y la visualización del conjunto, todo ello enlazado con su recepción por parte de los espectadores o usuarios y su correspondiente respuesta. Sin olvidar el factor marco que establece la creatividad de los autores, ya sean estos individuales o colectivos. Los medios citados poseen virtualmente este tipo de estructuras relacionales que se actualizan cuando intervienen los usuarios.

El cine posmoderno se ha encargado de representar las formas topológicas de las relaciones espaciotemporales complejas de la realidad contemporánea en películas que van desde *The Matrix* a *Origen* (*Inception*, Christopher Nolan, 2010) o la citada *Todo a la vez en todas partes*, pasando por distintas adaptaciones de las novelas de Philip K. Dick u otros films de Christopher Nolan como *Interstellar* (2014) o *Tenet* (2020), etc., a los que se han añadido los últimos años algunas series de televisión. Si el cine clásico exponía estados psíquicos de los personajes, mediante *flashbacks*, sueños o alucinaciones y, según Deleuze, posteriormente, el cine moderno convertía a esos personajes y a los espectadores en videntes, el tipo de propuestas fílmicas que podemos calificar de posmodernas van más allá y muestran estructuras ontológicas. Proponen formas de la realidad en las que están sumergidos los personajes, en lugar de mostrar visiones subjetivas de una realidad sumergida en la mente de los personajes. Tomando como eje la propuesta de

Deleuze acerca del cine de la imagen-tiempo, se puede dividir la historia del cine en tres períodos: el de la imagen-movimiento en la que las alteraciones de la realidad son psíquicas; la de la imagen-tiempo en el que se produce una indeterminación entre los psíquico y lo real (indiscernibilidad entre lo imaginario y lo real, según Deleuze) que produce estados visionarios; y, finalmente, un período en el que aparece un cine que traslada a la propia estructura de lo real los fundamentos inconscientes de esta, visualizándolos, es decir, poniendo de relieve los sistemas maquínicos que conforman tanto la realidad como los procesos de subjetivación entremezclados. Según Guattari, «La máquina es siempre sinónimo de foco constitutivo de Territorio existencial sobre fondo de constelación de Universos de referencia (o de valor) incorporales. El "mecanismo" de esta inversión de ser consiste en el hecho de que ciertos segmentos discursivos de la máquina no juegan ya solamente un juego funcional o significacional, sino que asumen una función existencializante de pura repetición intensiva, que he llamado función de ritornelo» (1996: 70).

El citado tipo de cine posmoderno nos muestra una realidad esquizofrénica, en el que la temporalidad ha dejado de estar regulada cronológicamente y en el que el espacio ya no es una entidad absoluta, sino un entramado compuesto por diferentes capas y distintas regiones no conectadas geométricamente entre sí. Pero el formato cinematográfico fuerza a mostrar estas formas espaciotemporales complejas de manera lineal, es decir, ateniéndose a un desarrollo que ha estructurado tradicionalmente el pensamiento, la narrativa y, en general, nuestro imaginario. Esta estructuración lineal no se adecua a la entidad de la ontologia que pretende mostrar, lo que constituye una prueba de la necesidad de trasladarse a otros sistemas para lograr esta adecuación. El sistema apropiado lo suministra, en gran medida, el post-cine, el cual constituye un equivalente y a la vez el sostén de una nueva forma de pensar que aún debe desarrollarse adecuadamente.

El fin de un mundo

Félix Guattari murió en 1992, sin haber conseguido realizar su película, aquella a la que le había dedicado tantos esfuerzos imaginativos y en la que había depositado muchas esperanzas acerca de la posibilidad de que, finalmente, su vertiente creativa tuviera unos frutos concretos. Afortunadamente, para nosotros, su creatividad no estaba circunscrita al cine o a las artes, sino que se volcó principalmente en su pensamiento, que mantenía, sin embargo, muchas relaciones con ellas. Franco Berardi, en el libro que le dedicó a su amigo después de la muerte de este, decía lo siguiente:

> Después de su muerte, seguí la evolución de la última década del siglo, considerando el pensamiento rizomático como un mapa y tratando de ver la huella de lo real en continuidad con las líneas del mapa. En continuidad, no en analogía, porque el pensamiento rizomático no es un calco, sino un ritmo, un modo de funcionamiento, un estilo. Un mapa rítmico, si puedo decirlo. Con este libro, quisiera reconstruir el mapa rítmico del pensamiento de Félix, y hacer resonar la armonía entre los acordes, los estribillos y las disonancias en la rapsodia planetaria contemporánea a partir de ese mapa (2008: 5).

Si el pensamiento rizomático es rítmico, como dice Berardi, y este ritmo confiere movimiento —un movimiento inexcusablemente rizomático— a los mapas del pensamiento de Guattari —los mapas, son varios—, quedan justificadas, entonces, las derivas que se han desarrollado a lo largo de las páginas de este libro que ahora termina. Derivas que se han expandido en direcciones distintas, a partir de un punto central, el del cine, que como un Aleph borgiano es una virtualidad de la que pende todo un universo.

El hecho de que la figura de Guattari haya servido principalmente de catalizador de mis reflexiones elaboradas en este escrito, no la convierte en una excusa ni le otorga un papel accesorio en ellas, como ya he dicho al principio del escrito. Todo lo contrario, su modesta aportación a la práctica fílmica ha sido la puerta de entrada a su potente teoría esquizoanalítica, lo que me ha permitido conectarla con el fenómeno fílmico en general, para examinarlo en los límites de su ontología, aquella que lo enlaza con las tecnologías de la imaginación y su correlato, el postcine. Y, por este camino, nos hemos podido acercar al panorama que la IA generativa plantea y donde se están produciendo transformaciones que nos obligan a replantearnos muchos de los presupuestos sobre el cine y la imagen en movimiento, sobre todo en relación al sujeto. Todo ello no se hubiera podido efectuar de habernos mantenido dentro de los límites de la teoría fílmica clásica. Era necesario buscar una nueva perspectiva, que hemos encontrado en el pensamiento de Guattari, aunque antes hayamos tenido que reconsiderar las ideas de su colega, Gilles Deleuze. Fue Deleuze el que preparó el camino que llevaba a pensar el cine más allá del cine, pero, en realidad, él no lo siguió: llegó hasta el límite del cine clásico y, desde allí, regresó para recomponer sus premisas desde una perspectiva completamente inédita. No obstante, sin su minuciosa transformación de la ontología cinematográfica y su empeño en relacionarla con el pensamiento, aunque de manera sesgada, aún no habríamos conseguido superar el panorama anterior. Ahora bien, llegados de la mano de Deleuze a la frontera con el nuevo paradigma, era necesario cambiar de vehículo para poder seguir delante, y este nuevo vehículo nos lo han suministrado las ideas de Guattari, que tienen la ventaja de que, estando íntimamente relacionadas con las de Deleuze, poseen, sin embargo, una mayor capacidad de iluminar el futuro que se está construyendo a nuestro alrededor. Son ideas que están mejor pertrechadas para pensar un ámbito que ya no puede considerarse plenamente cinematográfico, como el que contemplaba su colaborador.

Hay que recordar que el punto de partida de estas reflexiones se sitúa en la paradoja que implica la relación entre un guion exitoso y un film fallido. En el tenso espacio que se abre entre ambos ha cabido todo lo demás. Como afirman Thompson y Maglioni en un escrito significativamente titulado “UIQOSOPHY (*or an Unmaking-Of*)”:

> En este sentido, el guion de “Un amor de UIQ” constituye un cuasi-objeto un tanto paradójico. En lugar de proporcionar la estructura coherente necesaria para que se le dé luz verde a su producción, abre un campo problemático que promete socavar los códigos del espectáculo dominante al

> tiempo que ahorra (o gasta) el delirio a-significante que lo sustenta, que espera poner al servicio de otra economía del deseo. Pero debido a este desenfrenado gasto semiótico, nunca puede establecer un código específico propio. Al igual que el mismo UIQ, la película de Guattari se resiste a la hipóstasis en una forma o identidad estable (MacCormack y Gardner, 2018: 140).

Como ya habrá comprobado el lector o la lectora de este libro —resulta difícil, en nuestra época, mantener el equilibro entre el estilo y la ética, por ello pido disculpas por haber decidido privilegiar hasta ahora el estilo literario, ante la evidencia de que la ética actual aún no ha encontrado una forma correcta de expresarse—, mi intención no era centrarme exclusivamente en el fenómeno cinematográfico y sus prolíficas extensiones, el post-cine y la IA. Para fundamentar la relación entre el cine y el pensamiento, era necesario profundizar en el fenómeno de la imagen porque es en él donde el movimiento y el pensamiento confluyen. Todo ello, sin olvidar, que el paradigma que se está formando tiene como base una serie de dispositivos tecnológicos relacionados con la imaginación. La confluencia dinámica de este conjunto de vectores —cine y post-cine, imagen, movimiento, pensamiento y tecnología— configuran un paradigma complejo. Aunque quizá sería mejor hablar en este caso de un ecosistema, puesto que la citada conjunción no equivale a una suma de factores, sino que cada uno de estos se transforma cuando actúa en el interior del conjunto que ha sido creado por la propia interacción que se produce entre ellos.

Cuando estoy escribiendo estas líneas que dan por finalizadas mis reflexiones, están apareciendo, en el ámbito de la IA, los primero dispositivos que permiten la creación de imágenes en movimiento, a partir de comandos de voz. Seguramente, cuando este libro se publique, el procedimiento ya será tan habitual que, como ha ocurrido tantas otras veces, nadie tendrá la necesidad de pensarlo. Con los actuales dispositivos, recién aparecidos, es posible generar imágenes y música, así como sus diferentes combinaciones y transformaciones, solicitándolo verbalmente. Hubo un momento efímero en que parecía que los dispositivos de la IA generativa llevaban la creatividad de regreso a la primacía del texto con el ChatGPT y los programas de confección de imágenes, pero, al parecer, el movimiento se ha desplazado ahora hacia una alternativa inesperada, la de la voz. No sé hasta qué punto estos derroteros no nos obligarán a replantear el concepto de logocentrismo en un marco con el que Derrida no había contado, el de la tecnología. Pero, en cualquier caso, habrá que utilizar el planteamiento derridiano para asimilar las nuevas relaciones entre texto, imagen, tecnología y pensamiento, con la particularidad de que la presencia en este conjunto de la imagen hace que los nuevos dispositivos de la IA sean particularmente complejos desde el punto de vista de su ontología, a pesar de que se presenten como cada vez más simples por lo que se refiere a su utilización. Esta novedad tecnológica implica la gestación de un nuevo pliegue en la ontología postcinematográfica que obligará a replantearse innumerables cuestiones, una tarea que, por razones obvias, no es posible emprender en este punto de mi escrito. Pero quiero dejar constancia de que la nueva disposición abunda en mi idea de que el sonido y la imagen forman un conglomerado inextricable y no son el resultado de la simple suma o añadido de dos medios distintos. Estamos obligados a profundizar en esta posibilidad, sobre todo porque la potencia generadora que adquiere la voz en seno de las tecnologías de la imaginación implica una reconfiguración del deseo. Este ya no queda matizado por distintas operaciones textuales o gestuales, como hasta ahora, sino que se expresa directamente. Esto ya sucedía, hasta cierto punto, por la existencia de los dispositivos de conversión de texto a voz y viceversa en los procesadores de texto. Pero, en estos casos, no existía tanta distancia entre la voz y el texto como la que se plantea ahora entre la voz y la imagen o el sonido y la música. La aparente relación de parentesco entre voz y texto hacía olvidar la problemática que los separaba. Ahora, por el contrario, la voz es portadora inmediata del deseo, que se plasma directamente en un mundo visual y sonoro. El nexo entre la imaginación deseante y creación de mundos es ahora tan obvio que no se puede ignorar la intervención siempre problemática del goce en el proceso. Habrá que prestar atención a lo que decía Néstor Braunstein, a propósito de *El chiste y su relación con el inconsciente* de Freud, sobre las relaciones entre el goce, el deseo y el placer, ya que muchas tecnologías de la imaginación, la IA ahora en primer lugar, funcionan barajando subrepticiamente esos tres vectores en la esfera del sujeto: «que la palabra tome cuerpo, que el cuerpo tome la palabra. El goce se descifra en la risa que está más allá del sentido. Si la explicación mata al chiste es porque lo traslada desde el sinsentido, donde se lo goza, al sentido, donde su existencia es ya de placer. El goce desconcierta, el placer concierta-calma» (Braunstein, 2015: 31). Como decía Guattari en un contexto en que el uso de la obra de arte como acto creativo no estaba al alcance de todo el mundo como ahora que la IA lo ha convertido en poco menos que un pasatiempo, «La obra de arte, para quienes disponen de su uso, es una empresa de desencuadramiento, de ruptura de sentido, de proliferación barroca o de empobrecimiento extremo, que conduce al sujeto a una recreación y una reinvención de sí mismo» (1996: 159).

De nuevo ahora el sujeto, transitado por intensos flujos tecnológicos, se ve instado a reconfigurarse y a encontrar nuevas formas de relación con el pensamiento y la realidad. Para comprender estas posibilidades, las ideas de Félix Guattari siguen siendo absolutamente necesarias.

BIBLIOGRAFÍA

Artaud, Antonin (1964). "Le Théâtre et son double", en *Œuvres Complètes,* Tomo IV. París: Gallimard.Andrevon, Jean-Pierre (1980): "Prefacio", en Jean-Pierre Andrevon (dir.), *L'oreille*

contre les murs. París: Denoël.

Azoulai, Juliette (2017). "L'œil hors de la tête. Savoir voir chez Flaubert". Arts et Savoirs [En línea], 8. (http://journals.openedition.org/aes/1035).

Bachelard, Gaston (1987). *La poética del espacio.* México: Fondo de cultura económica.

Bal, Mieke (2009). *Conceptos viajeros en las humanidades.* Una guía de viaje. Murcia: Cendeac.

Ballard, Susan (2014). "The Audience and the Art Machine: Janet Cardiff and George Bures Miller's Opera for a Small Room", en Ian Buchanan y Lorna Collins (Eds.), *Deleuze and the Schizoanalysis of visual art.* Londres: Bloomsbury

Barad, Karen (2023). *Cuestión de materia. Trans/Materia/Realidades y performatividad queer de la naturaleza.* Salamanca: Holobionte.

Barad, Karen (2007). *Meeting the Universe Halfway: Quantum Physics and the Entanglement of Matter and Meaning.* Durhan: Duke University Press.

Barthes, Roland (2002). *S/Z,* en Oeuvres Complètes III. París : Éditions du Seuil.

Barthes, Roland (1986). *Lo obvio y lo obtuso. Imágenes, gestos, voces.* Barcelona: Paidós.

Bartra, Roger (2007). *Antropología del cerebro. La conciencia y los sistemas simbólicos.* México: Fondo de Cultura Económica.

Bensmaïa, Reda (1994), "De l'«automate spirituel» ou le temps dans le cinéma moderne selon Gilles Deleuze", en Cinémas: revue d'études cinématographiques/Cinémas: Journal of Film Studies, vol. 5, n° 1-2, pp.167-186.

Benjamin, Walter (2013). *Obra de los pasajes (vol. 1), en Obras libro V/vol. 1.* Madrid: Abada.

Bennett, Jane (2022). *Materia vibrante. Una ecología política de las cosas.* Buenos Aires: Caja Negra.

Berardi, Franco Bifo (2022). *El tercer inconsciente, La psicoesfera en la época viral.* Buenos Aires: Caja Negra.

Berardi, Franco Bifo (2007). "Schizo-Economy". Substance, #112, Vol. 36, no. 1, pp.76-85.

Berardi, Franco Bifo (2008). *Félix Guattari. Thought, Friendship and Visionary Cartography.* Londres: Palgrave Macmillan.

Berardi, Franco Bifo (2005). "Les radios libres et l'émergence d'une sensibilité post-médiatique". Multitudes, revue politique, artistique, philosophique, 21. https://www.multitudes.net/Les-radios-libres-et-l-emergence-d/

Bergson, Henri (2006). *Materia y memoria.* Buenos Aires: Cactus.

Berlin, Isaiah (1998). *El erizo y la zorra.* Barcelona: Muchnik Editores.

Berti, Gabriela (2022). "Ecosofía: una nueva sensibilidad política". Revista de Estudios Globales y Arte Contemporáneo, Vol. 8, Núm. 1, 2022, 20-37.

Birnbaum, Daniel y Wallenstein, Sven-Olov (2019). Spacing Philosophy: Lyotard and the Idea of Exhibition. Berlín: Sternberg Press.

Bleyen, Mieke (2012). *Minor Photography. Connecting Deleuze and Guattari to Photographv Theory.* Lovaina: Leuven University Press.

Bogost, Ian (2012). *Alien Phenomenology, or What It's Like to Be a Thing.* Minneapolis: University of Minnesota Press.

Bordwell, David (1997). *On the History of Film Style*. Cambridge: Harvard University Press.

Braunstein, Néstor (2015). *El goce, un concepto lacaniano*. México: Siglo XXI editores.

Brecht, Bertolt (1973). *Escritos sobre teatro*. Buenos Aires: Ediciones Nueva visión.

Brenez, Nicole (2023). *Jean-Luc Godard*. Cherbourg-en-Contentin: de l'incidence éditeur.

Buchanan, Ian (2021). *The Incomplete Project of Schizoanalysis. Collected Essays on Deleuze and Guattari*. Edimburgo: Edinburgh University Press.

Buchanan, Ian (2014). "The Clutter Assamblage", en Ian Buchanan y Lorna Collins (Eds.), *Deleuze and the Schizoanalysis of visual art*. Londres: Bloomsbury.

Buchanan, Ian (2006). "Is a Schizoanalysis of Cinema Possible?". Cinémas, 16 (2-3), pp.116–145.

Buck-Morss, Susan (1995). *Dialéctica de la mirada. Walter Benjamin y el proyecto de los pasajes*. Madrid: La balsa de la Medusa.

Burke, Peter (2020). *The Polymath. A Cultural History from Leonardo Da Vinci to Susan Sontag*. Londres: Yale University Press.

Butler, Judith (2001). *Mecanismos psíquicos del poder. Teorías de la sujeción*. Madrid: Cátedra.

Caro, Antonio (2023). *Semiocapitalismo. Del producto a la marca. De la mercancía al signo/mercancía*. Buenos Aires: Sb.

Castoriadis, Cornelius (2013). *La institución imaginaria de la sociedad*. Barcelona: Tusquets.

Clifford, James (1986). *Writing Culture. The Poetics and Politics of Ethnography*. Berkeley: University of California Press.

Cobb Jr., John B. (2008). *Whitehead Word Book*. Claremont: P&F Press.

Cobb Jr, John B. (1994). "Alfred North Whitehead", en Stengers, Isabelle (Co.), *L'Effet Whitehead.* París: Vrin.

Colina, Fernando (2001). *El saber delirante.* Madrid: Editorial Síntesis (Edición electrónica).

Combalía, Victoria (2003). *Comprender el arte moderno.* Barcelona: Random House Mondadori.

Copeau, Jacques (2002). *Hay que rehacerlo todo. Escritos sobre teatro.* Madrid: Publicación de la dirección de directores de escena de España.

Cormann, Enzo (2012). "Félix Guattari, dramaturge chaosmique", Chimères, 2012/2, n. 77, pp. 158-172.

Courtine, Jean-Jacques y Haroche, Claudine (1988). *Histoire du visage. Exprimer et taire ses émotions XVIe-debut XIXe siècle.* París: Éditions Rivages.

DeLanda, Manuel (2021). *Teoría de los ensamblajes y complejidad social.* Buenos Aires: Tinta y Limón ediciones.

DeLanda, Manuel (2005). *Intensive Science and Virtual Philosophy.* Londres: Bloomsbury.

Deleuze, Gilles (2023). *Cine IV. Las imágenes del pensamiento. Automatismo, semiótica y actos de fabulación.* Buenos Aires: Cactus.

Deleuze, Gilles (2017). *Diferencia y repetición.* Buenos Aires: Amorrortu Editores.

Deleuze, Gilles (2009). *Cine I. Bergson y las imágenes.* Buenos Aires: Cactus.

Deleuze, Gilles (2006). *Conversaciones.* Valencia- Pre-Textos.

Deleuze, Gilles (2004). *Spinoza: filosofía práctica.* Barcelona: Tusquets.

Deleuze, Gilles (1998). *Crítica y clínica.* Barcelona: Anagrama.

Deleuze, Gilles (1988). *Le pli. Leibniz et le Baroque.* París: Les Éditions de Minuit.

Deleuze, Gilles (1984). *La imagen-movimiento. Estudios sobre cine I.* Barcelona: Paidós.

Deleuze, Gilles y Guattari, Félix (2002). *Mil mesetas. Capitalismo y esquizofrenia.* Valencia: Pre-Textos.

Deleuze, Gilles y Guattari, Félix (1997). *¿Qué es la filosofía?* Barcelona: Anagrama.

Deleuze, Gilles y Guattari, Félix (1990). *Kafka. Por una literatura menor.* México: Ediciones Era.

Deleuze, Gilles y Guattari, Félix (1985). *El Anti Edipo. Capitalismo y esquizofrenia.* Barcelona: Paidós.

Deligny, Fernand (2007). *Fernand Deligny Œuvres.* París: Éditions L'Arachnéen.

Derrida, Jacques y Stiegler, Bernard (1996). *Echographies de la télévision. Entretiens filmés.* París: Éditions Galilée/Institut national de l'audiovisuel.

Descola, Philippe (2021). *Les formes du visible. Une atropologie de la figuration.* París: Éditions du Seuil.

Dick, Phlip K. (2020). *Valis.* Barcelona: Planeta.

Diderot, Denis (1955). *Essais sur la peinture.* París: Éditions Sociales.

Dosse, François (2010). *Gilles Deleuze & Félix Guattari. Intersecting Lives.* Nueva York: Columbia University Press.

Dreyfus, Hubert I. (2007). "Why Heideggerian AI failed and how fixing it would require making it more Heideggerian?, en ScienceDirect, Artificial Intelligence 171, pp.1137–1160 (www.sciencedirect.com).

Dupuy, Jean-Pierre (2009). *On the Origins of Cognitive Science. The Mechanization of the Mind.* Cambridge: The MIT Press.

Eisenstein, S. M y Nisny, V. (1973). *Mettre en scène.* París: Union Générale d'Éditions.

Elliot, Paul (2012). *Guattari Reframed.* Londres: I.B.Tauris.

Fisher, Mark (2024). *Deseo postcapitalista. Las últimas clases.* Buenos Aires: Caja Negra.

Fisher, Mark (2018). *Los fantasmas de mi vida: escritos sobre depresión, hauntología y futuros perdidos.* Buenos Aires: Caja Negra.

Fisher, Mark. 2016. *Realismo capitalista. ¿No hay alternativa?* Buenos Aires: Caja negra.

Foucault, Michel (2000). *Un diálogo sobre el poder y otras conversaciones.* Madrid: Alianza editorial.

Foucault, Michel (1997). *Esto no es una pipa. Ensayo sobre Magritte.* Barcelona: Anagrama.

Gander, Ryan (2007). *Loose Associations and Other Lectures.* París: onestar press

Garcin-Marrou, Flore (2012a), "To Be or Not to Be Socrates: Introduction to the translation of Félix Guattari's 'Socrates'". Deleuze Studies, Vol. 6, No. 2, *Félix Guattari in the Age of Semiocapitalism,* pp.170-172.

Garcin-Marrou, Flore (2012b), "Portrait de Félix Guattari un auteur dramatique". Chimères (N° 77), pp.137-148.

Gardner, Martin (1958). *Logic Machines and Diagrams.* Nueva York: Mcgraw-Hill Book Company, Inc.

Genosko, Gary (2012). *Felix Guattari in the Age of Semiocapitalism.* Deleuze Studies 6.2, 149-169.

Genosko, Gary (2009) *Félix Guattari. A Critical Introduction.* Londres: Pluto Press.

Genosko, Gary (2002). *An Aberrant Introduction,* Londres: Continuum.

Genosko, Gary (1996). *The Guattari Reader.* Oxford: Blackwell Publishers Ltd.

Greenstein, George y Zajonc, Arthur G. (1997). *The Quantum Challenge Modern Research on the Foundations of Quantum Mechanics.* Londres: Jones and Barlett Publishers.

Guattari, Félix (2017). *La revolución molecular*. Madrid: Errata naturae.

Guattari, Félix (2016). *Un amor de UIQ. Guion para un film que falta.* Buenos Aires: Cactus.

Guattari, Félix (2013). *Líneas de fuga. Por otro mundo de posibles.* Buenos Aires: Cactus.

Guattari, Félix (2009). *Chaosophy. Text and Interviews 1972-1977.* Los Angeles: Simotexte(s).

Guattari, Félix (1996). *Caosmosis*. Buenos Aires: Ediciones Manantial.

Guattari, Félix (1996b). *Las tres ecologías*. Valencia: Pre-Textos.

Guattari, Félix (1989). *Cartographies schizoanalytiques*. París : Éditions Galilée.

Guattari Félix (1987). "De la production de subjectivité", en Chimères. Revue des schizoanalyses, N°4, hiver 1987. pp.1-19.

Guattari, Félix (1986). "La Schizoanalyse", en L'Esprit Créateur, Volumen 26, Número 4, invierno 1986, pp 6-15.

Guattari, Félix (1979). *L'inconscient machinique*. París : Éditions de la Recherche.

Guattari, Félix (1975). "Le divan du pauvre", en Communications, 23.

Guattari, Félix (1971). "Machine and Strcuture", inicialmente en Change, no. 12 (Seuil).

Guattari, Félix y Segal, Abraham (1997). *Le cinema, la grand-mère et la girafe*, en Chimères. Revue des schizoanalyses, nº 2, otoño 1997. Les indésirables, pp.141-151.

Haiven, Max (2024). *Crises of Imagination, Crises of Power: Capitalism, Creativity and the Commons*. Londres: Zed Books.

Heidegger, Martin (2005). *¿Qué significa pensar?* Madrid: Trotta.

Heidegger, Martin (1995). *Caminos de bosque*. Madrid: Alianza Editorial.

Heidegger, Martin (1962), *Qu'est-ce qu'une chose?* París: Gallimard.

Jay, Martin (2007). *Ojos abatidos. Denigración de la visión en el pensamiento francés del siglo XX*. Madrid: Akal.

Kant, Immanuel (1998). *Crítica de la razón pura*. Madrid: Alfaguara.

Lacan, Jacques (2023). *La lógica del fantasma*. Buenos Aires: Paidós.

Laing, R. D. (1990). *The Divided Self*. Londres: Pinguin.

Lebel, Jean-Jacques (1994). "Une sculpture de 1992-1994 (avant-projet non définitif). Monument à Félix Guattari" en Chimères. Revue des schizoanalyses, n° 23, pp.1-15.

Lipovetsky, Gilles y Serroy, Jean (2013). *L'esthétisation du monde. Vivre à l'âge du capitalisme artiste*. París: Gallimard.

Lippard, Lucy R. (1971). *Changing. Essays in art criticism*. Nueva York: E. P. Dutton & Co.

Llevadot, L. (2018). "Fantasmagoría y espectralidad: Benjamin y Derrida ante la imagen cinematográfica", en Escritura e Imagen 14, pp.103-121.

MacCormack, Patricia y Gardner, Colin (Eds.) (2018). *Ecosophical Aesthetics. Art, Ethics and Ecology with Guattari*. Londres: Bloomsbury.

Maglioni, Silvia y Thomson, Graeme (2012). *Un amor d'UIQ. Scénario pour in film qui manque*. París: Éditions Amsterdam.

Malabou, Catherine (2024). *Metamorfosis de la inteligencia. Del coeficiente intelectual a la inteligencia artificial*. Santiago de Chile: Editorial Palinodia.

Marquez, Anne (2014). *Godard, le dos au musée — histoire d'une exposition*. Dijon: Les presses du réel.

Marrati, Paola (2003). *Gilles Deleuze. Cinéma et philosophie*. París: Presses Universitaires de France.

Mate, Reyes : *Medianoche en la historia. Comentarios a las tesis de Walter Benjamin "Sobre el concepto de historia"*. Madrid: Editorial Trotta.

Mazzocchi, Fulvio (2015). "Could Big Data be the end of theory in science? A few remarks on the epistemology of data-driven science", en EMBO reports, Vol. 16, nº 10, pp.1250-1255 (https://www.embopress.org).

Merleau-Ponty (1964). *L'Oeil et l'Esprit.* París: Gallimard.

Michelet, Jules (1959). *Journal. Tome I (1828-1848).* París: Gallimard.

Mullarkey; John (2006). *Post-Continental Philosophy. An Outline.* Nueva York: Continuum.

Nakano, Yosuke y Vallverdú, Jordi (2022). "The Achitectures of Thinking", Journal of the Sociology and Theory of Religion, 13, pp.250-266.

Nieva, Michel (2024). *Tecnología y barbarie. Ocho ensayos sobre monos, virus, bacterias, escritura no-humana y ciencia ficción.* Barcelona: Anagrama.

O'Sullivan, Simon (2010). "Guattari's A esthetic Paradigm: From the Folding of the Finite/Infinite Relation to Schizoanalytic Metamodelisation. Deleuze Studies 4.2: 256–286.

Pamart, Jean-Michel (2012). *Deleuze et le cinéma. L'armature philosophique des livres sur le cinéma.* París: Éditions Kimé.

Panofsky, Erwin (1992). *Estudios sobre iconología.* Madrid: Alianza Editorial.

Pasolini, Pier Paolo (1970). *Cine de poesía contra cine de prosa.* Barcelona: Anagrama.

Patto, Ana Calorina y Novaes, Clara (2023). "El Encuentro entre Jean Oury y Félix Guattari. Preludios de una experiencia clínica en *La Borde*". Revista Reflexiones Marginales, Dossier#73, Número#73 (https://reflexionesmarginales.com/blog/2023/01/29/el-encuentro-entre-jean-oury-y-felix-guattari-preludios-de-la-experiencia-clinica-en-la-borde/#_ednref20)

Pellejero, Eduardo (2005). *Deleuze y la redefinición de la filosofía. Apuntes desde la perspectiva de la inactualidad.* Tesis doctoral de la Universidade de Lisboa, Faculdade de Letras, Departamento de Filosofía.

Penas López, Miguel (2013). "El concepto de potencia en Simondon. hacia una filosofía horizontal de los afectos", en Astrolabio, nº 10, pp.216-241.

Penas López, Miguel (2013). "El fracaso de la inteligencia artificial computacionalista y su posible superación: una aproximación metafísica". Estudios Filosóficos LXII, pp.115- 130.

Puelles Romero, Luis (2002). *La estética de Gastón Bachelard. Una filosofía de la imaginación creadora.* Madrid: Editorial Verbum.

Parr, Adrian (2005). *The Deleuze Dictionary.* Edinburgo: Edinburgh University Press.

Pera Roca, Rosa (2022). "La noción de 'imaginación radical' para cambiar el mundo. Conexiones y disparidades con la visión de Buckminster Fuller". Anales. Revista de la Universidad de Cuenca, nº 61, pp.33-49.

Pigeaud, Jackie (2007). "Prólogo" a A*ristóteles. El hombre de genio y la melancolía. Prólog XXX, I.* Barcelona; Acantilado.

Rancière, Jacques (2018). *La méthode de la scène.* París: Lignes.

Rancière, Jacques (2014). *Aisthesis. Escenas del régimen estético del arte.* Santander: Shangrila.

Rancière, Jacques (2012). *El malestar de la estética.* Madrid: Clave intelectual.

Richardson, William J. (2003). *Heidegger. Through Phenomenology to Thought.* Nueva York: Fordham University Press.

Safranski, Rüdiger (2020). *El mal o el drama de la libertad.* Barcelona: Tusquets.

Safranski, Rüdiger (2015). *Goethe. La vida como obra de arte.* Barcelona: Tusquets Editores (versión electrónica).

Sauvagnargues, Anne (2016). *Artmachines. Deleuze, Guattari, Simondon.* Edimburgo: Edinburgh University Press.

Sévérac, Pascal (2023). "Fernand Deligny, ou l'art d'être hors sujet". La vie des Idées (Collège de France) (laviedesidees.fr).

Silva, Ludovico (2024). *El estilo literario de Marx.* Barcelona: Verso.

Simondon, Gilbert (2013). *L'individuation à la lumière des notions de forme et d'information.* Grenoble: Éditions Jérôme Million.

Spinoza, Baruj (2000). *Ética demostrada según el orden geométrico.* Madrid: Trotta.

Stivale, Charles J. (Ed.) (2005). *Gilles Deleuze. Key Concepts.* Montreal y Kingston: McGill-Queen's University Press.

Sutin, Lawrence (Ed.) (1995). *The Shifting Realities of Philip K. Dick.* Nueva York: Vintage Books (edición electrónica).

Tripaldi, Laura (2023). *Mentes paralelas. Descubrir la inteligencia de los materiales.* Buenos Aires: Caja Negra.

Vallverdú i Segura, Jordi (2009). "Computational Epistemology and e-Science: A New Way of Thinking", en Minds and Machines, volumen 19, número 4, noviembre 2009, pp 557–567.

Wallace, David (2012). *The Emergent Multiverse. Quantum Theory according to the Everett Interpretation.* Oxford: Oxford University Press.

Watson, Janell (2009). *Guattari's Diagrammatic Thought. Writing between Lacan and Deleuze.* Nueva York: Continuum.

Whitehead, Alfred North (2002). *Modos de pensamiento.* Buenos Aires: Cactus.

Whitehead, Alfred North (1978). *Process And Reality. An Essay in Cosmology.* Nueva York: The Free Press.

Wiame, Aline (2015). "La dramatisation entre Gilles Deleuze et Etienne Souriau: tactiques de mise en scène dans la création philosophique", en Adnen Jdey (Ed.) Gilles Deleuze, politiques de la philosophie. Ginebra: Métis Presses.

William Leite, Wiltonn (2018). "El hombre libre y autónomo en Dios – por Baruch Spinoza»", en Círculo Spinoziano. Revista de Filosofía, no. 1, abril-agosto 2018, pp 95-109.

Wölfflin, Henrich (2011). *Conceptos fundamentales de la historia del Arte*. Madrid: Austral.

Young, Eugene B., Genosko, Gary y Watson, Janell (2013). *The Deleuze and Guattari Dictionary*. Londres: Bloomsbury.

Zepke, Stephen (2007). "El ataque a la representación: la estética como política", en *¿Uno solo o varios mundos?*, editado por Mónica Zuleta Pardo et al. Bogotá: Siglo del Hombre Editores.

Zizek, Slavoj (2024). *Demasiado tarde para despertar. ¿Qué nos espera cuando no hay futuro?* Barcelona: Anagrama.

Zizek, Slavoj (2006). *Órganos sin cuerpo. Sobre Deleuze y consecuencias*. Valencia: Pre-Textos.

Zizek, Slavoj (2005). *Bienvenidos al desierto de lo Real*. Madrid: Akal.

Zourabichvili, François (2002). *Spinoza, une physique de la pensée*. París: Presses Universitaires de France.

sh